21세기 아침의 사색

리영희저작집 12
21세기 아침의 사색

1

옥중에 핀 여섯 송이 들국화

2

분노할 줄 모르는 국민에게 고함

3

언제까지 미국의 머슴이려나?

내가 우리의 국가·사회 문제, 국제적 현상과 인류적 관심사에 관해서 연구하고 글을 쓰기 시작한 지 꼭 50년이 지났다. 6·25 남 북전쟁의 첫 달부터 만 7년간 강요된 군대 복무를 마치고 나와 1957년부터 신문기자로서, 언론인으로서, 그리고 대학교수로서 반세기 동안 여러 분야의 주제에 관해서 많은 글을 발표했다. 그 런 글들이 십수 권의 책으로 헤아리게 되었다.

그들 중에는 세상에 나가면서부터 이 나라의 몽매한 지적 풍토 에 큰 폭풍을 일으킨 몇 권의 번역서와 편역·주해서도 있다. 『8억 인과의 대화』『10억인의 나라』『중국백서』 등이다. 이들이 한국 지식사회, 각계 각층의 세계 인식에 작용한 충격은 형용할 수 없 이 컸다. 하지만 그들은 이제 시대적 역할을 다하고 20세기 세계 사의 흐름과 함께 사라졌다.

그것들을 제외한 창작 저서들로 『리영희저작집』을 꾸미려는 계 획을 한길사에서 추진하게 되었다. 변변치 않은 글들을 전집으로 엮어서 훗날에 남긴다는 생각을 꿈에도 해본 일이 없던 나에게는 과분한 일이 아닐 수 없다. 고마운 일이다.

이 편찬계획의 일환으로, 나의 마지막 저서의 출간 이후에 단편적으로 발표되었거나 공개되지 않은 채 묵혀 있던 원고들을 모으고 정리해서 한 권으로 묶어 달라는 청이 있었다.

그렇게 해서 엮인 것이 전집의 마지막 제12권으로 자리하게 된 이 『21세기 아침의 사색』이다. 제11권까지의 글들도 학문적 연구의 주제와 내용, 시사적 분석과 논평에서 언제나 대안(代案)을 제시하려 했고 미래지향적이었지만, 그 글들이 발표된 시기로 말하면 한참 지났다.

그후 지난 세기의 말에서 새 세기로 넘어온 짧은 시기에 한국과 한반도에는, 그리고 동북 아시아 지역과 세계에는 새로운 희망과 공포가 엇갈리고 있다. 21세기적 현실을 냉철히 분석·비판하고 해법을 모색할 과제가 다시 주어졌다.

나라와 사회에 마침내 민주화의 꽃이 피기 시작하면서 민족의 생존에도 화해와 평화의 염원이 기운차게 약동하고 있다. 책의 이름이 말하듯이 전집의 끝을 장식하는 이 권은 21세기를 내다보는 그와 같은 정신의 글들이 주를 이룬다. 그와 동시에, 남북 민족의 한결 같은 평화와 통일의 싹을 무자비하게 뭉개버리려는 제국주의 미국의 흉계는 날로 교활해지고, 그들에 동조하는 국내 기득권 세력의 지배욕은 날로 노골화되고 있다. 이들의 본성과 음모를 밝힘으로써 우리의 정의롭고 행복된 내일을 설계하고, 나아가서는 21세기 인류의 안녕을 기원하는 간절한 마음으로 쓰여진 글들이 '21세기 아침의 사색'이다.

50년간의 연구와 집필생활을 마감하면서
2006년 7월
리영희

1

옥중으로부터의 편지

남보다 더 연구하고 더 진지하게 탐구하거라

건일, 미정, 건석이 보아라.

너희들과 헤어진 지 벌써 한 달이 훨씬 지났구나. 어머니를 통해서 너희들 모두 편안히 잘 있다는 소식을 들으니 기쁘다. 미정이가 여러 해 만에 집에 돌아왔다 하니 반가운 일이다.

이 편지를 여기까지 쓰고 있는데 오늘이 15일이라고 민방위훈련 사이렌이 울려서 1.5평의 방에 들어갔다가, 경보가 해제되자 엄마가 면회를 왔다고 해서 반가이 나갔다 돌아와 다시 서신 허가를 얻어서 계속한다. 엄마가 면회 올 때 너희들 중 누군가 함께 올 수 있으면 좋겠다마는 너희들 각기 일이 있으니 쉽지 않겠구나.

나의 일이 법적으로 어떻게 될지 지금의 시점에서는 예측할 수 없지만, 건일이는 올 가을에 결혼을 할 수 있으면 좋겠다. 아버지를 아는 보통의 부모들이야 딸을 주겠다 하겠냐마는, 30세를 넘기지 말고 결혼을 하는 게 좋지.

건석이는 아버지의 이번 일에 놀랐을 것이다. 일의 성질상 너희들에게 이야기할 것이 못 되었던 탓이다. 병원 일은 전력을 다하는 마음가짐으로 해라. 큰 일이건 작은 일이건, 최선을 다하는 인생을 살아야 한다. 남보다 더 연구하고, 더 진지하게 탐구해라. 훌륭한 의사가 되어야지.

미정이에게는 책 이야기를 하자. 앞으로 만약 기소가 되면 계획적으로 책을 읽어야 하니까, 아버지 서재에서 책을 찾아 보낼 일이 자주 있을 거야. 서재의 책들이 대체로 성격상 구분되어 책장에 꽂혀 있으니 편의상 책장의 번호를 붙여두자. 1. 철학·예술·종교, 불어 2. 사회과학 3. 중국 관계 4. 중국~ 5. 소련·사상 등 6. 한국 관계. 책상에는 주로 사전류 7. 영어서적, 정치·국제관계 8. 중국~

앞으로 내가 필요한 책의 위치를 이 번호로 지적할 테니 찾아서 어머니에게 차입토록 해다오. 아직은 아니지만.

연이 아줌마가 또 수고하시겠구나. 나의 감사의 뜻을 전해다오. 형편과 시간이 맞으면 엄마하고 함께 면회 한번 오너라. 보고 싶다. 내가 사랑하는 울타리 장미가 지금 한창이겠구나. 가끔 물 주어라. 잘 있거라.

ps. 책장 1에서 다음의 책을 찾아서 넣어다오.

① 『佛蘭西語構文の研究』(일본어)

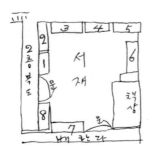

② 『*La Vie Française*』(불어)

이 책의 이름이 정확히 기억이 안 난다. 하드 커버의 낡은 불어책인데, 표지는 천으로 씌워져, 불그스레한 색깔로 그림이 그려져 있지. 내용은 프랑스인 생활을 소개한 것인데 내가 옛날에 공부하면서 연필로 단어해석을 쓴 것이 군데군데 있을 것이고, 책에는 프랑스 생활 사진이 많이 들어 있단다.

③ 『韓佛事典』.

미정아, 어머니한테 이야기했지만 잊어버렸을지도 모르니, 또 바쁘니까 그렇기도 할 테고. 다음의 책을 임재경 선생에게 빌려달라고 해라.

④ 『*Les Misérables*』(상·하권), 『*Shakespere*』(전집). 옛날에도 한번 빌려 본 것이다.

그리고 임재경 선생에게 내가 각별히 안부인사 하더라고 전해라. 지금은 구치소가 많이 민주화되어서 누구의 편지도 다 들어온다. 나도 할 수 있고. 임 선생에게 와싱톤의 Havey(하비) 목사 사무실 주소를 알려달라고 해라.

그럼 이만 父.

1989년 5월 15일 월요일

책과 벗 삼아 시간을 보낼 거요

여보, 오늘은 어떻게 지냈소? 이틀 못 보니까 궁금하군요.

울타리 하나를 사이에 두고 이렇게 두 개의 세계에 또 얼마 동안 헤어져 살게 되었소. 면회소의 두꺼운 유리벽 건너로 몇 분 동안에 마쳐야 할 대화는 너무나 안타까워서 편지를 쓰기로 했소.

오늘은 예고 없이 검찰의 호출을 받아 나가는 바람에 당신과의 면회의 기회를 잃었군요. 오전에만 조서를 꾸미고 낮에 구치소에 돌아왔지만 여태까지는 검찰에 불려 나가면 으레 하루 종일 있었던 탓에 당신이 면회를 미룬 것으로 생각했소. 그래서 운동을 부탁하여 한참 땀을 흘리고 들어온 참이오.

여보, 오늘에야 정말로 조사가 종결되었소.『한겨레신문』의 임재경 부사장을 비롯한 정태기·장윤한 씨 들은 어떻게 할지 미확정이지만 나는 기소하기로 했다는 검사의 말을 듣고 왔소이다. 6월 1일이 검찰기간의 만기(30일간)이니 그 전날 신문에 발표되겠지요. 당신은 어떤 생각이었는지 확실히 알 수 없지만 나는 각오를 하고 있었어요. 세상을 그렇게 떠들썩하게 만들어놓고 자기들 체면상이라도 그냥 풀어줄 까닭이 있소? 앞으로 그 지루한 재판 과정을 또 한 번 거쳐야 하게 되었소. 나는 법률은 잘 모르는 사람이고, 법률과의 관계보다 자신의 행위의 도덕적·역사적 의미를 더 소중히 여기는 사람임을 당신은 잘 알고 있지요. 사실, 당신과의 편안하고 느긋한 인생을 회갑과 더불어 기약했던 것이 이렇게 되었으니 당신에게는 뭐라고 사과해야 할지 가슴이 아프다는 말밖에 없소. 우리 회갑잔치 같은 것 하지 말고 동남아, 특히 태국 관광이나 가자고 했던 이야기도 이제는 다만 회상으로 되씹어볼 뿐이오. 정말 당신에게 너무 미안해. 당신이 그 여성잡지와의 인터뷰에서 끝까지 해보자고 화를 낸 심정을 생각하면 안타깝기만 하오. 될 수만 있으면 기소까지 안 되고 결말이 나면 좋았겠지만. 이제는 떳떳이 판가름을 내야지.

학자로서, 언론인으로서, 갈라진 형제민족의 화해와 행복을 추구하는 사람으로서, 도덕적으로 떳떳하니 마음은 차라리 화평하오. 이제 마음 쓸 것은 이 속의 생활에서 건강을 알뜰히 유지하는 것뿐이오. 이(齒)만 크게 말썽을 일으키지 않는다면 건강을 지키는 것은 문제가 아니라고 생각해요.

5월도 다 가려 하니 내가 좋아하는 집 울타리의 줄장미도 다 지겠군. 오늘 아침 검찰로 가는 호송차의 창 밖에 어떤 집의 줄장미가 만발한 것을 보았소. 집생각이 뭉클 나더군.

감방에서 시간을 보낼 만한 책은 충분히 들어왔으니 이제부터는 재판이 끝날 때까지 차분히 책을 벗 삼아서 시간을 보낼 거예요.

건일의 결혼문제로 신문사의 김종철 씨가 논설위원인 박 변호사의 친척 아가씨(연대병원 간호원 재직중) 이야기를 하니 함께 추진해보세요. 나의 재판의 결론이 어떻게 될지 예상할 수 없고, 또 그것과 관계없이 건일의 결혼은 좋은 규수가 있으면 그대로 진행시키도록 하세요.

오늘부터는, 기소가 확실해졌으니, 이 안에서의 식사·독서·수면·간식·시간 보내는 방식…… 등을, 일단 상당 기간으로 잡고 바꾸어 나가야겠소

대학의 해직기간 보상 문제는 정창렬 교수와 한번 상의하시오. 재판에서 '무죄' 판결이 나지 않는 한, 교수직 문제도 제기될 것이에요. 너무 비관적으로만 사태 전개를 예상할 필요는 없지만, 재판과는 관계없이 해직 보상 문제는 마무리를 지어야 해요.

그리고 이제부터는 나나 당신이나 느긋이 견뎌야 하니 일주일에 두 번만 면회를 오도록 하세요. 지낼 만하니까.

그럼 오늘은 이만 그치려오. 건강히.

1989년 5월 26일 금요일

16동 상층으로 방을 옮겼어요

사랑하는 당신에게

오늘 면회 때 당신의 인상은 며칠 전에 비해서 한결 안정되고

침착했소. 얼굴에 미소가 그치지 않았고, 말도 명랑했어요. 나의 마음이 얼마나 가벼웠는지 말로 다 할 수 없어요. 문 목사님의 재판을 보고 면회 온 그 며칠 전의 당신은 의기소침해 있었기에 나도 가슴에 우수의 구름이 꽉 차고, 당신에게 기운을 북돋워주려 해도 함께 우울해지기만 합디다.

어제 저녁 신문에 재판 날짜가 7월 5일로 잡혔다는 소식이 있어서, 결국 보석신청은 무효였다는 것을 알았소. 검찰이 반대한 보석을 판사가 직권으로 재정하는 경우를 오늘까지 본 일이 없기에 기대한 것도 아니었지만 그래도 서운한 심경은 부인할 수 없어요.

당신이 오늘 면회에서 "우리가 너무 안이하게 생각했다"고 실토했지요. 당신의 심정으로서야 당연히 풀려나야 하는 것이고, 또 그렇게 진전되기를 기대하고 희망했을 것이오. 권력이 날뛰는 꼴을 보시오. 그게 어디 정상적 정신 상태요? 갈 때까지 가고 끝나는 과정의, 어쩌면 막바지에 가까운 정신 상태가 아닌가 싶소. 그러니 당신도 마음을 차분히 가라앉히고, 이성적인 권력을 상대로 하고 있지 않다는 것을 새로이 인식하세요. 그러면 마음이 한결 편안해질 겁니다.

2층 감방으로 옮겼으니, 앞서의 하층 감방에서 고통을 겪은 것에 비하면 그래도 한결 나을 거예요. 16동 상층이어서 앞의 공간이 트여 있고, 볕과 빛이 저녁 해지기까지 비치니 몸의 건강에도 그렇고 정서적·심리적으로도 견딜 만해요.

매일 접견에서 하고 싶은 말은 다 한 바여서, 오늘은 다만 공판 날짜 잡힌 것과 관련된 마음만 몇 줄 적어 보내오.

내일 또 만납시다. 7월 5일에는 당신과 나 사이에 철봉의 가림

24

없이 서로 얼굴을 볼 수는 있겠지요. 얼마 만이오. 석달이 다 되는군요.

참 세월 빠르오. 당신의 심뇌를 생각하니 나는 다만 미안하고 책임감 때문에 말을 할 수가 없소이다.

어디 재판의 경위를 기다려봅시다.

잘 있으세요.

1989년 6월 11일 일요일

당신의 남편.

머잖아 집에서 모여 즐겁게 살자꾸나

사랑하는 막내 건석아!

어제 면회에서는 네가 나타날 줄은 전혀 생각지 못했다가 뜻밖이어서 기쁘면서도 당황도 했다. 그 순간 나보다도 더 큰 아들을 와락 껴안고 싶으면서도, 구세대의 어른들이라는 게, 너를 데리고 온 어른과의 체면이 앞서서 마치 남남처럼 악수만 했으니 방에 돌아와서 다시 생각하니 서운한 마음이 풀리질 않더라.

막내란 아들이건 딸이건 막내이기 때문에 형제 중에서 제일 귀여운 것이 부모의 마음이다. 건석이 네가 벌써 대학 6년 과정을 마치고 버젓이 인턴이 되었는데도 부모가 생각할 때는 네가 자랄 때 기억들만이 떠오르게 마련이란다.

네가 성모병원에서 태어날 때 그 병원 창설 이래 두 번째로 체중이 무거운 기록 보유자로 소문난 일, 너무 몸이 커서 어머니 태중에서 발이 완전히 펴지질 않아 생후 한 달짜리 애기를 깁스를 해서 발 골격 교정을 하는데, 아마 4~5개월쯤 했던가. 그런데도 너의 성질이 워낙 유순하고 부드러워서 아프다거나 갑갑하다고 울음 한번 울지 않았지. 나는 '저거 잘못되면 혹시 평생 다리가 불편하지 않을까?' 하고 때로는 마음속으로 걱정했단다. 네가 자라면서 농구랑 그밖의 여러 가지 운동에 열중하는 것을 보면서 나는 늘 태어나자마자 발에 깁스했던 옛날 생각을 하면서 속으로 기뻐했단다.

고등학교 졸업하고 대학을 선택할 때 가톨릭의대와 한양의대 중에서 나는 가톨릭의대를 원했는데 네가 한대를 원했지. 내가 궁금해서, 입학 신청서를 만들어 가지고 나온 고등학교 교실에서 그 이유를 물었지. 그때 네가 뭐라고 대답했는지 기억이 나니? 이렇게 대답했단다. "흙마당에서만 농구를 해서 옥내 농구장 나뭇바닥 위에서 뛰고 싶어요!" 가톨릭의대에 없는 정규 농구장이 한양대에 있어서 거기서 뛰고 싶다는 것이 너의 대답이었지. 하도 순진한 욕망이기에 그렇게 간절한 희망을 꺾는 것은 어린 생명과 정서에 거역하는 것이라 생각되어서 그대로 했단다.

어제도 인턴 과정을 마치고 어느 과를 선택하겠냐고 네게 물었을 때 "원래 하고 싶던 것"이라고 말했지. 일반외과 말이지. 나는 세태 따라서 좀더 쉽고 편하고 경제적으로도 나은 전문과가 좋지 않겠나 하는 바람이었다. 그런데 너는 역시 '일반외과'에서 변함이 없더구나. 나는 마음속으로 반가워했다. 사람이 이해타산 공리(功利)를 앞세우지 않고, 뭔가 의미가 있는 것, 하고 싶은 것을 타산 없이 추구하는 것은 숭고하기까지 한 삶의 태도니까. 마치 대학을 택할 때 "마룻바닥 경기장에서 뛰고 싶어서" 체육관 있는 대학을 택하는 것 같은 그 순수·순진함을 다시 너에게서 발견한 느낌이 든다. 그래서 반갑고, 흐뭇했다. 네가 갈 길이 가장 옳은 것 같다.

어제 저녁, 너와 면회를 마치고 돌아오니 구치소 당국이 방을 옮기자고 해서 여태까지의 8동 하(下) 2방에서 16동 상 2방으로 옮겼다. 앞이 탁 트여서 전망이 한결 낫고, 뒤로는 바로 산과 숲이 보이고, 방도 깨끗하다. 특히 달라진 것이라면 좌식 수세식 변소가 버젓이 들어앉아 있다는 것이다! 앞으로 장마가 온다는데 한결 나을 것 같다. 방 크기는 마찬가지로 답답한 독거방이지만 여러 가지로 지내기 편하다.

너를 마주 보고 손도 잡아보았고 이야기도 했으니, 앞으로는 병원 일에 정성 다해라. 면회 오기 위해 억지로 시간 낼 필요는 없다. 얼마나 오래 있겠니. 머지않아 다시 집에서 모여 즐겁게 살자꾸나.

방금 정치범들 전용 파이조각 모양의 좁은 2등변삼각형 운동장에서 3.5킬로미터 뛰고 왔다. 방에 들어가야겠다.

잘 있거라.

1989년 6월 23일 금요일

면회 때 또 당신 마음을 아프게 했군요

사랑하는 아내 영자에게

30여 년 만에 당신을 이름으로 불러보니 각별한 심정이 되오.

매일 접견에서 만나면서도 제한된 시간에 허둥지둥 많은 이야기를 하려다 보니, 정작 차분히 서로 얼굴을 마주 보면서 하고 싶은 이야기는 못 하고 흘러갔소. 오늘도 방금 접견하고 돌아와서 이 편지를 쓰기 시작해요.

내일, 1989년 7월 5일 오후 4시, 재판정에서야 비로소 당신을 가려지지 않은 모습으로 볼 수 있겠소. 결국 재판이오. 당신은 물론이지만, 많은 사람들, 선량한 이 사회의 시민들이 '무슨 재판까지 할 일이 있는가? 기소할 일도 못 되는 것을!'이라고 생각하는 일이지만 권력을 쥐고 있는 자들 쪽에서는 그런 것이 아님을 증명하는 것이오.

중앙정보부에서 끌고 가더니, 며칠 동안 ××××(검열관이 먹칠한 부분. 이하 같음)에서 연일 조사한 끝에 변호사들의 강력한 요구와, 사회에 대한 그들의 어떤 계산된 효과를 위해 중부경찰서에서 당신과 변호사들을 면회시킨 자리를 기억하지요? 그때 내가 "마음의 준비를 해야지……"라고 말하니까, 당신이 한마디로 "아니!"라고 대답했지. 나는 당신의 그 답변을 얼핏 해석하기가 힘들었소. 당신은 "이까짓 일로 무슨 마음의 준비까지 할 필요가 있나? 그럴 필요 없다"는 아주 단호하고도 간단한 답변이었지요. 정보부에서 그렇게 당하고 나온 나의 감각으로는 지하실에서의 느낌과 밖에서 생각하는 일반적 반응이 너무나 차이가 있어서 오히려 당황했어요. 그자들이 나를 얼마나 ××처럼 여기는지, 당해보지 않은 당신으로서야 짐작이나 할 수 있었겠소? 낙관적으로 단정한 것이 당연하지. 결국 보석신청도 무효였지 않소? 지금의 판사들, 재판부(사법부)가 무슨 독자적 판단을 할 수 있기에?

결국 재판이 열리게 되고, 내일 나는 법정의 피고인석에, 당신은 방청석에, 안타까운 마음으로 같은 공간에 떨어져 자리하게 되었소. 당신은 세 번째로 법정에 서는 남편을 보게 되었소. 난들 그러고 싶은 까닭이 있겠소? 『한겨레신문』의 북한 취재보도 구상을 처음 들었을 때 당신이 "편안히 살고 싶다"고 조용한 목소리로 대응한 것을 나는 지금도 선명하게 기억하고 있어요. 당연한 심정이지요. 당신은 개인적 평안이나 가정·식구의 안일보다 공적 정의를 앞세워 생각하는 경향의 남편 때문에 당신과 자식들의 행복을 얼마나 희생했소? 당신의 그 심정을 잘 아는 나이고 보니, 내일 다시 통일을 거부하는 자들에 의해서 재판의 피고인석에 서게 되는 마음 정말 괴롭기 한이 없소. 당신에게는 뭐라고 말해야 당신의 마음의 상처를 달래고 속으로 흐르는 눈물을 멈추게 할 수 있을지 알 수가 없소. 죄송하오.

그런데 어제의 면회 때 가정 내의 일로 또 당신의 마음을 아프게 했으니……. 당신과 면회실에서 헤어지고, 저녁밥을 먹고 나서 철창 너머 어두워진 바깥을 내다보며 오랫동안 반성했소. 오래간만에 눈물이 흐르더군요. "내일 면회 오면 아내의 마음을 풀어주고, 가정 내의 일은 모두 '당신의 판단에 맡기고 따르겠소'라고 해야지." 그렇게 마음을 다짐했던 것이오. 오늘 면회에서 당신에게 그렇게 말하고 나니 지금 나의 심정이 한결 가벼워요. 내가 아직도 노여움을 참지 못하니, 앞으로 수양을 더 많이 해야겠다는 생각이오. 다시 어울려 생활하는 날까지 많은 노력을 하겠어요.

오늘 점심에는 닭훈제를 뜨거운 식수에 넣었다가 꺼내서 아욱국에 찢어 넣어 먹으니 참 맛이 좋았어요. 어쩌다가 밥 먹는 것이 즐거울 때가 있어요. 오늘 낮의 식단은 관식으로 나온 보리밥, 아욱국, 썬 깍두기, 게다가 풋고추와 된장……. 이것이 신선한 맛을 준 탓인가봐요. 게다가 조금씩 곁들여 먹는 것이지만 마늘장아찌, 김, 삶은 달걀 한 알(이것들은 '사간식'이라고 구매하는 것).

내일의 재판이, 당신이 애당초 기대했던 것과는 달리, 주변 외적 정황이 흉흉해지는 속에서 열리는 까닭에 좋은 전개를 예상하기 어려울 것 같아요. 판사라는 자가 또 과거의 정권에 충성했던 소위 '5공 판사'라니 더욱 그렇고. 그런 자에게 사건심리를 맡기게끔 되어 있다는 이야기들이오. 그러니 당신은 침착하게 마음 먹고, 낙관적 기대의 결과로 오는 실망에 좌절하지 않도록 하세요. 내일 법정에서 봅시다. 출입구 가까운 곳에 있다가 잠깐이나마 손만이라도 만져보면 좋겠소. 물론 이 편지는 재판이 다 끝나고도 며칠 뒤에 당신 손에 배달되겠지요. 방청석에서 당신이 얼마나 애타게 앉아 있을까? 가끔 돌아다보겠소이다.

당신이 부디 부탁한 대로 의연하게 재판에 임해야지요. 이렇게 많은 사람들이 통일의지 때문에 형무소에 처넣어진다는 것은 진실로 민족의 비극이외다. 비극이에요.

글을 마무리지으면서, 어제 면회 때 당신의 마음을 상하게 한 일을 다시 사과합니다. 나는 당신의 마음을 상하게 해서는 안 되고, 당신이 살아온 인생에서 나로 말미암은 고통을 생각하면, 내가 그래서는 벌을 받을 것이오. 깊이 반성했소. 저녁식사 시간이오.

편히 쉬시오. 나의 하루도 저물어가오. 지루한 하루였소. 내일을 위해서 깊이 잠들겠소.

1989년 7월 4일 화요일

오늘부터 냉수마찰을 시작했어요

여보, 잘 쉬었소? 여기는 아침식사를 끝낸 시간.

어제의 첫 재판을 보고 돌아가서 감회가 착잡할 것으로 생각하오. 당신이 예상했던 불기소도, 기대했던 보석도 안 되고, 재판에 들어가게 되니 마음의 괴로움 오죽하겠소.

오늘 당신이 면회 오면 어제 재판심리의 반응을 들을 수 있겠지만 나로서는 잘 되었다고 생각하는데, 어떻게 느꼈어요? 다른 분들, 변호사들은 뭐라고 합디까. 어제 공판을 앞두고 전날 밤, 취침나팔이 길게 꼬리를 끊고 조용해진 감방에서 공소장을 놓고 연구를 했지요. '모두진술'에서 말할 내용을 구상하는 데 몹시 힘들었소. 당신 잘 알지요. 내가 평소에 평론 쓸 때 그 구상으로 고민하는 것을. 그러고는 구성, 다음은 문장. 그런데 모두진술은 글이 아니라 말로 해야 하는 것이니 나는 서툴단 말이야. 나는 '글'로 말하는 사람이지 '말'로 말하는 사람이 아니지 않아요? 그래서 집에서 늘 그렇듯이, 앉았다 일어섰다, 이불 속에 들어가 눈 감고 생각하다, 변기에 올라앉아 용변을 보면서 구상의 최종 마무리를 생각하고……. 그렇게 해서 대충 골격만 만들었지요. 그러고는 누워서 그 골격을 이어가며, 보태고 설명할 세부 요소들, 어디에 강조점을 둘 것인가? 등을 연습했지요. 당신도 만족했다고 생각하는데…….

어제 당신이 듣고 본 견해는 어때요? 나는 80점은 된다고 스스로 평가했어요. 구치소로 돌아오는 마음이 아주 즐거웠소. '잘했다' 하는 만족 때문이지요. 검사의 고소장 첫 페이지의 첫 줄을 가지고 학문적으로, 이론적으로, 현실정치의 측면에서 열세 가지로 반박한 것이야. 나의 학문 연구 분야에서 30년간 해온 내용인데, 이론으로 하자면 무엇이 두렵겠소?

나의 감방에 들국화가 여섯 송이나 만발했어요. 구치소의 담밑에 버려진 채 자란 들국화를, 일반 재소자가 캐다가 세숫대야(여기서는 '탐방기'라고 부르는데)에 흙을 담아서 피운 것을 나에게 선사한 거요. 밤에 자기 전에 물 주고 아침에 뒤 철창문가에 올려놓으면 온 방안이 환하게 넓어지는 느낌이오. 황량한 환경에 진황색 꽃을 피우는 식물 하나의 존재는, 재벌 집안에 모셔놓은 수백만 원짜리 희귀식물보다 고귀하오.

오늘 아침 기상나팔 소리 전에 눈을 떴는데, 바로 뒷산에서 뻐꾸기가 구성지게 울고 있었어요. 한참 동안 우는 게 배가 고프다는 것인지, 하루의 영광을 노래하는 것인지, 아니면 유행가의 가사처럼 임을 그리워 우는 것인지……. 한참 동안 마음의 귀를 맑게 하고 이불 속에서 들었소. 그리고 일어나서 냉수마찰을 했어요. 이제는 기온이 적절해서 냉수마찰을 시작했는데, 끝나면 기분이 아주 좋아요. 온몸이 벌겋게 달아서 후끈후끈하지. 앞으로 계속해볼까 해요. 밤에 자기 전에 하면 숙면하는 데 도움이 될 것 같아서. 감기에 걸릴 염려는 없을 만큼 더운 날씨가 되었으니까.

앞으로 재판도 특별히 연구할 부분이 없으니 이제부터 마음을 잡고 책이나 읽는 생활체제로 전환해야지. 느긋하게.

오늘 이(齒) 치료를 위해서 외래의사를 들어오게 하는 문제에 관해 의논을 하려 하오. '장기 집필허가' 신청을 내려 해요. 재판 진행이 어떻게 되는가와 무관하게, 매일 써서 남겼다가 훗날 책 한 권이 되도록 해야지.

오늘 당신의 면회가 있을 터이니 각별히 적을 일은 없어요. 이만 쓰고 그치리다.

안녕.

1989년 7월 6일 목요일

당신의 남편 영희

도종환 시인의 「접시꽃 당신」을 읽었어요

사랑하는 당신에게

긴 주말 이틀을 지내고 월요일 오전이에요. 주말이라야 토요일과 일요일 이틀이지만, 밖의 세계와 거의 단절되는 이틀이기 때문에 24시간 '하루'의 두 배가 아니라 그 몇 배의 시간 같은 느낌이외다. 그래도 시간은 지나가게 마련이어서 토요일 아침에, 아니 금요일 밤에, 내일부터 이틀을 어떻게 지내나? 생각·걱정하다 보면 어느덧 일요일의 날이 밝고, 다시 형무소 안은 왁자지껄 활기를 띱니다. 그러면 뭔가 사람이 살고 있다는 활기를 느끼지요. 소리가 나고, 때로는 고함소리가 들리고, 재소자들이 왔다갔다하고, 웃고, 노래하고, 또는 저주의 욕지거리가 왕래하고…… 그러는 사이에 일어났다 앉았다, 조금은 누웠다 섰다 하다 보면 주말의 하루가 갑니다.

그저께 5일에는 사형수 사형이 집행된 날이라 모두가 숙연한 기분에 잠겼어요. 며칠 전까지도 가끔 그 좁은 부채꼴 모양의 밀폐된 운동공간에서 함께 뛰기도 하고 공을 주고받던 사형수가 홀연히 사라졌으니 인간·인생·삶·목숨·사회·법……, 온갖 일을 다시 한 번 생각해보는 날이었습니다. 사람을 잔인하게 죽인 '흉악범'들인데, 사형선고를 받고 나면 일체를 체념하게 되니까, 만나고 말하고 사귀어보면 그렇게 선량할 수가 없어요. '룸살롱 살인범'이라는 진금석은, 용모·신체·생김새·성격…… 등이 아주 '이상적인 남자'를 대표할 수 있는 그런 인간이었어요. 잘생기고, 키가 훌쭉하고, 육체의 조화가 거의 완벽하고, 성격은 활달하고……. 그 좁은 운동실에서 누웠다 섰다 하면서, 나에게 "불교를 믿으세요"라고 권고했지. 언제나 명랑하게 웃고 있었어요. 전두환 정권시대에 정치깡패로 조직화되어, 권력의 배후에서 조종하는 데 놀아나며 안하무인으로 까불던 것이 그를 파멸로 이끈 거예요. 추악한 정치권력자가 사회의 인간을 타락 범죄인화하는 본보기라 할까. 사형수 이야기가 너무 길어졌구만…….

그리고 몸은 건강합니다. 더위도 대단찮아서 차라리 우리집보다 시원하다고 할까……. 남향에 가까운 집이라 여름마다 고생인데, 당신은 남달리 더위에 약하니 밤잠에 고생이 많겠군요. 나의 감방에는 노인의 피는 젊은이 피보다 덜 단지, 모기도 없어요. 물도 부족 없이 쓸 수 있어서 더위를 모르고 지납니다. 하루 24시간 나오는 것은 아니지만, 감방 방마다 수도 장치가 되어 있는 것은 확실히 큰 개선이라 하겠지요. 서울구치소만인지(다른 교도소는 낡아서 분명히 없으니까) 잘 알 수 없지만.

아침에 일어나서 세수하고, 가끔 냉수마찰을 합니다. 물을 적시지 않고 건포마찰을 하기도 하지요. 하고 나면(그리고 찬물을 양동이로 뒤집어쓰고 나면) 확실히 기분이 좋아요. 그런데 어떤 날은 게으름을 피우고, 할까 말까? 망설이다가 마는 날도 있어요. 아직 마음의 수양이 안 되어서, 그런 것 한 가지 일관되게 실행하지 못하는군요. 열심히 해야겠어요. 정신훈련이기도 하니까.

일요일에는 유명한 베스트셀러 시집인 도종환의 『접시꽃 당신』을 읽을 기회가 있었는데, 정말 마음에 와닿더군요. 사랑하던 젊은 아내의 죽음 뒤에 그리움과 슬픔을 엮은 담담한 시의 줄을 따라가는 동안에 나도 눈물 짓는 심정이었습니다. 그렇게 많은 부수가 팔린 이유를 알겠습니다. 결혼해서 몇 해 못 살고 갔지만 요새 젊은 부부의 자기들만의 생활이라서인지 참 아기자기하게 산 것 같습니다. 나는 그들의 나이에 당신과 나의 생활을 회상해보았어요. 그럴 환경과 조건이 아니었다는 것도 사실이지만, 내 자신이 당신에게 그렇게 자상하게 감정을 베풀지 못했다는 것을 스스로 괴로운 마음으로 회상했습니다. 그런 남편과 억센 시어머니를 20여 년간 모셔온 며느리의 생활을 어찌 요사이 새 시대의 이 젊은 부부의 생활과 비교할 수 있겠소만, 하여간 당신은 그런 재미를 못 보고 세월이 지난 것 같아요. 미안하다는 생각이 간절하게 되니, 당신이나 나나 노인 소리를 듣게 되었지만, 앞으로의 삶에서 그 이루지 못했던 분량만큼 듬뿍 사랑하고 살아야겠지요.

그런데 건일이의 결혼이 바빠지는데 좋은 짝이 아직 없는 모양이니 걱정이군요. 30세의 성인이라 본인이 다 잘 알아서 결정하리라 보고 있지만 너무 늦어져도 문제이지요. 올 가을에는 꼭 이루어져야 할 터인데 말이외다.

이빨치료를 해야 할 텐데……. 정 박사에게 언제쯤 의치를 해넣을 수 있겠느냐고 문의해보세요. 이를 뽑은 지는 2주일이 훨씬 넘었고, 잇몸도 고장 없이 잘 굳었으니까 '가다'를 뜨는 데는 지장이 없으리라고 생각해요. 보리밥이 되게 나올 때면 이 때문에 잘 씹지를 못해서 절반도 먹지 않고 마는 것 때문에 문제예요(된 밥은 대개 아침 한 끼지만).

지금도 국내외에서 많은 분들에게서 위문과 격려의 편지가 오고 있어요. 뜨거운 정을 표하는 남·녀의 편지가 너무 많이 쌓여서 다시 '차하'(差下)시켜야 할 것 같습니다. 어쨌든 방방곡곡에 나의 글을 기다리는 사람이 이렇게 많다는 사실을 확인하게 되니 나쁜 기분은 아닙니다.

편지를 거의 다 썼는데 어느새 또 점심밥이 들어와서, 방에 들어가 받아 먹고, 설거지를 하고 다시 나왔어요. 이제 조금 후에 운동 담당이 오겠지요. 오늘은 구름이 개어서 100바퀴 돌아야지. 지난 며칠은 너무 볕이 강해서 뛰지 않고 걷기만 했는데, 운동량이 부족하더군요. 역시 좀 뛰면서 땀을 흘려야 몸이 풀려요.

운동 끝나면 당신을 접견장에서 사흘 만에 만나겠지요. 오늘도 무슨 이야기를 할 것인지를 어젯밤부터 궁리하고 있지요. 모레(9일)가 제3회 공판이외다. 하나마나한 재판이지만 안 나가기도 그렇고 오늘은 이만 쓰고 면회시간을 기다립니다.

추신: 한 일주일 동안 토마토 구매를 해도 안 들어오더니 복숭아가 들어왔어요. 토마토가 영양이 많아서 좋은데 계절 탓이라 할 수 없지요. 복숭아도 잘 익은 것은 나도 좋아하니까 괜찮아요. 매일 몇 개씩 먹도록 해야지.
1989년 8월 7일 월요일

어린이들 편지에 큰 힘을 얻어요.

여보, 잘 잤소?
어제 면회 왔을 때 당신의 얼굴이 피로에 찌들었더라고 하면 지나치지만 굉장히 피곤한 표정입디다. 전날 원주 갔다 온 일이 피로를 더해주었는지 모르지만 면회니 재판이니, 그것도 남의 재판까지 찾아서 방청해야 하니 몸도 몸이지만 신경 쓰기가 얼마이겠소?
그래서 앞으로는 면회를 하루 걸러, 주 3회로 일단 정합시다. 요일은 월수금으로 하든지 화수토로 하든지 관계없어요. 그러다가 사정이 있으면 적절히 바꾸면 되지. 어쨌든 1주 3회를 원칙으로 합시다. 나도 이제는 소내 생활에 익숙해져서, 그리고 이런 일 저런 일(설거지·세탁·낮잠·하루 세 번 밥 받아 먹기·편지쓰기·운동·뒤창 너머 일광욕·신문읽기·책읽기·변기청소……)을 하다 보면 하루가 쏜살같이 지나가요. 지루하다는 생각이 별로 없어요. 그러니까 당신도 집에서 좀 쉬거나 집안일에 시간을 들이고 밖의 모임도 너무 골고루 찾아서 참석하지 않는 게 좋겠어요.

　오늘은 며칠 만에 쾌청한 날씨가 들어서 기분도 가볍군요. 지금 편지 쓰러 나와 있는데, 특별히 알릴 일은 없어요. 오늘은 당신이 안 오는 날이어서 조금 있다 운동 나갔다 와서는 오후에는 책이나 볼까 해요. 조금 전 점심에는 카레라이스가 나왔어요. 여기서는 별식이니까 보통 때보다 좀 많이 먹어요. 감자가 많이 들어 있어서 그것을 골라 먹기 위해서도 그렇고. 잠을 많이(잘) 자다가 머리가 비어버릴까 걱정이 되기도 해요. 사실, 뭐 골똘히 까다롭게 생각하고 싶지를 않아. 까다로운 책, 머리를 많이 써야 하는 책을 안 보는 탓인지, 거꾸로 머리가 비어서 안 보게 되는 것인지…… 어느 쪽인지 잘 분간이 안 되는 상태요.

　며칠 전 마음을 뭉클하게 하는 편지가 왔기에 당신에게도 읽어 주고 싶어요. 그대로 옮겨놓을 테니까 읽어보시오. 둘 다 국민학교 아동인데, 몇백 통의 편지 가운데 국민학생은 이 둘이 처음이었소.

　이영희 선생님께
　안녕하세요? 저는 국민학교 학생입니다. 전부터 아빠, 엄마를 통해 선생님이 좋으신 분이라는 것을 알고 있었는데, 얼마 전 텔레비전에서 선생님이 끌려가시는 것을 보고 이상하다고 생각되었습니다. 그런데 그 후 『한겨레신문』을 보면서 선생님이 나쁜 일을 하시지 않았다는 것을 저 스스로 알게 되었습니다. 제가 아직은 어려서 잘 알지는 못하나 저도 크면 선생님처럼 좋은 사람이 되겠습니다. 그때 『한겨레신문』에서 선생님이 편지를 많이 해달라고 하신 것을 보고, 편지를 쓰려고 생각하다 이제야 쓰게 되었습니다. 부디 용기 잃지 마시고, 더운 여름에 건강하시길 바랍니다.

1989년 8월 17일

서울 월촌국민학교 6학년

노혜미 올림

또 한 편지의 어린이는 나에게 "훌륭한 일을 하는 사람도 감옥에 가느냐고" 묻기에, "예수님도 많은 사람들의 고통을 짊어지고 십자가에 못 박히지 않았느냐"고 설명했더니, 나를 위해서 기도를 하겠다며 다음과 같이 써왔어요. 그대로 옮겨놓을 테니 읽어보세요.

예수님, 저희 삼촌이 훌륭하신 선생님이 감옥에 갇혀서 못 나오고 있다고 해요. 그 선생님은 아무 죄도 안 지었지만 진짜 죄지은 사람들이 선생님을 미워한대요. 하루 빨리 감옥에서 나올 수 있도록 예수님이 도와주세요. 이 모든 말씀을 예수님의 이름으로 기도합니다. 아멘.

이런 어린이들의 편지를 받으면, 어른들에게서 받는 것과는 또다른 감격에 젖어요. 아마 어른들이 한번 써보라고 했거나, 도움을 주었겠지만, 난 큰 힘을 얻어요. 이런 편지에는 꼭 회답을 보냅니다.

요새는 새벽에 홑이불을 덮고 자게끔 적당히 시원해졌어요. 어디선지 캄캄한 밖 풀속인지 건물 틈바구니에서인지, 귀뚜라미 소리가 제법 여물게 들려와요. 처음, 변기에 타고 앉은 채 문득 그 소리를 들었을 때는, 새끼 귀뚜라미인지 우는 소리도 야들야들하더니만 며칠 사이에 차돌소리로 여물었어요.

지금 시간이 아마 오후 2시 가깝겠지. 곧 운동 담당이 데리러 올 거요. 이 시간이 제일 좋아. 가을 햇살이라 따갑지도 않고 땀도 상쾌하게 흘리고, 여전히 100바퀴 돌고 들어와서 샤워하면 잠이 절로 오지요. 이렇게 해서 하루가 지나갑니다.

내일 당신이 올 것을 기다리는 마음으로 이만 안녕.

1989년 8월 24일 목요일

당신의 남편 씀

복숭아와 주스를 고여놓고 제사를 지냈어요

여보.

시간의 흐름이 강물 같아서 어느덧 8월도 오늘로 끝나려 하는군요. 허무하군! 대전 친구 초대의 동창생 모임은 재미있었소? 그저께 아침식사하고 설거지를 마치고, 9시쯤 되었을 때, 방 뒤창 밖으로 안양시 쪽을 바라보면서 생각했소. "저기 도로를 버스 타고 내려가고 있을까?" 그리고 안전한 왕래여행이 되도록 빌었소. 당신의 친구들 모이는 자리는 참 부러워요. 유치원 동창에서부터 국민학교, 중·고등학교 동창이 그렇게 수두룩, 다정하게 4,50년간 변함없이 어울린다는 것은 축복받은 일이오. 나야 학교 동창 없는 특수한 예지만, 나이 들면서 이해관계를 달리하게 되는 불가피한 현실에도 불구하고 당신네들은 아직도 국민학교 아이들처럼 만나서 즐길 수 있다니, 결코 이 사회에서 흔한 일이 아니지요. 당신네 친구들에 대해서 내가 애정과 함께 존경을 품는 까닭이 그처럼 어린 마음을 잃지 않은 어른들이기 때문이지요. 회갑의 나이들이면서 말이오!

어젯밤은 나도 해진 시간에 맞추어 감방에서 아버지의 제사를 지냈소. 당신이 집에서 차려놓고 지낼 시간에 대충 맞추고, 방향은 정확히 알 수 없지만, 아버지의 영혼이 돌아가서 계실 평안도 초산의 고향 방향을 어림하여 배례했소. 저녁에 들어온 밥과 반찬을 모셔놓을까 생각을 했지만, 하늘이 아직 중천에 있는 5시에 들어오는 식사를 몇 시간씩 식혀두는 것도 예가 아니겠기에 저녁은 먹고, 그 대신 복숭아와 주스를 고여놓고 지냈소. 복숭아는 제상에 안 오르는 것을 알지만, 미신이기도 하거니와, 과일이라곤 그것밖에 없는 사정 때문이었소. 밥상으로 쓰는 라면 종이상자에 신문지를 펴고 간소히 차렸지요. 음식이야 정이 두터운 며느리가 차린 화양동 집에 오셔서 잡수실 것이기에 나는 묵도와 배례로 아버님을 모셨소. 담배가 있으면 아버님 좋아하신 담배 한 대 피워 모시면 되었겠지만…….

월요일 면회 때, 잊고 있던 아버지 제삿날을 당신이 지적하고, 제사 차릴 준비를 하기 위해서 수요일에 면회 못 오겠다고 말했을 때 나의 마음이 얼마나 기쁘고 흐뭇했는지 몰라요. 내가 "이렇게 비정상인 상황이니 미루면 어떨까"라고 말하자 당신에게서 되돌아오는 말이 "며느리가 이렇게 정정하게 살아 있는데 그러면 되나요?"였소. 나는 가슴이 뭉클했소. 시아버지 돌아가신 지 30년(올해 꼭 30년이구만!) 동안, 정성을 다해서 기제를 차리고 모셔온 당신의 고마운 마음이 철창을 통해서 나의 가슴을 후끈하게 해주었소. 나의 무능 탓으로 찢어지게 가난하게 산 그 역경에서 선비이신 아버지는 며느리에게 언제나 착하게 대했고, 늘 미안한 심정이었지. 시어머니와 너무나 대조적이었던 까닭에 30년 전에 돌아가신 시아버지를 지금도 그의 아들인 나보다도 더 따뜻하게 기억하는지도 모르지요. 고마워요.

지금 이 편지를 쓰기 시작하기 전에 뒤창을 내려다보고 있는데, 여태까지 한 번도 보지 못한 새가 내 방 앞 조금 아래 운동장 담 위에 와 앉습디다. 흰몸에 검은 무늬가 앞뒤로 몇 줄 깨끗하게 흐르고 있는 새였어요. 부리는 가늘고 길며, 꼬리도 쪽 빠진, 아주 깨끗한 모습의 새였어요. 내가 내려다보고 있는 그 콘크리트 담 위에 한동안 머물러 있더니 한참 뒤에 창틀에 가려 더 볼 수 없는 북쪽 공간으로 사라져버리더군요. 오전 10시경이었소. 마음씨 착하고 선비셨던 아버지가 멀리 압록강변의 고향에서 나를 보러 온 것이 확실합니다. 서울구치소의 넓은 구내에 사는 새는 비둘기·참새·까치와 철 따라 찾아온 제비의 네 종류밖에 없어요. 그런데 전혀 볼 수 없었던 그 새(부리 끝에서 꼬리 끝까지 약 20센티미터 정도)가 한참 내 앞에 왔다가 사라진 것은 분명히 뜻이 있을 겁니다. 그래서 오늘 아침은 여느 날과는 달리 많은 생각을 하게 되었습니다.

오늘 당신이 사흘 만에 면회 올 오후시간이 기다려집니다. 어제는 미정이와 은숙이 함께 면회 왔더군요. 오래간만이어서 참 기쁘고 반가웠습니다.

편지 쓰기 전에 큰 수건 두 개와 걸레를 끓는 물에 '삶아'서 빨아 널었어요. 아무리 정성껏 비누질을 해도 수건에서 냄새가 사라지지 않아요. 뒤창에 뜨는 햇볕이 좋아서 여러 시간 건조시키는데도 늘 그래요. 그래서 당신이 세숫대야에 비눗물 풀어서 세탁물 삶던 것을 생각했지요. 아침에 들어온 식수 양동이에서, 마실 것과 그릇 헹굴 분량을 떠내고, 그 열수(끓지는 않지만 아마 90도는 되겠지)에 비누 풀어서 한참 동안 담갔다가 빨아서 널어놓았어요. 어떻게 될는지 오후에 봐야지. 냄새가 싹 빠지면 좋으련만.

건강해요. 운동도 열심히 하고요. 밤잠도 잘 자요. 고은 씨가 편지를 했습디다. 그 친구가 부럽구만……. 점심시간이 가까워집니다. 점심 오면 먹고, 오후에 운동 나갔다가 당신 면회하게 되겠지요. 이만 그치리다.

1989년 8월 31일 목요일

당신의 남편 씀

회갑기념 여행을 가자던 약속을 못 지켰어요

세월이 유수와 같아 벌써 9월에 접어들었소.

여보, 주말을 어떻게 지냈소. 지난 금요일에 면회 왔을 때가 나흘 만이었는데 피로가 아직 풀리지 않은 듯 얼굴이 활짝 피지를 못합디다. 너무 수고가 많아요. 미안해요.

회갑 기념으로 우리 동남아 관광여행을 하자던 계획이 이렇게 변했군요. 하기는 내가 투옥되지 않았다 하더라도, 이 사회의 양심을 가졌다는 사람이면 줄줄이 끌려가 형무소를 채우고 있는 형국인데 어떻게 한가하게 관광여행을 떠날 수 있었겠소? 결국, 행동하는 양심을 가진 사람의 일상적 생활계획조차 본인들의 선택에 있지 않고 사악한 권력집단의 결정에 달렸으니 저주받을 나라의 끝이외다.

지난 며칠 사이의 신문은 계속 한심한 소식만 전해주는군요. 버젓이 헌법이 규정하고 있는 시민의 권리를, 그 알량한 국가보안법이라는 것을 더욱 강화해서 깡그리 박탈해버리겠다고 서둘고 있다니, 이게 하늘에 머리를 둔 인간이 감히 생각이나 할 수 있는 일이오? 민주화의 당위성과 정당성을 그들 스스로 인정했던 1년 반 전에 그들 자신도 없애거나 개선해야겠다고 동의했던 그 천하의 악법을 이제 자기들의 힘이 강해지니까 언제 그런 말 했더냐는 듯이, 헌법 같은 것 뭐하는 거냐는 듯이 악법 강화를 국회에 제기할 것이라니……

당신도 같은 현상을 보면서 같은 생각을 하고 있을 터이니 그 애기는 그만 합시다.

어제, 일요일은 사랑하는 사람의 면회도 없고, 그 이름뿐인 운동도 없고, 사랑과 격려와 걱정을 보내주는 편지의 배달도 없는 무료한 24시간이었소. 벌써 이 속의 생활을 시작한 지도 어제로 꼭 4개월이 넘었으니 일요일을 사는 데 퍽 이골이 난 셈인데도 역시 일요일의 징역은 정말 징역입니다.

그런 대로 화창한 가을 날씨여서 비교적 덜 우울했습니다. 감방 뒷문으로 내다보는 저기 바깥세상의 한구석, 화양동 집에서 당신이 모처럼의 한가를 빨래일로 앉았다 섰다 하고 있을 모습을 상상해보았지요. 언제나 그랬듯이 일하는 당신의 발에 와서 감기는 삐삐와 실랑이하는 장면도 그려보았소. 마당은 작지만 이런 쾌청한 날에 그 현관 계단에 앉아서 햇볕을 즐기던 일을 생각해보았지요. 그러면서 두어 시간, 철창을 통해 정면으로 비추는 서울구치소의 태양에 얼굴을 맞대고 일광욕을 시켰어요. 정남향에 가까워서 거의 하루종일 해가 비춰주는 것, 이것이 지금 나의 감옥생활의 커다란 위안이에요.

눈을 감고 얼굴을 쳐들어 태양을 대하면, 가을해의 살이 수천수만 개의 실바늘 같은 가는 침이 되어 간지럽게 얼굴을 찔러줍니다. 간질간질하게, 따끔따끔하게, 문지르듯 시원하게, 얼굴 전면에 수만, 수백만 개의 실침을 놓아줍니다.

그러고 나서 구치소에서 산 수건 여섯 장을 꿰매서 만든 이불보(베드시트)를 빨아 철창에 매어 늘어뜨렸어요. 아직 때가 묻은 것도 아니지만 햇볕이 너무 아까워서 빨았지요. 널어놓고 방에 돌아와 『한겨레신문』을 다 읽고 나니깐 벌써 깨끗이 마르지 않았겠소? 한 두어 시간 남짓 사이에!

사람의 마음이란 참 간사해요. 구치소에서 주는 관담요도 새것이거나 세탁한 것이면, 살을 대어도 싫을 정도는 아니에요. 그래서 나는 사담요는 아예 들여오지 않고, 처음부터 관담요를 받아써왔지 않아요? 그런데도 수건을 사가지고 이어서 만든 것이지만 깔개를 펴고, 그 위에 몸을 누이면 한결 기분이 좋거든요! 마음을 비우지 못하기 때문이지요. 집착하기 때문이지요. 집착을 버리면 부처님이 되지만, 웬만큼의 깨달음도 쉬운 일이 아니에요. 이런 속에서도 뭔가 있으면 안심되고 하루라도 없으면 초조해지고⋯⋯. 그래서 때론 마음의 수양을 위해서 아침마다 『반야심경』(般若心經)을 읽고 있어요.

부처님의 가르침의 정수를 모은 아주 짧은 경인데, 그 정수는 '공'(空)의 사상(깨달음)이에요. 수건을 이어서 만든 깔개보를 깔고 누우면 기분이 좋고, 담요 위에 누우면 언짢고⋯⋯, 그런 차이를 넘어야 하고, 그런 집착을 버려야 하고, 그런 차이는 본래 없는 것이라고 깨달아야 하는 거지요……. 말하자면, 이 진리를 조금만 깨우쳐도 징역생활의 내용이 달라집니다. 면회 올 날에 안 오거나 기대했던 것이 이루어지지 않거나, 바라던 일이 빗나가거나…… 징역살이에서 마주치거나 겪어야 할 그 같은 많은 일에서 한결 마음가짐이 달라집니다. 그거야 끝이 없는 구도(求道)의 길이지만, 당장에 징역살이의 조건과 환경에 적용해도 효과가 있어요.

그렇다고 뭐 어떻게 되겠다는 것도 아니고, 조금 '정신주의'(또는 '최면술' '자기마취')의 효용을 빌려보는 거지요. 언제나 이야기해온 일이지만, 나는 이론과 논리성을 자료로 삼고 토대로 하는 학문작업을 해온 사람이라서 그런지 모르겠으나, 기독교건 불교건 이른바 '논리 이전의 신앙'이어야 한다는 종교에는 아무래도 저항을 느껴요. 다만 나로서는 부처님의 자비와 예수님의 사랑의 정신과 실천을 숭상하는 정도에 멈추는 게 고작일 거요. 그런 까닭에, 형이상학적인 종교문제에서 국가·정부·체제·정권…… 그밖의 어떤 현세적 권위에 대해서도 이론적으로 타당하고 논리적으로 모순이 없는 경우에라야 수긍하지요. 이런 사람은 한국 같은 나라에서는 현실적으로 불행할 수밖에 없지 않을까 싶군요. 종교의 구제도 기대하기 어렵고 바라지도 않으니 더욱 문제겠지요.

'우익·보수'를 표방하는 신문이 11월부터 나온다는 기사를 읽었소. 아니, 해방 이후부터 지금 현재, 이 나라의 신문이 전부가 '우익·보수'뿐인데, 그것이 못마땅하다고 '더욱 우익적, 더욱 보수적' 신문이라면 바로 '극우·반인간'적 신문일 수밖에. 히틀러와 무솔리니의 숭배자들만 만들어내겠다니 이 나라의 장래가 암담하외다. 왜 이리도 정신을 못 차리는지……. 그런 자들과 그런 세력,

그런 사상을 따르는 몽매한 사람들이 많으니 한심한 일이올시다.
낮은 덥지 않고 밤은 적절히 시원해서 한결 지내기 편합니다. 안심하세요.

멀리서 당신에게 사랑을 보냅니다.

안녕!

1989월 9월 4일 월요일

당신의 남편이

추석에는 이 안에서도 차례를 지낼게요

아내 영자에게.

주말엔 무엇 하고 지냈소? 집에서 좀 쉬고, 그동안의 피로를 풀었는지 모르겠군요. 지난 얼마 동안은 면회 온 당신의 얼굴에서 피로의 흔적이 확연하더라구요. 오히려 내가 구속되어 구치소에 들어온 초기에는 피곤의 빛이 덜했는데, 고달픔이 계속 쌓이는가보지요. 정말 미안하오.

오늘은 결심공판날이오. 점심을 먹고 출정하지. 다시 돌아올 때는 폭력화한 국가권력에 의해서 '구형'이라는 것을 받고 오겠지. 최근의 공판을 보면 구형이 공정가격화한 인상이오.

당신과 몇 차례 의논한 대로 최후진술을 어떻게 할까 궁리하던 끝에 한 30분 정도의 길이로 준비했어요. 재판 같지도 않은 재판에서 뭐 진지하게 최후진술을 한들 무슨 소용이 있느냐는 의견도 옳아요. 그런 생각이기는 하지만 재판이 재판답지 않을수록 밖의 사회에 기록이라도 남기고, 활자를 통해서 많은 사람들에게 이 나라의 '재판'이라는 것이 얼마나 반민주적인가 하는 사실을 알릴 필요가 있다는 생각이 들었소. 대학에서 강의하듯이 한 시간 이상, 하고 싶은 주장을 다 진술할까 하는 생각도 했지만, 제1회 공판의 '모두진술'에서 비교적 길게, 자세히 했기 때문에, 30분 정도의 내용을 준비했소.

세월 흐르는 것 보시오. 오늘로서 집에서 나온 지 꼭 만 5개월이 되오. '뭣 때문에 가자 하는가?'라는 생각과 함께 폭도 같은 자들에 의해서 집에서 끌려나온 지 벌써 5개월이 지났어요. 그동안 당신의 마음고생이 어떠했겠는가 생각하니 죄스러운 마음 한이 없소이다. 이번에 나가면, 새로운 형태의, 여태까지와는 '질'적으로 다른 삶으로 바꿉시다. 이 사회, 이 국가를 위해서 한다는 일이 끝내 이런 식으로 끝날 바에는 말이에요. 희망이 없는 나라요.

지난 5개월간, 극악한 생존조건에서 육체적으로는 감기 한 번 들지 않고, 속탈 한 번 앓지 않고 지낸 것이 스스로 대견스러워요. 평소 탈이 많은 이(齒)를 제외하면 용케 건강을 지켜왔다는 생각이 듭니다. 그러자니 하루 24시간, 만사에 신경을 쓰는 긴장의 지속이었지요. 이제는 이 생활에 비교적 이골이 나서 지낼 만해졌어요. 시간마다가 괴롭다는 그런 상태의 단계는 지났으니까. 밤잠잘 자는 것이 큰 축복이라고 할까.

이 주는 주말 가까이에 추석연휴가 끼어서 당신을 보는 것이 화요일 한 번뿐이겠소. 구치소에 들어온 5월 2일 이후, 가장 긴 지루한 기간이에요. 운동도 우편배달도 없고, 면회 나가는 일도 없이, 방안에서만 몇 날을 보내야 하니 따분할 거요. 주로 누워서 소설이나 읽고, 읽다가 졸리면 낮잠을 자는 것으로 지내야겠지. 추석날은 나도 이 안에서 아버지 어머니에게 차례를 지내리다.

추신: 나의 귀여운 삐삐에게 추석 축하로 고깃국 한 그릇 특별히 대접하시오. 안녕.

최후진술은 하나마나한 것인 줄 알면서도 지난 밤에 구상하고 준비하느라고 신경을 쓰다 보니 밤잠을 설쳐서 머리가 조금 무거운 느낌이에요. 아마 30분은 넘고, 한 시간은 걸릴 것 같은데, 기록으로 남기기 위해서.

1989년 9월 11일 월요일

최후진술 준비하느라 밤잠을 설쳤어요

추석의 좋은 계절을 맞는 가족에게.

이 편지가 배달될 때는 바쁜 추석이 지난 지도 며칠 뒤겠지. 용인 부모님 산소는 헐지나 않았던지? 여름의 홍수로 잔디와 흙이 흘러 내리지는 않았는지 걱정돼요. 한번 떼를 새로 옮기고 흙을 부어, 주변의 나무도 좀 쳐내야겠다고 벼르다가 이렇게 되었구만. 이 일이 끝나서 나가면 우선 그 일을 해야겠수다.

음식 차리고 먼 길 왕래하느라고 수고 많았어요. 아이들은 누가 갔는지? 미정이가 오래간만에 갔으면 좋았을걸. 건석이는 병원일로 어려웠을 거고. 건일이는 어땠는지?

어제의 결심공판은 잘 되었다고 생각하는데 당신 생각은 어때요? 정치범에 대한 구형이 최근 5년으로 거의 '공정가격화'한 감이 있는데 4년은 또 무엇인지? 공판정 경호로 나간 경험이 많은 교도관들의 경험적 이야기에 의하면, "구형 3년은 내보내도 좋다는 신호이고, 5년은 안 된다는 신호이고, 4년은 판사가 알아서 하라는 신호다"라고 합디다. 그럴듯한 평가지요?

어제 출정은 피로했어요. 일요일 밤에 최후진술 구상하고 준비 하는데 별로 대수롭지 않게 생각했는데도 이 궁리 저 생각 하다가 밤잠을 설쳤어요. 당신하고는, "그까짓 재판장 상대로 말을 한들 무슨 소용이 있느냐?"는 생각으로, 몇 마디로 짧게 하기로 했지 않았소? 그런데 그럴수록 신문·잡지에 수록되어 활자로 읽히고 역사에 남는데, 일단 할말은 해야겠다는 생각으로 바뀌었지. 그래 서 조금 길게 준비한 거요.

제1회 공판에서의 '모두진술'과 합쳐서 하나의 체계 잡힌 내용 이 되도록 구성했지요. 특히 판사와 사법부에 대한 비판(검사는 무식쟁이로 멸시해버리는 내용으로 하고)이 좀 언짢았겠지. 그 정 도는 말을 해야지. 변호사들의 변론도 좋았어요. 그 젊은 백병배 변호사의 법률관(法律觀)은 참 좋더라구! 아주 훌륭했어요.

나의 예감으로는 제2심에서나 나갈 수 있지 않겠나 하는데. '5 공 판사'라고 알려진 그 재판장의 얼굴과 태도를 보세요!

다섯 번에 걸친 재판에 언제나 법정을 꽉 채워준 분들, 참 고마 웠어요. 처음에는 그래도 차츰 뜸해지는 게 보통인데.

박정희 정권 말기 때와 비교해보세요. 공판정이야 매번 방청객 이 꽉 찼지만 신문에 제대로 보도된 일이 있었소? 외국 신문들은 보도하는데도 국내 어용신문들은 완전히 외면하지 않았소? 이번 에는 『한겨레신문』으로 이만큼 세상에 알릴 수 있으니 나의 고생 이 허무한 것은 아니지요.

싸움의 효과는 컸다고 생각해요. 잊혀진 속에서 재판받고 잊혀 진 채 징역 사는 정치범이 얼마나 많소? 그것을 생각하면 고생의 보람은 있다고 생각해요.

추석연휴 때문에 4, 5일분의 구매와 사간식을 시키니, 사과는 네 봉다리, 16개가 들어왔고 닭훈제·빵·우유·주스…… 등등, 챙길 데가 없어 방이 꽉 찼어. 사과 주머니는 변기 옆에 있고, 가끔 바닥에 굴러 돌아다니기도 하고. 인절미·찹쌀떡……도 들어왔어. 사실 나는 많이 먹지를 못하니까, 이웃과 나누어야겠지. 먹을 것은 푸짐한 징역의 추석이올시다.

한 사흘 동안 운동·면회 등이 없는 날이 계속되겠지만, 방안에서 간단한 도수체조로 몸을 풀면서 소설이나 읽지 뭐! 이럭저럭 사는 틀이 잡혀서 별로 고생스럽지는 않아요. 나처럼 대우받으면서 구치소 생활하면 특별히 어려울 것도 없어요.

구형공판 끝나고 나온 나의 뒤로, 미정이가 "아버지!"라고 소리 지르면서 뭐라고 손을 흔들어 보이는 것이, 최후진술과 변론에 만족한 듯한 표정 같았소. 나도 확실히 준비한 효과가 있었다고 생각해요. 그 정도의 말 안 한다고 재판장이 갑자기 악질에서 선질로 둔갑하리라고 기대하겠소?

그리고 푸른 관복(겨울용으로 새로 지급되었으니까)을 입고 나갈까 생각했는데, 당신이 가을 사복을 넣어준 것이, 관복 입고 나오는 것을 마땅치 않게 생각하는 것 같아서, 나가는 아침에 번호표를 꿰매 달고 나갔지요. 당신의 심경이 그런 것 같습디다. 이제 운동을 나갈 시간이 다가왔으니 그만 줄이리다. 추석과 대전 왕래의 피로를 집에서 푹 풀도록 하시오.

남편.

추신: 이 편지 써 제출하고 난 뒤에 당신과 건석이 면회 왔기에 추가하오. 늠름한 모습을 보니까 기뻤어요. 건일이도 제법 의젓하게 사회생활하고 막내도 그러니 아들 둘은 믿음직하고 마음이 놓

이는데, 딸이 좀……. 어떤 구상을 하는지 알 수가 없으니. 추석 먹을 것이 너무 많아서 당신이 넣은 것은 나눠줘야지.

1989년 9월 12일 화요일

젊은이들과 나눈 편지

임수경 군에게

또박또박 네모난 글씨로 앞뒷장을 메운 자네의 옥중편지, 방금 수업 끝나고 나와서 반갑게 읽었네. 개학 첫 주라서 이 주는 착실한 강의는 안 되겠어. 얼굴들이나 익히고 이름을 한 번씩 불러보는 것으로 한 주일이 지나가겠지. 이맘 때면 캠퍼스를 벗들과 거닐면서 재잘대고 웃고, 강의실에서 수업하는 생활이 그리워지겠지!

오늘은 3월 5일 목요일. 완연한 초봄 날씨에 가랑비가 교정을 오고가는 학생들의 머리와 어깨를 촉촉히 적셔주고 있어. '대학'에 들어온 '햇병아리' 같은 어린 남녀들이 마냥 즐거운 기성을 발하며 지나가는 것을 보네. '자유'(自由)이지!

나는 서울구치소에서 운동장에 나와 있을 때, 언제나 바로 머리 위를 김포비행장에서 또는 김포비행장으로, 높이 날아가고 오는 비행기를 보면서 그것을 '자유'의 상징이라고 생각했지. 하필이면 서울구치소의 운동장 위를 통과하는지! 정치범들의 운동장, 서양 치즈조각처럼 긴 3각형으로 구획된 둘레 38미터의 높은 울타리 속에 갇힌 인간의 머리 위를, 푸른 창공을 높이 높이 유유히 지나가는 비행기! 그 속에 다리를 죽 뻗고 앉아 있을, 세상이 즐겁기만 한 여행자들……. 그 하늘 위와 땅 위의 대조가 너무도 가슴을 조여오던 것을 지금도 잊을 수가 없구만.

등산 가는 아침길에 집 앞에서 자네 부친을 만났지. '거시기' 산악회가 고정궤도처럼 아침 9시에 올라가는 곳이 수경이 집 앞 언덕길이니까. 우리 등산반의 이름은, 1980년 봄에 형무소를 나온 이들이 북한산 일선사 옆의 대밭에서 밥을 지어 먹으면서 "이름을 뭐라 지을까?"를 의논할 때, 이돈명 변호사가 전라도 사투리로 "그 이름 말이야, ……그거 저 거시기, 거시기 있잖아. 저 거시기 말이야……"하고 더듬기에 모두가 '거시기'로 하기로 한 거거든. 아무런 뜻도 의미도 없는 그야말로 거시기일 뿐인 이름이지. 그래서 '거시기 산악회.' 매주 가면 건강에 좋은데 주례다 뭐다…… 피할 수 없는 일 때문에 한 달에 두 번이 고작이구만. 세 번만 해도 좋은데 잘 안 돼.

수경에게 군(君)이라고 부른 것은 양자(孃字)를 내가 싫어해서요. '미스'라는 칭명을 해방 후에 처음 들었을 때 우리말에 젊은 여성에 대한 적절한 호칭이 없는 게 안타깝더군. 그래서 다른 이들은 미혼남녀 구분 없이 손아래 미혼남녀에게 '양'이라 하는데 나는 '군'으로 대하기로 했지.

건강 상태에 관해서 편지에 말이 없었는데 무고하겠지? 나는 청주교도소에 있어본 일이 없어서 서울이나 광주의 그것과 비교하기 어렵지만, 어디나 대동소이하겠지. 이제 지구가 한 바퀴 돌아서 '봄'이 오려 하니 무엇보다도 먼저 생각해야 되는 것이 형무소 안에 갇혀 있는 사람들이야. 학교에서나 사회에서나 겨울날씨가 화제가 될 때도 마찬가지였지. "영하 속에서 얼마나 추울까!" 추위가 간 뒤의 환절기에 방심하기 쉬우니 각별히 조심해야 해요. 긴장을 잘못 풀면 탈이 있으니까.

책들은 부족 없이 순조롭게 공급되고 있는지? 그러리라고 짐작은 하지만, 특별한 부탁이 있으면 다음 편지로 알려주게. 나는 『한겨레신문』 기자단 방북 취재계획 사건 때, 프랑스어 소설과 불경을 읽는 것으로 독서의 범위를 좁혔었지. 녹슬었던 불어를 닦아서 약간의 빛을 내고, 부처님 가르침에 조금 더 가까워졌다고 할까…….

수경의 건강을 빌면서 오늘은 이만 쓰겠네.

1992년 3월 5일 연구실에서

리영희.

수경 군, 유익한 책을 읽게

수경 군. 오늘 아침 학교의 우편함에서 기다리고 있던 수경의 편지를 받았네. 아마 월요일에 배달된 듯한데, 월요일은 안산분교에 가는 날이라 하루가 늦은 셈이겠지. 건강이 좋다니 반갑고, 책도 즐겁게 읽고 있다니 다행이군. 동지들이 "긴장을 늦추지 말고, 상황파악을 게을리하지 말고……" 등등의 충고나 요구를 하는가 본데 별로 낱말대로 따라야 할 생활태도는 못 되지. 언제나 어떤 환경하에서나 유연할 수 있어야 진정으로 큰 인물이고 큰 일을 할 수 있어. 인간도(정신도 육체도) 물체와 같아서, 압력이 일정 기간과 일정 무게를 넘으면 스프링이 탄력(다시 본래의 모습으로 돌아가는 힘)을 상실하게 되는 거야.

무슨 일에서건 한 가지의 고정된 방식을 고집하거나 집착하는 것은 교조이기도 하지. '교조'(敎條, dogma)는 인간정신의 미라화 (化)를 뜻하지. 소련 공산주의와 동유럽의 현실이 무엇을 말하는 지! 북한의 획일주의의 일면 역시 정신적 미라화의 일면이지 않겠 나?

형무소 안에서도 한 가지로만 살 필요가 없어. 적(또는 상대방) 이 강요한 환경을, 탄력의 파탄을 일으키지 않고 건강하게, 지혜 롭게, 늠늠하게 살아 넘겨야지. 외골수로, 끊임없이 긴장한 채 밤 낮으로 변하는 상황 파악에 골몰한다면, 그것은 바로 적이 바라는 바가 아니겠는가? 유익한 책을 즐거운 마음으로 읽는 것이 제일 이야. 읽고 싶지 않으면 안 읽고, 피곤하면, 상황의 흐름과 변화는 마음대로 변화하고 흐르도록 관망하는 법도 배워야 해. 그래야 달 관을 할 수도 있고, 더 큰 그릇이 되는 거지.

나는 루소의 저술들과 빅토르 위고의 『레미제라블』을 비롯한 작품들, 원어에서 불어 번역한 도스토예프스키 것들을 읽었어. 특 별히 긴장을 유지한다거나 정세 분석에 도움이 된다거나 따위와 는 무관하게, 너무 오랫동안 바빠서 녹슨 불어를 다시 좀 윤을 내 보고 싶었던 것뿐이야. 편안한 마음으로 살면 돼.

바로 그저께 일요일(5일) 아침에, 평창동 산행길을 오르는데 면 회하러 가는 수경의 부모님과 언니를 만났어. 어머니가 곱게 단장 하고 차의 운전석에 앉아 계시더군. 특별면회의 날이라고 기뻐하 시더구만. 그 전 일요일에 집 앞에서 어머니 뵙고, 곁들여서 차입 물이나 사 넣으라고 돈을 낸 분은 서울대학교의 백낙청 교수였어.

나는 내일, 학생 한 사람을 데리고 육체노동을 하러 시골에 가 네. 10여 년 전에 어머니와 아버지를 경기도 용인의 문중묘지에 합장한 후에 떼(芝)가 잘 자라지 않고 죽어요. 땜질처럼 손질했지만 그래도 살지 않아. 그래서 지난 청명날에 큰돈 들여서 완전히 새로 뗏장을 입혔지. 그런데 비가 안 와요. 기상대에 문의했더니 이상 건조일기가 한참 동안 계속된다는 답변이지 뭐야.

그래서 사회과학대학 복도에 '아르바이트 구함' 광고를 써 붙였지. 내용은 이렇게. "1. 일의 종류=육체노동(물짐 나르기) 2. 기한=4월 8일(수요일) 하루만 3. 일할 곳=경기도 용인 4. 보수=5만 원 5. 구하는 사람=신방과 리영희 교수" 그랬더니 학생들이 왔어. 물어보니까 아버지가 생산직 노동자라는 거야. 잘 됐어. 급한 대로, 임시방편으로라도 물을 져다 줘야지. 며칠 만이라도 말라 죽지 않게 하면 봄비가 오지 않겠어? 너무 불효자식이었어. 그래, 나는 내일 물짐 지러 가네. 갔다 와서 책을 몇 권 차입할게. 건강을 비네.

1992년 4월 7일 화요일

리영희 교수님께

교수님 안녕하십니까? 저 기억하시겠습니까. 강릉에서 군복무를 하고 있는 강태우입니다. 그동안 별고 없으셨는지요.

전 얼마 전 열흘간 휴가를 다녀왔습니다. 이번 휴가는 저에게 나름으로 의미 있는 휴가였습니다. 학교를 졸업하고 그동안 연락을 안 했던 선배들과 연락을 해서 회포도 풀고 학교도 좀 알아보는 등 공과적인 휴가였습니다.

제가 이렇게 선생님께 글을 드리는 이유는 다름이 아니오라 최근 앤서니 기든스의 『제3의 길』을 읽고 몇 가지 궁금한 점이 있어 선생님의 말씀을 듣고 싶어서입니다.

죄송한 말씀이지만 제가 철학이나 운동에 대한 관점이 명확하질 않고 또 수개월간 세상의 흐름과 단절되어 있다 보니 경직된 사고를 한다는 것입니다. 이 점에 대해서 먼저 양해를 구하면서 몇 가지 질문을 드리겠습니다. 이 책은 세계화를 추동하고 있는 다원주의를 다각적 측면에서 고찰하고 있는 것 같습니다. 여기서의 다원주의라 함은 포스트모더니즘의 주된 특징인 주체의 파편화를 말하는 것 같습니다.

좌·우파 경계의 붕괴, 시민사회의 활성화, 커뮤니케이션의 혁명적 변화를 기초로 한 국가 경계의 붕괴 등. 그러면서 활력 있는 시민사회, 민주주의를 더욱 투명하게 재생시킬 정부의 역할을 얘기하고 있습니다. 이러한 것들이 남한 내에서도 어느 정도 참고가 될 수 있다고도 합니다.

물론 우리 사회가 차츰 다원화의 경향을 띠고 있고, 수평적 정권 교체, 경실련·참여연대 등 시민운동 단체들의 활동의 폭이 넓어지고 있는 것은 사실입니다만, 여전히 운동가들은 과거 정권 때와 다름없는 구속과 수배의 반복된 생활을 하고 있고, 수평적 정권 교체를 이뤘다고는 하나 정부의 운영 자체는 대통령 1인을 중심으로, 그의 의중을 읽기 바쁘고, 대통령 혼자의 힘으로 정부가 운영되는 것 같기도 합니다. 대통령 외의 다른 사람들은 창의적이고 자주적인 활동을 펼치지 못하는, 새로운 형태의 독재권력을 보는 듯합니다.

그리고 대북정책에서도 '햇볕정책'을 펼치면서 일관된 대북정책—물론 긍정적 측면도 있습니다—을 펴는 것 같으나, 그것은 북한을 흡수 통합시키겠다는 의지의 또 다른 표현인 것 같기도 합니다.

현 정부는 모든 운동 세력을 제도권 안으로 흡입시키려고 하며 만약 그 뜻에 어긋나면 처벌을 하는 등 새로운 독재권력을 창출하고 있다는 생각이 듭니다. 이러한 상황에서 현상적으로 다원화된 사회의 모순, 몇몇 시민운동 단체의 활동의 폭이 넓어졌다고 민주화가 뿌리를 내렸다고 진단하는 것은 오류가 아닐까 싶은데, 만약 오류가 아니라면 전선운동과의 관계는 어떻게 되는 것입니까? 그리고 한 사회의 민주화의 척도는 무엇인지 궁금합니다.

제가 아는 게 한계가 있고 해서 괜히 어리석은 질문을 드리지나 않는가 하는 후회를 해봅니다만, 선생님의 지도를 받고 싶은 마음에 용기 내어 글을 드립니다. 부디 너그러운 마음으로 이해해주시고 많은 지도 부탁드립니다.

올해도 만수무강하시고 만사형통하십시오.

1999년 3월 1일

강태우 올림

강태우 군에게

집단생활을 하고 있는 먼 곳에서 보내준 3월 1일자 편지를 잘 읽었어요. 글자의 반듯함과 글월의 진지함 등으로 미루어 강군이 건실하게 살고자 하는 마음씨와, 그렇기 때문에 현실상황과의 갈등으로 고민하는 모습을 잘 알 수 있습니다. 동시대적으로 현재를 사는 모두의 같은 심정과 고민을 말한 것이지요.

나는 『제3의 길』을 읽지 않아서, 대충은 책의 내용을 짐작하지만 상세히는 알지 못해요. 다만 강군이 다원주의와 '포스트모더니즘'

적 현상을 현재의 특징으로 그 책을 진단하는 데 인용한 것 같은데, 그것과는 상이한(어쩌면 다른) 변화가 유럽에서 일제히 진행되고 있는 사실도 중요시해야겠지요. EC(European Community, 단일화폐와 무국경·문화동질화적 유럽) 15개국 중 13개 국가에서 사회주의 또는 사회주의적(사민 또는 민사) 정치 경향이 일어나고 그 노선의 정권이 집권한, 지난 2~3년의 시대적 사조(思潮)와 경향을 주시해야 할 거예요. 좌·우 대신에 진보와 보수는 영원한 관계니까.

다음으로 강군이 우려한 남한의 사태에 관해서 나의 견해를 한마디씩으로 적지요. 대통령 1인의 독주(또는 '새로운 형태의 독재'화)라는 강군의 관찰은 전혀 사실과는 무관해 보여요. 수구세력과 '연합정부'를 구성할 수밖에 없는 김 대통령은 사실은 너무나 허약한 처지여서 개혁이 어려운 것이지요. 과거 50년간 부패·부정·범죄화한 지배층과 정부 내 관공리 집단의 '개혁 반대'가 제일 큰 민주화의 걸림돌이라고 보지 않아요? 지금의 정부가 '혁명'으로 집권한 무소불위의 정권이 아니잖아요?

대북한 '햇볕정책'은 원칙적으로 타당하고 남한 정권의 대북정책으로는 거의 질적 전환이라고 해야겠지요. 현재는 남북 민족 간의 '전쟁'을 회피하는 노선이 가장 중요하지요. 흡수통일 여부는 북한의 집권세력의 현명성 여부에도 크게 달려 있는 문제겠지요. 남한의 민주화는 개혁과 민주화를 거부하는 세력과의 긴 투쟁을 요구합니다. '속결'(速決)은 없지요.

리영희

우리 함께 생각해보자

대학생 독자에게 설교나 훈계를 할 일은 없고, 그 대신 함께 생각해보고 싶은 일이 한 가지 있다. 굳이 그 주제를 이름하자면, 과거 국가 권력집단에 의해서 조작되고 은폐된 역사의 진실을 밝히는 문제다.

나는 최근 두 가지 일로 해서 이에 특별한 관심을 갖게 되었다. 하나는 우리 겨레의 애국적 지도자 백범(白凡) 김구(金九) 선생을 암살한 안두희(安斗熙)가, 자신의 추악한 죽음을 눈앞에 두고 마침내 고백한 범죄의 진실이다. 다른 하나는, 국내에서 상영된 미국영화 「JFK」에서 밝혀져나가는 존 F. 케네디 미국 대통령 암살 음모를 본 까닭이다.

혹시라도 학생들 중 「JFK」를 보지 않은 사람이 있다면 꼭 보기 바란다. 나와의 대화를 위해서 뿐만 아니라 미국이라는 국가의 '본질'이 무엇인지를 깨닫게 될 것이기 때문이다. 더구나 지금의 대학생 세대는 지난날 국제문제에 관해서는 물론 미국에 관해서도 진실과는 너무 동떨어진 교육·선전·세뇌를 받은 결과, 역사를 거꾸로 인식하려는 일반적 결함이 있음을 내가 알기 때문이다.

해방 후 오늘에 이르기까지 이 나라의 많은 지도자와 권력자들이 비극적 종말을 당했다. 민중의 궐기에 의해 대통령의 권좌에서 추방된 자, 가장 믿었던 권력 측근자의 총에 맞아 죽은 독재자 등 건국 이후 어느 권력자도 명예로운 퇴진을 한 예가 없다. 이유는 간단하다. 그 어느 '권력자'도 '폭군'이었을 뿐 '지도자'가 아니었기 때문이다.

해방 후 건국까지의 짧은 기간에 김구 선생과 여운형(呂運亨) 선생도 암살자의 총탄에 맞아 비명에 갔다. 해방 이후 오늘까지 이처럼 수많은 민족의 어른들이 비운에 갔지만, 그 죽음에 대해서 온 겨레가 가슴에서 복받치는 눈물로 서러워한 이는 김구 선생과 여운형 선생뿐이다.

지금의 대학생들에게는 옛이야기로 들릴지도 모른다. 아무런 감흥도 느끼지 못할는지 모른다. 어쨌든, 이 두 분이 암살을 당했을 때 그야말로 전국 방방곡곡에 눈물이 강물처럼 흘렀다. 강토가 분노에 떨고, 아우성과 통곡이 그칠 줄 몰랐다. 두 분에 대한 동포의 존경과 사랑과 기대가 한량없었기 때문이다.

그런 민족의 지도자 김구 선생을 비열한 방법으로 살해한 안두희라는 자의 변명을 들어보자. "김구 선생은 빨갱이였으니까. ……우리는 김구 씨를 공산주의자로 생각했기 때문에……."

안두희는 자기(들)의 행위를 그 흔한 '반공'(反共)이라는 말로도 표현하지 않았다. 많은 사람이 들어보지도 못한 말로 '타공'(打共)을 했다고 자랑했다. '공산주의자를 때려잡는다'는 표현이다. 극악무도한 말투였다.

그 당시, 국가권력을 장악한 자들은 자신(들)의 이익에 반하거나 거슬리는 사람·생각·사상·이념·노선……에 무조건 '빨갱이'

라는 딱지를 붙였다. '공산당' 또는 '빨갱이'라는 낙인은 바로 인간의 물리적 종말을 뜻한다.

한번 그 낙인이 찍히면 누구나 그 순간에 'Non-Being'(無存在)이 된다. 그 추상적 칭호는 구체적 인간을 쥐도 새도 모르게, 아니 오히려 공공연하게 대낮에 'Non-Being'으로 만들었다. 그때 민중의 항의에 대해 국가권력의 대행자는 "백주의 테러는 테러가 아니다!"라는 유명한 궤변을 내뱉기까지 했던 것이다.

그런데 안두희의 '자백'에서 중요한 사실은 다른 곳에 있다. 그가 40여 년 만에 비로소 일부를 밝힌 김구 선생 암살의 주모자 또는 배후 조종자들이 예외없이 일제 식민통치하에서 극악한 친일분자, 민족반역자였다는 폭로다.

안두희의 입에서 나온 이름들은 한결같이 일제하에서 일본군 또는 만주괴뢰군 장교·지원병·헌병·독립운동 감시 첩보원·헌병 보조원…… 들이었다. 일본 경찰의 독립운동가 전담 특고(特高, 특별고등경찰)·밀정·아편밀수범·첩보원이었다. 그들이 이 민족의 가장 순수하고 존경받는 독립운동가들을 추적·밀고·체포·고문·투옥·사형시킨 자들이다.

바로 이런 분자들이 해방 후 38선 이남에서 미국 군정 비호하에, 그 후에는 이승만 대통령 정권하에서 이 국가와 사회의 모든 분야의 권력을 장악했다. 그들은 '애국자'로 둔갑했다. 그들은 자신들의 일제하 행적을 은폐하기 위해, 독립운동을 한 이들을 사갈시하고 박해했다. 그들의 과거를 캐묻는 선량한 시민에게 '빨갱이' 또는 '공산주의자'라는 딱지를 붙였다. 그것은 바로, 중세기 가톨릭 교회권력이 '이단자'라는 딱지만 붙이면 상대가 갈릴레이건 코페르니쿠스건 베이컨이건 또는 브루노건 누구든지 죽어야 했던 것과 같다.

　김구 선생이나 여운형 선생 같은 지도자도 그렇게 당했으니 이름 없는 평민, 시민들이야 어떠했겠는가? 우리는 해마다 6·25 기념일에는 인민군과 소위 '좌익'의 잔학상이라는 사진전을 텔레비전에서 본다. 시청 앞 지하철 복도에서 그리고 전국 각지에서 지난날의 끔찍한 모습을 사진전으로 보기를 강요당해왔다. 그리고 지금의 대학생 세대는 국민학교 때부터 그것을 그대로 믿어왔을 것이다.

　그러나 그것이 역사의 양면을 말해주는 것은 아니다. 같은 기간에 극우세력, 또는 안두희와 그런 자들이 앞장선 소위 '타공' 주의자들에 의해서 'Non-Being'이 된 동포의 수도 그에 못지않다. 그럼에도 불구하고 악명 높은 '거창(居昌)양민학살'사건을 비롯한 반공주의자들의 천인공노할 모든 유사한 학살사건은 이 나라 어느 단계의 국어 교과서에도 실려 있지 않다. 그것을 거론하는 말조차(행동은 고사하고) 반공법과 국가보안법으로 참혹하게 '다스려'졌다. 역사가 조작되고 은폐되어온 것이다.

　지금의 대학생들은 그런 집단이 이런 해방후사(解放後史)의 교육으로 뇌 속에 주입해준 지적·정신적·사상적·세계관적 마취에서 하루 속히 깨어나야 한다. 그렇지 않고서야 우리가 일본의 교과서 왜곡이니 정신대 문제니……를 가지고 어떻게 남의 나라를 비판할 수 있겠는가? 그리고 자기 나라 역사의 진실을 모르면서 어떻게 '지성인'이라 할 수 있겠는가? 또 바로 가까운 해방 후의 역사를 거꾸로 알고서 어떻게 남·북 민족의 문제나 우리의 내일의 상(像)을 그릴 수 있겠는가?

　이야기가 끝으로 밀려났지만, 1963년 11월 케네디 미국 대통령을 암살한 배후의 진실은 우리가 '법치국가'라고 착각하고 있는 미국에서 지난 30년 동안 검은 장막에 싸여왔다. 대대적인 겉치레의 조사(워렌 특별조사)는 이름도 없는 오스왈드라는 '전 공산주의자' 한 개인의 '단독범'이라고 결론을 내렸다. 사실은 누구도 그 결론을 믿지는 않았지만 달리 밝혀낼 도리도 없었다.

「JFK」라는 영화를 보자. 세계평화를 위해서 케네디 대통령이 베트남전쟁을 단념하고 미국 군대의 철군계획을 구상한다. 쿠바에 대한 침략공격 계획도 취소시킨다. 전쟁과 침략행위로 이득을 얻는 미국의 군장성·제독·중앙정보부(CIA)·연방수사국(FBI)·군수자본가군·반공주의 집단·반공주의 정치가·언론(인)…… 들이 공모해 전쟁계속 계획을 세운다.

이와 함께 그 계획에 방해가 되는 케네디 대통령을 암살하는 음모가 짜인다. 그리고 그들은 북미합중국의 진보적이고 젊은 존 F. 케네디 대통령의 암살범으로 전 '빨갱이' 오스왈드라는, 이름도 없는 놈팽이를 진범으로 만들어낸다. 진실을 밝히려는 모든 노력이 그들의 음모로 거부된다. 그리고 오늘에 이른 것이다. '민주주의' '법치국가'라는 미국에서!

진실은 물론 영화 그대로는 아닐 수 있을 것이다. 그러나 반공주의자들의 행태는 놀라울 만큼 파헤쳐졌다고 할 수 있다. 이 영화가 세계적 관심을 끈 까닭이다.

우리 대학생들은 공산주의의 마취에서 깨어나야겠지만 '반공주의'의 조작된 역사에서도 깨어나야 할 때가 온 것 같다. 우리 함께 생각해보자.

영원한 질문―숭고한 삶이란?

　6·25전쟁 초기, 인민군의 젊은 종군기자로 내려왔던 리인모 씨가 43년간의 억류생활 끝에 폐인이 되어 고국으로 돌아가는 장면 앞에서 나의 영혼은 저려왔다.

　76세의 '비전향수' 리인모 노인이 43년 만에 사랑의 품에 안기는 데 대한 기쁨보다는 그가 인간존재의 근본적 '문제'가 되어 나에게 던지는 '질문'의 무게에 나는 압도당했다.

　'사람의 삶에서 양심이나 신념은 저렇게도 삶 그 자체보다 더 귀중한 것인가?' '공산주의는 저렇게도 43년간의 모진 고통을 이겨내는 힘을 주는 것인가?'

　나는 리인모 노인이 겪은 0.9평 감방 속에서 보낸 38년간의 고통을 상상할 수가 없다. 다만 나는 나의 보잘것없는 양심과 신념 때문에 박정희 정권 말기에 리인모 씨와 같은 처지의 분들과 함께 한 공간에서 12개월을 산 일이 있다. 거기서 나는 그들의 '생존'을 힐끗 보았을 뿐이다.

　그들은 '순교자'였다. 이 말 외에 그들의 존재를 표현하는 낱말을 나는 달리 알지 못한다. 그들의 순교자로서의 양심과 신념의 대상이 무엇인가는 문제가 되지 않는다. 그들의 처절한 삶은 '인간으로서는 불가능' 그것이었다.

공산주의자로서 양심과 신념을 버리기를 거부한 까닭에 그들은 적대적인 세속권력에 의해서 사람의 머리로 짜낼 수 있는 모든 종류의 악의에 찬 고문과 학대를 받아야 했다.

나는 몇 해 전, 로마시 교외에 있는 기독교 성지의 하나인 카타콤베의 땅굴 속에서 원시기독교인들의 삶과 죽음이 던지는 같은 물음에 직면한 적이 있었다. 로마제국의 세속권력에 의해서 육체와 영혼이 무참하게 찢겨 묻힌 원시기독교 신자들에게서 나는 역시 추상적 믿음에 대한 한없이 깊은 경외감에 사로잡혔다.

허약한 인간의 정신을 종교가 어느 높이까지 승화시킬 수 있는가 하는 본보기였다. 거미줄처럼 파인 캄캄한 지하동굴 속에서 원시기독교인들은 오로지 예수의 가르침과 그 가르침이 실현되는 미래를 위해서 오늘의 박해와 고통을 견디다가 죽어 그 동굴 속에 그대로 묻혔다.

종교(기독교)가 사람을 인간 이상으로 높였듯이 세속적 공산주의도 그 신도들을 인간 이상으로 높인 '종교'임을 리인모 씨에게서 새삼스럽게 알게 된다. 대한민국의 형무소와 감호소에서 리인모 씨와 그의 '비전향' 동료들이 겪어온 야만적 고통은 김하기의 소설 『완전한 만남』에서 그 일단을 엿볼 수 있다. 그 지옥 속에서 1년도 아닌 10년, 20년, 30년 또는 40년을 오로지 '신념' 하나로, 그리고 배신보다는 죽음을 택하려는, 조국에 대한 사랑과 양심 하나로 견디고 있는 그들은 카타콤베의 2천 년 전의 원시기독교인 같아 보였다. 그들이 믿는 이데올로기의 현실은, 종교에서 영원히 오지 않을 극락이나 천국과 같다.

그러기에 동굴 같은 광주교도소의 특별사동에서 1년 동안 '비전향 공산주의 '신자'들을 보면서 나는 밤낮으로 머리에 떠오르는 한 가지 불손한 상상을 떨쳐버릴 수가 없었다. '기독교의 주교·신부·목사·신도……, 즉 하나님과 예수를 죽도록 사랑한다고 맹세하는 사람들을 0.9평의 감방 속에 잡아 넣고 43년 동안 전향(기독교 신의 포기)을 강요한다면 과연 몇 사람이나 크리스찬으로 남을까?'

조선조 말기 가톨릭 박해·학살에서 이 같은 부당한 물음을 비웃은 수많은 순교자들에 대한 나의 경외감은 무한하다.

그러나 로마제국이 원시기독교인들에게, 그리고 대한민국이 '비전향 공산주의자'들에게 가한 잔인한 고문에 비하면 '신사적'이었다고 할 수밖에 없는 일제 말기 불과 몇 해 동안, 신사참배 강요에 끝까지 항거했거나 순교한 크리스찬이 과연 몇 명이었는지? 끝까지 항거하다 옥사한 주기철 목사(1897~1941) 외에 고작 몇 명뿐이었음을 한국 기독교 교회사는 말해주고 있다. 가톨릭교회는 일제침략 직후 일찌감치 조선식민정책에 협력을 공약했다. 그것은 서글픈 일이다. 예나 지금이나 양심과 신념에 따라 살기란 이렇게 어려운 것일까? 종교건 사상이건.

리인모 노인은 나에게 영원한 질문을 던져놓고 휴전선을 넘어갔다. 나는 너무나 왜소한 자신을 부끄러워하면서 한참 동안 화면 꺼진 텔레비전 앞을 떠날 수가 없었다.

• 『전교조신문』, 1993. 4. 5

6·25 47주년에 북한 동포 돕기를 생각하며

　이 달은 1950년 6월 25일에 시작되어 3년 2개월간 계속됐던 우리 민족의 처절한 동족상잔 '6·25전쟁' 47주년이 되는 달이다.

　47년 전의 일!

　남북의 국토를 거의 초토화하다시피하고 수백만 인간의 목숨을 앗아간 6·25전쟁! 그 전쟁을 몸으로 겪은 지금의 60대 이상 세대에게는 아직도 생생한 '기억'인 반면, 그 전쟁을 책으로만 배우고 말로만 들어온 젊은 세대들에게는 아득한 '역사'가 되어버린 전쟁! 그러는 사이에 47년이 지났다.

　일본 식민지에서 '해방'된 줄 알았던 조선(한)민족의 기쁨은, 그 해방을 가져다 준 미국과 소련이 나라의 땅과 민족을 북위 38도선으로 분단하기로 결정한다는 소식에 한숨과 슬픔과 분노로 변했다. 그 분계선 이남에서 권력을 잡은, 이승만 씨와 그의 권력 토대인 지난날의 친일분자와 수구세력은 민족의 분단을 고착화하는 남한 단독정부를 수립했다. 지난날 주로 무력 항일투쟁과 지하운동을 이끌었던 북한의 공산주의 세력도 곧 이어서 단독정부를 수립했다.

두 단독정권을 앞세운 배후세력인 미국과 소련은 한(조선)반도를 세계적 적대전략의 최첨단 전초기지로 이용하려 했다. 민족과 국토의 분단은 이제 국내(민족 내) 대립 세력과 국제적 대립 세력이 결합된 세계적 구조로 굳어져가고 있었다.

이 세계화·국제화되려는 분단구조를 깨고 단숨에 통일을 실현하려는 이북 공산정권은 지지부진한 협상 대신 군사력에 호소했다. 남한에 대한 무력침공이다. 1950년 6월 25일 새벽이었다.

북쪽 공산주의자들의 구상과 계획은 그들이 예상치 못했던 미국의 군사개입으로 좌절, 실패했다. 남한의 거의 전부를 점령할 듯싶었던 그들은 막강한 미국 군사력의 반격으로 몇 달 만에 거꾸로 압록강과 두만강으로 이어지는 국경선까지 밀려났다. 전세는 역전되었다. 이번에는 남한의 반공정권이, 미국이 앞세운 '유엔'의 정치적 깃발과 미국의 군사력을 배경으로 38도선 이북 공산정권 지역을 '반공주의'로 무력 통일하려 했다.

압록강과 두만강으로 형성되는 만주 남부의 조선(한)반도 지역이 적대적 세력인 미국과 반공주의 남한의 품안으로 무력통일될 것을 두려워하는 중국이 백만 대군으로 북에 합세했다. 이렇게 해서 '한국'과 미국(명목상 소수의 유엔 가입국 군대 포함)의 연합군, '조선'과 중국의 연합군은 남과 북에서 북위 38도선을 두 번씩 돌파했다.

그러나 남·북 어느 쪽에 의해서도 통일은 이루어지지 못했다. 강대국들의 동북아시아 지역 이해관계의 대립구조가 남과 북 어느 쪽에 의한 한(조선)반도의 통일도 허용하지 않으려는 것이 입증된 셈이다. 그 구체적 의지의 표시가 북위 38도선과 별로 다를 바 없는 '휴전선'으로 자리잡았다. 225킬로미터 길이의 쌍방 방어

진지로 굳어진 휴전선은, 한(조선)반도 남·북 동포의 두 체제·정권·국가 사이에 '평화' 외에는 살길이 없다는 엄연한 세계적 판단을 말해주는 것이다.

그 후에도 남북의 두 국가와 정권은 기회 있을 때마다 일방적 통일을 시도했다. 그리고 실패했다. 그러면서 47년의 시간이 흘렀다.

47년간의 쓰라린 민족적 경험은, 한반도에서는 군사력에 의한 모든 모험주의적 행위가 결국 자기부정임을 가르쳐주었다. 서로 군사력을 삭감하면서 상호부조하는 행위만이 47년간의 적대 감정을 삭이고 평화적인 공존관계와 순리에 따르는 재통합을 실현할 수 있는 전제조건임을 우리는 배웠다. 귀중한 교훈이다.

바로 이런 때에 우리는 민족의 큰 불행과 재난을 그런 방향으로 '전화위복'할 수 있는 절호의, 그러나 가슴 아픈 기회를 맞았다. 북한의 기근이다. 3년간 계속되고 있는 북쪽 사회의 기근은 이제 남쪽 동포와 정부의 적극적 지원 없이는 몇백만 명이 굶어 죽게 될 극한 상황에 이르렀다.

북한의 이 재난에 대해서는 적지 않은 책임이 그 체제와 정권 당국자에게 있다는 주장이 유력하다. 그런 주장과 논리에는 상당한 타당성이 있다. 우리는 그에 관한 분명한 인식을 토대로 해서 북한의 체제개혁과 사회개방을 통한 장기적 구제책을 강구해야 할 것이다. 장기적이고 근본적인 개혁 없이는 외부로부터의 어떤 단기적 노력도 소기의 성과를 기대하기 어렵기 때문이다.

그러면서 동시에 기아에 직면한 동포들의 목숨을 구하는 단기적 원조는 바로 지금 당장 무조건적으로 제공되어야 한다. 그동안 우리 정부는 낡은 냉전논리와 '반공주의'적 대북 봉쇄·압살전략으로 일관했다. 그것이 국제사회의 지탄을 받게 되자 마지못해 개인과 민간단체의 대북지원의 빗장을 조금 풀어주었다. 세계의 많은 재난 원조기구들과 인도적 구호단체들, 그리고 여러 나라 정부는 남한 정부의 대북한 정책을 '냉혈'적인 잔인성으로 비난하기도 하고 '비인간'적인 것으로 규탄하기도 했다.

한 가지 덧붙이고 싶은 말이 있다. 북한 정부는 1984년 9월, 대홍수 피해를 입은 남한의 이재민에게 전해달라고 일방적으로 자진해서 백미 500만 석, 옷감 50만 미터, 시멘트 10만 톤, 의약품 759상자를 판문점 너머로 보내온 적이 있다. 우리는 이제 이 빚을 백배로 갚을 수 있는 능력을 갖고 있다.

북한의 굶주리는 동포를 도와야 한다는 데는 여러 가지 이유가 있다. 특히 종교인들에게는 사태의 시비를 따지고 방법에 관해서 갑론을박할 그런 문제가 아니다. 그런 시비나 토론은 죽어가는 생명을 우선 살려놓고서도 늦지 않다.

사람이 굶어서 죽음에 직면한 상태는 '동물화'된 상태다. 동물과 인간을 가르는 차이점은, 동물은 생존의 원초적 본능, 즉 먹는 것과 생식만을 추구하는 데 반해서 인간은 그 동물적 본능을 선악의 도덕·윤리적 가치관과 영적 지향으로 승화시킬 줄 알기 때문이다. 그런데 북한의 수백만 동포의 형편은 지금 도덕적·윤리적 선택이나 영적 지향을 몇 알의 옥수수나 몇 줄기의 풀뿌리와 맞바꿔야 할 그런 상태라고 한다. 바로 '동물'이 된 것이다. 북한 동포의 총체적 '동물화'라 해도 과언이 아닐 것 같다.

이같이 '동물'이 되어서 풀뿌리를 캐거나 죽어가는 동포들을 모르는 척, 그 옆에서 배불리 먹는다는 것은 우리 스스로도 '동물화'된 상태가 아니고 무엇인가!

북한의 동포들은 또한 '비인간화'된 상태에 놓여 있다. 한 사람의 비인간화도 종교적으로는 방치하거나 용서할 수 없는 일이거늘, 수백만의 동포가 일시에 집단적으로 비인간화되는 사태에서랴. 이 같은 집단적 비인간화를 눈앞에 보면서 지난날의 전쟁 선동가나 광적인 반공주의 논리로 그것을 방치하는 것을 허용한다면 우리 자신이 곧 비인간화되는 것이다.

북한 동포의 지금 상태는 완전한 '소외'다. 정치나 사회 또는 문화적 소외의 차원이 아니라 철학적으로 인간의 생존적 근원에서의 '존재론'적 소외다. 현재 그들의 생존적 조건은 육체가 있으면서 없고, 정신이 있으면서 없고, 생명이 있으면서 없는 존재론적으로 총체적 부정의 상태다. 그들의 이 상태를 보면서 우리가 하루 세 끼를 배불리 먹고 모르는 척한다면 그것은 우리 자신의 존재론적 부정을 뜻한다. 얼마나 무서운 일인가!

지금 우리가 북한 동포를 돕는 것은 북한 동포를 동물화 상태에서 살리는 것 못지않게 남한의 우리 자신이 동물화되지 않기 위해서이기도 하다. 마찬가지로 우리가 그들을 돕는 행위는 바로 우리 자신을 '소외'의 상태에서 구출하는 것이고, 존재론적으로 부정된 우리 자신의 존재를 다시 긍정하는 인간 회복의 행위다. 인간적 양심을 되찾는 행위이고, 굶어 죽는 이웃을 버려둠으로써 하나님의 뜻을 저버렸던 우리 자신이 다시 우리 가슴속에 하나님을 되찾는 신앙적 행위다. 모두가 나를 위해서다. 이것이 6·25 47주년의 의미다.

• 『생활성서』, 1997년 6월호

제4회 만해상 수상의 말

무릇 상(賞)의 권위는 상의 주체와 상이 주어진 대상자의 품격으로 평가됩니다. 상의 주격은 높고 거룩한데 상의 대상자가 그 이름에 어울리지 못하거나 오히려 그 이름을 욕되게 한다면 상의 권위에 흠이 될 수 있습니다.

제4회 만해상 수상자의 한 사람으로 저 같은 위인이 선정되었다는 일이 혹시라도 상의 권위를 욕되게 하지 않을까 두렵습니다. 만해상의 주체가 무엇이며 누구입니까? 만해(萬海) 한용운(韓龍雲) 선생이 아닙니까. 한용운 선생은 우리나라 근대사가 낳은 가장 탁월한 학자이며 종교인이며, 문학가이며 사상가이며 동시에 사회운동가이며 국민계몽가였습니다.

민족이 외세 제국주의의 노예가 되었던 20세기 전반의 전 기간을 통해 한용운 선생은 그 모든 탁월한 자질을 오로지 민족의 해방과 독립을 위해서 어느 누구도 따를 수 없는 민족운동의 실천자로 치열하게 살고 투쟁하다 돌아가신 민족해방의 선구자였습니다.

전하는 바에 의하면 위당(爲堂) 정인보(鄭寅普)는 "인도에는 간디가 있고 조선에는 만해가 있다"고 하시며 "조선의 청년들은 만해를 우러러 본받아야 한다"고 하셨습니다. 또 벽초(碧初) 홍명회(洪命熹)는 그 당시 종교인으로서의 선생을 두고 "전 조선 7천의 승려를 다 합해도 만해 한 사람을 당하지 못한다. 만해 한 사람을 아는 것이 다른 사람들 만 명을 아는 것보다 낫다"고 갈파했습니다.

이같이 빛나는 민족의 큰별 한용운 선생의 실천사상을 기리는 상을, 저같이 한 일이 없는 사람에게 수여한다는 것은 선생의 고결한 이름에는 물론, 상을 주관하는 '만해사상 실천 선양회'와 '만해상'의 권위에 흠이 되지 않을까 두렵습니다. 그러기에 저는 외국여행에서 돌아와 뒤늦게 제4회 만해상 수상자 선정 발표에 관한 국내 신문기사를 전해 받고, 영광이나 기쁨보다는 이와 같은 두려움이 앞섰던 것입니다. 그리고 나의 심정을 선양회 당사자에게 피력하고 사양의 뜻을 밝힌 바 있습니다.

제4회 만해상 수상자인 다른 분들에게도 누가 될지 모른다는 생각과, 특히 제가 항상 존경해 마지않는 진정한 인도주의와 박애사상의 실천자인 스테판 린튼 선생과 법륜(法輪) 스님에게 부끄러운 생각이 앞섰습니다.

하지만 이 같은 심경에서 나온 저의 사양의 뜻은 받아들여지지 않았고, 이제 이 자리에 서게 되었습니다. 세상이 우러러보는 만해상의 올해 수상자의 한 사람으로 정해주신 사단법인 '만해사상 실천 선양회' 회장이신 대한불교 조계종 총무원장 서정대 님에게 깊은 사의를 표합니다.

제4회 만해상 대상자 선정 일을 맡으신 심사위원 여러분에게 감사합니다.

그리고 이 자리를 축하하기 위해서 원로에 내왕하신 여러 어른에게도 감사합니다.

또 나는 나의 오늘의 만해상 수상을 축하하고자 영광스러운 이 자리를 같이하고 있는 아내와 아들·딸·며느리·사위·손자들과 이 기쁨을 나눕니다.

이 영광은 저 자신에게만의 기쁨이 아닙니다. 긴 세월 동안 국가권력의 박해를 받으면서도 곧게 살아가려고 애쓴 어리석은 남편의 정신을 이해하고, 함께 어려운 삶을 견뎌준 사랑하는 아내 윤영자의 기쁨이기도 합니다.

오늘 제4회 만해상의 영예를 누리시는 다른 수상자는 각기의 분야에서 세상이 공인하고 칭송하는 업적을 이룩한 분들입니다. 그에 비하면, 저에게 주어진 '실천상'은 저에게는 어리둥절할 만큼 어울리지 않고 또 버겁습니다.

뒤늦게 신문기사를 보고서 선양회 당국자에게 '실천상'의 취지를 물으니, "한용운 선생이 사신 것처럼, 온몸으로 오로지 민족을 위해서 자신을 바쳐서 실천하는 삶에 대한 수상"이라고 합니다. 심사위원들께서 혹시 잘못 선정하지 않았나 싶습니다.

제가 한 일이 있다면, 그것은 다만 1960년대부터 오늘까지, 우리 사회 내에서 분단된 민족 간의 편견과 증오와 적대감정·전쟁을 부추기는 국가체제·정권·정책, 그 권력집단과 개인들, 그리고 민주적 자유와 권리를 억압하는 사상에 대항에서 글과 말과 행동으로 일관되게 싸워온 것뿐입니다. 그것은 옛이야기에 나오는, 수레의 앞길을 가로막으려고 앞다리를 들고 선 사마귀(당랑)에 다름없는 우직에 지나지 않았습니다.

그 어리석음과 무모함으로 말미암아, 국가권력에 의해서 일곱 번 강제 연행되고, 그중 다섯 번 투옥되고, 세 번의 반공법·국가보안법 재판으로 합계 4년의 징역형을 살았습니다. 그간에 언론계의 간부 직책에서 두 번 강제 해직당하고, 그 뒤에 옮긴 대학교수의 직에서 또 두 번, 각기 4년씩, 합계 8년간 해직되고 또 복직되고 했습니다.

40년간의 그 삶의 길은, 한 인간의 인생에서 분명히 평안치 않은 것이었습니다. 하지만 그런 고통스러운 삶을 보상할 만한, 그리고 그런 핍박을 무릅쓴 만큼의 소기의 사회적·민족적 성과가 있었는지의 물음에는 자신있게 답변할 수 없습니다. 바로 그런 까닭에 거룩한 한용운 선생의 이름으로 주어지는 '실천상'을 드는 손이 부끄러움으로 떨립니다.

그렇기는 하지만 국민생활 속에 인간의 존엄·자유·권리와 민주주의적 정신을 깨달은 민중적 역량이 성장되고, 민주적 정부가 수립된 것, 그리고 마침내 분단된 민족 간에 반 세기 만의 화해의 다리가 놓여지는 가슴 벅찬 변화를 보면서 저는 자신의 실천이 무의미하지 않았다는 보람과 기쁨을 느낍니다. 감사합니다.

• 2000.8.9

2

격정스러운 한반도의 정세 전망

1994년은 인류에게는 세계사적 전환의 해이며, 한반도의 남북 민족에게는 민족사적 대전환의 해가 될 수많은 조짐을 잉태한 채 그 첫날의 동이 텄다.

세계가 맞이한 새해는 불안한 변화의 요소가 적지 않다. 이 반도의 남북 민족과 한국 국민에게는 해방 뒤의 오랜 삶의 형태에 일대 수술이 가해져야 할 고통과 불안정의 시행착오가 예상된다. 하지만 새로운 조짐들 속에는 우리에게 밝은 희망을 품게 할 만한 고무적인 사태 변화의 싱싱한 씨앗들이 들어 있다. 어쩌면 인류에게는 제2차 세계대전 이후의 왜곡된 전 지구적 삶의 구조를, 그리고 우리 민족에게는 반세기 분단의 장벽을 허무는 구체적 작업에 착수하는 첫해가 될지 모른다.

세계를 이념과 체제의 동·서 대결구조로 갈라놓았던 '얄타협정'(1945.2)은 곧 그 50년의 파란만장한 생을 마치고 전 세계적 통합의 피안으로 사라질 것이다.

지난해에 그 50살의 연륜을 다한 '카이로 선언'(1943.12)은 "조선 인민의 노예 상태에 유의하여 적절한 시기에 조선을 (통일)자유·독립국가가 되도록 할" 결의를 실천하지 못하고 역사 속에 흘러 갔다. 50년 전 전승 강대국들이 공약한 채 오히려 분단으로 남겨진 숙제는 새해에 이 민족 스스로가 해결해야 할 과제다. 즉 1994년 은 인류에게나 한민족에게나 '과거청산'의 해로 제기된다.

한편, 1994년은 '제2의 중상주의'의 원년으로 기록될 것이다. 지구상의 전체 국가를 통합한 '세계무역기구'(WTO)의 출현으로 일원적 자본주의 시장경제 무역경쟁의 시대로 돌입했다. 지구상 백수십 개 국가들 중에서 쿠바와 북한 두 나라를 제외한 통합시장 이라는 점에서 문자 그대로 일원적 세계질서라 할 수 있다.

전후 50년간 계속되어온 변태적 군사·정치·경제·이데올로기 의 경쟁구조가 통상(경제)의 일원적 시장구조로 변모했다. 가히 신중상주의 시대라 일컬을 수 있을 것이다.

인류사상 처음으로 전체 지구를 일원화한 이 새질서가 앞으로 어떻게 우리 생활을 바꾸어갈 것인지를 그 원년의 아침에 구체적 으로 예언하기는 쉬운 일이 아니다. 이처럼 거대한 범세계적 실험 에 관해서 인류는 사전 지식도 경험도 없기 때문이다.

그렇기는 하지만 이러한 세계적 정세 변화의 추세는 한국의 국 제적 환경에 대해서 종합적으로는 부정적이기보다는 긍정적으로 작용할 공산이 크다. 남북관계의 정상화와 통일 문제에서는 특히 오랜 교착 상태를 허물 수 있는 의미 있는 극적인 사태 변화가 기 대된다.

그러한 예측을 가능케 하는 요소는 여러 가지가 있겠으나, 무엇 보다도 국제사회에서의 한국의 경제·정치적 역량의 증대와 위상 의 고양을 들어야 할 것이다. 그와는 대조적으로, 일원적 시장경 제화가 돌이킬 수 없는 세계질서로 굳어지면 굳어질수록 북한의 국가적 기반은 약화되고 국제적 위상은 급속도로 저하할 것이기 때문이다. 남·북한 사이에 증대하는 이 위상의 격차를 평화통일 지향적 추진력으로 효과적으로 전환할 수 있는 제반 조건이 무르익었다.

1994년은 우리가 이 좋은 내적 조건과 국제환경의 변화를 슬기롭게 통일로 연결시키는 데 성공하느냐 실패하느냐를 가름하는 해가 될 것이다. 94년은 분단된 지 만 50년이 되는 해다. 우리는 제2차 대전의 유산으로 남은 분단국가들 중에서 유일하게 분단 상태로 51년째를 맞을지도 모르는 민족이다.

그런 의미에서 우리는 새아침의 동이 트는 이 1994년을 적어도 통일의 날짜를 앞당기는 일대 전환의 해로 만들어야 한다. 그러기 위해서는 많은 변화가 요구된다. 그중에서도 가장 중요하고 핵심적인 것은 50년간의 미국의 예속에서 벗어나는 일이다. 이것이 자주적 평화통일의 전제조건이다.

한국의 경제적 역량은 새로운 국제화 시대의 장애물들을 헤쳐나갈 수 있는 충분한 잠재력으로 전 세계적 인정을 받고 있다. 농산물 시장개방에 따르는 고통처럼 경제적 어려움이 없는 것은 아니다. 하지만 주로 경제와 무역으로 싸워야 할 '무한 무역전쟁' 시대에 난국을 극복할 만한 국민적 자신감도 비교적 확고하다. 경제적 측면에서만 평가한다면 세계 무대에서의 일정한 역할을 낙관할 수 있는 기반을 갖추었다 할 것이다.

우리의 제1차적 생존환경인 동북아시아에서 이제 한국은 관련 강대국들의 일방적 정세 결정의 무력한 객체에 불과했던 지위에서 벗어났다. 세계의 3대 세력권(블록)의 하나로 떠오른 동북아시아에서 한국은 지역정치의 균형을 잡는 데 일정한 역할을 할 수 있게 되었다.

지난날 우리의 국가 안전에 위기적 요소로 간주되던 소련과 중국의 체제 변화로 위기구조는 해소되었다. 이제 한국에 남은 국가적 문제는 남북통일의 과제다.

북한 또한 과거와 같은 위협적 존재는 아니다. 미국의 끈질긴 주장이나 선전과는 달리, 북한은 정치적으로 고립되었고 경제적으로 '위기 수준'에 직면해 있다. 군사적으로도 남한에 대하여 종합적 현대전을 시도할 만한 능력을 상실했다. 10 대 1의 경제적·물질적 열세에 놓인 북한의 군사비는 남한에 비해 3분의 1 수준으로 평가되고 있다. 우리 정부의 공식 평가에 의하더라도 2분의 1에 훨씬 못 미치는 현실이다. 내외정세는 통일환경에 유리하게 변하고 있다.

1994년이야말로 민족자주적 평화통일을 앞당기는 일대 전환적 상황을 예상케 하는 해다. 이른바 한반도의 '핵위기'는 올해 안에 북한의 국제 핵사찰 수용의 형식으로 해결될 전망이 짙다. 이에 따라서 50년간에 걸쳤던 미국과 일본의 대북한 적대관계도 서서히 정상화의 길을 모색하게 될 것이 확실시된다. 오랜 냉전·대결 체제가 남겨놓은 마지막 얼음덩이가 서서히 녹으려 하고 있다. 일대 상황 전환의 조짐이다.

위에서 보았듯이 세계적으로나 동북아시아 지역적으로나, 그리고 한반도를 에워싼 객관적 정세는 과거 어느 때보다도 통일 지향적이라 할 수 있다. 외부 환경은 성숙하고 있다.

이러한 상황 변화에 대응해서 우리에게 요구되는 과제는 크게 두 가지다. 안으로 문민정부를 편달·감시하면서 나라의 민주화를 철저하게 실현하는 일과, 밖으로 민족분단 냉전체제의 유산인 미국의 군사적 예속 상태에서 자주성을 쟁취하는 일이다.

인민의 진정한 민족애를 정책화할 수 있는 민주적 문민정부만이 통일 과업의 담당자가 될 수 있다. 과거의 군부정권들에 의해서 더욱 고착화된 분단 상태를 해소할 수 있는 것은 민주적 문민정부뿐이다.

북한과의 진정한 통일협상의 주체가 되기 위해서는 또한 미국에 양도한 군사적 주권을 회복해야 한다. 남북 분단의 주요 모순이 군사적 성격인 만큼, 영구분단을 목적으로 조성된 미국의 한반도 군사전략과 구조에 예속되어 있는 한, 한국은 통일 문제에서 미국의 국가이익에 봉사할 뿐이다

• 『한겨레신문』, 1994.1.1

양쪽을 보아야 전체가 보인다

북한 핵의 사찰 지연으로 내일, 모레 하던 국제적 시한폭탄이 북한의 사찰 수용 통고로 아슬아슬한 순간에 폭발의 위기를 모면했다. 북한과 미국 및 국제원자력기구 사이에는 새로운 사태 변화가 숨가쁘게 전개되기 시작했다. 반가운 일이다.

미합중국과 국제원자력기구라는 두 초거인을 상대로 그동안 난쟁이 같은 조선민주주의인민공화국 정권이 보여준 대응 자세는, 보기에 따라서는 경거망동 같기도 하고, 그 결연한 민족자주·독립성에 머리가 숙연히 숙여지기도 한다. 어쩌면 이번 사태 전환이 지난 50년에 걸친 미국과 북한 사이의 '원수' 관계를 바로잡는 결정적 계기가 될 것이다. 『한겨레신문』의 지난 새해 특집글에서 대체로 지금과 같은 방향과 과정을 예견한 바 있는 필자로서는, 북한정권 지도자들이 미국을 상대로 의연하면서도 상황의 한계를 인식한 적절한 결정을 내린 것을 치하하고 싶다.

이 단계에서 우리는 복잡무쌍해 보이는 '북한핵' 문제의 핵심을 다시 한 번 짚고 넘어가야 할 것이다. 그동안 우리는 매스컴의 뉴스를 읽으면 읽을수록, 해설을 들으면 들을수록, 문제가 밝혀지기는커녕 오히려 더 짙은 구름 속에 가려버리는 안타까움을 느꼈다.

문제의 핵심이 흐렸던 까닭은 문제의 두 당사자의 한 쪽, 즉 미국(따라서 남한)의 주장만을 토대로 사태를 판단했기 때문이다. 두 손뼉이 마주쳐야 소리가 난다. 가장 단순한 이 진리를 남한인들은 잊은 지 오래다. 오랫동안 평면적 사고만을 강요해온 반공주의 때문이다. 자기를 상실케 하는 미국 숭배심과 민족 패배의식의 독기에 신경이 마비된 탓이다. 손뼉 소리의 절반은 북한에서 난다. 그쪽에 귀를 돌려보아야 비로소 소리의 전체가 들린다. 그 절반의 소리를 들어보자.

그들에게서 들어봐야 할 소리는 세 가지다. 첫째, 핵개발을 (하려 한다면) 왜 하려 하는가? 둘째, 왜 핵확산금지조약을 탈퇴하려 했는가? 셋째, 그들이 요구하는 것이 무엇이며 무슨 근거에서인가?

첫째의 의문에 대한 북한의 소리를 종합하면, 70년대에 남한의 박정희 대통령과 한국 국민이 독자적 핵무기 개발에 착수했던 배경이나 목적과 다를 바 없다.

베트남전에서 패퇴한 미국은 남한에 대한 일차적 군사적 책임을 거부했고, 주한미군의 일부 철수를 단행했다. 한국은 국제적으로 외로워졌고 경제력은 약했다. 그와는 대조적으로 한국 전쟁의 폐허에서 급속히 복구한 북한은 압도적으로 우월한 경제력, 중공업 생산력, 군사력을 자랑했다. 당시에는 승승장구해 보이던 '국제공산주의'(특히 소련과 중공)가 북한의 배후에 버티고 서 있는 것으로 보였다. 한국은 궁지에 몰렸다.

박정희 대통령이 선택할 수 있는 길이 무엇이었겠는가? 이른바 '자주국방' 명분의 독자적 핵무기 개발이었다. 박정희의 종신대통령제와 유신체제는 그 논리적 귀결이었다.

그로부터 20년 뒤 북과 남의 위치는 정반대가 되었다. 공산세계는 간데 없고, 옛 소련과 중국은 차라리 남한의 우호국으로 변했다. 남한에는 세계 최강의 미군이 주둔하고 있고, 미국의 전략 핵무기가 북한을 겨누고 있을 뿐 아니라, 북한에 대한 핵전쟁을 가상한 세계 최대 규모의 상륙작전 연습이 '팀스피리트'라는 이름으로 해마다 되풀이되고 있다. 경제력은 남한이 10배로 커졌고 그 격차는 증대하고 있다. 군사비는 남한의 110억 달러에 대해서 3분의 1도 안 되는 상태가 되었다. 현대전의 결정 요소인 첨단무기는 없고, 러시아와 중국은 그 공급을 중단했다. 게다가 이라크를 일격에 굴복시킨 미국은 91년 이후, 다음의 공격목표를 해마다 '북한과 김일성'으로 좁혀 들어오고 있다.

김일성 주석이 선택할 수 있는 길이 무엇이겠는가? 바로 같은 상황에서 남한의 박 대통령이 선택한 길일 수밖에 없다. 이것이 북한 핵문제의 거의 전부다.

둘째로, 북한은 어째서 세계의 지탄을 받으면서 핵확산금지조약을 탈퇴하려 했는가? 한국의 신문들은 북한이 주장하는 그 법적 근거인 핵확산금지조약상 '특수한 지위'를 글로 쓰기는 하면서도 상황적 현실을 알지는 못하고 있다.

핵금조약은 그 제10조에서, **"이 조약과 관련하여 자국의 지고(至高)의 이익에 위협이 된다고 인정되는 이상 사태가 발생했을 때는 국가주권의 행사로서 이 조약에서 탈퇴할 권리를 갖는다"**라고 규정하고 있다. 이것이 북한이 조약 탈퇴의 근거로 삼는 '특수 지위'의 논리다.

끝으로, 북한이 미국과 원자력기구에 대해서 요구하는 것은 미국의 분명한 군사적 위협으로 형성된 이 '특수한 지위'의 상태를 해소하라는 것이다. 이제 '북한 핵문제'의 해결을 위해서 미국이

대북한 말살정책을 바꾸어야 할 차례다. 그것은 미국의 국제조약
상 책임이기도 하고 정치도덕적 의무이기도 하다.

• 『한겨레신문』, 1994.2.19

외세의 등에 업혀 살아가는 민족

외세에 의해서 찢겨진 지 정확히 50년, 반세기의 긴 세월을 골육상잔과 불구대천의 원수로 싸우던 남북의 형제가 마침내 화해의 손을 맞잡을 남북 정상회담의 날이 정해졌다.

1994년 7월 25일!

이 날은 민족의 현대사에서 분단의 시대를 마감하고 통일시대의 문을 열어젖힌 장엄한 날로 기록될 것이다. 분단과 적대의 생존이 쓰리고 원통스러웠던 만큼 이 날을 기다리는 마음 간절하기 한결같다. 우리는 벌써 벅찬 기대에 뛰는 남북동포 7천만 가슴의 고동소리를 휴전선 장벽을 넘어 서로 느끼고 듣고 있다.

1994년 7월 25일!

이 날은 또한 반세기 냉전시대의 종막이 내린 날로 인류사에 기록될 것이다. 서양에서 '베를린의 장벽'이 무너진 지 3년, 아시아에 남은 '열전의 장벽'인 한반도의 휴전선이 남아 있을 가치가 있는 것인지를 결정하는 세계사적인 날인 것이다. 세계의 눈길이 벌써부터 한반도의 한 지점 평양에 집중되는 것을 우리는 보고 있다. 미국과 북한의 핵전쟁 위기를 해소하려고 미국 정부의 반대를 무릅쓰고 평양을 방문해 한반도 핵전쟁 회피책의 일환으로 제의한 남북 정상회담을 김일성 주석이 흔쾌히 승락했고, 곧이어 김영삼 대통령이 이에 호응했다.

남북 7천만 동포는 이런 역사적 거사를 위해서 남북의 최고지도자회의를 제안한 북쪽 김일성 주석의 결심을 충심으로 환영해 마땅하다. 마찬가지로 어제까지 북한에 대한 군사적 제재까지도 불사한다는 태세이던 남쪽의 김영삼 대통령이 조건 없는 회담 수락 결단을 내렸다고 해서 그것을 무정견이라거나 일관된 정책의 결여로 흠잡을 필요는 없는 일이다. 민족과 세계가 두손 들어 환영하고 있기 때문이다.

그러나 우리는 그와 같은 찬사를 보내고 환영하는 마음의 저 밑바닥에 앙금처럼 남은 짙은 회한과 서글픔을 씻을 수가 없다. 민족적 자부심에서 그렇고, 특히 남한, 대한민국의 처지에서 그렇다.

첫째로, 남북 정상회담의 합의는 민족의 자주성과 주체성과는 거리가 먼 과정과 형태로 이루어졌다. 한마디로 말해서 평양 회담은 북한과 미국의 핵대결에서 미국의 대북한 정책 전환의 부산물이지 민족 내부의 능동적·자주적 성사가 아닌 것이다.

둘째로, 우리 정부의 정상회담 수락은 김영삼 정권 통일정책의 필연적인 결과라고 할 수 있다. 미국의 북한 말살정책에 업혀서 그 보조구실만을 능사로 삼다가 미국의 다양한 그리고 국가이기주의적 정책대안을 계산하지 못했던 외교적 무능의 결과다. 카터 전 미국 대통령의 평양 방문에 대해서 김영삼 대통령과 그 외교참모들이 얼마나 반대하고 언짢아했던가를 상기하면 충분하다.

셋째로, 2년간의 핵외교에서 핵 초강대국 미국과 유엔 및 국제원자력기구 전부를 상대로 입증한 김일성 주석의 국제정치적 감각과 민족자주의 의지 앞에서 김영삼 대통령이 과연 그에 못지않은 민족자주적 자세를 취할 수 있을 것인지? 궁금한 정도가 아니라 벌써부터 걱정을 금할 수가 없다. 김영삼 대통령 자신과 그 참모들 및 집권당을 구성하고 있는 이들의 민족의식이나 세계관에 일대 전환이 없이는 모처럼의 역사적 기회가 헛되지 않을까 하는 불길한 예감도 떨쳐버릴 수가 없다.

그 까닭은 남북 정상회담에서 다루게 될 문제들의 성격 때문이다.

이미 남북 합의서에서 약정된 바와 같이 이산가족의 재회와 재결합 문제, 경제교류와 협력문제, 문화적·인적 왕래와 교환문제, 핵을 포함한 군사적 불가침과 군축문제들이 있다. 김일성 주석과 김영삼 대통령의(제1차) 평양회담에서 앞 부분의 세 문제에 대해서는 결단력 있는 것으로 이름난 정치가들답게 대승적 재단을 내리리라는 것을 기대할 만하다. 그러나 마지막 군사문제에 관해서는 낙관보다 비관이 앞선다. 군사문제야말로 한반도 위기의 열쇠인 것이다.

두 지도자에게는 마땅히 총리급 회담의 내용과 수준을 뛰어넘어, 민족통일의 수순과 국가 형태까지를 포함하는 최고의 민족적 과제를 풀어내야 할 역사적 사명이 부여되고 있다. 김일성 주석에게는 북한 사회의 개방이 가장 큰 약점인 반면, 김영삼 대통령에게는 군축을 포함한 군사적 대결구조의 폐기가 가장 큰 약점이다.

김 주석은 과거 소련(러시아)과 중국의 선례를 따라 북한 사회의 개방을 위해서 여러 해 전부터 각 방면에 걸친 작업을 진행 중이다. 문제는 오히려 남한 쪽에 있는 것으로 보인다. 진정한 민족의 화해와 나아가서 통일의 설계도를 그리기 위해서는 미국에 넘겨져 있는 남한의 군사적 주권의 회복이 앞서야 한다.

평양회담에 임하는 자리에서, 북한의 김 주석은 군사적 문제를 포함한 모든 분야에서 주권국가 지도자로서의 결단을 내릴 수 있을 것이다. 그러나 김 대통령은 평양회담에서 군사문제가 제기될 때 일일이 와싱톤으로부터의 회답을 기다려야 할 것이다. 왜 그런가?

한미 방위조약으로 대한민국의 영토·영해·영공은 대한민국의 영역이면서 동시에 미국의 육해공군이 무조건 주둔할 수 있고, 무슨 목적으로든 그리고 언제까지나 마음대로 사용할 수 있는 미국의 한 주와 같은 법적 성격을 지닌다. 다시 말해서 대한민국의 주권 영역은 군사적 성격에서는 '이중 국적'인 셈이다. 국군 작전지휘권은 그 '군사적 이중국적 국가' 군대의 당연한 표현이다. 휴전협정상의 지위 또한 그렇다. 핵문제는 기본적으로, 그리고 거의 전적으로 북한과 미국의 문제다. 남한이 실제 문제에 개입할 여지는 거의 없다. 2년간에 걸친 북한과 미국 간의 핵문제에서 남한이 미국과 북한에 의해서 어떤 대접을 받아왔는가를 생각해보면 답변은 분명해진다. 이상의 상황을 정리하면, 역사적 무대인 평양 정상회담에서 김영삼 대통령은 와싱톤의 '사전 재가'가 없는 군사적 답변을 김일성 주석에게 할 수 없다는 말이 된다. 가슴 아프지만 이것이 이 나라의 실체이고 현실이다.

마지막으로, 낡은 냉전시대와 반공·군부독재 시대의 감각과 의식에서 아직도 깨어나지 못한 한국 사회의 '언론인'들과 '언론기관'의 문제가 있다. 어제까지 북한에 대한 폭격을 주장하던 그들이 오늘은 "김일성 주석의 인품과 정치역량……" 운운하며 정신을 차릴 수 없도록 부산을 떨고 있다.

국민대중은 신문과 방송들의 이런 무식·경박·무절제한 작태 때문에 더욱 심각한 사태판단의 혼란에 빠져 있다. 남북의 진정한 화해와 통일의 길에서 가장 역기능적 존재가 이 나라 그런 부류의 소위 언론인들과 언론기관이 아닐까 한다. 두려운 마음이 앞선다.

　남북 최고위지도자의 역사적인 평양회담은 전 세계에 한(조선)민족의 정치적 성숙과 높은 도덕성을 과시할 절호의 기회다. 반세기 동안 동포민족 간에 짙게 드리웠던 전쟁위기의 먹구름을 말끔히 거두어버리는 출발점이 돼야 할 것이다. 민족의 운명에 대해 외세의 간섭을 뿌리치는 민족사적 결단들이 내려져야 할 것이다. 그리하여 김영삼 대통령과 김일성 주석의 이름이, 민족의 분단을 마감하고 통일민족의 새시대를 연 역사의 주역으로 길이 빛나기를 진심으로 빌어 마지않는다.

　• 『한겨레신문』, 1994.7.1

역사의 왜곡은 한 번으로 족하다

　사람마다 사람됨을 재는 인격이 있듯이 가정과 가문에는 가풍이 있고, 국민·국가·민족을 형성하는 집단에는 그 됨됨을 가름하는 국민정신, 민족정기 또는 국가정통이 있다. 인격은 오직 그 자신만이 가꿀 수 있듯이, 가풍도 그 가정과 가문이 가꾸고 지키는 것이지 다른 가문이 대신해줄 수 없다. 국민이나 국가 민족의 '정통' 또한 그들 자신의 마음가짐과 몸가짐이다.

　50년 전, 오랜 외세지배의 식민지 통치에서 해방된 신생 민족 독립국가들의 '인격'은 그 민족과 국가가 외세 식민통치의 잔재를 얼마나 말끔히 자신의 의지로 청소했는가로 평가된다. 많은 아시아 신생 독립국가들의 경우, 그것은 서구·미국·일본 식민통치 잔재의 청산이었고, 한(조선)민족의 경우는 친일파·민족반역자의 숙청이었다. 노예 상태에서 해방된 민족이 모든 일을 제쳐두고 해야 할 첫 번째 과제였던 것이다.

　우리 민족이 해방과 함께 남북으로 분단된 뒤에, 남쪽의 신생 국가는 국가의 '인격'을 확립할 이 민족적 과업을 거부했다. 그 결정적이면서 대표적이고 상징적인 것이 이승만 초대 대한민국 대통령 자신이 친일파 집단을 앞세워 총부리로 '반민족행위 특별조사위원회'를 해산시키고 '반민특위법'을 폐기해버린 반민족적 행위다. 이것으로 말미암아 그 후, 친일파·민족반역자의 전면숙청으로 국가를 시작한 북한과 국가·정부의 정통성 시비가 끊이지 않았다. 그 뒤 한 시기, 대한민국은 친일파들이 각계 각 분야를 지배하는 기이한 사회가 되었다. 불행한 일이지만 사실은 사실이고, 역사는 그 모든 일을 말해주고 있다.

다른 분야는 잠시 접어두고, 일제 식민통치의 직접적·물리적 앞잡이였던 일제 경찰 복무자의 해방 후(1946.11, 현재) 경찰 복무 현황은 다음과 같았다.

이 한심스러운 사실은 그러나 미국 군정시대의 현실일 뿐이라고 주장하고 싶은 분들도 있을 것이다. 그런 분들에게는 해방 후 15년이 지나고 대한민국 정부 수립 12년 후(1960.5.7, 현재)에도 총경 70퍼센트, 경감 40퍼센트, 경위 15퍼센트가 일제 경찰 출신이었다는 사실이 조금은 도움이 될 것이다. 이러고서야 어떻게 정색하고 국가의 '인격' 운운할 수 있겠는가?

이 중대한 민족적·국가적·국민적 '인격 상실'에도 불구하고 지난 반세기 동안 이 나라의 각급 학교 공식 교육의 역사 교과서에는 이 사실이 한마디도 언급되지 않았다. 나는 오래전 대학의 강의실에서 이 일에 관해 질문했을 때, 그것에 관해서 "배운 일이 없다"는 학생들의 한결같은 대답을 듣고 쓰러질 듯이 놀랐던 경험을 지금도 잊을 수가 없다. 일본의 역사 교과서 왜곡보다 더하면 더했지 덜하지 않았기 때문이다.

엊그제 신문에서 정부(교육부)가 1996년부터 중·고등학교 교과서에 이승만 대한민국 초대 대통령이 친일파·반역자 숙청을 거부하고 '반민특위'를 강제해산한 사실을 기재하기로 결정했다는 기사를 읽었다. 반가운 일이다. 그러나 교육부 당국자는 "대한민국이 일제 식민 잔재 청산을 반대한 것이 건국의 정통성에 하자가 있는 것으로 비치지 않도록" 기술하려고 고심하고 있다고 한다. 북한과의 위상도 고려해서라고 한다.

그 고심은 이해할 만하다. 그러나 그것 때문에 또 다른 역사 날조, 역사 왜곡을 해서는 안 될 일이다. 부분적이지만 하자는 하자다. 과오를 깨달았으면 겸허하게 시인하고 전모를 밝히는 일만이 남았다. 친일파·민족반역자들에게 대한민국을 떠맡긴 해방 이후의 국가·민족적 과오가 그 후 반세기 동안 국민생활의 많은 거짓과 불행의 원인이었다. 이제 50년 만에 진실의 일부를 알게 되는 어린 후세대들과 오랫동안 속아온 국민대중을 두 번 속이는 일일랑 하지 말았으면 좋겠다. 역사의 날조는 한 번으로 족하다.

• 『한겨레신문』, 1994.7.30

해방 49돌을 맞는 부끄러운 반성

12·12 고소·고발 사건을 수사 중인 검찰이 12일 전두환, 노태우 두 전직 대통령에 대한 서면조사에 착수했다. 해마다의 일이지만 올해도 8·15를 맞는 심정은 기쁨이나 감흥에 못지않게 우울함과 한스러움이 앞선다. 외세의 오랜 억압과 모멸에서 풀려난 지 한 해가 모자라는 50년! 어느덧 반세기라는 세월이 흘렀다. 그동안 우리는 어디까지 와 있는가?

세상만사가 그러하듯이, 오늘의 우리를 성찰하고 내일의 지향을 바로잡기 위해서는 출발의 원점으로 돌아갈 필요가 있다.

1945년 이날, 해방의 기쁨에 젖은 온 겨레가 한마음으로 다짐한 몇 가지 결의가 있다. 민족적 미래의 자화상이다.

다시는 외세의 지배를 받지 않게끔 민족정기를 확립하자는 것이 약속의 첫째였다. '삼천리 금수강산'에 통일국가를 세우자는 것이 둘째요, 그 국가와 정부는 외세에 의존하지 않는 민족적 자주와 주체여야 함이 셋째였다. 새 나라의 삶은 민주주의여야 하고, 그 목표는 자유와 평등의 실현임이 합의됐다. 굶주리지 않고 잘살아보자는 다짐이 여섯째고, 나라의 안팎에 전쟁이 없어야 한다는 평화의 의지가 신생 독립국가의 자화상을 완결했다.

　이제 반세기가 지났다. 어릴 적 식민지 시대를 산 나 같은 세대는, 우리의 선배인 독립투사들이 겪어야 했던 36년, 식민지 백성인 아버지 어머니들이 신음해야 했던 36년이 끝도 없는 '영원'처럼 생각됐다. 그 36년조차 영원 같아 보였는데, 분단 49년이 지났어도 온 겨레가 하나된 독립국가를 세우자는 기약은 아직 앞이 캄캄하다. 통일을 거부하는 세력까지 있다. 38도선 이북에 먼저 들어온 소련군에게 태극기를 흔들고, 또 이어서 38도선 이남에 진주해온 미국 군대에게 환호성을 질렀던 세대의 마음에는 민족 분단은 다만 '몇 달'이면 끝날 일로 생각되었던 것이다.

　노예화됐던 민족의 더러워진 피를 걸러서, 새 부대에 새 피를 담아서 새 나라를 세우자는 결의는, 친일파와 민족반역자들에게 새 나라를 맡겨버린 미국 군정과 이승만 초대 대통령의 분별 없는 처사로 이 나라의 숱한 불행의 원인이 되었다.

　첫 번째 단추를 잘못 채운 까닭에 그 뒤 민족의 주체성이나 자주성은 크게 훼손되었다. 해방 50년이 지난 이 강토에는 아직도 외국 군대와 기지가 나라의 주인처럼 움직일 줄 모른다. 정치·군사·외교·문화·사상면에서 대미 의존은 자주민족으로서 생각해야 할 많은 문제를 안고 있다.

　나라의 안팎에 전쟁이 없어야 한다는 염원과 결의는, 민족의 절반인 북한의 6·25 남침행위로 일찌감치 깨어졌다. 미·소의 외세에 의한 민족 분단의 상황논리적 결과라 하더라도, 북한의 남침행위는 남한에서의 친일파 온존과 더불어 남·북이 저지른 두 가지의 결정적 불행으로 남는다. 민족이 해방된 날에 굳게 맹세했던 이 두 가지의 초심이 무너진 까닭에 오늘 49년 전을 되돌아보는 뜻있는 이들의 마음이 우울해지는 것이다. 지금도 남·북에는 평화보다 대결과 전쟁을 원하는 세력이 있어 보인다. 이들이 민족의 화해에 걸림돌이 되고 있다.

그런 중에서도 한 가지의 초심은 이루어지고 있고, 내일의 희망도 어둡지 않다. "굶주리지 않고 배불리 살아보자"는 물질적 희구는 다른 염원과 약속들을 희생으로 해서 웬만큼 실현돼가고 있다. 북한 동포에 비한다면, 다른 정신적·도덕적 가치들을 소홀히한 결과이고, 심각한 불평등과 부패·타락의 문제를 내포하면서도 어쨌든 49년간의 성과는 긍정할 만하다.

마지막 남은, 그러나 그 중요함에서 오히려 으뜸으로 꼽을 변함없는 걸림돌이 있다. 사회의 민주화와 시민의 자유를 억압하는 49년간의 구친일적 극우·냉전 '반공 유일사상' 신봉 세력의 끊임없는 역동이다. 이들은 밖으로 평화의 분위기가 무르익을수록 낡은 공포통치의 수법에 의존하여 기득권익 수호에 여념이 없다. 우리는 1994년의 8·15를 이 역풍 속에서 맞이하고 있는 것이다. 군부독재 시대로의 역행이다.

우리는 무엇을 할 것인가? 49년 전의 초심을 돌아보면서 내일을 위한 다짐을 새로이 해야 할 때다.

• 『한겨레신문』, 1994.8.13

범죄화 사회에 대한 처방

　인천시 북구청 세무공무원들의 거액 세금횡령 사건과 소위 '지존'파 흉악범죄단의 소름끼치는 살인사건에 대해서, 신문 사설들은 "한국 사회가 병들어 있다"는 진단에 일치해 있다. 우리 사회가 '병든 사회'라는 판정이다. '사회의 병리현상'이라고 개탄하고 있다. 이 병리현상의 원인과 배경, 범행의 동기와 목적 등에 관해서도 사회적 공론은 일치해 있다. '돈'이다. 학자들과 전문가들이 원인 분석과 진단, 처방에 동원한 용어는 어렵고 다양하다. 그러나 그 모든 결론을 한마디로 요약하면 '돈'이 된다. 돈이 지상의 가치로 인정되고 힘을 발휘하는 사회와 제도, 즉 돈이 '신'으로 숭상되는 자본주의의 운명적인 생리현상임을 말해준다.

　원인과 처방으로 강조된 항목은 다양하다. 학교 교육, 윤리·도덕, 가정·종교, 경쟁제도, 한탕주의, 반사회 심리, 황금 만능주의, 인간소외, 윗물의 부정과 타락, 양심의 결핍 등…… 평범한 것에서부터 '죽음의 본능', '네크로필리아'(시체애착심리) 등, 프로이트 이론적 진단과 처방이 총망라돼 동원되었다. 모두가 다 옳다.

　하지만 그 수많은 진단과 현명한 처방을 보고 듣고 난 뒤에도 나에게는 계속 의문이 남는다. 돈을 인간생활과 사회 운영의 기본 원리로 삼는 제도와 사회를 그대로 두고서 '범죄적 사회'가 아니기를 바랄 수 있는 것일까? 자본주의는 기본적으로 인간의 이기심을 기초로 구성되고 운영되는 제도다. 이기심이 원리이고 돈이 '신'이다. 사회적 질병을 치유하려면 돈을 '신'의 지위에서 격하시켜 다른 가치로 대치하는 사상과 도덕과 사회기풍과 제도를 생각해야 하지 않을까?

처방과 대책으로, 강력한 치안·경찰·사법제도가 제창되고 있다. 대한민국의 경찰력이 약한 탓이란 말인가? 그럴 리가 없다. 반세기의 독재체제를 뒷받침한 한국 경찰은 거의 만능에 가깝다.

역대 대통령은 으레 '범죄와의 전쟁'을 선언했지만 그 결과는 조금도 나아진 것 같지 않다. 인구 10만 명당 '주요 범죄 발생 건수'가 1970년 557건, 80년 800건, 85년 666건, 90년 560건, 92년 591건으로 거의 변함이 없다(「한국 사회지표」).

자본주의의 총본산인 미국의 대통령도 으레 취임할 때마다 '범죄와의 전쟁'을 선포했다. 미국은 '범죄의 나라'이기 때문이다. 최근에는 클린턴 정부가 마침내 10만 명의 경찰력 증강, 교도소 증설, 예산 320억 달러 책정, '스리 스트라이크'(삼진아웃)법 제정 등의 조처 외에, 사형을 선고할 수 있는 범죄를 자그마치 50개 이상 추가하는 막강한 '범죄방지법'을 만들었다. 정말로 '범죄와의 전쟁'이 시작된 것이다(미국은 인구 10만 명당 강력범죄 6천, 8천 건이 발생하는 사회다).

하지만 미국 자본주의 사회에서 그런 방법으로 범죄가 줄 것이라고 기대하는 시민은 거의 없다. 경찰력도 실패했고 학교 교육도 실패했다. 종교도 돈의 권위에 굴복한 상태다.

한국의 6대 종교의 신도 수는 전체 인구의 54퍼센트다(93년 통계청 발표). 한 사람의 신도가 한 사람의 비신도를 순화하면 범죄는 소멸할 것이다. 그런데 현실은 어떤가? 종교 자체가 병들었는데야!

같은 자본주의인데 사회주의가 경합하는 북유럽 및 서유럽 국가들과 일본 사회는 왜 미국보다 훨씬 범죄가 적을까? 중국 사회가 자본주의를 수용하기 시작한 10년 사이에 강력범죄 발생이 20곱절이나 늘었다는 보고다. 소련이나 동유럽 국가 사회도 마찬가지다. 왜 그럴까?

자본주의는 인간의 자유와 이기주의에 부의 생산·소유·향락의 동기를 부여하는 방식으로 사회주의에 승리했다. 그러나 바로 자본주의의 그 물신주의가 자본주의를 '병든 사회'로 만들고 있다. 제도적으로 패배한 사회주의의 인간관이 승리한 자본주의 제도 속에서 인간과 돈의 가치를 바로잡는 기능을 할 수는 없는 것일까? 21세기의 인류사에 그것을 기대해본다.

• 『한겨레신문』, 1994.9.24

통일철학과 인물의 쇄신부터

종교 병폐의 주범인 종교의 성역화 문제, 종교현상 등을 사회공론에 부쳐 논란과 비판의 대상으로 삼아야 한다는 주장이 나와 종교계 안팎의 비상한 관심을 끌고 있다. 미국과 북한 사이에 어제 조인·발표된 조·미 협정은 한(조선)민족의 운명을 좌우한(하는) 세 번째의 역사적 결정이다. '제3의 해방문서'라고 할까.

첫 번째 문서는 한민족의 일제 식민지에서의 해방을 결정한 51년 전의 카이로 선언이고, 두 번째 결정은 41년 전의 6·25전쟁 휴전협정이다. 제1의 문서가 민족의 정치적 해방을 가져왔고, 제2의 협정이 3년간의 전쟁으로 인한 죽음과 파괴로부터의 해방이었다면, 1994년 10월 21일의 조·미 협정은 한민족과 한반도를 덮고 있던 '핵전쟁의 위기로부터의 해방'이다. 50년간의 군사대결 체제로부터의 해방이기도 하다.

카이로 선언은 한민족이 없는 곳에서 연합국(미국)이 결정했고, 휴전협정은 북한과 미국이 결정했다. 이제 다시 남한이 없는 곳에서 미국과 북한은 민족의 운명을 좌우하는 제3의 결정에 조인한 것이다. 그 어느 곳에도 남한은 없다.

대한민국의 의지를 담은 결정과 문서가 있기는 있었다. 1972년 '평화적·자주적·외세배제적 통일' 원칙에 합의했던 '남북 7·4공동성명'과, 민족의 환호 속에 2년 전에 조인된 '남북기본합의서'와 '한반도 비핵화 공동선언'이 그것이다.

그러나 '7·4공동성명'은 남북의 독재권력이 정권 영구화의 흉계를 품은 작품이었던 까닭에, 문서에 조인한 잉크가 채 마르기도 전에 백지화되었다. 2년 전에 세계의 갈채 속에 조인된 민족화합의 문서는 북한의 핵개발 계속으로 증발했고, 남한의 정부를 대표한 법무장관이 그 문서들은 "일종의 신사협정일 뿐 이행에 대한 법적 의무가 없다"는 유권해석으로 그 효과가 부정되었다.

앞으로 남북 간의 모든 행위는 '합의서'와 '선언'에 기초해야 한다. 북한 정권이 미국과 세계에 대해 핵개발의 투명성을 보증하려는 마당에 김영삼 정부는 이제 그 문서들이 "일종의 신사협정일 뿐"이라고 부정했던 노태우 정부(법무장관)의 중대한 협정 위반을 바로잡는 공식적·정치적 선언부터 해야 하리라고 믿는다.

조·미 협상 과정과 협정 체결에 대해서 한국 정부의 무력과 소외를 비난해온 극우·반공·수구·냉전주의적 개인과 세력은 그 원인과 책임이 다른 누구도 아닌 자기들 자신들에게 있음을 차제에 대오각성해야 마땅하다. 지난 1년 8개월 동안, 그들의 소리를 듣고 있노라면 이승만 정권 말기에 세계의 웃음거리가 되었던 '대영국일전불사' 강경외교론(자들)이 떠오른다.

이승만 정부가 자신의 처지에 대한 분별도 없이, 그리고 우방들의 반대와 국제법과 세계적 조류를 무시하고 한반도 주변 해역에 '평화선'(이승만 라인)이라는 것을 선포하여 그 안에 들어오는 외국(주로 일본) 선박을 마구잡이로 나포하던 때다. 어느 날 블라디보스토크로 가는 영국 상선이 그 안을 통과하고 있었다. 강경론자들의 아우성이 일어났다. 그러자 이승만 대통령과 정부는 "영국과의 전쟁도 불사한다"고 선언했다. 세계의 웃음거리가 된 것은 두말할 나위도 없다.

미국과 북한이 적대 관계를 청산하고 정상적 생존 관계로 서로 껴안으려는 이제부터는, 시대의 유물이 된 극우·반공·냉전·전쟁 찬양·무력숭배식 '맹목적 애국주의'는 더욱 더 한국(남한)의 자주성과 선택의 범위를 옥죌 뿐이다. 착각을 해서는 안 된다.

앞으로 대한민국이 진정 정치·외교상 자주적이기를 원하거든 대미 관계에서의 예속성을 근원적으로 규정한 '한미 방위조약'의 불평등성을 바로잡아야 한다. 국민의 민주적 역량을 유감없이 국력화하기 위해서 국가보안법의 철폐와, 낡은 냉전시대의 적대적·전쟁애호적 인물들과 제반 제도 및 통일철학의 과감한 교체·쇄신이 불가피해 보인다.

• 『한겨레신문』, 1994.10.23

허위의식의 껍데기를 벗자

● 반공 이데올로기에 대한 반성

일흔을 넘긴 나이지만 나는 지금도 가끔 통일 문제에 관한 강연을 청탁받는다. 1950년대 후반부터 북한학·남북 관계·통일 문제에 관해서 연구해온 몇 안 되는 그 분야 '제1세대'의 한 사람인 까닭이다. 그때마다 나는 청중에게 두 가지 질문을 해본다. "남북한의 정전협정 위반 사건은 얼마나 될까?"와 "그러면, 그중 남한과 북한의 위반 사례는 각기 얼마나 될까?"이다. 정확한 답변을 기대해서가 아니다. 다만 시민들의 일반적인 '북한관'(觀)을 검증해보기 위해서다. 청중은 한참 동안 생각한 끝에 "100건" "500건" 또는 많으면 "1,000건" 정도의 여러 가지 숫자로 답변한다. 그러나 두 번째 물음에 대한 답변은 언제나 한결같다. "전부 북한 측 위반"이 대부분이고, 어쩌다가 "북한 990건 한국 10건" 정도가 고작이다. 한마디로 모든 휴전협정 위반은 북한의 행위이고, 남한은 협정을 완전히 준수했다(또는 했으리라)는 확신이다.

다시 "왜 그렇게 생각하느냐?"라고 반문하면 한결같이 "북한은 으레 그러니까"라거나 "당국의 발표가 그러니까"다. 한국인들이 거의 완전한 흑백논리의 포로가 되어 있고, 극단적으로 단순 명료

한 '남북한 선악설'의 고정관념에 빠져 있음을 확인하게 된다. 그래서 나는 청중에게 두 짝의 통계숫자를 흑판에 그려 보인다. 424,356(북한)과 454,605(남한)다. 이것은 1953년 7월 27일 정전 협정이 체결된 후 98년 6월 말까지 정전협정 위반으로 판문점 정전위원회에 기록된 숫자다.

남한(유엔군) 측과 북한 측은 서로 그 대부분을 부인하고 있지만, 한 가지 결론적이고 분명한 진실만은 부인할 수가 없다. 즉 남한(한국) 사람들이 신앙처럼 믿고 있는 '북한은 악마, 남한은 천사'라는 해묵은 흑백논리에는 아무런 근거도 없다는 사실이다. 굳이 진실에 가까운 표현을 찾자면 '북한은 북한만큼 악마이고, 남한은 남한만큼 악마'다.

이 같은 사실을 알게 된 청중은 몹시 당혹해하고 두려워한다. 집권 집단이 자유 민주주의의 이름으로 반세기 동안 국민에게 믿도록 강요해온 수많은 거짓, 좋게 표현해서 수많은 허구와 허위의 식에서 깨어나는 데 따르는 괴로움이다. 그것은 우리 국민이 수많은 20세기적 허위의 굴레를 벗고 사실을 사실대로 인정하면서 남북 간의 적극적인 이해와 화해 그리고 통일을 지향하는 21세기적 생존을 위해서 겪어야 할 고통이라 하겠다.

최근 들어 6·25전쟁과 그 전후 시기에 미국군과 한국의 군대·경찰 및 각종 극우반공 청년단들이 전국 방방곡곡에서 양민에게 자행한 집단 학살, 재판 없는 대량 처형의 진상이 속속 드러나 공론화하고 있다. 그러나 이것은 이미 비공식으로 밝혀진 수많은 사건에 비하더라도 빙산의 일각이 아니라 '빙산의 일점'에 불과하다.

그 모든 양민 학살 사건들이 지난 반세기 동안 모두 북한군·인민군·공비·좌익·빨갱이의 만행이라고 조작되어 극우·반공 독재

권력과 이데올로기적 분열 통치에 이용(악용)되어왔던 것이다. 정전협정을 위반한 남북의 범행과 책임의 진상을 알게 될 때의 정신적·이념적 고통보다도 더 큰 충격을 주고 있다. 그럴수록 우리 군대·경찰과 극우 반공청년 집단이 '반공'의 이름으로 저지른 만행에 대해서, 여태까지 은폐·조작되었던 진실을 정직하게 시인하고 국민적 반성과 자기비판이 있어야 한다. 갈라져 싸운 민족 간의 진실한 이해와 화해를 위해서 '전화위복'의 좋은 계기가 될 수 있기 때문이다.

며칠 전 뉴스를 들으니, 통일부가 편찬·발행한 북한 인물 자료집에 김일성이라는 인물의 일제하 무장 항일투쟁 기록이 들어 있다며, '자유 민주주의'를 부르짖는 야당과 일부 극우·반공적 신문이 또 이를 비난해 '시기상조'라고 반대하고 있다고 한다. 세상이 다 아는 사실을 가지고 자기 국민을 속이는 것이 자유 민주주의라고 생각한다면 이것은 중대한 자기부정이 아닐 수 없다. 또 반세기 넘게 그 사실이 국민에게 알려지는 것이 두려웠다면 몇 세기가 지나 알리면 '시기상조'가 아니란 말인가? 극우·반공주의자들과 이른바 '자유 민주주의자'들은 왜 진실을 그토록 두려워하는가? 20세기의 한국적 허위의식의 굴레에서 벗어나자. 지금은 21세기다!

• 『시사저널』, 2000. 2. 3

천 년 만의 범죄 자백: 교황의 '고해성사'

• 로마 교황청의 자백서

나는 오래전에 「내가 아직 종교를 갖지 않는 이유」라는 글에서 이렇게 실토한 일이 있다. "인류사의 과거와 현재에 걸쳐서 지구상 도처에서 각종 종교가 각기 자기들의 신의 이름으로 저지른(저지르고 있는) 위선과 독선과 살육 행위를 보고 있노라면, 종교라는 것이 없었으면 인류는 차라리 행복하지 않(았)을까 하는 생각이 들 때가 있다." 그리고 이렇게도 말했다. "남의 영혼을 구제해주겠다고 종교의 이름으로 육체와 생명을 파멸시켜버린다면 그 영혼이 머무를 곳은 어디일까?" 그래서 나는 "내가 믿는 종교와 그 신에 의하지 않고서는 너의 영혼은 구제할 수 없다고 주장하는 종교가 존재하는 한, 인류는 영원히 신의 저주에서 벗어날 수 없을 것만 같다"라고 불안해한 일이 있다.

이 같은 나의 두려움에 대해 며칠 전 반가운 소식이 멀리 로마에서 날아왔다. 교황청이 기원 2000년의 '희년'(喜年, Jubilee)을 맞으면서 요한 바오로 2세의 이름으로 공표한 「가톨릭 교회의 과거의 기억과 화해: 교회와 그 과거의 잘못」이라는 문서다. 전문이 장장 38페이지에 이르도록 교황청은 지난 2천 년 동안 가톨릭 교회와 각급 성직자와 그 신도들이 저지른 과오·위선·허위·비행·권력 남용·악덕·죄악·질병·범죄·죄(sin)·폭력·가혹·잔인 행위……(원문에 있는 그대로) 등을 겸손하게 시인했다.

그 많은 부끄러운 사실들을 고백하고 자인하게 되기까지는 큰 용기가 필요했고 천 년의 시간이 필요했다. 그것은 개인에게도 어려운 일인데, 전 세계 10억 신자를 거느리고 절대불가류성(絶對不可謬性, 잘못을 절대로 저지르지 않는다)의 신학적 도그마 위에 존재해온 거대한 종교권력 체제에서는 오죽했겠는가?

그 증거로서 이 '자백서'에는 여러 해 내부 토론 과정에서 자백에 반대한 일부 교황청 최고 지도부의 주장과 논리도 명시되어 있다. 즉 그 많은 사실들을 자백하고 나면 어떻게 젊은 세대 신도들에게 가톨릭 교회에 대한 사랑을 지속시킬 수 있겠는가? 하는 두려움이었다. 자신의 과거·현재의 치부와 악덕이 드러남을 두려워하는 심정은 최고위 '성직자'들이라고 해서 다를 것이 없는 것 같다.

하지만 결국은 가톨릭 교회도 역대 교황도 각급 성직자들과 신도들도 용서받을 수 없는 잘못을 저질렀고, 또 지금도 저지르고 있다는 자기반성과 비판이 승리했다. 이것이 이번 문서의 훌륭한 정신이라고 나는 높이 평가한다. '자기 고소장'을 작성하고 공표를 주도한 교황청의 많은 최고위 성직자들, 특히 요한 바오로 2세의 철학과 논리는 많은 종교 신자들의 독선과 아집에 울리는 귀중한 경종이다.

여태까지 교회는 수많은 '희년' 축하 행사를 되풀이해왔지만 과거의 잘못들에 대한 양심적 인지가 전혀 없었다. 뿐만 아니라 과거와 현재의 잘못된 행위들에 대해서 하나님의 용서를 빌려는 인식조차 없었다(원문 4쪽).

나에게는 이 역사적 결정이 가톨릭 교회가 오랜 '죄악'(원문대로)에서 겨우 정신을 차리기 시작한 흔적으로 보여서 한없이 기쁘다.

이 고백서의 주제가 '기억의 정화'인 이유를 이해할 수 있다. 문서는 온갖 추악한 악덕(evils)과 죄악(sins)의 기억을 정화하지 않고서는 교회와 종교에 미래가 없다는 절절한 자기비판으로 가득차 있다.

과거에 크리스찬임을 자처했거나 지금 자처하고 있는 사람들에 의해서 저질러졌거나 지금도 저질러지고 있는 잘못들을 시인하는 것은 용기와 겸손의 행위다. 그리고 문서는 교회가 '부끄러운 과거를 은폐하려 하지 않고 그것들을 드러내는 성실성'을 역설했다. 하지만 십자군의 범죄 행위에 관해서는 슬쩍 넘기고 말았다.

이 문서는 유대인에 대한 잘못에 가장 역점을 두고 있다. 이것은 1939년 로마 교회권력이 히틀러의 나치 정권과 상호 불간섭 조약을 체결하고, 500만 유대인 학살을 못본 체했던 범죄 행위를 뜻하는 것으로 보인다. 아프리카 흑인들과 남북 아메리카 인디언들에 대해서 백인 크리스찬들이 '선교를 구실로 저지른 대량 학살' 행위를 시인한 것은 다행한 일이다. 하지만 1458년에 교황청 기관이 공식으로 창안하고 채택한, 인류사상 가장 잔인하고 완벽한 마흔아홉 가지의 고문 방법으로 비신도와 교회 비판자들을 고문했거나 처형했던 소름끼치는 '이단 심판'(마녀사냥)을 교회의 '권력 남용' 정도로 넘겨버린 것은 못내 아쉬운 일이다. 가톨릭 교회가 진정

'기억의 정화'를 이룩할지는 아직도 두고 보아야 할 문제로 남는 것 같아 보인다.

• 『시사저널』, 2000.3.23

미국에 맞선 '예언자적 사마귀'

　우리나라 사람들은 대한민국이라는 나라와 아메리카합주국(정확한 이름은 '합중국'이 아니라 '합주국')이라는 강력한 나라와의 관계의 '본질'을 생각해본 일이 있을까? 별로 생각한 적이 없을 성싶다. 그 본질은 복잡하고 또 수많은 일상적 현상 뒤에 숨겨지고 가려져 있다. 그래서 웬만해서는 잘 드러나 보이지 않는다. 두 나라의 관계는 '피를 나눈 영원한 동맹'이니 '평등·대등한 주권·독립국가 간의 아름다운 우호 관계'……　따위의 공식적인 찬미에 묻혀버린다. 정말 그런 것일까?

　나는 이 나라의 수도 서울 용산구에 자리잡고 있는 '대한민국 주둔 아메리카군 제8군 사령부'의 광대한 기지 옆을 지날 때마다 이른바 '주권·독립국가 간의 호혜·평등·우호 관계'라는 것의 실체 때문에 늘 마음이 편치 않다. 이 민족의 역사를 멀리 거슬러 올라갈 필요도 없이, 근대사에서 '용산'은 위안 스카이(袁世凱)가 이끄는 청나라 군대가 진을 치고 앉아서 사실상의 지배자 행세를 한 곳이다. 청을 추방한 일본 제국의 '조선군사령부'가 그 자리에 막강한 영구적 주둔시설을 건설하고 식민통치의 아성으로 삼았다.

일본을 추방한 아메리카 군대의 사령부는 일본 식민통치의 추악한 군사시설들을 하나도 헐지 않고 그 위에 그대로 들어앉았다. 그리고 반세기가 지났다. 20세기가 가고 21세기가 왔다지만 독립국가라고 하는 이 나라의 수도에서 '용산'의 지위와 의미는 그대로 계승되고 있다.

한국 민족과 국민에게 언제나 '상전'의 상징인 용산에서 얼마 전에 조그마한 이변이 일어났다. 그것은 마치, 두 발을 들고 서서 전차를 막으려는 사마귀의 고사를 21세기에 연출하려는 어리석음과 같아 보인다. 하지만 나에게는 그것이 얼마나 신선한 충격으로 다가오는지 형용할 수조차 없다. 이런 일이 있을 수 있구나!

일인즉, 한국의 민선 자치단체(장)인 용산구청(장)이, '대한민국 주둔 아메리카군 사령부'가 그 시설 안에 '불법'으로 건축 중인 지하 1층 지상 6층 호텔과 그 부속건물들을 철거하라고 요구했다는 소식이다. 보도에 의하면, 성장현이라는 용산구청장은 3월 31일까지 철거하라는 '최후통첩'을 아메리카군 사령부에 보냈다고 한다.

그뿐이 아니다. 주한 미군사령부가 자행하고 있는 각종 '불법' 영리 행위도 중단하라고 강력히 요구했다는 말이다. 주한 미군사령부가 긍정적인 조처를 취하지 않으면 "부대 앞으로 불도저를 몰고 가서 철거를 시도하겠다"라고 말했다니, 보통의 기개가 아니다. 이것은 정말 전차에 맞서는 사마귀가 아닌가!

많은 한국 국민이 이 일을 비웃었을지 모른다. 그러나 비웃을 일이 아니다. 성장현 구청장은 모든 지방자치 법규와 한미 간 조약·협정을 두루 검토했다고 한다. 그렇다면 성 청장 자신도 아메리카합주국 대통령의 재가까지 나야 할 주한 미군사령부의 시설 철거가 가능하다고 생각해서 덤빈 일은 아닐 것이다. 이 일의 의

미는 다른 곳에 있다.

　이 한낱 힘 없는 지방자치단체장이 아메리카라는 전차 앞에 당랑의 몸으로 나선 뜻은, 어떤 불법도 서슴없이 저지를 수 있도록 방치되고 허용된 한미 방위조약의 심각한 불평등성을 한미 양국 정부에 경고하고 항의하는 것이다. 한미 방위조약 제4조에는 다음과 같이 규정되어 있다. **"상호 합의에 의해 대한민국은 아메리카합주국의 육군·해군·공군을 대한민국의 영토 내와 그 인접 공간**(영해 영공 - 필자)**에 배치하는 권리를 허여하고, 합주국은 이를 수락한다."**

　다시 말하면, 대한민국이라는 국가의 영토와 영해와 영공은 대한민국의 주권하에 있지 않다. 게다가 이 조약은 '무기한 유효'하다. 이 권리에 따라서 미국 군대가 우리 영토 내에서 점유·사용하고 있는 땅은 7,400만 평에 이른다(1999.9.1, 현재). 한미 방위조약 제4조에 근거해서 체결된 이른바 한미 행정협정(주한 미군의 시설·구역 및 미군의 지위에 관한)은, 미군 사용 구역 내에서의 '건설·운영·경호 및 관리'에 관해 무제한의 배타적 권리를 인정하고 있다. 수십 겹의 조목으로 보장된 행정협정, 이와 유사한 미국의 권리는 조선시대 청나라 주둔군의 권리나 식민통치 때 이 일본제국 조선군(사령부)의 권리와 별로 다를 바가 없다.

　이것이 대한민국이라는 나라와 아메리카합주국이라는 나라의 관계의 '본질'인 것이다. 우리는 해마다 주한 미군 1인당 4만 6,000달러에 해당하는 부담금을 지고 있으나 미국 군인 범죄자를 처벌할 권리는 과거의 미국 식민지였던 필리핀보다도 훨씬 못하다. 성장현 용산구청장은 한 마리의 사마귀지만, 예언자적 사마귀이고 용기 있는 사마귀다.

　• 『시사저널』, 2000.4.6

현실적 패배와 도덕적 승리

　서양 사회에서 사람의 행동윤리적 가치 평가의 기준으로 쓰이는 말에 '모럴 빅토리' 또는 '모럴 디피트'라는 표현이 있다. 어떤 행위에서 세속적 및 현실적 이해 타산에는 이겼지만 그 '승리'의 내면적·윤리적·도덕적 가치 평가에서는 부정되거나 패배한 경우가 모럴 디피트(도덕적 또는 정신적 패배)다. 반대로, 현실적 이해 타산의 관점에서는 '패배'지만 한 단계 높은 차원의 질서나 선(善)이나 이상(理想) 차원에서 판단하면 차라리 승리로 평가되는 경우가 모럴 빅토리다.

　이겼지만 자기 생각에도 '꺼림칙한 승리'가 있다. 자기는 이겼다고 자랑하지만 남들이 뒤에서 비웃거나 손가락질하는 승리가 있다. 점수나 돈으로 계산하면, 또는 머리 수로 따지면 분명히 승리에 해당하지만, 그것이 개인의 덕성(德性)에 반하거나 사회 발전의 '일반적 지향'(志向)과 어긋나는 경우는 그 타산적 결과를 승리라고 반가워할 수는 없다.

　그와는 반대로, 오로지 1회성의 '결과'만으로 절대화한 현실주의적 승부관에서는 성공하지 못했더라도 그 행위의 동기와 목적과 절차 그리고 매너가 훌륭할 경우에는 사람들의 마음을 감동시키킨다. 작은 것에 지고 큰 것에 이기는 것이다. 오늘의 패배로 내일의 성공을 보장하는 것이다. 무엇보다도 사람의 마음을 감동시키는 것이다.

나는 지난번 국회의원 선거에서 그 두 가지 의미를 서글픈 마음으로 확인했다. 하나는 경상(남·북)도 유권자들이 자기 지역선거구 56석을 한 곳도 남김없이 한 정당에 갖다 바친 그 투표 행태이고, 다른 하나는 노무현이라는 입후보자가 보여준 정신적 자태와행동적 모범이다(경상남·북도 56석 중 무소속 1석은 원래 그 지역 연고자다).

영남 지역에서는 그들이 자랑하는 '싹쓸이'의 효과에 완전히 도취해 있다고 들린다. '경상도' 외의 것은 일절 거부하는 자신들의'신념'의 승리라고 기고만장해 있다고도 들려온다. 그리고 이 나라의 모든 일은 경상도와 경상도 사람의 뜻에 따라야 한다는 기풍이 풍미해 있다고 전해진다.

혹시라도 그런 감정과 기풍이 사실이라면 그것은 이 나라의 현재를 위해서 뿐만 아니라 내일을 위해서 심히 우려할 일이라고 아니할 수 없다. 선거를 치르는 정치 집단들의 이쪽저쪽에게는 각기나름의 원한이나 불만이 있게 마련이다. 경쟁 형식을 취하는 모든결정과 결정 과정에서는 자기 쪽 이익을 극대화하려는 온갖 시비가 있게 마련이다.

그런 통상적 선거 풍토를 고려하더라도 이번 선거에서 나타난영남 지역 주민들의 행태는 유감스럽지만 민주주의 정신이 표방하고 요구하는 어떤 가치 기준에서도 환영할 현상이라고 보기 어렵다. 현실 정치의 이해 타산에서는 승리했는지 모르지만 '정신적

'(도덕적) 승리'는 되지 못한다.

경상도 주민·유권자들의 그 같은 '정신적 패배'를 다소나마 보상한 것이 지역 주민의 한사람인 노무현 씨의 민주주의 정치가적 이성이라고 나는 높이 평가한다. 노무현 입후보자가 수도 서울의 화려한 선거구를 마다하고 굳이 부산을 택한 이유와 목적을 세상은 잘 알고 있다. 투표의 수로 이기지 않으면 지는 것이 냉엄한 국회의원 선거다. '지역이기주의'와 철저한 타지역 배타주의로 마음의 문을 자물쇠처럼 잠그고 있는 그곳에서 노무현 후보는 선전했다. 나는 그에게 모럴 빅토리, 즉 도덕적 승리의 영예를 보내고 싶다.

듣건대, 그런 생각을 같이하는 사람이 적지 않다고 한다. 심지어 영남 지방에서도 이번 선거에서 표현된 '도덕적 패배'와 '도덕적 승리'의 의미를 진지하게 음미하고 반추하는 지식인들이 없지 않다고 한다. 실제로 내가 존경하는 경상도 출신 학문적 동료들과 생각이 깊은 사회적 교우들은 예외없이 같은 생각으로 고민하는 것을 보고 있다. 이것은 크게 고무적인 현상이다.

얼마 뒤에는 반세기 동안 적대해온 남과 북의 국가 원수가 역사적인 정상회담을 가진다고 한다. 만남의 목적은 두말할 나위도 없이 증오와 반감을 씻어버리고 서로 굳게 닫힌 마음을 열자는 것이다. 이 정신에 비추어서 우리 남한 내부 실정은 어떠한가? 한심하기 그지없다. 우리 모두 부끄러운 마음으로 크게 반성하자. 그럼으로써 남북한 모두 '도덕적 승리자'가 되자.

•『시사저널』, 2000.5.4

분노할 줄 모르는 한국 국민에게 고함

대한민국은 주권 독립국가인가? 누군가가 당신에게 이렇게 물으면 당신은 펄쩍 뛰면서 큰소리로 대답할 것이다. "물론이지! 무슨 그런 질문을 하는가! 대한민국은 주권 독립국가이고말고!"

대한민국이 정말 주권 독립국가일까? 당연히 그렇다고 믿고 있을 대부분의 선량하고 애국적인 대한민국 국민에게 최근 경기도 화성군 우정면 매향리 미국 공군 사격·폭격 훈련장에서 일어난 폭탄 투하 사건과 그 앞뒤의 처리 과정은 서글프지만 그 반대임을 입증한다.

5월 8일, 폭격 연습 중인 미국 공군 대전차 폭격기가 엔진 고장이 일어나자 대형(500파운드) 폭탄 6개를 매향리 앞바다에 투하해, 주민 11명이 부상하고, 가옥 214채가 파손되고, 5개 마을 3천여 주민이 공포에 떤 사건(현지 보도대로)이 그것이다. 문제는 이것이 처음이 아니라 50년 동안 계속되고 있다는 데 있다. 그리고 더욱 심각한 문제는 한국 국민(그 지방 주민)의 고통은 아랑곳없이, 이 상태가 한·미 양국 정부에 의해서 반세기 동안 방치되어왔다는 사실이다.

몇몇 민간 운동단체들이 길가에서 연일 목청을 돋우어 한미 양국 정부에 항의하고 있지만 국민적 반응은 전혀 일어나지 않고 있다. 부정에 항의하고 약자의 권리 편에 서야 할 신문들은 어떤가? 이 사건의 중대성을 사설로 거듭 다루고, 사회적 공론화를 위해서 연일 지면을 아끼지 않는 『한겨레』 신문 하나를 제외하면 이 나라의 나머지 큰 신문들은 '사건 기사' 한두 개로 외면해버렸다. 그러니 가뜩이나 무감각한 국민의 문제의식에는 가벼운 파문조차 일어나지 않고 있다.

3년 전, 일본 오끼나와에서 미군들이 16세 여학생을 윤간한 사건이 있었다. 일본 전국의 크고 작은 시민단체와 신문·방송·잡지들이 몇 달을 두고 주일 미군의 만행에 항의했다. 그 결과 가해자 처벌은 물론 오끼나와 미군 공군기지 폐쇄를 비롯한 주민 측 요구 여러 가지가 관철되었다. 일본 정부는 국민 여론에 굴했고, 일본 정부의 요구로 미국 정부(군)도 처음의 완강한 입장에서 물러설 수밖에 없었다. 보잘것없는 작은 섬 오끼나와 주민의 권리의식과 투쟁이 세계 최강 군사패권 국가인 아메리카를 이긴 것이다.

이와 반대로 한국 정부는 자기 국민의 고통과 권리 요구에는 관심이 없어 보인다. 매향리 사건의 진상 규명과 사후 대책을 놓고 아메리카(군)의 변명과 주장을 옹호하기에 바쁘다. 어느 국민의 정부이며 어느 국가를 위한 국방부인지 의심스러울 지경이다. 큰 대(大)자로 장엄하게 수식된 '大한민국'의 국가적 실태다. 한심하고, 부끄럽고, 분노할 이 꼴이 어찌 이번 사건에서 뿐이랴! 미국과의 군사 동맹적 생존 반세기의 무주권적 실태인 것을.

누구나 알다시피 '주권 독립국가'의 4대 요소는 '영토·국민·행정(사법)권 및 국제조약 권리·의무의 이행 능력'이다. 그렇다면 '대한민국'은 어떤가?

1954년 11월에 발효한 이른바 한미 방위조약(제4조)으로 대한 민국의 영토와 영해와 영공은 무조건 미국의 군사적 용도를 위해 서 미국에 '양도'(grant)되었다. 이 민족의 주권 독립국가로서의 제1요건을 상실한 지 오래다. 조약상 언제까지라는 기한도 없는 '무기한'이다. 미국 군대가 현재 점유하고 있는 7,400만 평의 땅과 그 위의 건물·시설 외에도, 조약으로만 보자면 '군사용으로 필요 하니' 대한민국 정부 청사 건물을 내놓으라면 내놓아야 한다. 누 군가의 가옥이건 농토건, 심지어 대통령 집무실인 청와대도 '미합 주국 군대의 배치'에 필요하다면 양도해야 한다. 그것을 사용하는 비용이나 피해 보상도 '大한민국'이 부담해야 한다. 주한 미군의 어떠한 흉악 범죄도 사실상 '大한민국' 법정은 처벌할 권한이 없 다. 이것이 이른바 '한미 행정협정'(주한 미군의 지위와 시설 및 토 지에 관한 협정)이라는 것이다.

한마디로 요약하면, '大한민국'의 소유권자는 미합주국(군대)이 고, 대한민국의 정부와 국민은 셋방살이를 하는 셈이다. 얼마나 치욕스러운 일인가! 그렇다면 언제까지? 그 답변은 오직 이 나라 의 국민이 '대한민국이 주권 독립국가'라는 꿈과 화려한 착각에서 깨어나는 날이다. 이것이 매향리 사건의 교훈이다.

• 『시사저널』, 2000. 6. 1

베트남전쟁의 본질을 바로 알자

총소리가 멈추고, 파병되었던 국군 장병이 귀환한 지 30년이 지난 '베트남전쟁'이 우리에게 망령으로 다가오고 있다. 오랫동안 까마득히 잊어버렸던 베트남전쟁이 우리에게 무엇이었던가를 새삼스럽게 묻고 있다. 우리는 답변을 강요당하고 있다. 얼마 전, 베트남 전선에 파견되었던 국군 장병(파월 장병)의 일부가 수도 서울의 한복판에서 백주에 신문사를 습격하고 테러를 감행한 사건이 있었다. 텔레비전에 비친 그 폭력 장면은 끔찍했다. 소름이 끼쳤다.

나같이 해방과 6·25를 겪고 살아온 늙은 세대에게 그 장면은 이 나라가 다시 해방 직후의 총체적 무법천지와 6·25전쟁 직후의 '군복 만능 시대'로 되돌아갈 것 같은 착각을 일으키도록 하기에 족했다. '폭력 만능' 시대가 재현되려는 것이 아닌가 두려웠다.

문제의 알맹이는 무엇인가? 그것은 30년 전에 밝혀지고 깨끗이 마무리되었어야 했던 그 전쟁의 성격, 즉 '베트남전쟁의 본질'을 한국 국민이 착각한 데 있다. 최근 사태의 발단은 습격받은 그 신문사가 베트남전쟁 파병 한국군에 의한 '베트남 양민학살' 사건들을 발굴 보도한 데 대해서, 미국 군대의 고엽제(다이옥신) 살포에 노출되어 상처 입은 파월 장병이 파월 군인의 명예를 훼손당했다고 분노한 보복행동이다.

이 사건만을 두고 말하자면, 신문과 파월 군인 각자에 일정한 명분이 있다. 파월 국군에 의한 양민학살이 있었다면, 그것들은 밝혀져서 뼈아픈 국민적 반성이 있어야 한다. 6·25 전쟁 중 미국 군인의 한국 양민학살 사건이나, 심지어 60년 전 일본 군대의 '조선인 위안부' 문제를 '반인도'(反人道)적 행위로 규탄하려 한다면, 남의 나라에서 남의 민족에게 저지른 자기 군대의 같은 행위도 마땅히 동일한 범주에서 다루어야 한다. 그것은 신문의 사명이다.

한편 당시 상황에서 '국가'의 명에 따라 참전했던 지난날의 군인들이, 베트남에서의 양민학살이 마치 전체 국군의 일반적 행위처럼 비친다는 생각에서 (신문의 보도가 그렇지는 않았지만) '군인의 명예'를 들어 항의할 수는 있다. 30년이 지나도록 여지껏 보상도 위안도 못 받고 있는 고엽제 희생자들의 처지는 더욱 그럴 것이다. 그 심정은 이해하고도 남음이 있다.

그렇지만, 그것 때문에 몇백도 아닌 몇천 명의 제대군인 민간인이 군복 차림으로, 마치 군대처럼 대오를 지어서, 백주에(물론 야밤에도 마찬가지지만) 사회의 공기관인 언론기관을 습격하고 기물을 파괴하는 폭력 행동은 용인될 수 없다. 방법은 따로 있다. 우리는 지금 수십 년간의 군인 집단 폭력 독재체제의 지배에서 벗어나 겨우 민주주의의 첫발을 내딛었을 뿐이다. 모든 폭력은 거부되어야 하지만, 그중에서도 군복으로 집단화한 폭력은 그 목적과 명분이 무엇이든 허용되어서는 안 된다. 군복 입고 권총 차면 무엇이든 지배할 수 있다는 악몽 같은 과거가 재현되지 않도록 하기 위해서도 그렇다.

그런데 베트남전쟁이 끝난 지 30년이 지난 오늘, 이 같은 불행한 일이 발생하는 이유는 무엇일까? 그것은 통틀어 대한민국이라는 나라의 국민이 베트남전쟁을 마치 무슨 '성스러운 반공전쟁'인양 착각하고 있기 때문이다. 1965년부터 8년 동안 국군 연 33만명(상주 병력 5만 명)을 전투에 파견한 그 전쟁은, 사실은 베트남인민이 160년에 걸친 프랑스·일본·미국의 식민지·제국주의 지배에서 벗어나려는 민족 해방·독립전쟁이었다.

정작 당사자인 미국 국민은 자기 정부가 시작한 제2차 베트남전쟁을 프랑스가 일으킨 제1차 베트남전쟁과 마찬가지로 현대사에서 가장 '더러운 전쟁'(Dirty War)이라고 불러 반대했던 것이다. 미국 청년·대학생 37만 명이 베트남전쟁 징집을 거부했다(현재의 클린턴 대통령 포함). 베트남전쟁 기간에 미국 군대의 장병 수만명이 탈영했고 수만 명이 도주했다. 불명예 제대가 56만 3,000명이나 되었다. 긴 베트남전쟁 기간 중 세계의 **민주적 문명 국가**는 한나라도 미국을 위해 파병하지 않았다. 세계 제1차, 2차 대전에서 미국에 의해 멸망의 위기에서 건져진 미국의 형제국인 영국이 영국군 '의장대 6명'을 베트남에 보냈을 뿐이다! 의장대 6명!!!

미국과 대한민국이 군대로 도우려고 했던 이른바 사이공(자유 남베트남) 국가와 정권은 세계에서 가장 타락·부패했고, 그 집권자들은 한 사람도 예외없이 과거의 프랑스·일본 식민통치에 충성했던 '반민족행위자'들이었다. 미국이 이런 자들을 '자유'니 '반공'의 이름으로 돕기 위해서 벌인 전쟁이 베트남전쟁이다. 한국의 베트남 참전이 '명예'가 아니라 '오욕'임을 깨달으면 모든 문제가 달리 보일 것이다.

• 『시사저널』, 2000. 7. 20

마조히스트가 지배하는 나라

정신의학에 '사디즘'과 '마조히즘'이라는 것이 있다. 사디즘이란, 남녀의 성행위에서 주로 남성이 여성에게 신체적 고통과 학대를 가하면서 성적 만족을 느끼는 '가학성 변태 성애'다. 반대로 마조히즘은, 주로 여성이 남성에게 신체적 아픔과 학대를 받으면서 성적 흥분과 오르가슴을 경험하는 '피학성 변태 성애'다. 누구나 다 알고 있을 이런 변태적 성행위를 새삼스럽게 이야기하는 이유는, 최근 우리나라에서 주한 미군 문제로 벌어지고 있는 현상과 사태의 본질이 개인 남녀 간의 사디즘과 마조히즘을 연상케 하기 때문이다. 슬픈 일이지만 그렇다.

내가 이 시론에서 여러 차례 지적했듯이 대한민국이라는 국가와 북미합주국의 관계는 주권·독립국가 관계가 아니다. 그 관계의 본질은 반(半)식민지적 관계다. 차마 그것을 인정하기가 부끄럽다는 사람을 위해서 표현을 부드럽게 바꾸자면 고작 '예속'적 관계라고 할까!

지난 군부 독재시대에 반독재·민주주의·인권·국민적 자존·국가적 자주……를 위해서 싸운 젊은 세대들이 궐기하고 있다. 그 하나의 형태가 '주한 미군의 지위에 관한 협정'(한미 행정협정 또는 SOFA)을 개정하라는 요구다. 그들의 현 단계에서의 요구는 미군 지위협정을 당장에 폐기하라는 것이 아니다. 미군 지위 협정 폐지는 곧 주한 미군 철수 요구나 다름없기 때문이다.

그들이 요구하는 것은 다만, 한미 행정협정을 최소한 지난날 미국의 반식민지였던 필리핀의 그것 수준까지라도 끌어 올리라는 것이다. 이것은 '요구'라고 할 것도 못 된다. 너무나 당연한 주장이다. 주장이라기보다 '애원'에 가깝다.

사실인즉, 현행 '주한 미군의 지위에 관한 협정'은 19세기 중엽 아편전쟁 이후 영국·러시아·프랑스·독일·일본 등 제국주의가 각기 중국을 반식민지화했을 때 중국(淸)과 체결했던 '치외법권'과 다름없다.

그것은 막바로 지배자와 피지배자의 인간·국가 관계를 규정한 것으로, 근·현대사에서 악명 높은 '불평등조약'이다.

미국은 유럽과 아시아 여러 나라에 군대를 주둔시키고 있다. 그러나 영국·독일·이탈리아·일본 등과의 '주둔군 지위에 관한 협정'은 남한(대한민국)과의 협정과는 그 처우 수준에서 천양지차다. 그들 국가는 그래도 문명국가 대접을 받고, 그 나라 시민은 거의 문화인에 준하는 권리와 대접을 받고 있다. 이들 문명국가나 그 시민의 법적 권리는 고사하고, 미국의 옛 식민지였던 필리핀과의 협정보다도 못한 것이 한국과 맺은 협정의 내용이다. 이 같은 '피지배자적 지위'의 협정조차 미국 군대가 주둔한 지 20년이 지난 1966년에야 체결되었다. 그 이전 20년 동안은, 말이야 번지르르하게 '형제국가'니 '피로 맺은 동맹국가'니 하면서 사실은 점령 군대와 피점령 국가나 다름없었던 것이다. 1966년에 지금의 치욕적인 협정이 체결된 것도 한국 여성들에 대한 주한 미군의 잔인무도한 행태가 계속된 데 대해서 고려대학교 학생들을 비롯한 대학생들이 참다 못해 전국적 항의 시위를 벌여서 얻은 수확이다. 대한민국이라는 나라의 역대 정부와 정권을 쥐고 있는 극우·반공주의의 개인과 권력 집단은 한마디 항의도 불평도 해본 일이 없다.

그들의 눈에는, 주한 미군의 반인도적 범죄와 대한민국의 무권력 상태에 대한 비난이나 항의는 '용공'과 '반미'로 비쳤다. 그것은 바로 반공법과 국가보안법의 대상이었다. 그들은 모욕과 학대받기를 거부하는 자기 국민을 미국의 지배 체제 앞에 끌어내어 무릎을 꿇리는 행동으로 미국으로부터 정권을 보장받고 개인적 치부와 사회적 특권을 유지할 수 있었다. 이것이 한국 권력집단의 본성이고 한미 관계의 본질이다. 최근에 젊은 세대가 한미 행정협정 개정을 요구하자, 기다렸다는 듯이 『조선일보』를 선두로 하는 사대주의·극우·반공주의자들이 또 '반미 감정 유발'이니 '국가안보'니 '위기 조성'이니 하면서 입에 거품을 물고 매도하기에 여념이 없다. 멸시와 학대를 받지 않고서는 성적 만족을 느끼지 못하는 마조히스트들이다. 그러니 이 나라는 영원히 사디스트가 지배할 수밖에 없어 보인다. 아! 이 어찌 슬픈 일이 아닌가.

• 『시사저널』, 2000.8.17

윤락여성이 들끓는 나라의 꼴

예술가들이 말하기를, 조물주가 땅 위에 창조한 피조물 중에서 가장 아름다운 것이 아직 성적으로 순결한 여자의 육체라고 한다. 그것을 미술적으로 표현한 대표작인, 이탈리아의 중세 초기 화가 산드로 보티첼리(1445~1510)의 「비너스의 탄생」은 우리에게 낯익다. 그러나 아무리 걸작이라 하더라도 그것은 미술 작품(그림)에 불과하다. 실제로 살아 있는 10대, 20대 여성의 육체의 윤곽적 미와 우아함과, 온몸에서 발산하는 터질 듯한 생명의 기운, 그 약동! 그것은 가히 성스럽기까지 하다. 그것은 가장 이상적 상태로 육체와 생명이 결합한 존재다.

그와 대조적인 상태를 생각한다면, 같은 10대, 20대의 육체와 생명인데, 밥을 먹기 위해 그 육체를, 생명을 잉태하고 탄생시키기 위한 여체의 성기를 밤낮없이, 성에 굶주린 남성들에게 돈 받고 팔아야 하는 처지의 여성들이 아닐까. 하루 세 끼 밥을 먹기 위해, 또는 본인이나 가족 누군가의 빚을 갚기 위해, 포주에게 고용되어 하룻밤에도 10여 명씩 야수 같은 남자의 성적 노리개가 되어야 하는 10대, 20대의 수많은 여성들. 이 얼마나 참담한 인생인가.

그것은 인간의 삶이 아니라 짐승, 짐승 중에서도 우리에 갇힌 채 하루에 10여 회씩 짝짓기를 강요당하는, 가장 추악한 존재다.

같은 고귀한 육체와 생명을 타고난 젊은 여성이, 같은 땅, 같은 나라, 같은 시간에 이렇게 동물화한 삶을 살아야 하다니! 그리고 그 같은 삶, 삶이라기보다는 죽지 못해 살며 생존을 이어가는 그런 여성이 대한민국이라는 나라에 몇백만이 된다는 사실을 우리는 어떻게 생각해야 하는가. 심각한 문제다.

며칠 전 지방의 한 도시에서 그런 여성 다섯 사람이 한꺼번에 불에 타 죽었다는 신문기사를 보았다. 문제의 포주는 같은 나이 또래의 여성 여섯 명을 각기 한 평이 안 되는 쪽방에서 이중 자물쇠가 잠긴 철창에 가두어놓고 매춘행위를 시켰다고 한다. 안에서 불이 났는데도 철창과 자물쇠를 열어주지 않아 그중 다섯이 불에 타 죽게 했다. 그중의 한 여자가 남긴 일기장이 나왔다.

"……밤 11시부터 연거푸 여덟 명의 손님을 받는 사이, 새벽 5시가 되었다. 포주와 하루의 정산을 하니 내 장부에 들어간 돈은 16만 원. 그러나 그 돈은 포주가 저축해준다며 가로채서 내 호주머니에는 단 한 푼도 없다. ……고등학교 때 개그우먼을 꿈꾸었던 생각을 하며 현실을 돌아보니 죽고 싶은 마음뿐이다. ……당진 고향에 두고 온 엄마 아빠가 보고 싶다. 친구들도……"

이것은 대한민국이라는 사회에서 심각한 문제인 통상적 차원의 '인권' 문제가 아니다. 단순한 '권리'의 문제를 넘어서 생명의 문제다. 그들은 이미 '인간'이 아닌 것이다. 인간을 폐업한 이런 여성이 얼마나 될까?

나는 호기심에서 정부의 공식 인구통계를 찾아보았다. 대한민국 인구 4,339만 가운데 여성 인구가 2,177만 1,000명(1998년 통계청, 「한국 사회지표」). 가령 그중에서 육체적으로 남성 '고객'의 '성적 상품'이 될 수 있는 나이를 20~39세로 본다면 그 연령대 인구는 789만 3,000명(36.5퍼센트)이다.

여기서 잠깐 1993년으로 돌아가보자. 김영삼 정권이 '여성 인권'을 개선하려는 극적 조처로 서울의 길음동·화양동·신길동 등을 비롯한 전국의 사창굴을 강제 폐쇄했을 때, 관계 행정 당국자들은 직업적 또는 준직업적 '윤락여성'(창녀)의 수를 전국에 200만~250만으로 추산했다. 적은 쪽을 잡아서 200만으로 본다 하더라도 한국 전체 여성 인구의 9퍼센트가 이른바 윤락여성이다. 20~39세 여성의 25퍼센트가 넓은 의미의 '매춘' 또는 '준매춘' 여성이라는 이야기가 된다.

이것은 겁나는 사실이다. 몸서리쳐지는 대한민국의 사회 현실, 아니 인간 현실이다. '밥'을 먹기 위해서 '돈'을 벌기 위해서 그 고귀하고 아름다운 육체와 인격과 생명까지 팔아야 하는 사회. 그렇게 만드는 남성들의 부도덕과 반윤리. 이 모든 것을 제도로 해 유지되는 자본주의와 자본주의적 비인간화!

이런 남한 사회가 북한보다 자유롭고 우월하다는 위대한 착각이 우리의 머리를 지배하고 있다. 이런 식의 생존조건으로 통일이 될까봐 나는 두려워진다.

• 『시사저널』, 2000.10.19

'그 대통령'의 한심한 신문광고

"김정일의 침략 야욕에 속지 마라"는 광고를 보면서 나는 충직한 국민의 한 사람으로서, 대한민국과 4,500만 국민의 체면을 생각해서도 그렇게 한심한 소리를 하는 사람이 바로 지난 대통령이라고는 믿고 싶지 않았다.

며칠 전 아침, 아직 잠자리에 누운 채 신문을 펼치던 나는 깜짝 놀라 부엌에 있는 늙은 아내에게 소리쳤다. "여보, 큰일났어! 전쟁이 난대!" 부엌에서 뛰어나온 아내가 "난데없이 전쟁은 무슨 전쟁이에요"라고 핀잔을 주기에, 나는 신문 한 면을 가득 메운, 어마어마하게 겁나는 광고를 펼쳐 보여주었다.

그 광고는, 주먹만한 활자로 '김정일의 침략 야욕에 속지 마라'는 제목 아래, 금세라도 6·25전쟁이 다시 터질 듯이 겁을 주는 내용이었다. 그런데 놀라운 일이 벌어졌다. 광고를 보고 나면 나와 마찬가지로 빨리 피난 보따리를 싸자고 펄쩍 뛸 줄 알았던 70세 아내가 신문광고를 보고는 피식 웃지 않겠는가! 그러고는 신문지를 나에게 들이밀면서 핀잔하는 것이었다.

"여보, 똑똑히 보고나 놀라시오. 그런 따위 광고를 낸 사람이 누군지나 알고 전쟁이건 피난 보따리건 소리치시오!"

아닌 게 아니라 내가 조금 경솔했다는 생각과, 약간은 체면이 손상되었다는 마음으로 신문의 광고를 다시 유심히 살펴보았다. 그러고서야 세상 일에 무식한 칠순 노파가 놀라기는커녕 오히려 비웃는 말투로 "광고를 낸 사람이 누군지나 알고 말하라"고 한 뜻을 알아차렸다. 김정일의 속임수와 북한의 남침 야욕과 '적화통일'이 눈앞에 닥쳤다고 겁을 주면서, 김대중 대통령의 남북 평화 추구 정책과 미국을 비롯한 모든 대북한 화해 노선을 극렬한 말투로 비난하고 반대하는 그 광고의 주인 이름이 최근 2, 3년 전까지 이 나라의 대통령이라고 행세하던 사람의 이름과 비슷했다.

이 나라 국민 가운데 백만인지 천만인지의 찬성 서명운동을 벌이겠다고 광고의 한쪽에 실린 서명 양식 맨 윗줄에 자기 서명을 한 이름 석 자가, 우리가 대통령이라고 알고 있던 그 이름이 아닌가! 광고문에서 하는 소리가 하도 유치하고 잠꼬대 같아서 설마 이것이 한때나마 '대통령'이라고 세상을 호령하던 사람의 소리는 아니겠지 싶었다. 적어도 나는 충직한 국민의 한 사람으로서, 대한민국과 4,500만 국민의 체면을 생각해서도 그렇게 한심한 소리를 하는 사람이 바로 지난 대통령이라고는 믿고 싶지가 않았다.

대한민국에서 광고료가 제일 비싸다는 그 신문에 그만한 크기의 광고를 내려면 모르긴 해도 수천만 원은 들어갔을 것이다. 그 따위 걸레 같은 광고, 그것을 내지 않고서는 쌓아두고 감추어둔 돈을 평생 다 쓸 방법이 없다고 생각하는 어떤 정신 나간 부정축재자의 심심풀이 소행이겠지. 세상이란 이런 종류의 인간들도 가끔은 섞여 있어야 광대를 보는 것 같은 인생의 낙이 있지 않겠는가!

나는 그 정도로 가볍게 치부하고 침대에서 일어나면서 신문을 접으려 했다. 하필 할 일이 많은 날 아침에, 아직도 반세기 전 냉전사상의 꿈에서 깨어나지 못하고 있는 지능 지체아들의 전쟁 부추기기 장난에 나의 귀한 시간을 허비할 수는 없지…….

반세기 동안 신물이 나도록 '전쟁' '반공 국시' '남침 위협' '국가 위기' '……호시탐탐' '임전태세' '절대 복종' '인권·자유 무용'에다 '북한 특공대 10만, 하룻밤에 포항까지 점령' '평화는 몽상' 등등의 궤변과 속임수와 협박으로 선량한 국민대중을 수십 년 동안 농락해온 광적인 극우·반공주의자들이 이제, 동이 트는 하늘을 보고 밤의 요괴들이 겁을 집어먹듯이, 냉전·전쟁 위기의 종식과 화해와 평화의 조짐 앞에서 전쟁의 노스텔지어에 매달리는 가증한 작태이겠지 정도로 생각했다.

그러나 그래도 싫어서 다시 한 번 광고주를 확인하고서야 나는 세상 모르는 늙은 아내마저 비웃어버린 까닭을 알았다. 그 광고의 주인은 바로 얼마 전까지 5년간의 집권 임기 중, 제 머리로는 단 1분간의 인사도 훈시도 연설도 할 능력이 없어서, 비서가 적어준 메모 쪽지만 읽다가 퇴임한 바로 그 '대통령'이었다!

그 머리로 하는 소리라면 바로 그 반대를 믿으면 되겠구나! 그렇게 생각하면서 신문의 1면을 보니, 올브라이트 미국 국무장관이 평양에서 김정일 국방위원장과 굳게 악수하면서 환하게 웃고 있었다.

• 『시사저널』, 2000.11.16.

3

민족적 의지가 통일을 좌우한다

『말』 선생님은 일찍부터 한반도의 통일문제에 관심을 기울여왔습니다. 이로 인해 세 차례나 반공법 위반으로 입건되었고, 합계 3년 이상 감옥에 갇혔으며, 직장(언론사와 한양대)에서 해직되는 고난의 길을 걸어오셨습니다. 선생님이 일찍부터 한반도의 통일문제에 관심을 가지게 된 동기는 무엇입니까?

리영희 해방 직후 사회혁신을 반대하고 자신의 이권을 위해 분단 상태를 미화하고 그 방법으로 '반공'이라는 이념을 내세운 자들의 정체가 지극히 반민족적인 인사들이라는 것을 확인하면서부터 통일문제에 관심을 가지게 되었습니다. 민족자주를 상실하고 국제사회에서 천시받은 우리의 대외적 존재양식에 대해 비판하면서 시작된 것입니다.

『말』 최근 노태우 대통령은 '남북한 교류와 해외동포의 자유왕래'를 포함한 6개항의 '7·7선언'을 발표한 바 있습니다. '7·7선언'에 대해 선생님은 어떻게 평가하십니까.

리영희 통일정책이라는 것은 평화통일이라는 집을 짓는 데 기둥을 세우는 것입니다. '7·7선언'의 개개 기둥은 비교적 나무랄 데가 없는데, 전체 기둥이 서 있는 방향은 제각기입니다. 결국 집을 짓는 데 아무 쓸모가 없게 되어 있지요.

'7·7선언'을 자세히 보면 우리 반도의 핵심적인 문제가 빠져 있다는 것을 알게 됩니다. 우리 반도의 분단을 강요하고 있는 핵심적인 것은 군사적 대결 체제예요. '휴전협정'을 '평화협정'으로 바꾸려는 노력이 보이지 않는 어떠한 선언도 설득력이 결여된 것이라고 보여집니다.

『말』 그럼에도 불구하고 노태우 대통령이 '7·7선언'을 발표한 것은 무슨 목표가 있었을 텐데, 이 점에 대해 말씀해주십시오.

리영희 이번 선언에서 제일 중요하게 눈여겨보아야 할 것은 맨 끝에 있는 6항 '북한이 미국·일본 등 우리 우방과 관계를 개선하는 데 협조할 용의가 있으며 또한 우리는 소련·중국을 비롯한 사회주의 국가들과의 관계개선을 추구한다'입니다.

앞에 있는 5개 항목의 교류 방안은 남북 상호공존 분위기와 남한의 개방적 자세를 중·소에 인식시킴으로써 북한에 대한 정치외교적 포위망을 구축하는 것을 목표로 하고 있습니다. 이를 통해 6항대로 미·일은 북한을, 중·소는 남한을 국가승인하는 형식의 교차승인으로 유엔 동시가입을 추진한다는 게 이번 선언에 나타나는 핵심적인 내용입니다.

『말』 '7·7선언' 이후 한반도를 둘러싼 미·일·중·소 4강 등의 반응과 예상되는 행동에 대해 말씀해주십시오.

리영희 나는 이 선언을 보면서 『한겨레신문』 7월 8일자 좌담회에서도 밝혔듯이 '미국의 냄새가 물씬 나는' 구상이라고 생각했습니다. 미국의 대한정책의 기조가 제한된 남북교류를 통한 분단고착화 정책입니다. 일본 역시 미국의 입장과 동일하지요. 북한과의 관계를 다소 완화하면서 경제적 이익을 노리겠지요.

소련과 중국의 경우를 말하면, 좀 불행하게도 두 나라 모두 국내문제에 몰두하고 있다 보니까 한반도 문제에서 현상유지를 원하는 쪽으로 기울고 있습니다. 아마 미·중·소 사이에는 한반도의 현상유지를 위한 일정한 선에서의 합의가 이루어지지 않았나 생각합니다.

민주화의 정착이 통일을 앞당긴다

『말』 최근 『동아일보』『해리슨신문』『아사히신문』 3사가 남한 국민을 대상으로 '통일 가능성'에 대한 설문조사를 한 결과 33.1퍼센트만이 긍정적인 대답을 한 것으로 나타났습니다. 이 수치에 대한 해석은 다양할 수 있다고 보는데, 선생님의 견해는 어떠합니까.

리영희 3사에서 조사한 33.1퍼센트라는 수치는 연령층을 고려하지 않은 것입니다. 젊은 청년학생층들의 답변은 40퍼센트 이상이에요. 통일 혹은 남북 간의 문제는 앞으로의 문제이며, 젊은 층이 일반인보다 더 긍정적인 대답을 한 것은 고무적입니다. 또한 지금 단계에서 낙관적인 비율이 적다는 것은 해방 후 40년 동안 지속된 왜곡된 반북의식 고취와 일방적인 반공교육을 생각해볼 때 조금도 놀라운 것은 아니죠. 그것을 정태적으로 내일도 10년 뒤에도 그럴 것이라 해석할 수 없다고 보는 거예요.

『말』 지금 분단국가 중 동·서독은 양국을 상호 인정하고 유엔에도 동시가입하고 있습니다. '7·7선언'의 기본 맥락이 소위 '독일식 방안'과 닮았다는 얘기가 많습니다. 우리나라의 현실과 독일의 현실 사이에 통일여건의 차이점은 무엇입니까.

리영희　현저한 차이가 있습니다. 독일의 경우에는 독일민족이 아무리 통일을 원해도 통일 독일을 허용하지 않으려는 미·소 강대국의 확고한 정책과 의지가 있고, 또한 독일 주변 다수 국가들이 통일된 독일을 두려워하고 있기 때문에 통일될 수 없는 구조로 되어 있습니다.

　즉 독일의 경우는 분단을 전제로 해서 조인된 여러 다국적 조약들이 있습니다. 런던조약·동유럽조약·헬싱키조약…… 등의 외적 구속력으로 독일 민족은 분단의 사슬을 끊기 어렵게 되어 있다는 것이지요.

　그런데 우리 반도의 경우는 남북한이 통일된다 하더라도 심각하게 두려워할 주변 국가들이 없다는 점이 중요한 차이점입니다. 그리고 우리의 경우는 분단을 고착화하는 열강 간의 조약이라는 것은 존재하지 않아요. 즉 우리 반도의 경우 외적 구속력보다 우리 민족 내부의 의지가 통일 한국을 이루어내는 데 더 결정적이고 우위에 선다는 말입니다.

　『말』　선생님이 말씀하시는 '민족 내부의 의지'에 대해서 구체적으로 말씀해주십시오.

　리영희　실제 통일보다는 분단의 고착화·국제화·합법화를 주장하는 개인이나 세력의 기본적인 논리는 '상호 다른 제도는 상용(相容)될 수 없다'는 것입니다. 하지만 통일을 향한 민족 내부의 의지는 '상용할 수 있다'는 주장을 포용하는 것입니다. 극단적인 사유재산제도와 사회주의적 방식은 지양되어야 하며 각각 장단점을 가지고 있기 때문에 장점을 서로 받아들여야 합니다.

　또한 민족 내부의 의지는 사회적 정의와 평형을 실현한다는 측면에서 정치·군사·사회·문화·사상적인 영역에서 민주화가 정착되는 내용을 포함합니다. 그것만이 남북한의 차이점을 극복하는 접근방식이라는 것이죠.

『말』 최근 학생·재야에서 통일운동이 드세지면서, 그 여파는 정당 차원으로까지 확산되고 있는 실정입니다. 그러나 자세히 살펴보면, 이제까지 민주화투쟁에서 학생·재야와 공동보조를 취하려 노력해왔던 야당이 통일문제에 관해서는 학생·재야와 일정한 거리를 두고 있는 듯합니다. 보수와 진보가 확연히 구분되는 느낌을 받는데, 이러한 현상을 어떻게 평가해야 할 것인지, 이에 대해서 말씀해주십시오.

리영희 몇 가지로 봐야겠지. 청년학생·재야와 야당 사이에는 성격·이해관계·의지·철학에서 상당한 차이를 보이고 있는데도, 그것은 어쩔 수가 없는 현상이에요.

중요한 것은 청년학생·재야와 같은 진보적인 세력이 점차 확대돼가고 있다는 사실입니다. 하루 이틀 1, 2년 사이에 대세가 될 것이라고 낙관하는 것은 아니지만, 최근까지만 해도 입도 뻥긋 못 했던 문제가 공론화됐다는 시대적 사조의 변화가 중요한 것이지요.

이러한 흐름으로 나간다면 비교적 보수적인 야당도 대중적인 기반을 가지기 위해서라도 진보세력이 주장하고 있는 내용을 강령이나 정책에 수렴하게 될 것이라 봅니다. 그렇게 되기 전에 변화된 조건을 정치적 차원에서 반영하는 진보적인 정당이 생겨날 것입니다.

『말』 '8·15남북청년학생회담'을 목전에 두고 학생과 정부당국은 지난 '6·10회담' 때처럼 또다시 대립될 양상을 보이고 있습니다. 정부당국과 학생들에게 당부하고픈 말씀이 있으면 해주십시오.

리영희 결론적으로 말하면 정부는 통일문제를 독점하지 말아야 한다는 것입니다. 소위 '창구 일원화'를 말하는데, 이러한 발상은 분단을 고착화하려는 힘의 정치적 표현이며, 국민적 통일의지의 전진을 저지하겠다는 얘기로 해석됩니다. 물론 그렇다고 해서 학생들의 통일운동이 정부의 협조 없이 나아갈 수 있다는 뜻도 아닙니다. 다른 한편으로는 '6·10회담' 때처럼 학생들의 추진력·힘·충격이 없었더라면 정부당국이 대북자료 개방 등 통일문제에 대한 정책 수정을 했겠느냐는 의심이 듭니다. 남북학생회담의 교류 주체는 학생입니다. 동시에 학생단체는 정부와의 협조를 중요시해야 합니다. 정부당국은 이를 적극 지지·협조해야 할 것입니다.

학생들에게는 몇 가지로 간추려 이야기하겠습니다. 우선 대중적 공감과 협조를 얻어내야 한다고 말하고 싶습니다. 분단에서 이익을 얻어온 세력들이 우리 사회의 각 방면에서 지배력을 행사하고 있는 한 광범한 대중적 공감과 지지가 필요하다는 거지요.

둘째, 내 생전에 통일을 볼 수 있었으면 좋겠습니다……. 어떻든 학생들의 행위가 현실감각을 잃지 않고 논리적으로 정리되길 바라고, 그렇게 하여 정리된 구상이 실제 행동으로 옮겨졌을 때에는 더욱 긴 안목에서 유연하고 체계적으로 추진되길 바랍니다. 다시 말하면 단시일 내에 최대 성과를 내려 하지 말고, 균형을 잘 이루면서 나가야 한다고 생각합니다.

셋째, 크고 작은 행동·실천이 끝나는 즉시 냉철하게 내부적으로 실천행동의 결과를 비판 검토하고 대중과 함께 평가하여 다음 단계를 위한 자체 수정을 게을리해서는 안 된다고 봅니다.

통일을 원하는 세력이 점차 많아지고 있다

『말』 선생님께서는 한반도에 적합한 통일방안은 무엇이라고 생각하십니까.

리영희 구체적인 청사진을 그리기도 어렵고, 말하기도 어렵고……. 사회변혁을 기초로 한 통일방안이 아니고 현 상태에서 통일방안을 강구할 때 나는 제도의 차이를 어떻게 상용시키느냐 하는 것이 대단히 중요하다고 봐요. '극단적인 사유재산제를 기초로 한 자본주의제도와 저쪽의 사회주의제도를 어떤 방법으로 큰 충격 없이 상용시킬 수 있는가.' 이 문제에 대해 시원하게 대답해줄 선례를 아직까지는 찾기 힘들어요.

이러한 두 제도가 상당한 시간을 두면서 서로 이질적인 요소를 제거해나가야 한다고 생각합니다. 구체적으로, 이쪽은 극단적인 사유재산제도에서 파생된 심각한 사회 불평등을 평등·균등화시켜 갈등요소를 제거하기 위해 저쪽의 사회주의제도를 상당 정도 수용해야 하며, 저쪽은, 협력의 미덕과 평등은 있는데 자유를 제한하고 있어 개인 권리와 사회적 개방을 지향하는 정치적 수정을 해야 한다고 생각합니다.

이러한 것을 실현할 수 있는 정치적 접근 방식으로, 남북이 상대방의 체제를 인정하고, 일정 기간 연합의 형식으로 두면서, 두 지방국가의 대표기구가 쌍방의 두 지방국가 내부의 경제구조라든가 이질적인 요소를 순차적·단계적으로 수정 변화시켜나가는 형식을 고려해볼 수도 있을 것입니다. 그런데 기득권자들이 이것을 하려고 하질 않아요. 미국 숭배적인 기독교 세력의 자기 민족 이익보다 미국 이익 추종적 생태도 문제가 되지.

사실 실질적으로 통일방안을 구상하는 데는 어려운 점이 많이 있습니다. 특히 우리 경제는 세계 미국 자본주의경제의 구조 속에 강력히 편입되어 있는 상태입니다. 때문에 극단적으로 불평등한 경제구조를 평등하게 만들려고 시도할 때, 관련된 강력한 기득권 세력의 내적인 요소와의 투쟁뿐만 아니라 주로 미국을 축으로 한 큰 구조와의 모순도 동시에 수행되어야 합니다.

　혁명적 변혁을 전제로 하지 않는다면, 남북한 공히 이런 투쟁을 점진적인 방식으로 수행해야 한다는 뜻입니다. 특히 우리가 살고 있는 남한에서는 이러한 점진적인 변화조차 허용되지 않는 현실이기 때문에 더더욱 어렵다는 것이지요. 성장해가는 민주세력의 발전 정도에 따라 남북의 통일 시기는 조정되겠지요.

　• 『말』, 1988년 8월호

대민족주의와 아시아 시민연대로 나아가자

대담: 손호철·정치학자

우리 민족은 지난 세기말 제국주의 열강이 각축하는 새로운 시대적 도전에 적절한 대응을 못함으로써 식민지로 전락하는 비운을 맛본 바 있다.

이제 새로운 세기말적 상황을 맞아 또다시 내외의 강렬한 도전에 직면한 한국이 난관을 지혜롭게 헤쳐나갈 방도는 무엇인가. 한국의 대표적 지성의 한 사람인 리영희 교수로부터 민족번영의 '신조선책략'을 들어본다.

미국의 군사패권주의는 불변

손호철 바쁜 와중에도 대담에 응해주셔서 감사합니다. 이번에 복권되신 것을 축하드립니다. 우리 민족은 지난 세기말 제국주의 열강이 각축하는 서세동점의 시기에 외적 도전에 제대로 대응하지 못함으로써 식민지로 전락하는 비운을 겪었는데 한 세기가 지난 20세기의 세기말 상황에서 또다시 내외의 심각한 도전에 직면하고 있습니다. 외적으로는 사회주의의 몰락을 비롯한 탈냉전 신질서의 도전에 직면하고 내적으로는 성장일변도 정책이 낳은 모순의 폭발로 80년대 이후 사회적 격동기를 겪다가 30년 만의 문민정부 출현으로 그 모순을 해결해야 할 시점에 와 있습니다. 오늘은 주로 외적 도전의 실체를 규명하고 그에 대응하는 우리의 국가적 과제를 점검하는 시간을 가져보았으면 합니다.

리영희 먼저 20세기 말이 갖는 세계사적 위치를 파악해봅시다. 프랑스혁명으로 분출된 거대한 인간해방의 에네르기가 인간생활의 물질적 조건을 획기적으로 개선한 산업혁명과 부르주아 민주주의로 개화한 시기가 19세기였다면, 20세기는 새로운 인간적 가치를 추구하는 이상주의적 에네르기가 거대한 세계사적 흐름으로 분출하여 부르주아 사회에 도전한 시기였습니다. 그러나 아시다시피 이러한 도전은 일단 실패로 끝났습니다. 다가오는 21세기는 인간적 가치를 옹호하는 사회주의적 지향이 자본주의의 사회적 질병에 제동을 걸고 자본주의의 현실적 장점과 변증법적으로 결합해 새로운 사상, 가치, 제도를 만들어나가는 시기가 될 것입니다. 현재의 세기말적 격동은 그 과도기적 성격의 반영이라 하겠습니다. 이 점에서 미국의 프랜시스 후쿠야마라는 딱한 사람이 20세기 말로써 '역사의 종언' 운운한 견해는 잘못된 역사해석입니다. 21세기야말로 사회주의에 승리하여 '궁극적 체제'가 되었다고 생각하는 미국식 자본주의가 그 자체의 내부 모순 때문에, 그리고 약탈적 본성이 야기하게 될 세계의 다른 세력들과의 전 지구적 규모의 갈등과 투쟁 때문에 미국식 자본주의와 그 추종세력에 심각한 위기가 될 것입니다.

손호철 좀더 구체적으로 동북아의 시대상황을 점검해보았으면 합니다. 동북아에서 그간 가장 중요한 변수였던 미국의 정치군사적 역할이 앞으로 어떻게 변하겠습니까.

리영희 세계적 차원에서 볼 때 미국의 국가적 잠재력은 지속적으로 하강하고 있음이 분명하며 정치·경제·분야에서 미국의 영향력은 실제 축소되고 있습니다. 그러나 전략적·군사적 측면에서 미국은 의연히 유일패권 전략을 견지하고 있습니다. 이는 93년 한 해 동안 미국이 핵전력 비용만으로 380억 달러를 계상하고 있고 향후 8년간 무려 1,800억 달러에 달하는 핵전력 비용을 지출할 계획인 것만 봐도 분명합니다.

동북아에서도 미국의 전략적 군사적 역할은 당분간 변하지 않을 것입니다. 동북아에서 구소련과 중국의 전략적 위치가 명확히 변화했음에도 불구하고 이 지역에서의 미국의 전략적 태도는 냉전시대와 별반 다를 바가 없습니다.

손호철 주한 미군의 경우 과거 대소봉쇄의 역할을 했다면 탈냉전의 세기말에는 그 전략적 의의에 변화가 있지 않겠습니까.

리영희 과거 주한 미군이 설정한 전략적 의의는 다중적입니다. 첫째, 일본 보호를 위한 전초기지 역할을 한다. 둘째, 북한의 군사적 위협으로부터 남한을 보호한다. 셋째, 남한에 배치된 핵무기를 보호한다. 넷째, 북한에 무제한의 군비경쟁을 강요해 북한의 경제 사회적 파탄과 정치적 항복을 추구한다. 다섯째, 북한에 대한 남한의 군사적 모험(침공)을 예방한다. 여섯째, 남한에 대한 정치적 통제력을 군사적으로 뒷받침한다. 일곱째, 남한은 세계에서 유일하게 유엔군사령관을 주한 미군사령관이 겸임하는 구조로서 미군의 유엔구조하에서의 활동을 훈련할 적지다. 여덟째, 주한 미군사령관을 거치는 것이 미육군 참모총장이나 합참 지도부로 출세하는 지름길이다. 아홉째, 텍사스 주보다 훈련비용이 훨씬 싸게 먹히는

싸구려 군사훈련장이다라는 데 있었습니다. 이상과 같은 주한 미군 주둔의 전략적 의의는 지금도 큰 변화가 없습니다. 주한 미군의 구성이 지상군 중심에서 해군 중심으로 바뀌는 정도의 변화는 있겠지만 미군은 조선민주주의인민공화국이 구소련처럼 될 때까지 대폭 감축이나 철수를 결코 하지 않으려 할 것입니다.

손호철 그간 미국은 북한에 대해 초강경정책으로 일관하여 오히려 남한의 대북정책이 상대적으로 온건하게 보일 정도였는데 앞으로는 어찌 될 것이라 보십니까. 또 현재 논란이 되고 있는 북한의 핵사찰 문제는 어떻게 생각하십니까.

리영희 북한은 이미 남한에 대한 군사적 위협이 아닙니다. 소련이 북한에 대한 무기판매를 중단했고, 조·소 상호 (군사) 우호조약이 사실상 백지화됐어요. 중국 역시 북한에 대한 군사적 지원을 할 입장이 아닙니다. 게다가 남한은 군비지출에서 75년에 북한을 앞지른 이래 금년에 110억 달러를 투입해 북한의 26~40억 달러에 비해 최소 3배 이상이며, 심지어 중국의 군비 지출 64억 달러보다 많습니다. 남한 당국은 주장하기를 북한의 GNP가 남한의 10분의 1 수준이라고 하는데, 그렇다면 10분의 1의 경제력을 가지고 3배 이상의 군비 지출을 하는 남한에, 그리고 세계 최강의 군사력을 가진 미국에 대항하여 군사적 모험을 한다는 것은 불가능한 이야기입니다.

값비싼 재래식 무기경쟁을 무한정 계속한다는 것이 북한 입장에서 불가능하기 때문에, 비용이 싸고 전략적 효과가 있는 핵무기를 가질 유인은 충분히 있습니다. 물론 북한이 실제 핵무기를 개발하고 있는지 아닌지, 핵개발이 얼마나 진전됐는지는 정확히 알 수 없습니다. 그러나 북한을 그런 상황으로 몰아넣은 것이 미국과 남한이기에 설사 북한의 핵개발설이 사실이라 해도 그들을 비난할 근거는 없습니다. 과거 박정희 대통령도 미군 감축으로 안보 위협을 느끼자 핵개발을 했던 것과 유사한 이야기 아닙니까. 자기의 졸개인 이스라엘의 핵개발을 오히려 지원하여 200여 개의 핵탄두를 보유하게 만들어놓고 무슨 염치로 다른 나라에게 핵확산금지를 주장한단 말입니까. 그것은 미국의 도덕성 문제입니다. 북한 핵개발의 위험성을 강조하기 이전에 남한과 미국은 두 가지 과제를 선행해야 합니다. 첫째, 막대한 군비투여를 중단해야 합니다. 위기의 사다리(ladder of crisis)를 한 계단씩 올라가는 것은 쉬우나 끝까지 올라가다가는 결국 함께 망하고 맙니다. 사다리의 맨 꼭대기가 아니라 맨 아래에 함께 있는 것이 가장 안전한 것입니다. 둘째, 미국 군부는 북한을 가장 우선적인 공격 상대로 설정한 전략을 수정해야 합니다. 그래서 북한이 안심할 수 있도록 해야지요. 그러나 불행히도 미국은 현재 이러한 정책을 수정하지 않고 있습니다.

핵확산금지조약에 문제 있다

손호철 북한의 핵 소유 여부는 알 수 없으나 핵확산금지조약에도 잘못이 있습니다. 강대국이 핵을 가지면 평화 수호고 약소국의 핵은 평화 파괴라는 논리는 상식에 어긋납니다. 북한의 핵개발을 억제하기 위해 쏟는 노력만큼, 미국을 비롯한 강대국에 실제 존재하는 핵무기를 해체하려는 노력은 보이지 않습니다. 냉전시대 미국의 핵논리인 MAD(Mutual Assured Destruction) 전략은 서로를 확실히 전멸시킬 능력이 있을 때 비로소 평화가 보장된다고 주장합니다. 만일 그런 논리를 미국만이 아니라 일반적으로 적용하면 북한을 비롯 제3세계 국가들이 핵을 가져야 평화가 보장된다는 논리도 가능한 것 아닙니까. 물론 핵무기를 갖지 않는 것이 바람직하지만 미국의 이러한 모순된 핵정책 때문에 제3세계의 핵문제도 해결이 안 되는 것 같습니다.

리영희 원래 핵확산금지조약 제6조에는 핵 보유국이 핵 비보유국의 노력에 상응하게 핵군축에 도달하기 위해 진심으로 노력한다는 의무조항이 있습니다. 그러나 강대국들은 이 조항을 전혀 지키지 않았습니다. 이 조약에 가입하지 않고 있는 인도 등의 비가입국가는 강대국의 가입 압력에 대해 "너희는 그러면 제6조를 지켰느냐"고 반문하고 있는 것입니다.

손호철 미국과의 관계에서 우리의 국가적 과제는 무엇이라고 보십니까. 그간 남한은 북방정책 추진 과정에서, 북한은 남방정책 추진 과정에서 서로를 이기기 위해 출혈적·수세적 위치에서 수교 협상을 해왔는데, 이는 여러 국가가 민족주의 방향으로 나아가고 있는 세기말의 현실에 정반대되는 것이 아닙니까.

리영희 그렇습니다. 그것은 해방 이후 지금까지 줄곧 대미 예속 상태에서 사대주의적 정부에 의해 모든 사상, 이념이 왜곡되어 정신적으로 병들어버린 우리 스스로에게 책임이 있습니다. 결국 보다 자주적인 자세가 필요합니다.

손호철 보다 자주적인 대미정책이 요구되는 시점인데, 새 정부에 그것을 기대할 수 있겠습니까.

리영희 전혀 기대 안 합니다. 우선 김영삼 씨의 철학이 그런 일을 하기에는 너무 보수적이고 친미적입니다. 그는 5공 시절 연금이 해제된 후 일본 도쿄 기자협회에서 가진 회견 도중, "일본은 평

화헌법을 개정하고 군사비를 3~4배로 늘려 북한에 맞서 남한과
군사적 연대를 강화해야 한다"는 발언을 해 일본 기자들을 경악시
켰던 사람입니다. 게다가 그의 참모들은 어떻게 그렇게 용케 골라
서 친미 추종주의적 견해를 가진 분들만 모아놓았는지 감탄스러
울 정도입니다.

　손호철　사실 박정희 정부 때도 말기에 가서 미국과 갈등 관계에
놓이고 전두환 정부도 초기에 일본에 대해 방위비 부담을 요구하
는 등 비록 왜곡된 형태일지라도 민족주의적 성향을 일정하게 보
였는데 새 정부가 과거의 권위주의 정부보다 오히려 대미 자주성
에서 후퇴하리라는 우려가 많습니다.

　다음으로 일본의 팽창주의와 우리의 대응에 대해 말씀해주십
시오.

　리영희　2차 대전 이후 세계가 혹은 미국이 일본에 바라고 일본
이 수용했던 다섯 가지 원칙이 있었습니다. 첫째, 평화헌법을 준
수하고 군사력에 의존한 정책을 펴지 않는다. 둘째, 전수방위(傳守
防衛) 원칙을 지킨다(군사활동의 범위를 일본 영토 방위에만 제한
한다). 셋째, 미국의 군사기지로서 방위는 미국에 의탁한다. 넷째,
유엔 중심주의 원칙을 지키고 유엔 평화정신을 존중한다. 다섯째,
세계 국가들과의 선린·평화정책을 국가의 이념으로 한다. 그런데
이 다섯 가지가 모두 무너졌습니다. 평화헌법은 곧 개정될 것이
고, 자위대가 이미 캄푸치아에 진출해 있으며, 이제 단순한 군사
기지에서 벗어나 세계 제2의 군사력을 확보하려고 노력 중입니다.
일본의 군비 지출은 이미 동남북 아시아 8개국의 군비 지출 총액
과 맞먹습니다. 또한 일본이 유엔 안보리 상임이사국을 노림으로
써 스스로 미국 중심적 유엔의 중심 국가가 되려 하고 있어요. 경

제 분야에서야 더 말할 것이 없습니다. 이러한 변화는 앞으로 동북아에 커다란 불안정 요소로 작용할 우려가 높습니다. 흥미로운 것은 이러한 일본의 위협에 대응하여, 민족주의에 눈뜬 일부 소장 국군장교들이 민족자존 전략으로서 남한도 핵무기를 보유해야 한다는 논리를 펴기 시작한 것입니다. 그러나 이는 엄청난 발상의 착오입니다. 일본에 대항한 안보유지는 우리 민족 내부의 군사대결과 갈등을 청산하고 민족역량을 단일화함으로써 가능한 것이지, 이 문제는 놔두고 핵무기만 가진다고 풀릴 문제가 아닙니다.

손호철 확실히 일본에 대한 우리의 딜레마는 일본에 대한 민족모순보다 우리 민족 내부의 남북 모순을 더 중시하는 데서 나옵니다. 대일 자주보다 남북 대립을 더 중시해 일본에 끌려다니는 것이 더 중요한 문제일 것입니다.

일본의 핵보유 전망에 대해서는 어떻게 보십니까.

리영희 장기적 전망은 내게 역부족입니다. 중기적으로 볼 때는 일본의 핵보유에 몇 가지 중요한 제약 요인이 있습니다. 첫째가 미국의 강력한 통제정책이며, 둘째가 일본 국내의 반대이고, 셋째는 유엔 상임이사국이 되기 위해서는 평화적 국가로 보일 필요가 있다는 것입니다. 일본 입장에서도 상임이사국이 되면 향후 10년 정도는 핵 없이도 국민의 자긍심과 민족주의적 요구를 충족시킬 수 있을 것입니다.

향후 10년 정도면 아시아경제안보공동체 출현

손호철 일본은 과거 한반도의 분할통치 전략을 추구했던 것으로 알려져 있는데 세기말의 변화 속에서 여전히 분할통치 전략을 고수할까요, 아니면 남한에 의한 흡수통합 전략을 지지할까요.

리영희 일본은 한반도에 급격한 변화가 오는 것을 바라지 않습니다. 일본의 입장은 북한의 개방을 5 정도 돕고 10 정도는 여전히 남한의 입장을 강화하면서 장기간에 걸쳐 친미·친일적 통일 국가로 유도하는 방향으로 나갈 것으로 보여집니다. 결국 한반도 영구 분할지배라는 냉전시대 미국의 전략에 전적으로 일치하는 것도 아니고 급격한 흡수통합도 아닌, 더 장기간에 걸친 남한 주도의 점진적 통합을 지향할 것입니다.

손호철 이제는 남한의 잠재력이 증대해 이를 무시하고 분할통치를 구상하는 것은 더 이상 가능하지 않게 된 것 같습니다.

다음으로 일본의 아시아경제공동체 구상에 대해 말씀해주십시오. 우리는 과거 박 정권 말기에 미국과 관계가 불편해져 일본에 의존함으로써 대미종속이 약화되는 대신 대일종속이 심화되는 아이러니를 경험한 바 있습니다. NAFTA, EC 통합 등 경제블록화가 심화되면서 아시아 경제블록의 출현도 장차 불가피하지 않겠습니까. 아무래도 일본이 주도할 경제블록에 참가하면 대일종속이 심화되겠지만 대신 타지역 국가에 대한 의존을 줄일 수 있지 않겠는가 하는 논의도 있습니다. 아시아에 일본을 포함한 경제 및 다자간 안보공동체를 만들자는 논의에 대해 어떻게 생각하십니까.

리영희 앞으로 중국이 자신감을 회복하고, 러시아가 국가적 동질성을 확보하며, 동남아 국가들이 경제적으로 더 성장하면 아시아의 안보공동체도 가능합니다. 그 단계에 가면 일본을 견제하기 위해서도 다자간 안보공동체는 필요합니다. 과거 브레주네프가 아시아경제안보공동체 구상을 발표한 바 있으나 그때는 미국이 소련을 경계하여 불발되었습니다. 그러나 이제는 러시아의 상황이 바뀌었기 때문에 러시아, 일본, 미국을 모두 포함하는 집단안보체제가 가능하게 되었습니다. 향후 10년 정도면 아시아 집단안보를 위한 정치경제적 환경이 조성될 것입니다.

손호철 그러면 아시아경제안보공동체 구상에 미국도 포함되는 것입니까.

리영희 그렇습니다. 현실적으로 큰 비중을 차지하고 있는 미국 없이는 그 효과가 약할 것입니다.

손호철 일본의 유엔 안보리 상임이사국 진입 기도에는 어떻게 대응하는 것이 옳겠습니까. 우리 외무장관은 거부권 없는 상임이사국이면 반대하지 않는다는 이야기를 했는데요.

리영희 세계의 현실이 유엔에 반영되지 않을 수 없고 일본도 그 정치경제적 국가역량에 걸맞은 위치를 요구할 수 있다고 봅니다. 그러나 국제사회의 불가피한 변화라는 관점을 떠나 우리의 입장에서 볼 때는 일본이 전후 청산을 제대로 안 한 상태에서 유엔의 강국으로 공인되는 것은 바람직하지 않습니다. 바라건대 과거 일제의 침략을 받았던 동남북 아시아 국가들이 일본의 유엔 상임이사국 진입을 받아들인다 해도, 지역적 결속을 강화해 일본이 적어도 독일만큼은 과거를 반성하고 과거와 단절하는 노력을 기울일 수 있도록 힘을 집결해야 합니다.

손호철 대단히 중요한 말씀입니다. 아시아 지역 국가 간의 시민연대의 중요성이 날로 커가고 있습니다.

리영희 그렇습니다. 중국을 포함해 강권체제가 변화하면서 민주주의가 보편적 가치기준으로 자리잡게 되었고, 이에 기반해 지역국가·사회의 시민연대가 가능하게 되었습니다.

이 지역에서 부당한 정부 정책에 대한 시민적·국민적 이의제기운동이 발전하고 그들 사이에 시민적 연대가 이뤄져서 각기 자국 정부를 견제할 만큼 역량이 커진다면 일본의 위협을 견제하는 가장 좋은 방안이 되겠지요.

손호철 중국은 지금 경제와 정치, 토대와 상부구조가 점차 불일치하는 방향으로 나아가고 있는데 이런 부조화가 언제까지 지속되리라고 보십니까.

리영희 자본주의 이론에 의하든 사회주의 이론에 의하든 사회의 물질적 소유 및 생산양식이 그 사회의 제도를 규정합니다. 중국도 불가피하게 그런 방향으로 나아갈 것입니다. 특히 이상주의와 영웅주의에 불타 사회주의를 건설했던 세대가 향후 20년이면 운명적으로 무대에서 사라질 것이고, 시장경제 속에서 자라난 세대에 의해 제도로서의 사회주의는 희석화될 것입니다. 그러나 중국의 경우, 변란 같은 것은 없이 혼란보다는 안정의 길을 갈 것으로 보입니다. 다만 자본주의적 성격이 강한 중국 사회가 과연 인간의 내면적 삶이 행복한 사회냐 하는 문제와는 별도의 전망이 되겠습니다.

손호철 중국이 해양군사력을 강화하고 있다는 주장이 있는데요.

리영희 그것은 미국의 주장인데 당치 않습니다. 중국은 대국으로서 긴 해안선을 가졌으면서도 과거에는 해군력이라 할 만한 것이 없었습니다. 이제 중국이 경제력의 성장에 따라 국가안보상 필요한 일정 수준의 해군력을 갖추려는 것은 주권국가로서 당연한 권리로, 시비할 것이 못 됩니다. 세계 최강의 미 해군력과 그 종속적 해군력인 일본·남한·대만을 합친 해양세력은 적어도 앞으로 50년간은 중국에 대한 위협적 힘으로 지속될 겁니다. 다만 대만의 입장에서는 안보위협으로 받아들일 수 있을 것입니다.

손호철 중국에 대한 국가적 과제로서 아시아 연대를 발전시키고 일본을 견제하기 위해 중국과의 관계를 심화시킬 필요가 있지 않겠습니까.

리영희 그런 구도가 필요합니다.

손호철 러시아는 어떻습니까. 러시아로서는 자기를 동북아 4강의 하나로 넣어주는 것만도 고마울 일인데 이제는 동북아에서 러시아의 위치가 매우 형식적인 것이 되어버린 감입니다.

리영희 러시아에는 지금 대한반도 정책이라고 할 만한 것이 없습니다. 그들이 질서를 회복할 때까지 그저 우호관계를 유지하는 정도면 족하다고 봅니다. 그 외에 한반도의 긴장완화를 위해 러시아가 남북한에 균형추 역할을 해줄 수 있다면 도움이 될 것입니다.

북한의 '인권문제'를 어떻게 볼 것인가

손호철 최근 남한에 의한 북한 흡수통합 가능성이 많이 거론되고 있는데 통일에 대한 전망은 어떻게 보십니까.

리영희 나는 쿠바처럼 약한 북한은 아니라고 생각합니다. 그러나 북한은 해가 갈수록 불안해지고 있습니다. 남한과의 물질적 격차도 커지고 있습니다. 그러나 나는 남한에 질병처럼 퍼진 도덕적·인간적 황폐화 현상과 대극되는 민족자주 체제와 정신적 가치를 북한이 형성해냈다는 긍정적 일면을, 그 귀한 가치를 높이 평한 사람입니다. 때문에, 만사를 제쳐놓고 당장 통일을 하자는 입장에는 반대입니다. 남한에 존재하는 여러 부정적 요소를 그대로 지닌 채 물질의 힘, 외세의 지원에 의한 군사적 힘으로 밀어붙여 놓고 아무리 그것을 통일이라는 이름으로 부르더라도 그런 통일은 차라리 안하는 것이 낫습니다. 시간이 걸리더라도 양 당사자가 변증법적으로 자기변화를 하면서 공동요소를 확대해나가는 통합이 바람직합니다. 나는 그런 철학·정책 및 방법으로 통일을 "수렴적 통일"이라는 이론으로 주장하고 있습니다.

손호철 공감합니다. 통일은 상호 수렴형의 통일이 되어 최소한 사회민주주의 이상의 내용으로 되는 것이 우리 민족에게 도움되는 길이라 생각합니다.

앞으로 클린턴 정부가 북한의 인권문제에 대해 북한에 압력을 가할 것으로 생각되는데 이와 관련해 우리의 과제는 무엇이라고 생각하십니까.

리영희 소위 북한의 '인권문제'(이 말에는 강조표시를 해야 합니다)는 미국의 입장에서 말하는 개념대로 평면적으로 받아들여서는 안 됩니다. 북한에 이른바 '인권문제'가 있다면 그 원인부터 파악해야 제대로 치유가 가능합니다. 북한은 친일파 민족반역자가 중심이 된 국가가 아니라 총 들고 항일빨치산 했던 사람들이 지도층을 이룬 국가입니다. 그들이 운영해온 국가는 미국의 포위 속에서 살아남기 위해 빨치산식 자주·자립정책을 쓸 수밖에 없었으며 지도자에 대한 절대적 충성과 부하들에 대한 지도자의, 생명을 바친 애정 등, 대단히 특수한 생존양식을 추구하게 되었습니다. 이는 공개 개방된 사회에서 개인주의에 기반해 서로 주고받는 상거래식으로 형성된 자본주의적 인간관계와는 전혀 다른 철학과 체험을 집약하고 있습니다. 북한 '인권문제'의 이런 역사적 의미를 알고 나면 그것을 반드시 부정적으로 볼 수만은 없게 됩니다. 예를 들어 김 주석이 평생을 통해 주석궁에서보다 공장, 어촌, 농촌…… 등, 인민대중의 생활현장에서 훨씬 더 많은 시간을 보내며 민중들과 함께 이뤄낸 사회적 유대감, 일체감은 상당히 귀중한 가치입니다. 때문에, 그들 나름의 근거를 갖고 있는 집체적 생활에 대해 개인주의적 관점에서 '인권문제'를 제기하는 것은 부당합니다. 최소한 옳지 않습니다. 다만 공산주의적 사회조직 방식은 마르크스와 레닌의 이상이 어쨌건 상관없이 스탈린식 통제의 커다란 결점을 탈피할 수 없다고 봅니다. 북한 체제 역시 개인의 모든 것을 통제하고 당과 지도자가 그들의 결정을 대행하는 것은 부정되어야 할 문제입니다. 공산당식의 특수한 사회조직 방식은 앞으로 남북이 서로 변화하는 과정에서 탈스탈린주의의 방향으로 전환되어야 합니다.

손호철 북한의 인권신장을 도와주는 것은 남한이 평화와 군축의 방향으로 나아감으로써 그들에게 복지와 경제발전이 가능한 환경을 조성해주는 것이라 생각합니다.

그러면 세기말에 북한과 관련해 우리가 주력해야 할 과제는 무엇이겠습니까.

리영희 첫째, 주변 4대 열강의 대각선의 교차중심에 지리적 역학적으로 존재해 그들의 도전에 직면해온 우리로서는 북한보다 능동적으로 분쟁 소지를 줄여나가야 합니다. 둘째, 북한에 부당한 압력을 가하여 긴장을 유발하지 말아야 합니다. 북한에 대한 과대한 압력은 몰린 쪽에서 자칫 국가 차원의 비평 외적 방법의 정당방위로 나오게 할 우려가 있어요. 이는 민족적 입장에서 볼 때 엄청난 참화를 불러일으킬 것이기에 적극적으로 회피해야 합니다. 셋째, 북한 핵에 대한 미국의 태도는 어디까지나 미국의 국익을 고려해 나온 것입니다. 넷째, 미국이라는 국가나 정부나 권력집단은 남의 나라의 인권을 운운할 권리도 자격도 없는 존재입니다. 오늘날 세계에서 가장 반인권적인 국가는 미국입니다. 우리는 미국과 정책을 달리하더라도 민족적 입장에서 남한 자체의 이익, 남북한을 통틀은 대민족의 이익을 고려하는 방향으로 나아가야 합니다. 대민족주의적 긍지와 평화를 위해 새로운 안목으로 나아가야 합니다. 그리고 남한의 정책 수정에 상응하게 북한의 당과 지도자도 뼈아픈 자기반성 위에 변화를 모색해야 할 것입니다.

20세기의 허망함과 21세기의 밝은 전망

손호철 과거 『전환시대의 논리』 등을 집필하여 중국과 베트남 연구를 통해 지식인들에게 큰 영향을 주셨는데 최근 두 나라의 변화를 통해 느끼는 개인적 감회는 어떠십니까.

리영희 개인에게 평생토록 집단, 계급, 무리의 이익을 위해 봉사할 것을 요구하는 것은 오래갈 수 없다는 것을 느낍니다. 또 그들의 경험을 보면서 평등보다 자유가 앞선다고 생각하게 되었습니다. 나는 과거에 평등에 좀더 가치를 부여했고, 평등을 위해서라면 개인적 자유를 부분적으로 제한할 수 있다고 생각했으나 그것은 자각한 개인의 경우에만 한정된다는 것을 느꼈습니다. 사회 전체적으로는 역시 개개인의 자유에서 출발하는 것입니다. 그렇게 영웅적·낭만적·이상적이었고 선량했으며, 인간 자질이 훌륭했던 사람들이 지향했던 행동의 종말이 이기주의와 무한정의 경쟁주의, 수단보다 결과를 중시하는 자본주의적 가치에 의해 패배당했다는 것은 가슴 아픕니다. 이상, 의지, 정열, 모든 인간다운 자질을 총집약하여 100년간 투쟁한 결과가 대립항에 의해 패할 때, 그러면 과연 인간에게 선은 무엇이고, 인간적 덕성이란 무엇이며, 진리는, 신은 무엇이냐 하는 허망함을 느낍니다.

손호철 그러나 어찌 보면 마르크스의 출발점은 개인과 자유가 아니었을까요. 자본주의가 개인을 짓밟고 착취당할 자유만을 허용했기에 마르크스가 공산주의를 '자유의 왕국'으로 묘사한 것이 아니겠습니까. 21세기의 새로운 역사발전 과정에서도 사회주의의 철학적 문제의식은 살아남아야 한다고 생각합니다. 개인과 자유가 어쩌면 자본주의적 가치가 아니라 사회주의적 가치가 아닌가 하는 생각이 듭니다.

리영희 그렇습니다. 마르크스는 인간의 자유를 경시한 적이 없지요. 혁명의 제도화 단계에서 문제가 생긴 것이 아니겠습니까.

손호철 끝으로 21세기에 대한 간략한 전망을 부탁드립니다.

리영희 21세기의 인류도 어느 시대와 다름없이 고통스러운 시행착오를 거듭하면서, 힘겹게, 그리고 천천히 생존조건과 환경을 개선해 나가겠지요. 이제야말로 사회주의와 자본주의의 이상과 현실이 변증법적으로 결합하는 거대한 인류사적 실험이 시작되었습니다. 21세기는 화폐 중시의 물신 숭배적 자본주의를 얼마나 진정으로 인간 중시의 제도로 바꾸어내는가를 세계사적 과제로 하는 세기가 될 것입니다.

손호철 장시간 좋은 말씀 해주셔서 감사합니다.

• 『말』, 1993년 4월호

극우 냉전론자들은 왜 전쟁 위기를 부추기나?

대담: 윤철호·『길』편집국장

　7월호의 『길』은 리영희 선생을 만난다. 일관되게 남북의 평화통일을 지향해온 그의 바람과 달리 핵전쟁이 당장 일어날지도 모른다는 위기감이 거세지는 1994년 6월의 오늘. 그로부터 우리는 현재의 핵위기 정세에 대한 진단을 다시 듣고자 한다.

　리영희 교수는 이 나라에서 70년대와 80년대를 살아온 사람, 특히 대학에서 그 시절을 보낸 많은 사람들이 마음속으로부터 '선생님'이라고 부를 수 있는 몇 안 되는 사람들 중 하나다. 제도교육이 아무런 가르침을 주지 못하고 있을 때 젊은이들은 그의 책을 통해 '의식 있는' 젊은이들로 바뀌어갔다. 그의 『전환시대의 논리』『우상과 이성』『8억인과의 대화』는 대학에 입학한 후배에게 선배들이 가장 먼저 권하는 책이었으며, 생각하고 고민하는 학생들의 자취방을 뒤지는 형사들이 가장 많이 발견한 이적표현물이었다. 그 '선생님'은 그의 '제자들'과 마찬가지로 혹은 그에 앞서서 직장인 언론에서 쫓겨나고 대학에서 추방됐다. 그리고 그 가르침의 대가로 여러 차례 권력의 포로가 되기도 했고 수형생활을 겪기도 했다. 그런 그의 삶에 대해 지난 1994년 4월호의 『월간조선』은 「이영희 교수의 말과 글―일관된 남한 비판·북한 옹호의 논리와 윤리」라는 기사 속에서 한 교수의 말을 인용하며 "역사의 음습한 그늘에 사는 지식인" "한국 사회와 정부의 약점을 들추어내는, 대단히 비생산적인 사람"이라고 비난했다. 반공 극우의 깃발을 들고 오랫동안 표적을 찾아 좌충우돌 날아다니던 『월간조선』의 돌팔매가 갑작스럽게 그를 향해 날아간 것이다. 그는 이 기승들 속에서 무엇을 생각하고 있을까.

미국은 전쟁 위기를 만들 필요가 있다

윤철호 현재를 위기라고들 말합니다. 현재의 핵위기가 조성된 배경을 어떻게 보십니까?

리영희 94년 6월 14일 지금의 상황은 위기라고 말할 수 있습니다. 소위 북한 핵위기라는 것은 한 너덧 가지의 요소로 구성됩니다. 첫째는 핵개발이 모든 측면에서 열등한 입장에 있는 북한의 생존을 위한 최종적 선택이라는 것입니다. 둘째는 소련 등이 붕괴한 후 미국의 대항세력을 제거하려는 미국 패권주의의 끈질긴 표현입니다. 미국의 세계패권 추구에서 유독 가시 같은 북한을 제거하는 것이 미국의 기본 원칙입니다. 세 번째, 미국은 탈냉전 이후 군수산업의 유지를 위해서도 동북아시아에서 전쟁 위기를 만들거나 지구상 어딘가에서 전쟁을 일으켜야 할 필요가 있습니다. 네 번째로는 이것만이 일반적 필요인데, 내년으로 만기되는 핵확산금지조약을 유지해야 할 필요가 있습니다. 만약에 북한이 핵을 준비하고 있다면 중지시켜야 할 일반적 필요가 있는 것이지요. 다섯 번째가 있다면 심리학적인 용어로, 미국 군부에 존재하는 대북한

'정신적 상해후유증'으로 인한 대북한 보복심리입니다. 미국 군부의 육참총장을 비롯한 각 군 최고 지도부가 출세 코스로 거쳐가는 길이 한반도입니다. 미군부의 수많은 최고 지도부들이 군사적으로 승리하지 못했고 모욕을 당해온 곳이 한반도입니다. 북한에 대해 갖는 이 같은 집단적인 공통 심리가 있습니다.

윤철호 북한이 핵개발을 과연 추진하고 있느냐, 그 실체에 대해서부터 논란이 많습니다.

리영희 70년대 남한이 남북 관계에서 모든 면에서 열등한 입장이었을 때 미국은 닉슨 독트린으로 남한에 대한 직접적 전쟁 지원 정책을 포기했습니다. 그 당시 북한에 의해 점령당할 수밖에 없다는 위기의식을 가진 허약한 박정희 정권이 최종적으로 선택한 자존의 길이 자주국방과 핵무기 생산이었습니다. 물론 미국의 간섭에 의해 포기되었지만. 꼭 20년 후인 지금 극단적으로 열악한 북한에 대해 소련과 중국이 전쟁 동맹국 지위를 포기했습니다. 박정희가 처했던 것과 똑같은 환경과 조건에 의해 아주 확실치는 않지만 어쩌면 핵무기를 개발하려는 유혹을 받고 있는지도 모른다고 볼 수 있습니다. 같은 조건과 환경에서 남한이 한 것은 옳고 북한이 하려는 것은 그르다는 식의 평가는 자기모순입니다. 중요한 문제는, 북한에 그러한 절체절명의 위기의식을 강요하지 말아야 한다는 것입니다.

리영희 교수는 북한의 핵개발 의도와 상관없이 미국 측의 첩보 능력과 그동안 북한에 대한 기술적 원조가 가능했던 소련 측으로부터 흘러나오는 정보와 그에 근거한 미국의 대응 양상을 고려할 때, 북한이 아직 핵무기 제조 단계에 들어서지 못한 것으로 추측

된다고 이미 밝힌 바 있다.

리영희 미국의 정책은 일관된 것이지 갑작스러운 것이 아닙니다. 미국방부의 대의회 종합연간전략보고서에서는 91년에 이라크, 리비아, 북한, 쿠바를 말살해야 하는 대상으로 규정했습니다. 93년도의 보고서는 말살해야 할 대상으로 북한 하나만을 규정하고 있습니다. 또 94년 2월 미국의 대외정책의 큰 방향을 규정하는 상원이 북한을 말살 대상으로 결의한 바 있습니다. 소련에서 1998년, 평화정책으로 전환한 고르바초프가 등장했을 때, 미국 통치집단은 "앞으로 전쟁을 안 하면 미국의 군대와 군수산업을 어떻게 할 거냐"고 걱정하는 소리가 높았습니다. 미국 군사비 10억 달러면 1만 5,000에서 2만 명의 고용창출 효과를 갖는데, 한국에 판매할 아파치 헬기, 패트리어트 미사일 등이 55억 달러라고 했을 때 7만 5,000 이상의 고용효과를 갖습니다. 표로 환산되는 미국 정치에서 지역구에서의 이런 고용창출 효과는 엄청난 것이지요. 미국으로서는 북한이 핵을 가졌건 가지지 않았건 동북아시아에서 위기적 상황을 만들어야 할 필요가 있습니다.

윤철호 미국이 주도해가는 이 상황에서 현실적 전쟁의 가능성에 대해서는 어떻게 평가하십니까? 이라크의 경우 사태가 그렇게까지 가리라고는 예상하지 못했던 사람도 많습니다.

리영희 예상을 못했다기보다는 미국에 대해 환상을 가지고 있었겠죠. 우리 정부는 미국이 북한을 쳐주었으면 하고 바라고 있겠지만 전쟁이 날 가능성은 40퍼센트, 나지 않을 가능성은 60퍼센트로 봅니다. 북한의 인민적 자기수호 능력과 국가의 지정학적 요소들이 이라크보다 월등 우세하니까.

윤철호 미국의 의도에도 불구하고 한반도에서 상황이 최악의 경우로까지 가지 않을 60퍼센트의 가능성은 무엇에 근거하고 있습니까?

리영희 중국의 존재 그리고 북한국가의 특수성을 고려해야 합니다. 중국의 존재에 대해 먼저 얘기하면 소련이 1990년 국가(연방) 해체로 3등 국가가 된 이후, 중국 공산당과 지도부는 체제적 수정을 하면서도 약자의 정의, 아직도 제3세계라는 표현을 한다면 정의를 표현하는 체제적·사상적 행동적 지표, 전형으로 자처하고 있습니다. 북한에 대한 미국의 무력 표현에 반대하는 것은 여러 결의안에 대한 그들의 태도에서 나타납니다.

둘째, 북한은 중국에게 6·25를 거쳐 아직까지 유일하게 남은 동맹국가입니다. 소련은 과거의 동맹체제의 무효화를 공개적으로 천명했습니다. 중국은 공개적으로 무효화를 표명한 바도 체결된 당시 그대로 살아 있다고 확인한 적도 없습니다. 아마 그 중간 어디쯤에 있겠지만 경우에 따라 대응은 달라질 것입니다.

세 번째는, 광대한 만주의 남방 국경선이 북한과 연접해 있기 때문에 북한에서의 군사적 행동은 중국에 대한 영토적 위협으로 간주될 수밖에 없어요. 시간, 규모, 방식, 방법에 따라 다르긴 하지만 중국이라는 동맹국가와 접경하고 있는 북한은 적어도 이라크와는 달라요. 이라크는 이런 특수 관계를 가지는 나라가 없었어요. 네 번째로, 중국은 핵문제를 통한 미국의 군사행동을 핵패권주의로 보고 있어요. 중국 또한 모든 나라와 마찬가지로 자국의 국가이익에 따라 대응이 달라지겠지만 군사공격에 반대한다는 기본 원칙만은 분명합니다. 다섯 번째로, 북한 자체를 봐야 하는데, 북한은 이라크처럼 내부적으로 분열돼 있는 국가가 아니고 독자성을 가지면서 단결돼 있는 상당히 강력한 체제로 보입니다. 무역의존도가 높은 다른 나라와는 다른 경제사회 체제를 가지고 있기 때문에 경제제재가 큰 타격을 주지는 못할 것으로 보입니다.

윤철호 돌발적이고 제한적인 기습공격에 대해서는 중국의 입장이 모호할 수 있지 않겠습니까?

리영희 아주 신속하게 단순간에 공격하고 후퇴하면 반응이 나올 시간도 없겠지요. 그 정도라면 전쟁이라는 용어를 쓰기는 힘듭니다.

윤철호 그런 제한공격의 가능성은 40퍼센트를 넘는다고 보십니까.

리영희 위험한 발상이지요. 대북한 공격전에서는 남한과 공동으로 움직여야 하는데, 미국이 이스라엘을 시켜 아랍을 공격하듯 남한을 시킬 수도 있지만 그러면 남한에 대한 북한의 공격이 있을 수 있습니다. 전연 생각을 하지 않을 수 없겠지만 쉽지는 않다고 보입니다.

김영삼 정부의 정책은 흡수통일로 전환했다

리영희 교수는 김영삼 정부의 출범 후 통일원의 정책평가 위원을 역임했다. 이회창 총리의 퇴진 후 이영덕 총리가 등장하면서 통일원 내부에도 변화가 미쳐 리영희 교수는 통일원의 정책평가 위원에서 물러나 있다.

윤철호 상황이 이렇게 악화되어나가는 데는 현재의 김영삼 정부의 보수적인 태도도 큰 원인이 아닐까 생각됩니다.

리영희 보수적인 정도가 아닙니다. 질적인 변화를 한 것입니다. 평화통일 노선의 포기, 나아가 압력에 의한 북한 붕괴, 극단적으로는 군사력에 의한 점령 흡수까지를 전략으로 가지고 있습니다. 김영삼 씨의 기본 철학, 사상, 극우성이 드러난 것입니다. 이 정부는 정책의 기본을 반평화통일주의자들과의 연대 속에서 진행하고 있습니다. 호전적 미국 추종적 반공주의 냉전세력이 그대로 정권체제의 중핵을 이루고 있습니다.

윤철호 그 계기가 된 시점은 언제입니까? 한완상 통일원장관의 퇴진을 전후한 시점으로 보아야 할까요.

리영희 한완상 장관 문제보다도 사정을 주장했던 이회창 총리의 사임에서 상징적으로 드러납니다. 총체적으로 개혁보다는 반공극우 세력의 복귀가 두드러집니다.

윤철호 초기에는 민족 우선의 원칙을 밝히지 않았습니까? 그때와 지금은 왜 달라진 것으로 보십니까?

리영희 그때는 반독재 민주화 세력이 상당한 압력을 행사했습니다. 그 세력에 의해 촉진된 정국 변화의 궤적을 따라온 입장에서 그것을 따르지 않을 수 없었지요. 그 덕분에 인기가 오르니까 필요가 없게 됐지요. 그 이상의 개혁은 냉전 군사독재 체제의 기득권 세력의 심장부적 이권을 해치게 되니까 총체적으로 반격에 나서게 된 것이죠. 김영삼 정부의 개혁이라는 게 겨우 표피를 건드리고 만 것이오. 정책을 구상하고 집행하는 제도적 주세인 인적 구성 교체가 거의 이루어지지 않았으니까. 그들은 여전히 각 분야에서 현실적 권력을 갖고 있었던 겁니다. 그 세력과의 동맹관계를 통해 정치를 해나갈 수밖에 없으니까 극히 호전적, 기회주의적 정치인의 본심이 그대로 나타나게 된 겁니다.

윤철호 오히려 노태우 정권 당시보다도 더 보수적이 되었다고까지 평가할 수 있을까요.

리영희 나는 보수적이라고 얘기를 하지 않아요. 보수적 개인, 사상은 좋은 겁니다. 나쁜 것 하나도 없어요. 그대로 쓰세요. 중요한 인물들의 경향, 사상은 영어의 콘서버티브가 아니라 울트라 라이티스트, 극우주의자들입니다. 보수와 진보 두 날개가 다 있어야 사회는 올바르게 기능합니다. 그런 점에서 나는 진보만큼 보수를 좋아해요. 스탈린식 극좌와 『조선일보』 『동아일보』를 중심으로 한 극우 반공 미국 숭배적 냉전주의자가 문제입니다. 이 정권은 통일에 대한 정책, 철학이 없어요. 있다면 극단적인 극우반공 냉전주의뿐입니다.

윤철호 여러 연구 보고서에서도 통일에 대해 신중한 접근이 많았음에도 한국에서는 점점 갈수록 급격한 통일론, 극우론자들의 통일론이 힘을 더 얻어가는 원인은 어디에 있다고 보아야 할까요.

리영희 서너 가지를 지적할 수 있습니다. 동서독과 비교를 해보면 동서독은 전쟁이 없었고 남북한에는 전쟁으로 인해 큰 앙금이 남아 있다는 것, 서독에는 사회주의 정당이 있고, 정권까지 담당하는데, 남한은 오직 극단적 자본주의 반공주의밖에 허용이 안 돼요. 동독에서는 매스컴이나 예술을 통해 서독과 서구를 접하고 있었다는 것, 서로가 공존·공유하는 것이 있었다는 것이지요. 그러나 남북한은 공유하는 게 없어서 전쟁의 앙금을 확대 재생산해왔다 이겁니다. 세 번째는 간과되고 있는 점인데, 동독은 물론이고 서독도 동독만큼이나 과거의 나치시대의 반인간적 체제와 인물들을 청산했다는 사실입니다. 우리 역사를 보면 북한은 반민족적 친일파의 사상·인물을 청산한 반면, 남한은 청산은커녕 그자들이 지배를 계속했습니다. 그들은 자신들의 생존과 기득권 보호를 위해 반민족적 적대 관계, 냉전체제, 반공 이데올로기, 제도, 행동양식을 극단적으로 유지해왔습니다. 이자들은 민족분열·국토분단·남북대립을 먹고, 그 씨를 뿌려 열매를 먹고 사는 사람들입니다. 어떠한 상대도 반공법, 국가보안법으로 다스릴 상대로 보는 거지요. 이건 서독에는 없었던 일입니다. 그자들에 의해 남한 내부의 계급·계층 간의 관계까지 악화되어왔습니다.

극우론자들이 북한에 대한 압박, 그리고 나아가 전쟁을 결심해야 한다고 주장하는 근거 중의 하나는 북한이 '예측 불가능한' 나라라는 것, 언제 망할지 모르는 위기적 상황에 처한 나라는 어떤 모험수라도 던질 수 있는 법이라는 주장이다. 그들은 벌목공의 탈출, 북한의 식량난, 정치 처형과 같은 불확실한 증거들을 나열한다. 결국 얘기는 북한체제를 어떻게 이해해야 할 것인가 하는 문제로 넘어가지 않을 수 없다.

리영희 정권과 국가적 기조의 면에서 상당히 높은 안정성을 확보하고 있다고 봅니다.

윤철호 김정일 체제로의 전환이 아직도 진행 중인데 정권이양이 잘 되어가고 있다고 평가해야 할까요.

리영희 최종적 단언은 힘듭니다. 1991년부터 추진되고 있는 북한 말살정책은 북한체제의 붕괴를 가져올 수도 있습니다. 그런 극단적 상황에서도 안정하다고 할 수는 없습니다. 그런 상황을 배제한다면 김정일로의 정권이양 절차는 대충 다져졌다고 생각됩니다. 또 하나는 남한이 미국을 정점으로 하는 세계 자본주의의 큰 톱니바퀴 속에서 작은 톱니바퀴로 돌아갈 텐데 북한은 별수 없이 자체 생존을 위해 체제 개혁을 해나가는 11억 인구를 가진 거대한 중국의 구조와 체제의 톱니바퀴에 걸려 도는 작은 톱니바퀴로 돌아갈 것입니다. 북한 자체의 체제 변형이 계속되면서.

윤철호 극우론자들은 이미 북한이 체제 전환의 시점도 능력도 상실했다고 보고 있습니다. 쉽게 말해서 중국식 사회주의 개혁도 북한은 불가능하다는 것이지요.

리영희 지난 달에도 북한은 투자 관계 세법과 외자에 대한 토지 이용 관계, 임금·노동법 관계를 발표했습니다. 상당히 구체적인 것들입니다. 변화태세를 갖춰가는 거지요. 능력이 있느냐? 어떤 의미로 그런 말들을 하는지 모르겠는데…….

윤철호 북한의 체제 변화는 충분한 조건이 되느냐, 좀더 구체적으로 나눠보면 중국은 기대를 걸 만한 시장이냐, 내부적으로 개방을 감당할 만하냐, 미국은 북한의 개방에 필요한 자본주의적 여러 나라들과의 교류를 허용하겠냐는 점들이 다 거론될 수밖에 없지 않을까요.

리영희 첫째는 반자본주의화한 중국시장은 북한의 체제 운용에서 상당한 시장배경적 구조가 될 것입니다. 둘째는 개방을 해도 되느냐는 문제로 본다면, 급격한 개방이 힘든 만큼 상당히 시간을 두면서 하려고 한다, 즉 국가 통합의 틀을 유지하면서 적어도 1세대, 20~30년을 두고 하려고 합니다. 통일 방법에 대해서는 얘기하지 말자, 다음 세대에 맡기자는 것으로 바뀌었는데 이는 한 세대 동안에 걸쳐 사회개혁을 하겠다는 의사 표시로 보입니다. 미국이 허용하겠냐는 건데, 북한 말살 정책은 아주 기조니까 허용하지 않으려고 합니다. 앞서 말했듯이 중국과 북한체제의 특수성에 의해 북한 말살은 힘들 것입니다. 하지만 북한 사회의 개방에 발 맞추어 정치적으로 승인하는 대가로 일본이나 남한보다 앞서서 미국 자본이 북한시장을 거의 과점하는 형식으로 방향전환할 가능성도 있다고 봐야지요.

즉흥적인 정부의 비핵화 포기 발언

다른 질문으로 넘어가려고 할 때 리 교수는 빠뜨린 문제가 있다고 지적했다.

리영희 핵문제를 얘기할 때는 미국 핵정책의 도덕성 문제를 지적해야 합니다. 이스라엘이 미국의 도움으로 핵을 개발했는데 미국은 이스라엘에 대해 아직까지 아무 비난도 문제도 제기하지 않았습니다. 또 70년대 초에 여섯 개의 핵을 보유했던 남아공화국에 대해서도 문제를 제기하지 않았어요. 인류사상 히틀러 다음가는 폭력적 인종차별 정책을 쓰는 그들에 대한 세계 각국의 제재 결의에 미국만은 유독 거부권을 행사해왔습니다. 그들은 남아공화국에서 만델라를 수반으로 흑인 사회주의적 정권이 등장할 가능성이 높아지자 1991년 7월 이후 기술자를 파견해 그 핵무기를 해체시켰습니다. 한국 사람들이 미국의 핵정책에 대해 지지할 때는 이런 미국의 핵정책의 2중 3중 기준에 대한 균형 잡힌 인식이 있어야 합니다.

윤철호 그런 점에서 보면 김영삼 정권이 비핵화 정책을 포기할 수 있다는 얘기를 비춘 것은 현실성이 없다고 봐야 하겠습니다. 그런 말을 통해서 미국에 대해 무언가 반사이익을 얻겠다는 계산이 있었던 걸까요.

리영희 말도 안 되는 얘깁니다. 미국이 허용하겠습니까. 이 정권에는 외교란 게 없습니다. 즉흥적인 발상뿐이에요. 아무 기본적 개념 없이 될 일 안 될 일 가리지 않고, 책임도 못질 일을 얘기하는 겁니다. 국민들에 대한 레토릭이나 외교적 흥정의 자료도 안 됩니다. 그런 성숙되고 세련된 총체적 외교전략이 없습니다. 청와대에 들어가 있는 외교팀 정말로 뭘 모릅니다. 아직도 냉전적 군사대결적 세력의 자문이나 결탁 속에서 국제정치를 하고 있으니…….

『월간조선』은 리영희 교수가 일관된 남한 비판, 북한 옹호의 논리와 윤리를 가져왔다고 비판했다. 과연 리영희 교수는 그러했는가? 기자는 그게 궁금했다. 리영희 교수의 책을 다시 뒤적이다가 기자는 1990년 8월 출판된 『自由人, 자유인』 속에 실려 있는 「탈이데올로기 시대의 민족의 현실과 과제」라는 논문의 7장에서 남북 민족에 부과된 구체적 과제들을 살펴보았다. 거기에는 남북한이 취해야 할 조치들을 각각 다섯 가지로 요약하여 쓰고 있다. 다섯 번째 항목에서 북한이 취해야 할 조치들로 리 교수는 "북한 사회의 광범위한 개방을 촉진하고, 혁명통일 정책의 근본적 수정, 지배자의 1인 숭배사상을 해소하는 속에 민족 공동체적 동질성 회복을 기해야 한다"고 쓰고 있다. 그에 대응해 남한 체제가 취해야 할 다섯 번째 항목에는 "동시에 남한 당국이 스스로 경직된 반민주적 제도, 이념, 법체제 사고와 자세를 바꾸어야 한다. 현행 국가보안법을 전면 폐지하는 것으로 나타나야 한다……"고 쓰고 있다. 리 교수에게 북한에 대한 평가와 관련해 좀더 질문했다.

　윤철호　극우론자들은 북한의 외교정책에 대한 객관적인 이해나 긍정적 평가를 마치 우리 사회의 미래발전의 대안으로 북한을 긍정하는 게 아니냐는 것으로까지 확대해석하며 비판하는 일이 많습니다.

　리영희　북한의 신념체계, 행동체계의 부정적 측면에 대해 엄격히 인식하고 비판해야 합니다. 사실상 북한의 오늘날의 체제는 2,200만의 자주성을 수탈해서 한 사람의 자주성으로 만들어낸 기형적인 체제임은 틀림없습니다. 개개인의 자주성, 자유, 선택의 권능, 창조적 기회, 자율성이 당에 복종하는 방식이 해방 50년이 지난 지금까지 계속된다는 것은 용납할 수 없습니다. 북한은 체제적 개혁을 이루어야 국제사회의 일원으로 대등하게 인정받을 수 있습니다.

윤철호 극우론자들은 주체사상파의 존재가 북한에 대한 동정론을 불러 일으킨다고까지 봅니다. 사실 우리 사회에는 일부에서지만 학생운동을 중심으로 이른바 주체사상에 대한 관심이 북한에 대한 관심이나 민족적 정서와 뒤섞여 인식상의 혼란을 가져왔던 적도 있습니다.

리영희 남한에서 계급적 혁명이나 수령론이 젊은이들 사이에 스며들었다고 한다면 그 자체로는 인식의 착각이고 바뀌어야 합니다. 무슨 논리든 흑백논리는 반지성입니다. 『조선일보』식의 일방적 매도도 문제가 있는 것이지요. 80년대 중반 북한의 주체사상이 들어오면서 남한의 자주성과 비교해서, 특히 북한의 주체성에 대한 경도가 있었던 것은 그 시대적 현상이었고, 부정적 효과가 반반이었다고 봅니다. 1980년 5월의 광주사태 대학살 이후, 역사인식의 중심을 잡는 과정에서 그 시대 인식의 특수성, 남한이 워낙 부정적이었던 까닭에 미국 예속성에 대한 인식이 강화되는 과정에서 그런 사상적 조류가 형성되었지요. 역사적 시대인식이란 좌우로 흔들리면서 진행하는 건데, 대국적 사조의 전체 궤적을 말해야지, 어떤 한 국면을 기준으로 좌로 갔다 우로 갔다 말하면 안 됩니다. 역사적으로 평가해야 한다는 뜻이 바로 그것입니다.

윤철호 김주석이 95년 통일을 말했는데요.

리영희 정치인들이 말하는 걸 의미 있게 생각할 필요가 있습니까? 정치적 레토릭이지……. 통일은 시한을 설정해서 논할 수 없는 길고 점진적인 과정이라고 생각해요.

그는 1984년에 펴낸 『분단을 넘어서』라는 책의 서문에서 이미 "이 반도의 '비핵지대화'야말로 남북에 갈라진 민족의 평화적 생존과 그리고 나아가 어느 날엔가의 통일을 기약하는 '80년대적 전제조건'이라고 생각하고 있다"고 적은 바 있다. 그것은 노태우 정부가 북한과 맺은 선언에서 상당히 수용되고 있다. 그러나 『무궁화꽃이 피었습니다』라는 책이 베스트셀러로 읽히는 94년의 현실에서 정부와 일각에서는 한 발 더 나아가 한반도의 비핵지대화란 핵주권의 포기라는 주장까지 제기되고 있다. 한국의 민족주의는 핵개발을 어떤 관점에서 바라보아야 하는가?

리영희 나는 남북 비핵화와 동시에 비핵지대화를 주장합니다. 핵개발의 문제는 통일국가 수립 이후에 생각해야 할 문제입니다. 약한, 우리 같은 분단국가가 외세 속에서 핵무기 경쟁을 통해 힘을 유지하려 한다는 것은 무리한 발상입니다. 나는 개인적으로 통일국가가 스위스나 오스트리아와 같은 중립주의를 지향해야 한다고 봅니다. 비핵지대화는 핵을 갖지 않는다는 것뿐만 아니라 주변지역 관련 국가들에 대해서도 비핵국가를 위협하지 않고, 핵보유국들의 평화적 의무를 조약화하고, 그것을 지역 안전보장 체제로 확정하는 것입니다. 우리는 이를 근거로 해서 일본에 대해서도 비핵화를 촉구해야 합니다.

윤철호 그 당시 썼던 글의 내용에 최근 정세를 고려해서 특별히 추가해야 할 점이 있을까요.

리영희 그 당시 나는 군사정권에 통일의지가 부족한 현실을 감안하여 통일을 강조했습니다. 하지만 오히려 지금은 통일의지가 문제가 아니라 구체적인 방법과 시기, 현실적 준비가 문제라고 봅니다. 그 점에서 남한이 우월한 군사력과 경제력에 의한 조급한 흡수통일을 서두를 것이 아니라 민족 간 대화에 의한, 한 세대에 걸친 긴 과정을 생각해야 한다는 점을 강조해두고 싶습니다.

윤철호 『월간조선』에서 최근에 리 교수님을 비판하는 기사를 실었습니다. 읽어보셨습니까?

리영희 못 보았는데. 나는 원래 『월간조선』을 손에 들어본 적이 없어요. 과거에 『조선일보』에 간부로 있어봐서 그 신문의 본질을 알기 때문입니다(그는 『조선일보』에 외신부장으로 근무하다가 사표를 강요받고 1969년 7월 31일 퇴직한 경력을 갖고 있다). 그 신문은 원래 북한에서 내려온 실향민을 중심으로 한 1세대를 주독자로 출발한 신문입니다. 그들은 북한을 공격함으로써 심리보상을 하는 거지요. 북한에 굉장한 금송아지를 두고 온 것처럼. 방우영 회장은 평안북도 정주가 고향입니다. 선우휘 씨는 이북 출신으로 대북한 선무공작을 하던 사람입니다. 그 신문은 자연히 과거의 친일파, 해방 후 지금까지 그런 위치에 있는 해방 전후의 기득권자들의 후예들로 이어집니다. 지금은 그런 독자와 사주들로 구성되어 체질을 공유하는 극우반공, 무조건적 미국 추종 세력이 중심 전통이 되어 있습니다. 자연히 주로 군부와 경찰이 연결되어서 정보가 입수되고 있지요. 지금 『조선일보』 건물이 광화문에서 길거리로 20미터쯤 나와 앉아 있어요. 광화문에서부터 박정희가 도로 개혁을 하다가 『조선일보』에서 멈췄어요. 허물지를 못하고. 박정희 군사정권과 『조선일보』가 어떤 관계가 있었겠습니까? 군부독재 정권이 영구불멸로 이어지기를 가장 바랐던 게 『조선일보』입니다. 그런 사람들한테서 무슨 얘기가 나오겠습니까. 군사독재 시대에 『조선일보』가 써온 문장들, 사설, 논평들을 우리는 다시 읽어볼 필요가 있어요.

여전히 전투의 한복판에 선 논객

그는 1991년 3월호 『신동아』에 사회주의권의 변화를 바라보면서 자신의 글들을 반성적으로 재검토한다고 밝혔다. 그 후 그의 저술활동은 과거에 비해 뜸한 편이었다. 그의 최근의 주요 관심사는 무엇이었을까?

리영희 꾸준히 상황 변화를 보면서 문제성을 생각하는 건 진지하게 역사와 현실을 생각하는 사람의 의무입니다. 나 역시 더할 것도 덜할 것도 없습니다. 그 후 건강에 큰 지장이 있었고 대학에서의 생활이 바빴어요. 그리고 1990년대로 나의 연구가로서의 한 시대를 넘기면서, 너무 조급하게 새로운 장을 열면 좋지 않다고 생각했지요. 그 까닭에 나도 인식의 차원에서 자기 검토의 과도적인 과정을 가지고자 했습니다. 새롭고 신선한 감각과 인식으로 지적 활동의 새 장을 열고자 하는 의식적인 노력 때문에 한 3년 동안 휴식을 취한 셈입니다. 금년 가을이 정년퇴직이니까 사상편력이나 저술에 대한 평가도 다시 해보고 할 계획입니다. 다른 교수들은 정년퇴직을 하면 어떻게 사나 걱정을 많이들 하는 모양인데 나는 아주 홀가분해요. 새로운 지적·정서적 생활을 할 수 있을 거라는 기대가 큽니다.

윤철호 어떤 글에서 교수님은 자신의 시대적 역할이 끝났다고 말씀하셨는데요.

리영희 그전과 같은 정력적이고 자극적인 지적 추구의 인생은 영위할 수 없게 되었어요. 내가 살아온 생활에 대해 후회 없습니다. 과대평가도 자기폄하도 안 합니다. 노신의 말을 빌리자면, 캄캄한 철갑 속에 갇힌 사람들을 위해 구멍을 뚫어 산소와 빛을 넣어주는 일을 하려고 했습니다. 내가 밀폐된 한국 사회의 철갑 벽에 뚫은 구멍이 크지 못해서 많은 사람들에게 충분한 산소와 빛을 주진 못했지만. 그래도 한국의 역사적 전진에 발동력을 가한 공은 부인할 수 없겠지요. 80년대 들어와서는 젊은 후배와 후학들의 힘으로 해서 내실이 풍부해졌습니다. 나는 이제 후학들을 위해 길을 비켜주어야 할 때지요. 그런 젊은 사람들을 보는 게 아주 만족스러워요.

1929년 평안북도 운산군 북진면에서 태어나 삭주 대관에서 보낸 어린 시절부터 합동통신의 외신부 기자로 있던 1963년까지의 삶은 그의 책 『역정—나의 청년시대』에 자전적 에세이로 실려 있다. 1980년 광주시민의 민주항쟁 사건과 관련하여 어처구니없이 그 '배후조종자'의 한 사람으로 중앙정보부 지하 3층 지하실에서 시달림을 받다가 수감되어 풀려나온 그는 경기도 양평군 한강가에 있는 유인호 교수 소유의 농장에 틀어박혀 자신의 과거를 정리, 회고했다. 그러나 이 작업은 마무리되지 못했다. 84년 초 원고의 3분의 2가량이 끝났을 때 그는 또 과거에 있었던 기독교사회문제연구원에서의 통일문제에 관한 강의와 관련해 농장에서 당국에 연행되었던 것이다.

기자는 이 글을 그의 삶을 중심으로 쓸 작정이었다. 그의 과거의 삶의 궤적을 그려줄 수 있기를 바랐다. 그러나 그렇게 되지 못했다. "나는 이제 가벼운 피로를 느낀다"고 말했고 "후배들이 나서주기를 기대하고 있다"고 했고, "이제 나는 지나온 삶의 한 장을 접고 새 삶의 장을 열기에 앞서 잠시 자신을 성찰해야 할 건널목에 서 있는 셈"이라고 말했건만, 스스로 자신의 시대적 역할이 끝났다고 규정했건만 그는 예전이나 지금이나 '우리 시대의 논객'으로 이 팽팽한 전투의 한복판에서 비켜서지 못하고 있는 것이다.

인터뷰가 끝난 후 북핵 위기는 더욱 악화되었다. 대북 제재와 함께 북한은 IAEA 탈퇴를 결정했다. 리영희 교수에게 전화를 걸었다.

리영희 북한은 핵확산금지조약까지 탈퇴할 가능성이 있습니다. 핵확산금지조약의 10조 자체에는 비핵국가가 핵무기를 가진 나라에 의해 국가존립에 심각한 위협을 받을 때에는 핵금조약을 탈퇴할 수 있는 권능이 보장되어 있습니다. 미국이 실제로 북한을 전쟁으로 말살하려 했고, 현재도 그렇고, 앞으로도 공개적으로 전쟁 준비를 강화하고 있으니까 자위책을 강구하는 것으로 보입니다.

• 『길』, 1994년 7월호

균형감각 키워야 통일이 있다

『**자유공론**』 우리는 반세기가 넘는 긴 세월 동안 고통과 시련의 분단시대를 살고 있습니다. 분단시대를 사는 지식인으로서 느끼는 바를 듣고 싶습니다. 비극적인 국토분단 상황에서 비단 선생님에게 국한되는 것이 아닌, 일반적인 지식인의 고민을 화두로 말씀해주십시오.

리영희 일상생활에 몰두해서 민족의 고통까지 생각 못 하는 사람은 별 문제겠지만, 지식인으로 자처하는 사람이라면 분단의 엄청난 재난과 불행을 하루빨리 면하기 위해서라도 남북 간 적대관계를 조속히 청산하고 다시 하나가 되는 길을 찾기 위한 진지한 의식과 노력이 있어야 할 것입니다.

지난 50여 년간 이 사회를 지배해온 세력이 분단 초기부터 친일파 민족 반역자들의 후예들이다 보니 민족에 대한 사랑이나 민족적 일체감은 염두에 없었어요. 자신들의 이익만을 추구하고, 민족의 불행을 오히려 자기들의 출세와 영달을 추구하는 기회와 수단으로 삼아온 경향이 많았지요. 물론 6·25라는 전쟁을 겪고 나서 누구나 적개심과 감정적 흥분에서 벗어나기 어려웠지요. 그러나 이제 그런 사태가 지난 지 50년이 가까워지는 이때, 지식인들이 낮은 차원의 즉물적·원초적인 적대감정에 사로잡혀서 영구히 분단 상태에서 헤어나지 못하는 작태, 그런 의식과 행동양식을 고집해서는 안 됩니다.

『자유공론』 지금까지 분단을 이용한 집권자들의 통치 방법이 국민의 의식에까지 영향을 미치는 일이 많았습니다. 어려운 환경 속에서도 선생님께서는 민족을 생각하고 분단의 문제를 해결하고자 노력해오셨고 민족 동질성 회복을 깨우치는 일을 저서와 강연을 통해서 꾸준히 해오셨습니다. 선생님의 지금까지의 고민과 노력의 결과가 시간이 지나면서 얼마나 나아졌다고 보시는지요.

리영희 글쎄요. 두 가지로 나눠서 얘기해봅시다. 나는 50년 가까이 글을 쓰고 책을 펴내 지식인과 청년·대학생 앞에 내놓았습니다. 지적·사상적·철학적으로는 맹목적 애국주의·극우 반공주의 외에는 아무것도 모르던, 거의 야만에 가까웠던 군사독재 시대보다는 많은 변화와 효과가 있다고 평가합니다. 내 자신이 그렇게 평가하기보다는 나의 지적·사상적·철학적·개인적·실천적 행동에 영향받은 사람들이 지금은 40대에서 60대에 걸치는 세대인데 그들에게서 그런 변화를 많이 볼 수 있어요.

다른 한편, 전 국민적 의식의 관습에서 본다면 아직도 사회에 군림하는 기득권층, 일부 이북에서 내려온 사람들, 스스로 반공을 마치 대단한 철학이라고 착각하는 사람들, 미국을 신처럼 모시는 한국 예수교의 신자들, 미국 추종적 군부와 정치권력 집단들……이 지배해온, 현재도 지배하고 있는 전반적 상황에서 말한다면 아직 한참 멀었다고 생각합니다.

『자유공론』 남북한에 인위적·정치적으로 만들어진 하나의 대결의식의 틀이 있고, 그 속에서 남쪽 민중과 북쪽 민중이 부자연스러운 삶의 면모를 보이고 있습니다. 남북한 민중의 생각이 아직 대결의식에 차 있고 우리도 북한 주민을 동족으로 생각하기보다는 자신을 타도하고자 하는 세력으로 보고 있습니다. 이런 면에서 남쪽과 북쪽의 민중의식에 대해 선생님은 어떻게 생각하십니까?

리영희 극좌와 극우의 입장에서 어느 쪽이 더하고 덜할 것 없는 모습을 보여왔어요. 그런 의미에서 앞서 남한 내의 일부 극우 반공주의자들의 문제를 얘기했지만, 극좌적인 세뇌공작에 놀아나 남한에 대한 적대감정과 배척, 잘못된 주체사상에서 벗어나지 못하고 있는 북쪽도 마찬가지입니다. 주체사상은 원래는 좋은 뜻인데, 남쪽의 비주체적 현실에 대각선적인 자기과장을 하다보니까 지나친 독선으로 화해버린 데 문제가 있지요.

남북한을 보는 시각, 편견 없이 과학적이어야

『자유공론』 과거 남쪽에서는 제도적으로 군사 강압적인 통제가 많이 있었습니다만, 어려운 가운데서도 선생님처럼 민족의식, 민중의식에 관한 말씀을 하는 분들이 있었습니다. 북쪽에도 그런 의식이 있는지 모르겠습니다만 우리에게는 전혀 와 닿지 않습니다. 남쪽에도 여러 가지 문제는 있습니다만 경제적으로 괄목할 만한 성장을 해서 북에 비해서는 행복도 누리고 풍요로워졌습니다. 북쪽과 남쪽의 정치체제를 비교해볼 때 남한의 현 체제를 수정·보완해나간다면 결국 우리 민족이 행복을 추구하며 같이 살 수 있는 길이 열릴 수 있다고 보는데요.

리영희 두 가지 면이 있어요. 우리가 북보다 잘살고 행복하다고 얘기했는데 그것도 역사적인 것입니다. 무슨 뜻이냐 하면 70년대 말까지는 남한에 비해 북한이 월등히 발달해 있었습니다. 상대적으로 물질적 풍요, 정치·사회적 안정, 인민대중의 동질적 유대감 등에서도 앞서 있었습니다. 우리가 북한보다 앞서게 된 것은 80년대 들어와서지요. 물질적 생산, 경제규모, 그에 따르는 생활수준의 향상, 국제정치적 위상, 군사력 등에서 앞서게 되었습니다. 마치 우리 사회가 처음부터 북한보다 우위였다고 생각하는 사람이 많아요. 남북한을 보는 시각이 과학적이어야 합니다. 실제적인 사실에 관해 편견을 앞세우지 않는 냉정한 분석능력이 있어야 하거든요.

둘째는 남한이 우위에 있다는 것을 전제하고 볼 때 남한체제가 통일 지향면에서 더 우월하다는 것은 사실입니다. 과거 군사독재가 그렇다는 것은 아닙니다. 문민독재라 하더라도 대중의 참여 폭과 깊이 정도가 크게 받아들여지는 민주주의적 사회의 정치적 방식을 앞으로 남북통일의 정치적 대전제로 삼아야겠지요.

우리가 경제·사회·정치적으로 어려움이 많지만 그래도 북한의 일당독재, 지도자 1인숭배, 소수 권력 엘리트의 군력 독점, 인민의 정치적 자율성의 배제…… 등과 비교할 때, 남쪽이 기본적으로 문명사회이며 세계적 주류에 서 있는 것은 분명한 사실이지요.

『자유공론』 남북한 사회를 도덕적인 면에서 비교해보면 어떨까요?

리영희 IMF(국제통화기금)라는 엄청난 고통이 닥치기 전의 남쪽과 대천재(大天災)가 있기 전의 북쪽의 상태를 비교해보면 쉽게 해답이 나옵니다. 우리 사회의 '민주주의'의 기본 틀은 북보다 월등 앞서지만 그 속에서의 실제상황을 살펴보면 북보다 나을 것이 없고 심지어 못한 것도 있습니다. 냉철한 자기비판과 반성이 있어야 합니다. 그 중요한 판단근거로 과거 50년간 남한을 통치했던 대통령이 일곱 명인데 하나같이 쫓겨나거나 총에 맞아 죽거나 타락하거나 형무소에 들어갔다 왔어요. 즉 한국 정치의 총체적인 상징이라 할 수 있는 국가원수를 보아도 부끄러운 국가가 아닙니까? 반공주의를 내걸고 타락과 부패와 범죄는 전부 저질렀어요. 정권만 바뀌면 그때마다 벌어지는 청문회뿐만 아니라 일상적인 정치 내용을 보더라도 이것은 도저히 민주주의가 아니었어요. 사회 총체적인 범죄화가 되었지요. 모든 기관이 부정부패하지 않으면 움직이지 않았어요. 이런 것을 엄격하게 생각해야 합니다. 독재권력이 본격화된 1970년부터 군사독재가 끝나는 86년까지 27년 동안 인구는 1.4배 증가했는데 범죄는 4배 가까이 증가했어요. 우리 정부가 조사한 공식통계에서 '일상생활에서 매일 공포감을 느끼며 사는가'라는 질문에 국민의 78퍼센트가 그렇다고 답변했습니다. '공포의 사회'가 되었어요.

이런 사회에서 정직함과 순박함과 공손함과 사랑과 협동정신 같은 것을 보이는 것은 바보나 하는 짓이고, 오히려 교활하고 악랄하고 속이고 뺏고 죽이는 자들이 득세하고 부를 누리는 사회가 됐어요. 이는 중대한 문제입니다.

남북관계를 생각해볼 때 북쪽은 우리보다 가난하고 통치방식에선 도저히 용납하기 어렵지요. 하지만 사유재산제도가 없기 때문에 강간·절도 같은 범죄가 일상생활화되어 있지 않다는 겁니다. 실제로 외국인이나 탈북자의 술회를 들어보아도 개개인의 일상생활에서의 도덕성은 우리보다 월등히 높다는 겁니다. 북한의 정치, 권력이 문제지 일반적으로는 우리같이 철저하게 부정부패, 타락한 사회는 아니라는 거예요. 우리가 무조건 우위라는 착각을 버리고 냉정하게 뼈를 깎는 사회개조를 해야 합니다.

남북한의 긍정·부정적 요소는 분명히 가려야

『자유공론』 북한이 상대적으로 가지고 있는 민족의식이나 도덕성, 순박함이 앞으로 민족의 정신적인 통합력으로 작용할 소지가 있다고 보십니까?

리영희 꼭 그렇다는 건 아닙니다. 사회주의적 삶의 방식이 도덕적·윤리적 차원에서는 자본주의보다 분명 나은 점이 있다는 것을 인정합니다. 자본주의의 물질적 생산력은 사회주의가 감히 따라갈 수 없을 만큼 우월한 반면, 자기 자신의 이익을 충족시킴으로써 생산을 극대화하는 것이기 때문에 이것이 인간행동의 동기가 되고 부패·타락·부정이 따르는 거예요. 그래서 자본주의는 물질적·경제적 풍요를 누릴 수 있는 것이지요. 남한의 결점과 북한의 결점을 배제하고 남한이 우월한 점과 북한이 우월한 점을 합치면 비로소 이상적으로 생각하는 통일국가의 상이 가능하리라 생각합니다.

『자유공론』 남쪽의 경제적 풍요, 북쪽의 순박함이 합쳐져가는 가운데 정치체제 면에서는 자본주의와 사회주의의 장점을 택하고 단점을 버릴 수 있었으면 좋겠습니다.

리영희 과거 『자유공론』의 시각을 통해서만 세상을 보아온 사람들에게는 지극히 못마땅하게 들릴 수도 있겠지만, 범죄와 부패 면에서 자본주의를 중심으로 한 미국사회와, 사회주의를 중심으로 한 과거의 유럽 여러 나라를 비교해보면 미국사회의 문제가 월등히 큽니다. 대개 미국 대통령은 취임하자마자 범죄·마약과의 전쟁을 선포하는데, 레이건의 경우 특별예산을 짜고 20만 명의 특별경찰을 증원했는데도 범죄가 줄어들기는커녕 계속 늘어만 갔어요. 오늘날 유럽이 자본주의적 민주주의라고 알고 있는 사람이 많은데 올해 초하루부터 발족된 유럽체제(EU) 15개국 중 13개 나라가 사회주의 정당들이 집권하고 있어요. 한국 사람들 특히 반공밖에 모르는 사람들은 눈을 넓게 뜨고 인간과 사회의 본질적인 문제에 대해 찾아 들어가야 할 것입니다.

『자유공론』 중국이 사회주의를 도입하는 과정에서 경제는 성장하는 반면 상당한 부정부패가 생기고 있습니다. 중국의 장래를 어떻게 보십니까? 자본주의의 부정적인 면이 파생되어 몰락하지 않을까 하는 염려도 있습니다.

리영희 그렇진 않을 겁니다. 중국은 등소평이 개방정책을 추진한 이후 10년 동안 범죄가 27배 증가했다는 공식 발표가 있었고 러시아 역시 외국인들이 여행하기조차 두려워졌어요. 여기에는 두 가지 이유가 있습니다. 하나는 워낙 못살던 사람들이 자유를 누리게 되니까 인간 본능적으로 사리사욕을 찾는 면이 있고, 또 하나는 사회가 부패 타락하고 빈부의 차가 생기며 돈만을 숭배하는 자본주의에서는 도덕·윤리 덕목이 힘을 발휘할 수 없습니다. 이렇게 양면성이 있는 가운데 웬만큼 타락하면서 물질적으로 번영을 누리게 되는 것입니다. 중국도 그렇게 가겠지요.

『자유공론』 북한도 중국을 모델로 하지 않을 수 없다고 많은 전문가들은 말합니다. 그런데 중국과 북한은 국토의 규모나 자본주의 수용 능력면에서 다르다고 봅니다. 북한이 중국처럼 개혁개방을 하고도 그 체제가 견딜 수 있는지도 의문입니다. 선생님은 어떻게 보십니까?

리영희 문제를 견딜 수 있느냐 없느냐로 설정할 것이 아니라 북한이 갈 수 있는 길이 무엇이겠는가로 설정해야 할 겁니다. 견딜 수 있느냐 없느냐로 설정하는 것은 벌써 북한문제에 대해 선입관을 갖고 답변을 끌어내려고 하는 것입니다. 진정한 의미의 학자라면 선입관 없이 대해야 합니다. 과정을 다 설명할 수는 없습니다만, 구소련의 방식보다는 중국의 방식으로 가리라고 봅니다.

그리고 북한이 급속하게 개방하지 못하는 이유는 두 가지가 있습니다. 첫째, 지금까지 체제를 장악하고 있는 강경파와 상층 세력들이 급격한 내부변화가 초래되는 것을 원하지 않아서이고, 둘째는 자본주의와 동의어인 타락, 부패, 이기주의······ 등에 대한 걱정 때문입니다.

북에서는 소위 '모기장식 개방'이라고 해서 타락, 범죄, 부정, 부패 같은 것들을 모기로 취급해서 들어오지 못하게 하고 경제적·기술적으로 필요한 것들만 들여오겠다고 합니다. 그러나 이것은 사실상 불가능한 일입니다. 역사적으로 19세기 말 중국이 '중체서용'(中體西用)이라고 해서 서양의 자본주의 선진문물은 '용'(도구, 수단)이라 하여 들여오고, 타락한 정신·문화는 안 받으려고 했어요. 정신과 물질·기술을 따로 받아들이려고 했던 중국(淸)은 망했거든요. 당시 우리도 결국 그랬고요. 그런데 양쪽 다 합쳐서 들여온 일본은 성공했어요. 정치제도, 법률제도, 교육제도······ 등 사상·문화·제도 같은 정신문화와 과학·기술·경제·생산······ 등 물질문명을 아울러 들여온 일본은 성공했어요. 모기는 걸러내고 좋은 것만 받아들이겠다는 북한정권의 생각은 너무 순진하고 자본주의를 모르기 때문입니다.

토머스 모어의 작품에나 있을 수 있는 '유토피아' 같은, 물질적·도덕적으로 다 만족하는 사회는 현실적으로 불가능해요. 그렇기 때문에 북한도 결국 중국식으로 갈 겁니다. 실제로 그동안 북한은 30여 개의 자본주의적 법률을 개정했고, 지난해에는 헌법도 개정했습니다. 또 전문가들을 중국·싱가포르·홍콩·호주 등으로 보내서 시장경제를 배워오도록 하고 있는 것으로 알고 있습니다.

『자유공론』 지난해 연말 북한에 직접 가보시고 그쪽의 권력층과 주민들을 함께 접촉하신 것으로 알고 있습니다. 그동안 선생님이 보신 북한관과 일치했다거나 다른 점을 말씀해주십시오.

리영희 내가 지난해 10월 말 북한에 들어간 것은 53년 동안 생사 여부를 모르고 있던 누님과 형님의 생사를 확인하기 위한 것이었어요. 살아 계시면 만나게 해달라는 요청을 했지. 다행히 북한 당국이 찾아주겠다고 회답했고, 우리 통일부에서도 좋다고 해서 남북 정부당국이 밀어줘서 갔다 왔습니다. 북한에서는 외국에서 들어온 사람에게는 안내원 한 사람이 붙게 돼 있어요. 물론 그 안내원이라는 것은 절반은 안내를 해주고 절반은 철저히 감시하는 양면의 임무를 띤 사람들 아닙니까. 그리고 평양 외에는 자동차로 묘향산에 갔다 왔을 뿐입니다. 사람들은 평양 시내에서 지나다니는 것을 볼 뿐이고 유치원이나 초등학교, 극장에 안내받아서 간 것 외에는 없었어요. 그런 식으로 현지를 일주일 정도 본 것만으로는 그동안 논문 등을 통해 판단했던 것과 특별히 달라진 것은 없습니다. 생활이 어렵다는 것은 분명하고, 예를 들어 평양에서 묘향산까지가 서울에서 대전 거리인 160킬로미터 정도인데, 맞은편에서 오는 차라고는 스물한 대를 봤을 뿐이었습니다. 서울에서 대전까지 가는 동안 마주 오는 자동차를 몇 대 정도 볼 수 있을지 생각해보세요. 이런 것이 적어도 물질적인 상태의 판단준거는 되겠지요. 그러나 우리가 생각하는 것과 같은 기아 상태는 아닌 듯했습니다.

『자유공론』 출생지, 고향에는 못 가보셨나요?

리영희 못 갔습니다. 직접 남쪽에서 간 사람으로는 문선명 목사, 정주영 현대그룹 명예회장과 고 문익환 목사 부인 세 사람밖에 없는 걸로 알고 있습니다. 나는 소 천 마리도 못 가져다 주었고, 문익환 목사처럼 두 손 벌리고 북쪽과 유대하는 입장도 아닌 사람이에요. 비판할 건 비판하면서 냉정하게 보고자 하니까 그렇게 달가운 사람은 아니었겠지요. 평양에 있는 동안에는 몰랐는데 사실은 거기 있는 동안 미국 대통령 특사가 금창리 지하 핵의혹 시설 문제로 왔다 갔습니다. 나는 그때 금창리라는 곳이 어딘지도 모르고 있었는데 알고 보니 그곳이 내 고향이에요. 내가 어려서 이북에서 내려올 때는 평안북도 삭주군 외남면 대관동이었는데, 그 외남면 아래 어딘가에 행정구역 개편으로 금창리라는 것이 생긴 것 같아요. 그러니까 갈 수 없었겠지요.

이산가족 문제, 제한적 상봉 정도 기대해

『자유공론』 북한에 다녀오신 후 선생님의 방북기가 신문에 연재되기도 했습니다만, 가고 싶어도 가지 못하는 분들이 많습니다. 앞으로 북측에서는 이산가족 문제에 관해 어떻게 나올 것으로 보십니까?

리영희 내가 이산가족 상봉 목적으로 갔고 북쪽 사람들이 열성적으로 내 형님, 누님을 찾아봤는데 두 분이 이미 다 돌아가셨습다. 이산가족 문제를 나도 강조했어요. 금년에 금창리 지하 핵시설 사찰문제와 미국과 북한의 핵협정 이행 등 문제가 많아서 예측하기는 어렵습니다만 북한도 제한된 형태지만 이산가족 문제를 푸는 데 호응해오리라는 심정을 가지고 있습니다. 모두가 고향까지 가서 만나는 것까지는 어렵더라도 판문점이나 다른 합의된 장소에서의 상봉은 가능하겠지요. 북한 사람들의 생활이 너무 어려우니까 남쪽 사람들이 번쩍번쩍하는 물건을 몸에 지니고 가져와 돌아다니는 것을 그대로 받아들일 형편이 되지 못하는 것 같습니다. 그러나 거부하려고 하지는 않았습니다. 그들도 조건이 있다는 것이지요.

『자유공론』 정주영 씨나 정부 인사와는 달리 선생님께서는 올곧은 학자로서 남쪽 지식인들에게 영향력이 크기 때문에 특별히 잘 보이려고 한다거나 더 신중하게 대하는 일은 없었는지요.

리영희 아무래도 문선명 목사나 정주영 씨나 문익환 목사처럼 돈이나 우호적으로 자기들 체제에 직접 이롭다는 생각은 안 하지요. 하지만 남한에서의 극우·반통일·반공주의를 항상 비판하면서 이성적으로 양자를 합쳐보려고 노력하는 학자로 인식은 하는 것 같았습니다. 그러기에 어렵게 누님을 찾아주고자 성의를 보인 것으로 압니다. 그런데 내가 어렸을 때 알고 있던 누님의 이름이 아니었습니다. 엉뚱한 이름을 가지고 전국에 걸쳐 찾아주는 노력을 했는데, 그런 노력은 남쪽 학자인 나에 대해서 일정한 평가는 했기 때문이라고 생각합니다.

『자유공론』 방북자의 정해진 코스인 우상화 시설은 둘러보셨나요?

리영희 외부 사람이 오면 고정적으로 순회하는 코스로 돼 있었어요. 『한겨레』 사장 일행도 마침 평양에 와 있었기 때문에 함께

다니자 해서 많이 다녔죠. 북한을 연구하는 사람으로서 보자는 건 다 보자고 했어요. 그러나 더 보여달라는 것은 안 보여주고 기정 코스만 보여주었습니다.

『자유공론』 며칠간 다녀오셨습니까?

리영희 왕복 9일이고, 체류는 7일입니다.

『자유공론』 방북 소감에 대해 독자들에게 더 들려주시고 싶은 말씀은 없는지요?

리영희 참 재미나는 게, 북한주민들(주민들이라고 해야 평양주민이지만)은 우리가 남쪽 사람이란 것에 대해서 조금도 거부감이 없었어요. 젊은이들, 학생들은 그렇게 훈련이 돼 있기도 하겠지만 전혀 예기치 않은 데서 만난 사람들도, 예를 들어 우리가 모란봉 을밀대 구경갔을 때 마침 김일성대학 여학생들이 와 있었는데, 굉장히 친숙했어요. 반가워하고 자연스럽게 대하더군.

반면 남산 어딘가에서 놀고 있던 남한의 여대생들이 북쪽에서 온 사람들을 만났다고 합시다. 우리 여대생들이 그쪽 사람들이 같이 놀자고 하면 자연스럽게 '좋습니다' 이런 태도를 보일까요? 오히려 우리 학생들이 선입관 때문에 경직되지 않을까요? 그래서 나는 우리도 북쪽 사람들에 대해서 트인 마음으로, 즉 고정관념과 미움과 증오와 적대감을 버리면, 친화하는 데 어려움이 없다고 생각합니다. 집권세력, 강경파, 북의 극좌파, 남한의 극우파가 문제겠지요.

『자유공론』 선생님께서 쓰신 『스핑크스의 코』라는 책이 있지요. 그야말로 상대방을 배제, 적대, 타도해서는 안 된다는 것을 전하고자 한 내용으로 알고 있습니다. 포용의 덕목을 가진 자유민주주의를 한다고 하면서 그동안 흑백논리, 계층 간 갈등, 지역감정 문제가 심화되어왔습니다. 의식개혁, 국민화합이라는 말이 있지만 그 말 자체가 그렇지 못한 쪽으로 동원되고 소리만 큰 것 같습니다. 이 점에 대해 어떻게 생각하십니까?

리영희 남한이 동서의 융합도 제대로 못 하면서 어떻게 남북통일을 하겠느냐, 나도 동감입니다. 정치라는 것을 하고 있는 권력층이 지역적 분열주의의 골을 파고 있는 거죠. 참 중대한 문제입니다. 반성하려 하지 않고 융합할 줄 모른다면 남북의 민족통일(여러 조건이 해결되어야 하니까 통일은 한참 뒷날의 일로 생각합니다만), 통일까지는 아니더라도, 적어도 서로 왕래하고 상당한 융합 단계까지 가는 것도 어렵다고 생각해요.

왜냐하면 북한에서는 이런 점을 지적하면서, 남한의 권력집단이 자기 국민들을 대하는 부정적인 모양이 북한에 그대로 들어온다면 남한의 통치세력 밑에서 북한 주민은 3등, 4등, 5등 국민처럼 취급되지 않겠는가 하는 우려를 해요. 그래서 그들은 우리를 받아들이지 못하겠다고 하거든요. 그러니까 남한 내부의 분열·갈등·차별…… 등 현실적 문제들을 반성하고 하루속히 우리 내부의 화합을 이뤄야 할 겁니다.

『자유공론』 그동안 우리는 자유민주주의를 한다고 하면서도 낮은 단계의 미숙한 정치행태를 보였던 것이 사실입니다. 우리 정치가 한 단계 높이 올라가려면 어떻게 해야 한다고 생각하십니까?

리영희 지금보다 한 단계가 아닌 5단계 수준으로 성숙돼야 할 것으로 생각합니다. 조선 500년의 파벌 당쟁이 민족체질화되지 않았나 생각을 해봐요. 분단 후 50년간에 더해진 정치사회의 작태가 고쳐지려면 시간이 걸리겠지요. 그래도 우선 지난 5, 6년(새정권 이후부터라고 해도 좋고) 역대정권에서 민주화, 평화, 양심을 지향했던 개인과 세력들이 사회여론에 참여하면서 조금은 변했다고 생각합니다. 정치 차원에서도 자기비판, 자성의 목소리가 제법 있는 것은 많은 발전이라고 생각합니다.

우리가 바라는 것처럼 단시일에 그 단계까지 오르지 못한다는 것이 안타깝습니다만, 모든 일이 과정을 거쳐야 한다는 생각으로 인내심을 가져야 합니다. 느긋하게 생각하면 좀더 관용할 수 있을 것이고 타협도 할 수 있을 겁니다

『자유공론』 얘기가 달라집니다만, 진보세력이랄까 재야에서 민주화운동을 하던 정치인들이 여야에 다 들어갔습니다. 새정부 출범 이후 민주정치의 기본 덕목이라고 할 수 있는 비판과 관용보다는 정당 간 상대방 타도에 앞장섰다는 비판이 있습니다. 그동안 민주화운동을 했다는 사람들이 진정한 민주화운동을 한 것이 아니라 기존 정치권에 편입하기 위해 운동을 한 것이 아니냐는 비난도 있습니다. 진보·재야 정치인들을 보시는 관점은 어떠십니까?

리영희 나는 모든 일을 단색으로 판단하는 것을 좋아하지 않습니다. 세상만사는 이런 면 저런 면이 어울려서 있는 것이지 한 가지로 이렇게 됐다거나 저렇게 됐다거나 그런 것은 아니거든요. 그 질문에 대해 답변하면, 첫째, 지난 30년 동안 핍박받고 피 흘린 양심적·민주적인 개인이나 세력이 정치의 중추에 들어간 적이 거의 없습니다. 진정으로 이 사회를 길게 보면서 개혁하고 고쳐나갈 세력은 다 배제되어 있습니다. 지금의 야당은 과거 군사독재의 후예이고, 여당은 과거 어려운 투쟁을 해왔지만 민주화 투쟁을 해왔다기보다는 정권투쟁을 한 거예요.

질문하신 대로 양심적이고 민주적이고 순수한 의미에서 사회와 국민의 정상화를 요구한 세력들은 다 배제돼 있어요. 정당이나 권

력중추에 들어가 있는 사람들은 많지만. 그것이 불만입니다. 민주화운동을 한 사람들이 정면대결을 조장한다기보다는, 과거 50년간 각종 권력을 누려온 개인과 세력이 변화를 한사코 저지하려는 이익수호 욕심 때문에 대결 양상이 두드러지는 게 아닐까요?

둘째로, 기존의 권력투쟁을 한 정당구조와 그 속에서의 정치행위가, 양심이니 자유니 타협이니 관용이니 하는 자유민주주의적 덕목을 실천하치 못한 그야말로 타락한 정치였기 때문에 우리가 바라는 발전은 이루기가 어려워 보입니다.

『**자유공론**』 선생님께서는 그동안 여러 저서 등을 통해 상대를 인정하고 포용할 것을 일관되게 주장해오셨습니다. 그것이 바로 민주주의이고 통일을 지향하는 정신이라 봅니다. 마지막으로 지금 우리 현실을 살아가는 사람들이 우선적으로 가져야 할 정신, 행동은 무엇이라고 생각하십니까?

북의 변화 요구에 앞서 우리도 변해야 한다

리영희 대답에 앞서 두 가지로 나눠서 생각해보겠습니다. 예를 들어 통일문제는 시간이 걸린다고 보아야 합니다. 50년간 갈라져온 동안 형성된 장애적 조건들 하나하나를 거두어나가는 과정이 바로 통일입니다. 그러니까 장애요소를 가령 100개라고 봅시다. 즉 우리가 '미전향 장기수'를 북으로 보내면, 북이 이에 대응해서 이산가족 문제를 약간 양보하고…… 그렇게 해서 30개 가량을 해결하고…… 이런 식으로 90개가 제거되면, 통일까지 10퍼센트가 남는다는 것입니다. 그런 의미에서 제가 늘 강조하는 것은 우리가 지난 50년 동안 남과 북이 가지고 있었던 자기중심적 사고와 선입관적인 적대의식을 해결해야 한다는 것입니다.

'북한은 악마'이고 '남한은 천사'라는 착각을 하고 있는데, 그렇지 않다는 예를 하나 들겠습니다. 우리는 판문점에서 크고 작은 일이 일어나면 북이 휴전협정을 위반했고 우리는 위반한 것이 없다는 식인데, 사실을 알 필요가 있습니다. 정전위원회 공식통계에 따르면 휴전협정이 체결된 1953년 7월부터 지난해 6월까지 남쪽이 주장하는 북의 휴전협정 위반건수는 42만 4,356건입니다. 북한에서 남쪽이 협정위반을 했다고 주장한 건수는 45만 4,605건입니다. 거의 같은 수준입니다. 여기에 대해서 북한은 2건을, 남한은 16건을 시인했어요.

50~70년대는 모든 면에서 우리가 북한보다 월등히 낙후하고 허약했어요. 그렇기 때문에 박정희 대통령이 75년에 핵무기를 만들고 76년에 그것을 장착할 미사일을 완성하려고 했어. 프랑스에서 우라늄 재처리시설 2,300만 달러짜리를 들여오려다 미국에 의해서 백지화되었거든요. 그때는 북쪽이 우리보다 월등 발전하고 강했어요. 지금 북한의 핵문제도 그런 배경하에서 생각한다면 남북문제를 보는 시각이 달라집니다.

60~70년대 우리가 북한보다 형편이 못해서 위기를 느낀 것과 같이 지금은 북한이 위기를 느끼잖아요? 돈도 없고, 자기를 방어하기 위해서는 재래식 무기로는 유지할 수가 없어 핵무기 미사일로 나가는 것으로 봅니다. 같은 상황에서는 남과 북은 동일한 자기보존의 방법을 택하게 마련이에요. 아시겠어요?

다만 우리는 미국이 차단하니까 못 했지만, 북한은 소련이나 중국으로부터 국가적 독자성을 가지고 있기 때문에 감행하는 거예요. 물론 그것은 위험성이 있으니까 91년 남북합의서에서처럼 비핵화를 약정한 거지요. 북한만 죽일 놈으로 보지 말고, 박정희 대통령도 같은 조건에서 같은 행위를 하려고 했던 사실을 알아야 한다는 겁니다.

또한 팀스피리트 훈련은 세계에서 가장 큰 규모의 군사훈련입니다. 75년부터 매년 해왔어요. 미국의 핵으로 무장된 20여 척의 해군부대에 미국과 남한의 보병 20여만 명이 참가하는 전쟁훈련입니다. 이것을 북한이 비난하면 우리는 연습이라고 하지만 거꾸로 상대방의 입장에 서봅시다. 예를 들어 소련의 극동함대 핵항공모함 2척과 중국의 공격용 함대 25척을 합치고, 인민군 20만 명이 가세해서 소련의 초장거리 핵폭격기가 우리 옹진반도나 강릉 위에서 육해공군 합동 팀스피리트 훈련처럼 했다면 우리는 어떠했겠습니까?

지난날 우리 정권들이 우리들을 몽매하게 만들었어요. 우리는 마취된 의식에서 깨어나야 해요. 남북문제에서 의식을 바로잡아야 합니다. 남한으로서는 독재정권이 체제유지를 위해 초등학교의 어린 머리까지 잡아두려고 했던 반공 일변도의 비과학적인 교육을 바로잡아야 해요. 사회풍토도 좀더 이성적이 되어야 합니다. 그야말로 자유민주적이어야 합니다. 이것이 '자유민주주의'라는 거요.

자유민주주의라는 것은 공산주의 이론도 배우고 무정부주의도 배우고 자본주의도 채택하고 토론을 통해서 좋은 이론·방법을 수용하고, 다수 민중이 참여하는 장을 키워줌으로써 자기 체제와 제도, 나라가 소중하다는 것을 알고 애국심이 자연 발생하는 사상과 제도 아닙니까? 지금까지는 자유와 민주주의는 하나도 없었어요. 우리가 북한에게 변하라고 요구하는 만큼 우리 자신도 변화해야 한다는 사실을 자각해야 할 겁니다.

『자유공론』 바쁘신 중에도 귀중한 시간을 내주셔서 고맙습니다. 각별히 선생님께서 말씀하신 것을 새기면 앞으로 저희 매체가 화해와 통합의 길을 열어가는 데 좋은 계기가 될 것 같습니다. 선생님께서 말씀하신 대로 상대를 생각하고 '역지사지'하는 아량을 가져야만 남쪽 사회도 민주화되고 더 성숙, 부흥하여 북쪽까지 통합하는 힘이 생길 것 같습니다.

• 『자유공론』, 1999.10

평화의 빗장 연 남북 정상회담

대담: 박혜명·『원광』 편집인 | 박청수·교무

박혜명 분단체제 이후 55년 만에 있게 된 지난 6월 13일~15일의 남북 정상회담은 민족의 화해와 공동 발전을 위해 매우 중대한 계기를 마련했다고 봅니다. 리영희 교수님께서는 평생 반(反)통일 이데올로기에 저항해오시면서 바람직한 남북관계 형성 및 이념화를 모색해오신 대표적인 학자이자 언론인이시며, 박청수 교무님은 원불교의 강남교당 교무 및 평양교구장으로 세계의 빈곤·질병·무지 타파를 위해 30여 년간 활동해오신 것으로 잘 알려져 있습니다. 특히 북한동포 돕기에서도 많은 활동을 해오셨기에 오늘의 대담이 독자들에게 매우 유익하리라 기대를 해봅니다.

리영희 저는 오늘의 대화가 추상적이고 공허한 이론이나 비현실적인 큰 담론보다는 이것을 낮추어서 구체적인 사실 내용을 논증하는 시간이었으면 합니다. 사실 남북관계는 휴전상태 이후 한 발짝도 나아가지 못한 것이 사실 아닙니까?

박청수 저도 동감입니다. 추상적이고 관념적인 접근보다는 좀

『원광』 51주년을 기념하는 특별대담이다.

더 구체적인 현실문제를 내용으로 대화를 했으면 합니다. 그래야만 실질적으로 남북관계를 이해하는 데 도움이 되고 또한 잘못된 사고를 가졌다면 이번 기회에 생각이 바뀌는 소중한 시간이 되었으면 합니다.

박혜명 옳으신 말씀입니다. 두 분께서 독자들을 위해 아니 그동안 정치·사회·언론 등에서 너무 거창하게 떠들기만 하고 사뭇 실이 없고 알맹이가 없는 것에 대한 식상함을 시원하게 풀어주고자 하는 현실적 접근을 말씀하시는군요. 감사합니다. 그러면 평화의 빗장을 연 남북 정상회담이라는 주제에서 어떠한 내용부터 시작하는 것이 좋겠습니까? 리영희 교수님께서 먼저 말씀하시지요.

리영희 지난 6월 13일~15일까지의 남북 정상회담은 북한에 고향을 둔 사람들을 비롯해 온 국민을 기쁨과 놀라움으로 가슴 들뜨게 한 것이 사실입니다. 그런데 '남북 정상회담'이라고 하면서 남한에서는 김대중 '대통령'이, 북한에서는 김정일 '국방위원장'이 만남을 가졌는데 뭔가 격(格)에 안 맞는 것 아닌가 하는 생각은 해보시지 않았습니까? 실제 지금 남한의 몇몇 사람들은 아직도 "김대중 대통령이 북한의 국방위원장을 만나면서 정상회담이라고 하는가"라는 의문을 갖고 있습니다. 북한에서는 1998년 9월, 헌법이 개정되었습니다. 본래 국가의 최고 대표인 조선민주주의인민공화국 주석이라는 권능의 자리는 김일성 주석이 사망함으로써 더 이상 존재하지 않는 것으로 했습니다. 곧 국가 주석은 국가가 존속하는 한 김일성 주석이 유일무이한 존재일 뿐 주석으로서의 국가 대표는 없도록 했습니다. 잘 아시다시피 주체의 연호도 김일성 탄생에서 비롯되는 것입니다. 김정일은 당 총서기요, 과거 당에 속했던 군사위원회를 높이 격상시켜 국방위원회라는 직(職)구조와

기구, 직책과 권한을 새로이 설정하여 인민대회와 당과 행정부 전체를 총괄하는 형태로 헌법을 바꾸었습니다. 형식상으로는 인민대표 상임위원장 김영남이 있지만 국가의 실권을 행사하는 것은 국방위원장입니다. 이러한 까닭에 김정일 국방위원장은 대한민국의 대통령과 같은 북한의 최고 대표라 할 수 있는 까닭에 '정상회담'이라는 말이 있게 된 것입니다.

박청수 좀더 덧붙이면 교수님의 말씀처럼 헌법 개정을 통해 공식 출범한 김정일체제는 매우 독특하여, 대외적으로 국가를 대표하는 권한은 최고인민회의 상임위원장이, 정부를 대표하는 권한은 내각의 총리가, 그러나 실제로는 김정일 노동당 총비서 겸 국방위원장이 통치권을 행사하기에, 사실상 남한의 대통령과 전혀 격이 떨어지는 회담이 아니라는 것이지요?

리영희 그렇습니다.

박청수 그렇다면 이번의 정삼회담은 이름 그대로 남북의 최고 대표가 55년 동안의 냉전구조를 깨트리고 평화의 새 날을 여는 중요한 계기를 마련했는데, 진정 앞으로 평화공존의 새 질서는 열릴 것인가, 역사적인 단 한 번의 정상회담으로 통일 운운하며 성급한 판단을 하는 지도자들도 있으나, 다행히 정부에서도 '평화통일'이라는 대전제보다는 한반도의 냉전질서가 점차 해체되고 평화의 서곡을 울리는 평화공존의 질서가 열릴 것인가 그 앞걸음에 대하여 정책방향을 정하고 있는 것 같아 이 점에 대한 교수님의 의견을 듣고 싶습니다.

평화공존의 질서는 열린다

리영희 지금은 흔히들 생각하는 개념으로서의 '통일'을 얘기할 때가 아니지요. 교무님 말씀처럼 이번 정상회담으로 냉전 종식의 남북관계와 평화질서의 정착을 마련하는 분수령의 계기로 봐야 하지요. 즉 남북관계는 말할 나위없이 민족통일이 지상의 종착점이지요. 그에 앞서 통일에 이르기까지의 '통일 과정'이 더 중요하며 이제 그 첫발을 내밀었다고 봐야 합니다.

통일이 왜 안 되고 있는가. 그것은 통일이 되지 못하게끔 가로막고 있는 100가지 장해요소가 있다고 할 때, 우리가 그 100가지 중에 하나를 극복하고 해소하면 통일은 1퍼센트 진전되었다고 보는 것이며, 10개를 극복하고 해소하면 장해요소가 90퍼센트 남은 것이 되며, 99개를 극복하고 해소하면 통일은 비로소 눈앞에 있게 되는 것이지요. 그렇다면 남북이 서로 싸우지 않고 평화공존과 화합을 통해 통일을 이루기 위해서 무엇을 해야 하는가. 이것이 통일에 이르는 '과정'으로서의 수많은 조치들이에요.

박혜명 두 분께서 통일은 종착점이지만 그 종착점에 도달하기 위한 '과정'이 중요하다 하셨습니다. 남북 정상회담 역시 이 통일 과정에서 중요한 하나의 역사적 과정임을 어느 누구도 부정하지 않을 것입니다. 그러나 과거 대북정책 등을 살펴볼 때, 또 전(前) 김영삼 대통령 시절의 남북 정상회담 추진 등에서 볼 때 정치적으로 악용되어온 측면이 없지 않습니다. 나중에 이 문제에 대해 논의가 있겠지만 먼저 순수한 국민정서에 비추어 '남북 정상회담'에 거는 기대감에 대하여 말씀을 해보셨으면 합니다. 리영희 교수님께서 먼저 말씀하시죠.

리영희 기대감이 매우 컸지요. 저도 처음 남북 정상회담이 공식 발표되면서 최고의 관심거리였는데, 문제는 55년 동안 맺혔던 매듭이 한꺼번에 확 풀리고 해소될 것이라는 식의 기대감을 가지지 않는 것이 하나의 상식 아니겠습니까? 아마도 가능하면 남북정상회담 같은 이러한 대화와 만남이 여러 번 있는 것이 중요한 일이지요. 가장 중요한 것은, 남북의 지도자가 서로의 진심을 상대방에게 털어놓고, 그 털어놓은 진실을 이해하고 파악하며, 인간적인 신뢰감을 가지는 동시에 '국가 지도자'적 신뢰가 형성된다면 거의 통일의 첫발에서 기대할 수 있는 것을 얻을 수 있다고 봅니다. 그러나 지난 6월 14일, ① 자주적 통일원칙 확인 ② 남북의 통일방안에 대한 공통성 인정 ③ 이산가족 및 민족경제를 균형적으로 발전시키기 위한 경협 및 교류협력의 활성화 ④ 조속한 당국 사이의 대화 개최 ⑤ 김정일 국방위원장의 서울 초청 등 남·북 현안에 대하여 두 정상이 합의·서명했으나 구체적인 경제, 무역, 종전협정, 한미관계, 남북 정치문제 등에 이르는 큰 과제에서는 앞으로 크고 작은 어려움이 없지 않을 것으로 예상됩니다.

박청수 처음부터 남북한이 같이 변해야 한다는 이야기를 한 것처럼 어쨌든 국민의 정부가 들어와서 그 이전의 갈등대립의 관계에서 상생공존의 관계로 남북의 질서를 형성하려는 대북정책의 의지를 보이고 있기에 퍽이나 다행한 일이라고 생각합니다. 포용정책 혹은 햇볕정책이나, 김대중 대통령의 베를린 선언을 통한 화답인 남북 정상회담을 갖게 된 일각의 모습을 볼 때 매우 많이 변한 대북정책이 아닌가 하는 생각을 하고 있습니다. 사실 그 전에는 냉전고립이 전제된 흡수통일의 방향이었지 않습니까?

리영희 흡수통일 정도가 아니라 이승만 정부 시절에는 군사적인 멸공통일, 무력통일의 입장이었습니다.

박청수 오래전보다는 김영삼 정부 시절에 정치·군사·경제 등을 내세워 거의 '흡수통일', 고장난 비행기 정도로밖에 보지 않는 입장이었다고 볼 때 김대중 정부에 와서 크게 변해, 곧 대통령이 되기 전부터 갖고 있었던 경륜(經綸)에 입각한 대북정책을 지속적으로 해온 결과 정상회담 등 평화의 기류가 흐른 것이라고 봅니다. 특히 1998년 2월의 대통령 취임식에서 발표한 남북기본합의서 이행을 위한 특사교환 제의 및 대북 3원칙에서 보인 전쟁 불용(不容), 흡수통일 반대, 평화공존과 남북의 협력 등은 지금의 평화적 햇볕정책, 포용정책이 있기까지의 매우 고무적인 통일정책이 아닌가 하는 생각을 해봅니다.

지난번 서해교전이 일어났을 때에도 안보는 안보대로 하면서 대북관계에서는 햇볕정책을 고수하는 현 정부의 의지에 큰 기대를 가지고 있습니다. (주)현대의 금강산 관광이나 '우리 민족 서로 돕기'에서 펼치는 대북지원 등에 전혀 변화가 없었던 것으로 보아 이렇듯 인내를 일관성 있게 추진한 결과 결국 남북 정상회담이라는 결실을 거두었다고 보는 것입니다. 사실 여기까지 오는 데에만 55년이 걸린 것이죠.

이러한 점에서 남북 정상회담은 위대한 시작이요 중요한 출발입니다. 그래서 남북 정상회담에서 몇몇 지도자들이 핵문제, 인권 등을 이야기해야 한다고 했고, 또 어떤 분들은 너무 부담을 주지 말고 만나는 그 자체에 의미를 두자고 했습니다.

리영희 김대중 대통령의 이와 같은 3단계 정책은 본래 국가연방, 연방국가, 통일국가 등의 순차식 통일관이었으나 언급하신 대로 대통령 취임사에서 더 구체적인 3원칙을 발표 추진한 것이지요. 이것을 처음 발표한 것은 아마 1971년 대통령선거 때 고 박정희 대통령과 대항했을 때였을 것입니다. 그때 이러한 발표로 인하여 '빨갱이'니 뭐니 하면서 온통 세상이 시끄러웠어요. 지금 '남북 정상회담'의 성사까지 왔으니 대단한 발전이요 변화라 하겠습니다. 이것은 남북관계에서 거보(巨步), 큰 걸음입니다.

그러나 여기서 한 가지 간과하기 쉬운 요인이자 아주 중요한 측면이 있어요. 그것은 남한이 북한을 적대시한 것도 사실이나 그보다도 중간에 미국이 있었다는 점입니다. 55년 동안 미국의 정책 결정자들은 닭 목을 비틀어 죽이듯이(?) 군사적 압박으로만 통일을 이룬다는 입장이었습니다. 그래서 경제봉쇄, 무역봉쇄, 국제 금융의 봉쇄, 팀스피리트 전쟁훈련 등은 말할 것도 없고 각종 군사적 봉쇄를 해왔습니다. 그래서 6·25전쟁 이후 최근 몇 년 전까지 전쟁의 일촉즉발 순간까지 간 것이 몇 번이나 있었습니다.

사실 자신들의 권한에 도전하고 거부하는 약소국가에 대해서는 단번에 닭 목을 비틀어 죽이듯 해온 것이 미국입니다. 소련이라는 사회주의 국가가 붕괴한 이후 유일강국이 된 미국은 이라크에 전쟁을 일으켜 굴복시켰습니다. 이라크전쟁이 끝나자마자 다음 차례가 북한이었고, 이라크전쟁과 똑같은 전쟁을 하기 위해 몇 번이나 북한 주변에 군대를 포진시켰습니다.

특히 1994년 5월 6일에는 전군 고급사령관들이 막강한 육·해·공군을 주둔시키고, 클린턴 대통령 이하 전체 각료들과 전쟁논의를 끝마친 후 최종 공격명령만 떨어지면 그대로 북한의 평양을 공격하려고 했습니다.

그때 카터 전 대통령이 겁을 집어먹고 평양에 가지 않았습니까? 미국이 정말로 전쟁을 하려고 하니 큰일났다 하고서 김일성 주석을 만나러 갔던 것입니다. 핵문제로 미국과 신경전을 벌이는 정도의 상황이 아니라 정말로 미국이 북한을 핵공격하려고 모든 준비를 끝낸 후 발포명령만 기다리고 있다는 긴박한 전쟁 발발에 대해 알리러 간 것이죠. 그리고 연변의 핵시설에 대해 핵공격을 한다는 내용까지 알리고, 핵폭탄 제조시설 철거와 국제 핵사찰 반대에 대한 태도를 바꾸어야 한다고 한 것입니다.

미국 대북제재 해제와 햇볕정책의 쾌거

그때 김일성 주석은 통이 큰 사람으로 이렇게 말했습니다. "좋소. 당신 같은 사람이 말한다면 미국의 제안에 동의하겠소." 결국 전쟁 발발 직전에 해결이 된 것입니다. 북한의 김일성 주석을 만나고 돌아온 카터의 말을 들어보면 김일성 주석을 매우 호의적으로 보고 있음을 알 수 있습니다. 몇 마디 이야기를 나누는데, 조선말을 자기는 비록 못 알아들었지만 각료들에게 뭐라고 몇 마디를 하고서는 바로 "좋습니다. 그렇게 하기로 하죠"하고는 또 그 자리에서 남북 정상회담을 제안했다는 것입니다.

그 후에도 미국은 미사일 문제로 또다시 전쟁을 일으키고자 했는데 바로 그 유명한 5027작전 계획입니다. 소위 대북 120일 전쟁계획이에요. 미국은 북한의 모든 조건, 곧 정치·경제·군사, 인민의 충성심, 지도자와 인민의 유대관계, 군사관계, 러시아와 중국 등 인접 우호국가와의 관계 등을 종합적으로 분석했습니다.

그러나 결코 군사력으로는 북한을 굴복시킬 수 없다는 결론을 내렸고 전쟁은 일어나지 않았습니다. 각 지역에 주둔하고 있는 미군이 약 40만 정도 참전해야 하고, 남한은 170만 정도가 참전해야 하는데, 일단 전쟁이 발발하면 엄청난 피해가 발생하게 된다는 전쟁 시나리오, 곧 페리 보고서에서 얻은 결론으로 미국은 태도를 바꾸었습니다.

그 후 미국은 북한과 국교정상화, 무역교류, 경제정상화, 또 미국이 동결한 자산 해제…… 등에 합의한 북·미 협정이 체결되지요. 일관된 김대중 대통령의 햇볕정책 등이 맞물려 남북 정상회담이 성사된 것입니다.

김대중 대통령과의 정상회담은 미국이 북한에 대하여 과거와 같이 적대국가로 삼아 비틀어 죽이지 않겠다는 전략적 결정을 하고서 포용을 하여 대한민국의 대통령이 만나도 좋다고 한 것입니다. 아직도 대한민국은 미국의 반(半)속국입니다. 김대중 대통령의 뜻만으로는 어림도 없는 일입니다.

박청수 저도 하나의 요인이라면 김대중 대통령이 포용정책을 시행하면서 정·경 분리정책을 썼기에 가능하지 않았는가 하는 생각을 해봅니다. 정주영 회장께서 소를 몰고 갔다든지, 금강산 관광개발 사업이라든지 한국에서 북한으로 무엇인가 따뜻한 온정이 건너간 것은 1995년 9월 15일부터 대홍수로 인해 대한적십자사의 문이 처음으로 열리면서 비롯되었다고 봅니다.

저도 그때부터 북한동포 돕기를 시작해 지금껏 하고 있습니다만 대통령의 포용정책만이 아니라 기업과의 정·경 분리에서 민간단체의 경제적 협력과 지원, 또 각 단체의 자발적 지원이 가능하도록 허용한 정부의 자세 등이 복합적으로 작용하여 이번 정상회담을 가졌다고 봅니다. 소를 비롯해 비료, 감자, 젖염소, 옥수수 등 얼마나 많이 북한으로 들어갔습니까?

이제는 북한에서 남한에 대하여 진정이 통한다고 믿고 있습니다. 남한의 여러 가지 지원을 받고 보니까 자기들을 어떻게 하겠다는 그런 의도가 아니라 진정이 통하여 함께 잘살고자 한다는 것을 알게 되었기에 북한은 마음의 문을 열지 않았는가 하는 생각을 해봅니다.

최악의 상황에서 여러 나라에 구호를 요청했으나 그래도 한국의 인심이 후하니까 신뢰가 쌓인 것이지요. 민간단체, 종교단체, 기업 등이 그동안 햇볕정책에 힘입어 상당한 신뢰를 쌓았다고 봅니다. 곧 남북 정상회담이 있기 전의 길을 닦은 것이죠.

리영희 맞습니다. 김대중 대통령의 일관된 햇볕정책은 언급하신 그러한 신뢰가 쌓아짐으로써 북한의 지도자나 인민들에게 일정한 믿음, "믿을 수 있을까, 이제는 믿을 만하다"는 것을 심어주게 된 것입니다. 북한에 대해 각 민간단체나 기업의 교류와 구호활동을 막지 않고 또 꾸준히 북한에 전달함으로써 북한의 문을 열게 한 것입니다. 남북한이 정말 많이 변했습니다.

박혜명 최근 2～3년 동안의 남북한 관계를 살펴보면 두 분께서 말씀하신 대로 많이 변했습니다. 그렇다면 이 신뢰가 형성되면서 남북 정상회담이 이루어졌다고 할 때 다음 단계로 실질적인 평화 공존의 질서를 위해 어떤 일이 성사돼야 한다고 봅니다. 남북 정상이 합의한 남북 이산가족 상봉 등의 현안에 대한 기대에 대해 말씀해주십시오.

리영희 이산가족 상봉과 생사확인, 왕래 등은 남북한 상호교류의 신뢰를 구축하고 확인하는 시금석처럼 이야기해온 것이 사실입니다. 이번 정상회담 이후 이 분야는 어느 정도 성과를 이룰 것으로 예상(8·15 이전)됩니다. 북한에 대해 남한에서 신뢰가 구축된다면 이와 반대로 남한에 대해 북한이 신뢰를 하게 되는 것도 생각해보아야 합니다. 곧 북한과 북한인민 전체가 죽느냐 사느냐의 생존 여부에 대해서 남한이 보장해주어야 신뢰가 구축된다는 점을 생각해야 합니다.

무슨 뜻이냐 하면, 남한에는 세계 최강의 주한미군이 있는데다가, 남한의 군사력만 하더라도 북한에 비해 질적으로 양적으로 월등하다는 말입니다. 미국은 북한에 대해 '핵무기'를 선제공격으로 사용한다는 군사전략 원칙을 세워놓고 있어요.

해마다 한·미 연합의 팀스피리트 훈련이 무슨 훈련입니까? 방위훈련이 아니라 북한에 대한 '핵공격' 전쟁훈련입니다. 이러한 훈련이 있을 때마다 북한은 국가가 마비상태에 들어가고 경련을 일으키는 것이오. 실제로 언제 공격할지 모르는 전시상태가 되는 것입니다.

"당신네가 우리보다 우월한 군사력으로 해마다 우리를 공포감에 몰아넣고 있는 한은 당신들의 말은 믿을 수 없다"는 이런 불신의 규범적 차이가 그동안 있었습니다. 그래서 남한에서 요구하고 있는 소위 인도주의에서의 이산가족 생사 확인이나 왕래 등은 북한으로서는 작은 일에 불과하지요. 북한은 국가와 인민 전체의 생존문제가 확실해져야 미국이나 남한을 신뢰할 수 있다는 것이었습니다.

결국 정상회담은 남한에서 볼 때는 인도주의적인 입장이었으나 북한에서는 국가존립의 생존 여부가 보장되는 미국의 불가침 방침이 확인되면서 성립되었다고 보아야 하겠습니다. 이제야 북한이 "오케이, 당신들을 믿는다. 이산가족 상봉 등에 관련해서도 가능하다"는 것입니다.

김대중 대통령이 정상회담 전에 '경제특구'에 대해서 언급한 것을 기억할 것입니다. 이것은 정상회담이 잘 됨으로써 오스트레일리아, 이탈리아, 프랑스, 필리핀, 타일랜드, 일본, 뉴질랜드 등 많은 서방국가들과 수교를 해 굉장한 무역교류와 시설투자 등의 경제적 혜택을 얻으리라는 것입니다. 특히 일본과 수교를 하면 제일 먼저 얻게 되는 것이 '배상금'입니다. 또 남한의 기업과 민간단체들과의 교류 등을 통해서 많은 경제특수가 생길 수 있지요. 아마 이러한 교류는 굉장히 활발할 것입니다. 지금도 남한의 크고 작은 기업들 130여 개 정도가 몇 년 전부터 북한에 들어가 있습니다.

따뜻한 가슴을 담은 동포애가 선행되어야

박청수 정상회담에서 국민들의 기대감은 각각 다른 보따리를 가지고 있다는 표현이 적절한지 모르겠지만, 비록 두 사람이 마주 앉았어도 김대중 대통령은 상징적으로 남북 이산가족 상봉 등이 최우선일 것 같고, 김정일 국방위원장은 리영희 교수님께서 말씀하신 대로 팀스피리트 훈련 등에 대한 국가존립적 위기감의 해소 등을 요구할 수도 있겠지요. 하지만 지난번 제가 평양을 다녀온 후의 생각을 정리해본다면 '경제회담'에 큰 비중을 두지 않았나 하는 생각을 해봅니다. 경제적으로 뭔가를 주기를 원하는, 지난번에 비료를 20만 톤 보냈지 않습니까? 서로가 만남으로써 좀 여유가 있는 쪽에서 넉넉한 지원을 해야 한다고 생각할 것으로 봅니다.

지금 온정리 등에는 전기가 들어오지 않습니다. 아기들도 너무 못 먹고, 몸무게가 미달되어 태어나는 경우가 많다고 합니다. 아기들의 영양부족, 북한주민들의 빈곤 등 회담에 거는 기대가 이러한 측면이었다고 봅니다. 심지어 전기가설도 요청하고 있지 않습니까. 정상회담 후 남한에서 북한에 대해 어떠한 범위의 경제지원을 할지 모르겠지만 '상호주의'에 대해서 신축성은 꼭 있어야 한다고 말하고 싶습니다.

그냥 생각하면 남한 대 북한, 북한 대 남한으로 한민족의 양단이라고 할 수 있지만, 아시다시피 북한이 한때는 남한보다 잘살지 않았습니까? 동구권이 무너지고 하면서 북한도 곤두박질한 것 같아요.

리영희　1975년경까지는 북한이 남한보다 경제적으로 우세했어요. 그때까지는 북한이 남한보다 훨씬 앞서 있었다고 보아야 합니다. 북한은 6·25전쟁 후 10년이 지나면서 벌써 전기기관차 등을 생산하여 세계시장에 수출할 정도였습니다. 75년부터 역전되기 시작했고, 80년 말에 이르러 소련을 비롯한 공산권 국가들이 미국과 서방국가와의 경쟁력에서 지쳐 떨어져버립니다. 북한도 여기서 예외가 아니었죠.

박청수　그렇습니다. 동구권이 몰락하면서 동반몰락이 초래된 북한인데 또 여기에 가뭄과 대홍수가 겹치면서 결국 10년간이나 가난에서 벗어나지 못하게 되었습니다. 특히 1995년 북한의 약 75퍼센트가 홍수 피해로 수리조합 등 기본시설 등이 무너져버렸다고 봅니다. 정상회담의 결과로 경제 인프라 구축과 기본 생산시설 등이 지원되어 우리 강토를 건강하게 회복하고 먼 훗날 통일이 되어 "정말 살 만한 곳이요, 조건을 갖추었다"고 할 수 있었으면 합니다.

라진·선봉 지역을 경제특구로 지정했으나 그곳에 경제 인프라가 구축되지 않으니 아무도 안 들어가려고 합니다. 아무것도 안 되는데 어떻게 들어가겠느냐고 합니다. 남북 정상회담의 결과 북한의 경제 인프라 구축에 가장 큰 비중을 두었으면 하고, 또 철도가 개설되면 중국과의 교역도 직접 할 수 있게 되어 통일 조국에서 굉장히 중요한 일이 되겠습니다.

리영희 철도의 개설 등은 남북관계가 상당히 진전되었을 때 가능하겠습니다. 앞에서 상호간 신뢰구축에서 북한이 기대하는 것은 남한과 미국의 군사적 압박의 해소 및 경제적인 지원 등으로 정리되는군요. 사실 1990년 초까지만 해도 북한은 남한에 대해 경제적 지원 등은 기대하지 않았습니다.

박청수 제가 상호주의에 대해서 말했습니다만 우리 남한에서 이만큼 주었으니 북한에서는 이만큼 달라 하는 식의 의식을 바꾸어야 한다고 봅니다.

북한에 대해 두 가지 해결점이 있다고 봅니다. 하나는 어려운 북한을 어떻게 도울 것인가 하는 점인데, 일각에서는 종교나 각 단체와 특정 개인 등이 나름대로, 다른 말로는 중구난방으로 돕고 있다며, 왜 하나의 통로로 힘을 합해 돕지 않고 각자 각자가 나누어서 돕는가 하는 질문을 합니다.

그런데 저는 개인적인 생각으로 북한이 혹심한 경제적 가뭄 상태이기에 전체적으로 협력하자고 하면 어쩌면 소극적이었을지 모르겠습니다. 어떻게든지 자기 방법으로 각 지역을 맡아 지원하고 보살펴야 한다고 생각합니다. 정부에서 전체적으로 힘을 합하면 북한주민들에게 골고루 혜택이 주어질지 아직 확신이 서지 않고, 작더라도 민간에서 지속적으로 한 지역씩 떠맡아 지원하는 방법이 지금으로선 더 효과적이라고 보고 있습니다. 앞으로 더욱 정을 듬뿍 담아 활발하게 이루어져야겠습니다. 또 하나는, 둘을 주고 하나만 가져왔느냐 하는 보수 냉전논리의 사고를 지닌 사람들의 의식구조를 개혁하는 데 이번 정상회담의 중요한 의미를 찾고 있습니다. 우리 남한은 강자입니다. 북한과 1 대 1의 상대가 아닙니다. 강자의 너그러움이 있어야 합니다. 다섯 개를 주고 한 개를 가져오는 강자의 자세가 필요합니다. 이렇게 해야만 한민족 공동체를 복원하는 데 도움이 될 것입니다.

박혜명 박청수 교무님 말씀은 북한 돕기를 마치 각 지역과 자매결연을 맺어 지속적인 지원을 하자는 뜻으로 생각됩니다. 그렇다면 민간단체의 많은 역할 중에서 어떠한 역할이 절실하다고 봅니까?

리영희 민간단체들의 역할은 매우 큽니다. 북한의 닫힌 빗장을 여는 데 아주 효과적입니다. 남북관계를 풀어가는 데 앞에서 얘기했듯이, 통일은 종착점이지만 지금은 통일의 시발 내지 초보적 과정에 있다고 할 때 그 방식으로 소프트웨어와 하드웨어 방식이 있습니다.

하드웨어 방식은 정치·경제·군사 등 제도와 틀의 변화가 일어남으로써 개혁과 교류가 이뤄지는 것이며, 소프트웨어 방식은 문화·종교·예술·스포츠 등에서 이뤄지는 민간단체의 활동입니다. 최근에는 이 민간단체의 활동이 매우 활발했습니다. 그러나 사실 문화라는 것 속에는 사상이 들어 있는 것 아닙니까? 사상 없는 문화는 없습니다. 물론 유일사상을 고수하고 있는 북한으로서는 소프트웨어 방식을 받아들인다는 것은 쉽지 않을 것입니다. 그 속에서도 좀 덜 이데올로기적인 것, 덜 정치적인 것으로 각 분야의 문화교류나 스포츠 교류는 가능하지요. 민간 차원에서는 구호사업, 곧 당장 할 수 있는 것으로, 당장 굶고 있는 북한주민의 삶을 보장해주는 것이 좋겠지요.

박청수 북한에 대한 구호사업에서 물론 물량적인 것이 우선적일 수 있으나 그것보다 훨씬 중요한 것은 따뜻한 가슴을 전달하는 일입니다. 정부에서 지원하고 기관에서 지원하고 특정단체, 개인 등이 지원한다고 하더라도 사실 통일까지는 아직 멀고 긴 시간이 지나야 하는 것이기에 얼마만큼 가슴이 따뜻한 구호사업을 지속적으로 할 수 있을 것인가가 중요하다고 생각합니다. 북한동포들의 현 실정을 생각할 때 우리는 참으로 따뜻하게 감싸안아야 합니다. 북한 사람들은 표가 납니다. 소개가 필요 없을 정도로 키가 작고 홀쭉합니다. 가슴이 따뜻하면 두 개 보낼 것도 다섯 개 보낼 수 있습니다.

종교단체, 민간단체 등에서 국민들의 의식을 계몽시켜서 가슴이 따뜻한 구호사업을 펼쳐야 합니다. 그런데 사실 적십자사에서 관리하고 있는 북한동포 돕기 사업의 현황을 살펴보면 사회의 지도자층, 곧 정치인이나 법조계 등의 인물들이 동참하는 것은 큰 목소리에 비해서 너무나 미흡하다는 것입니다. 유감스러운 일입니다. 진정 온정과 온기가 건네질 수 있도록 모든 종교와 단체, 국민 한 사람 한 사람이 한 방울의 빗방울이 되어 보내고 보내고 또 보낼 때, 견고한 축대도 여름의 장마비가 무너뜨리듯, 언젠가는 저 북한도 그 온정과 온기에 마음의 신뢰를 구축하고 열 것이라고 봅니다

리영희 그런데 그것은 탈현실적인 이상론이라고 생각합니다. 당연히 그래야만 하는 당위가 있으나 남한이라는 사회가 55년 동안 반통일·극우반공의 기득권자들이 모든 분야에서 지배적 집단으로 군림해왔습니다. 북한을 적대시하는 것으로 해서 자신들의 권력과 물질적 혜택 등을 보장해왔는데 지금과 앞으로의 북한은 '적'이 아니라 도와야 하는 친화적 존재요, 더욱이 앞으로는 '형제'여야 한다는 것이니까. 지금의 보수 야당을 비롯해 적대정책으

로 이익을 챙겨왔던 사람들한테는 포기가 쉽지 않습니다.

박청수 그러한 까닭에 민간단체나 종교단체에서 의식개혁을 위한 계몽운동을 해야 한다고 봅니다.

리영희 종교단체라고 하셨는데 종교단체라 하여 북한에 대한 무조건적 구호사업에 모두 뜻을 같이한다고는 볼 수 없습니다. 원불교는 알려지기로, 교단적인 뜻이 상당히 단일화되어 북한돕기를 하는 듯합니다.

그러나 불교, 특히 기독교에서는 1995년부터 북한을 돕자는 의견이 있어서 의견을 모은즉 100명 중 5명 정도밖에 되지 않았습니다. "왜 빨갱이를 돕자는 것이냐?" 했습니다. 북한에 대한 국민 대다수의 적절한 동포 의식이 10퍼센트 미만이라는 것이 현 주소입니다. 미국을 신처럼 섬기는 우리나라의 예수교가 가장 저해적 세력이에요.

박청수 리 교수님께서는 실질적인 자료를 통해 말씀하셨지만 종교는 원초적으로 사랑과 박애, 은혜와 자비를 강조하는 것이기에, 민간단체나 종교에서 온정과 온기를 건넬 수 있도록 앞장서서 구호사업을 펼치고, 여기에 동참하지 않았던 사람들이 의식도 바뀌어 하루 빨리 동참할 때 우리의 원하는 바를 이룰 수 있을 것이라고 봅니다.

리영희 앞에서 하드웨어 방식과 소프트웨어 방식을 말하면서 소프트웨어 방식으로 스포츠나 문화교류 등을 언급했지만 진정한 소프트웨어는 '의식'입니다. 대북의식의 변화가 가장 중요한데, 이 대북의식이 아직도 반공, 반북한, 군사숭배·미국추종·전쟁애호 등에 유효하게 젖어 있습니다.

박청수 저희 강남교당의 경우 북한여성 5,300명이 입을 수 있는

벨벳 옷감을 보냈으며, 간장도 2콘테이너(2만 7,000리터), 비료도 6,000포를 보냈습니다. 잘 알려지지 않았습니다만 지금 북한여성들은 생리대가 없어 굉장히 불편을 겪고 있다는 것을 알고 20만 명이 사용할 수 있는 천을 준비하고 있는데 벌써 10만 명 분량이 모아졌습니다. 원불교 강남교당 교도들은 소수지만 이만큼 할 수 있었습니다. 따라서 신부님이나, 목사님, 스님들이 저와 같이 힘을 합한다면 무슨 일이든지 할 수 있다고 봅니다. 외신에서 홍수, 냉해, 굶주림, 질병 등으로 100만~300만 정도가 죽었다고 했습니다. 아직도 식량문제는 해결되지 않고 있습니다.

리영희 미안한 일이지만 사실 북한의 경제적 곤란이 어떻게 보면 평화공존의 질서를 열어가는 좋은 기회가 된 게 아닌가 하는 생각을 해봅니다. 만일 남한이나 북한이 서로 맞먹을 정도의 수준이라면 서로 손잡을 수 있겠습니까? 이때를 당하여 모든 종교 지도자와 선각자들이 계몽운동을 펼쳐 북한에게 너그럽게 '주는 것'이 평화공존이지, 이론적인 세미나나 강연 등으로는 어렵다고 봅니다. 우리 남한의 지도자들이나 국민들의 냉랭한 가슴을 풀어가는 계몽운동부터 먼저 해야 한다고 생각합니다.

박혜명 그런데 어떠한 변화든 큰 변화가 오기 위해서는 남북한 모두 극우·극좌 기득권층의 의식전환이 매우 중요하다고 생각합니다. 이 점에 대하여 좀더 논의했으면 합니다.

리영희 남한의 경우는 아직까지 대북한 정서와 이해관계는 야당의 경우 극우주의자들이 절반 이상이라고 봅니다. 여론조사를 보면 국민들 대부분이 통일을 반대하고 있는데 통일 반대가 약 23퍼센트, 통일 후 국민생활 향상에 도움이 되지 않는다고 생각하는 것이 52퍼센트나 됩니다. 이것은 국민의 75퍼센트 정도가 통일을 이루는 것이 오히려 해점이 많다고 보는 것입니다.

정말로 정부가 직접 나서서 의식전환을 시켜야 합니다. 북한을 바로 알도록 교과서부터 고쳐야 하며 북한에 대한 전반적인 정책을 수정해야 합니다. 사실 북한도 문제입니다. 북한 사람들은 통일을 외치고 있습니다. 그들이 통일을 지속적으로 주장하는 까닭은, 김일성 주석이 통일을 위해 일제하에 투쟁한 사람이었고 많은 지도자들이 남한과는 달리 일제시대 때 독립운동을 했던 사람들이었기에 통일이 지상의 과제요, 통일을 하기 위해서 6·25전쟁을 일으켰다는 의식이 지배적이기 때문이죠.

지금도 북한의 애들은 무조건 통일입니다. 그런데 통일은 이루는 것이 아니라 단계적으로 열어가야 하는 것이기에 두 가지 위험이 있습니다.

하나는, 북한이 누리지 못한 물질적 혜택 등 자본주의적 사고와 도덕관 등 물질적 우월성을 가지고 통일을 한다면 이것은 통일이 아니라 자멸이 된다는 것입니다. 그래서 자본주의 국가와의 문화적 교류 및 경제적 교류를 그동안 제재해온 것이죠.

또 하나는 남한과의 관계에서 남한의 타락한 도덕성이 유입되거나 인간이 인간답게 살아야 한다는 문화개방식 등의 통일이 된다면 북한은 붕괴되기 쉽다는 것입니다.

이러한 까닭에 북한의 지도층에서는 변화를 하겠다고 하면서 그러면 어떻게? 곧 모기장을 설치하면서 변화를 하겠다는 것입니다. 남한의 퇴폐한 자본주의 타락상이나 물질 지상주의 해악의 요소들을 한편으로 막으면서 변화를 하겠다는 입장입니다.

통일은 다음 세대에 맡기자

그러나 이것은 어려운 일입니다. 북한은 사실 공식적인 통일관이 있습니다. 김일성 주석이 죽기 전에 이런 말을 했습니다. "남한과 북한이 일시적으로 통일하겠다는 생각을 하지 말자. 통일은 다음 세대에 맡기자. 우리는 오로지 통일보다는 전쟁을 하지 않고 화해하고 협력하고 적대관계를 해소해서 동포들이 두려움 없이 살아갈 수 있는 단계까지만 하자. 통일은 다음 세대의 몫이다."

박청수 남한은 사실 잘살고 자기 성공적인 삶을 누리고 있기에 통일이 되면 혹 나에게 불이익이 올지 모르는 일이다 하고 통일을 바라지 않는 사람이 많다고 봅니다. 옛날 삼국시대도 있었는데 꼭 통일을 해야 하는가 하고 상당한 지도층 인사들도 반문하는 이가 많습니다. 통일부가 있고 통일노력을 반세기 동안 해왔는데…….

리영희 말씀 중에 죄송합니다만 남한은 그동안 평화적 방법의 통일노력을 반세기 동안 해오지 않았습니다. 했다고 한다면 이승만 정권의 군사적 '북진통일' 정책이지요. 역대 정부는 반(反)통일 노력을 반세기 동안 해왔죠.

박청수 어떻든 남한 사람들은 통일에 대한 열망이 없는 것 같아요. 흡수통일 운운했다가 요즘 통일의 말이 자주 나오자 통일이 될까 하여 걱정하는 사람도 많은 듯합니다. 지금 통일하기보다는 남한이 지원하여 성장하면 비등한 관계에서 통일을 하자고 하는 듯합니다. 그런데 북한은 남조선 해방이라는 지상과제를 정해 못 입고 못 먹고 하여 여기까지 왔다는 것입니다. 겉으로는 통일의 열망은 북한이 더 뜨겁다고 봅니다. 그 사람들은 헤어질 때 "통일이 되면 만납시다. 우리 좋은 날 오면 만납시다." 이렇게 말합니다.

교수님 말씀대로 북한도 지도층에서는 자본주의(모기) 퇴폐상이 한꺼번에 몰려들어(통일) 자멸을 하지 않도록 해야(모기장) 한다는 식의 점진적 통일정책을 추진해왔다고 하는데 물론 저도 동감하지만, 북한 어린이들을 보았을 때 과연 언제까지 그들의 가슴 밑바닥에 흐르는 감수성이나 호기심을 막을 수 있을지 모르겠습니다. 지난번에 '평양학생소년예술단'과 '평양교예단'이 오지 않았습니까? 평양에는 차가 거의 없어요. 또박또박 걸어다녀요. 그들이 서울에 와서 보고서는 "우리 보라고 모든 차를 모아놓았다"라고 말하는 것이 무리가 아닙니다. 이 어린이들이 와서 보고 돌아간 것은 깜짝 놀랄 일입니다. 남조선을 해방시키려고 했던 의식에서 "도움은 우리가 받아야겠구나"라는 생각이 들지 않겠습니까?

저는 금강산에 남한 사람들이 왔다갔다하다 보면 통일이 온다고 봅니다. 북한의 지도층에서 교수님 말씀대로 모기장 통일정책을 추진한다 할지라도 사실 여타의 상황을 볼 때 북한은 빠르게 변할 것으로 보입니다. 지금 많은 기업들이 북한에 들어가 있습니다. 그래서 이러한 만남이 많다 보면 이념이고 사상이고 할 것 없이 남한 사람들이 부러워지고, 설혹 북한 지도층에서 통일이 하기 싫고, 또 남한에서도 극우익세력들이 미루고 싶어도, 김대중 대통령의 통일의사가 있고 뜻 있는 사람들이 있는 한 언젠가는 통일이 오지 않겠습니까?

박혜명 두 분의 말씀에서 통일에 대해 이율배반적 의식을 갖고 있는 남북한 모두의 지도층들에 대한 의식을 느낄 수 있는데, 그렇다면 그동안 교육받아온 것과 같은, 북한은 무력적화통일 야욕에 불타고 있다는 생각은 일단 접어야겠군요. 곧 극우익주의자들이 주장하고 있는 것과는 달리 북한은 이미 한·미 연합공격에 따른 주민들의 생존 여부에 더 큰 비중이 있다는 거지요? 그것이 언제부터였다고 봅니까?

리영희 베트남전쟁이 완전히 끝나고 약 1년 후인 1975년, 김일성 주석이 중국에 가서, 남한에 대한 무력통일을 의논하는데, 그때 중국에서 반대했어요. 그 후 북한은 남한의 적화통일 정책을 포기합니다. 7·4공동성명 이후 간첩 남파 등의 행위를 거의 하지 않습니다. 그리고 화해와 협력의 차원에서 민족의 동질성을 찾으려는 김일성 주석의 유훈(遺訓)을 따르는 정책을 씁니다.

박혜명 하나의 습관화된 통일의식으로 남북의 국민들이 통일에 대해 공허한 관념을 가지고 있다는 것이군요. 이번 정상회담과 이후 북한에서 얻고자 하는 기대는 무엇일까요. 박청수 교무님은 경제적인 특구에 비중을 두셨는데 리영희 교수님께서는 같은 의견입니까?

리영희 1차적인 기대는 아마 경제적인, 물질적인 지원이겠지요. 그동안 제3국에서 많은 지원을 받았으나 그래도 역시 남한에서 북한에 지원하는 것과는 비교가 되지 않지요. 북한이 그동안 해왔던 배타적이고 폐쇄적인 태도를 수정하면, 특히 김대중 대통령은 역대 대통령들과는 달리 햇볕정책을 내세우고 정상회담을 원만히 달성할 정도의 일관된 대북정책을 보이는 만큼, 매우 고무적으로 신뢰감을 구축한 것이기 때문에 경제지원을 절실히 요청할 것입니다. 지금 북한은 약 250만 명 분량의 식량이 부족한 상태입니다. 실제로 평양이나 북한의 시골을 돌아보면 딱한 정도가 아닙니다. 사실 김정일 국방위원장은 남한에 알려져온 것처럼 '변덕 심한 영화광'이나 '경박하고 비뚤어진 성격의 소유자' 또는 '비이성적 지도자'가 아니라는 것이 전문가들의 평가입니다.

김정일 국방위원장은 몇 년 동안 '미국'의 압박에 굴하지 않기 위해 '강성국가'를 내세워 국가존립에 비중을 두어 어느 정도 국가 견제력을 확고히 해왔습니다. 이제는 이를테면 인민을 살리는 경제정책 측면에 관심을 보이고 있습니다. 요사이 일부 신문기사에 김정일 국방위원장에 대해 '식견과 판단력을 갖춘 지도자'라고 평가하고 있는 것은 틀린 말이 아닙니다. 제가 평양에 갔을 때 상당한 지도층 인사들을 만났는데 말로는 김대중 대통령의 '햇볕정책'이라는 용어에 대해 거부감을 보였습니다. 그러나 내면에서는 면밀히 주시하고 있다는 것을 알 수 있습니다. 인식의 변화가 일어나고 있는 것이 분명합니다.

박혜명 북한의 경직된 일당지배체제하에서 형성되어온 사고와 이해가 단시일 내에 바뀌기가 그리 쉽지 않을 텐데 일단 내부적으로 변화의 조짐이 보이고 특히 남한에 대해 호전적(好戰的) 태도보다는 자기들보다 잘사는 나라로 인식하여 구호를 요청하고 있다는 것은 많은 발전이라고 봅니다. 남한에서 보내온 구호물품의 포장을 전부 뜯어내고 바꾼다는 이야기도 있습니다만······.

리영희 초기에는 경직된 체제와 사고가 지배적이었기에 아마 그랬을 것입니다. 그러나 이제는 워낙 원조 분량이 많고 원조국과 원조기관의 항의가 강해서 그렇게 하지 않는다고 알고 있습니다. 북한은 그동안 인민들에게 많은 부분에서 자기들이 '지상낙원'이라는 터무니없는 거짓을 주입시키고 가르쳐왔습니다. 아마 그것에 대한 대가를 지불하려면 많은 시일이 지나야 할 것입니다.

앞에서 언급했습니다만 1975년까지만 해도 북한은 소위 '위대한 수령 김일성 주석의 영웅적 업적'을 찬양하고 만족했습니다. 그런데 그로부터 지금껏 남한에 역전되어 온갖 고통과 빈곤의 현상을 직시하기도 어렵고, 만일 진실을 알게 되면 위험한 사고의 분열을 보일 수 있지 않겠습니까.

박혜명 남한에서 정상회담에 걸었던 기대라면? 박청수 교무님께서 다시 한 번 말씀해주시죠.

박청수 남한에서는 사명감 있고 국가와 민족의 영원한 장래를 위하여 통일의 열정이 있는 사람들에게는 이번 시작만으로도 만족할 것이라고 생각합니다. 사실 앞으로 계속 남북한이 회담을 할 텐데 서로가 좀 다른 것 같아요. 북한에서는 이것저것 달라고 하는데 우리가 계속 주어야 하지 않겠어요?

북한에 비료, 식량, 의약 등 많이도 갈 것입니다. 그런데 남쪽에서는 얻어올 수 있는 것이 무엇입니까? 이산가족 상봉이 가능하냐 이것입니다. 사실 이것은 이산가족들의 환희요 기쁨입니다. 평범한 사람들에게는 빈손일 수밖에 없습니다. 의식을 참 많이 바꿔야 한다고 봅니다만 지금 북한의 공장 가동률이 12퍼센트밖에 안 된다고 합니다. 기본적인 물자나 전기가 없기 때문이지요. 그뿐입니까? 농수로가 없고 비료가 없기에 저렇듯 식량난을 겪지 않습니까? 많은 국민들이 실직자처럼 되어 있습니다. 제가 협동농장에 갔더니 "남조선에서 식량을 주는 것도 좋지만 비료를 더 많이 보내주었으면 좋겠다"고 했습니다.

군사비용이 복지비용으로, 인간 삶이 윤택해진다

정상회담 후 사실 앞에서 빈손이라고 했는데 가져올 것은 없고, 더 많은 것을 보내야 할 것입니다. 그에 대하여 얻는 것은 전쟁의 억제, 자본주의의 유지, 풍족의 기득권 연장일 뿐입니다. 그렇다면 얻는 것 없으니 그만해야 할까요? 아닙니다. 우리 남한은 형이요 강자이기에 북한에 대해 너그러움의 자세를 지켜야 합니다. 그렇게 함으로써 한반도의 평화공존 질서를 유지할 수 있다고 봅니다. 이것이 오래가면 바로 통일이죠. 이 방법이 먼 훗날 통일의 방법이라는 것은 우리 모두 깨달아야 합니다.

리영희 남북 정상회담에서 무엇을 얻을 수 있는가에 대해 두 가지를 말할 수 있습니다. 첫째, 민족 공동체, 화합 등등의 추상적인 결과보다는 우리 사회를 인간적인 사회로 만들 수 있는 요인이 될 수 있다는 것입니다. 남북 서로가 신뢰감이 형성되면 자연 낭비적인 150억∼170억 달러에 해당하는 군사비용을 사회복지 비용으로 돌릴 수 있기 때문입니다. 액수는 적지만 북한도 마찬가지지요.

또 하나는 군사정권이나 군사주의적인 강성정치의 사회, 문화가 아닌 훨씬 부드러운 세상이 될 것입니다. 뿐만 아니라, 구체적인 물질혜택과 함께 반세기 동안 정신을 지배해온 북한의 극좌적 편향과 남한의 극우적 병태가 정상으로 바뀜으로써 인간의 삶의 질이 얼마나 풍요로워지겠습니까? 그동안 국가·사회·문화·경제 등의 전반적인 폭력체제의 희생자들 대부분이 여성들과 노동자들이었는데 이러한 약자들에게 그 결과가 돌아가리라고 생각합니다.

박혜명 그러면 향후 북한과 남한에서 각자의 의식에 따라 '도덕성'의 차이와 변화가 있을 것으로 봅니다만 이 점에 대해 말씀해주시죠.

박청수 북한은 사실 종적 체제에 익숙해 있기에 이러한 체제가 무너지면 이러한 분야에서만 살고 있는 남한에 비하여 열등할 수밖에 없죠. 획일적으로 명령만 받고 살아온 이들은 나태에 대한 판단, 죄의식조차도 없습니다. 이러한 자본주의체제를 보고 처음에는 놀라움을 금치 못하겠죠.

그런데 사람들은 쉽게 변하는 성품을 가지고 있습니다. 그들이 비록 순수할지 모르지만 고용한다면 게으르고, 기술도 떨어지고, 적응능력이 없어서 복통 터지는 일이 한두 가지가 아닐 것입니다. 자전거 한 대도 지킬 수 없다는 것이에요. 그것을 지키려면 눈이 빠지도록 지켜보아야 한다는 것입니다. 당의 지도만 따르며 살아온 그 사람들이 한편 딱하기도 했습니다. 묘향산에 눈이 내렸는데 누가 올지도 모르는 그 눈길을 쓸고 있지 않겠어요. 생산적이고 창조적인 자기 삶을 영위하는 능력은 결여되어 있다고 보아야 할 것입니다. 이것이 굉장한 문제이지만 그래도 어쨌든 우리는 너그러워야 합니다. 모든 꼴을 다 보아야 할 것입니다.

리영희 북한과 남한의 체제와 규범은 말할 나위없이 극히 대조적이죠. 자본주의는 원초적으로 인간들의 이기심에 호소하는 데서 비롯됩니다. 무엇이든 나에게 이익이 된다면 도덕이나 규범에 앞서 수단을 가리지 않고 차지하려고 합니다. 콩나물 하나만 예를 들더라도 농약을 뿌려 키우는 그 자체가 자본주의 방식입니다.

『뉴스 위크』지에서 여러 분야의 전문가들을 통해 현지조사를 해 비교 발표한 내용인데, 빈곤한 것은 북한이나 아프리카 등이 같지만 북한이 다른 점이 하나 있다는 것입니다. 곧 북한은 소수의 몇 사람이 대중을 희생시켜서 사리사욕을 채우지 않는다는 것입니다. 박 교무님께서 자전거 분실 정도의 도덕성을 예로 말씀하셨는데, 만일 상황을 바꾸어서 지난 몇 해 같은 북한의 재난이 남한에서 있었다고 가정해봅시다. 아마 생지옥이 될 것입니다.

북한의 도덕성은 자전거 정도 훔치는 수준의 범죄가 있을 뿐입니다. 그것도 김일성 주석 사망 전에는 거의 없었다고 보아야 할 것입니다. 비근한 예로 동독과 서독의 경우입니다만 통일독일이 되면서 범죄율이 37배나 증가했다고 하는데 이것은 무엇을 뜻합니까?

지금 북한은 경제적 빈곤 상태지만 인간적으로는 자존심도 강하고 상호부조적입니다. 반대로 남한은 물질적으로는 풍부할지 모르지만 인간적으로는 빈곤합니다. 남북문제를 말할 때 언제나 남쪽의 장점인 물질주의적인 생산력과 북한의 독특한 전통적 생활 가치를 존중하는 인간성이 수렴되어서 하나가 되는 것이 바람직하다고 생각합니다.

박청수 남북한이 55년간이나 분단되다 보니 굉장히 이질적인 측면이 많은데 통일이 될 것을 대비하여 많은 준비를 해야 한다고 봅니다. 북한에서는 당 지도에 열심히 따르는 사람이 많고 지도층 중에 지적인 사람이 매우 많습니다. 남한은 상당한 사회적 신분이 있다 할지라도 물질에 오염된 이가 많은 반면 사상적으로 풍요롭기에, 교수님 말씀대로, NGO 요원들의 의견처럼 다른 나라는 그 정도면 비참해지는데 북한은 곧 죽어도 깨끗하고 꼿꼿하게 산다는 것입니다. 사실 북한이 선비적인 정신을 지니고 자존심 하나는 큰 것은 사실인 것 같아요. 인간적 긍지라고 할까요? 그러나 만일 우리가 그것을 건드리게 되면 어떻게 될까요? 화를 자초하게 될 것입니다.

박혜명 이번 정상회담은 또 한반도 주변국과 미국의 입장에서도 변화를 가져올 것으로 봅니다만 이 점에 대해서 말씀해주시죠.

리영희 미국의 기본전략과 목표는 남한에 의해서 북한을 흡수통일하는 것입니다. 처음에는 북한이 고장난 비행기처럼 추락할 것으로 예상했으나 미국식 판단에 오류가 있었음을 요즘 인정하고 있습니다. 그러면 북한이 서서히 자멸한다는 것인가?

미국은 단기적으로는 남북 정상회담 등 상호공존의 교류를 반대하지 않습니다. 군사적인 부담도 있기 때문입니다. 그러나 남북 정상회담이 있을 거라는 공식적인 발표가 있은 다음날 미국은 남북 정상회담에서 무엇을 결정하든 주한미군 등 북한에 대한 군사적 태도는 변함없다고 성명을 발표했습니다. 이것은 무엇을 의미하는 건가요? 남한은 미군의 군사적 주둔에 필요한 땅이요, 미국의 전초기지일 뿐 그것을 건드리거나 변화시켜서 실질적인 평화 공존의 체제로 간다는 것은 미국의 군사적 통제를 벗어나는 것이기에 용납할 수 없다는 것이지요.

미국의 기본전략, 흡수통일에 변화없다

또 장기적으로 우리의 시각을 바꾸어볼 때에도 분명한데 그 다음날 또 성명을 발표한 것을 보면 "주한미군은 남북한이 통일이 되어도 주둔한다"고 했습니다. 이것은 중대한 문제입니다. 이것은 흡수통일밖에 없다는 것입니다. 통일 이후의 주한미군 전략은 북한의 자멸이거나 소멸이 아니고서야 어찌 가능한 일입니까?

통일 이후에 남한만이 아니라 북한에까지 미군이 주둔하겠다는 입장을 가지고 있는 나라가 미국입니다. 이런 따위의 성명이 발표되었는데 유감스럽게도 남한 정부에서는 한마디 반응도 없었습니다. "어떻게 통일된 나라에 너희들이 주둔하겠다고 하느냐"고 말을 당당하게 못 했습니다. 미국의 통제력을 벗어난 어떠한 것도 허용하지 않겠다는 것이지요.

박청수 사실 주변 4강 때문에 남북한 당사자들만의 합의가 되지 못했는데 이제는 정상회담을 비롯해 주변 4강들도 평화공존의 협력점을 찾는 데 뜻을 같이하고 있는 듯합니다. 중국도 남북한의 전쟁을 반대하고, 특히 수교가 됨으로써 활발한 무역교류가 되고 있지 않습니까. 러시아도 그렇고 일본도 통일이 되면 다소 남북한의 힘에 대해 부담이 있지만 겉으로는 직접적으로 반대하지 않는 듯합니다. 옛날 냉전구조가 팽배했던 때와 비교하면 큰 변화가 생겼다고 봅니다. 리영희 교수님께서 물론 통일 이후의 주한미군 성명 발표 등에 대해 말씀하셨지만 사실 정상회담 때마다 되풀이되는 상투적인 쐐기가 아닐까요. 그런 말 하지 말라고 경고한 것으로 생각할 수 있습니다. 저는 긍정적으로 보고 싶어요. 한반도에 평화공존의 질서가 열리고 있다는 생각을 합니다.

리영희 의견을 좀 달리합니다. 러시아와 중국은 한국과 우호적인 수교를 했습니다. 그러나 일본과 미국은 북한과 수교를 하지 않았습니다. 사실 남한은 일본, 미국, 중국, 러시아 등과 수교를 견고히 하여 어떤 측면에서는 더 강해졌지만 북한은 러시아와 중국과도 냉랭한 원래의 관계로 돌아갔고, 일본과 미국과는 적대시하는 상태입니다.

자세히 말한다면 남한 사람들이 잘못 알고 있는 것인데, 사실 1960년대부터 북한과 구소련은 오히려 적대관계였습니다. 중국과도 냉랭한 관계였죠. 1975년경 UN총회에서, 당시 미국의 키신저 국방장관이 한반도 전쟁구조를 해소하기 위한 방법으로 이른바 '교차승인'을 제안했어요. 중국과 구소련이 남한을 국가승인하면 미국과 일본이 북한을 국가승인한다는 거예요. 전쟁체제가 무너지고, 평화협정 또는 국제법에 따라 평화공존 구도가 형성되고 전쟁의 위기가 사라지면서 동북아 지역 전반 정세가 정상화된다는 것이지요. 물론 남·북한의 공존관계 수립을 전제로 하는 거지요.

그런데 이런 발표가 있은 후 중국과 구소련은 남한을 국가승인했지만 이런 제안을 세계 만방에 발표하여 박수를 받은 미국은 아직도 북한에 대해 국가승인을 거부하고 있습니다. 1994년 11월에 체결된 핵협정에 의하면 벌써 미국과 북한이 국가수교를 맺고 미국의 대사가 북한에 들어갔을 것입니다. 미국이 이 체결을 해놓고 바로 합의사항 이행을 여태껏 거부해왔습니다. 이에 대항해서 북한은 핵처리 작업의 속개를 단행했어요. 이것이 소위 북·미 핵문제의 경위예요.

남한 사람들은 미국 사람들이 기독교적 박애주의자들일 것이라고, 선한 사람들이라고 착각하고 있는데, 그들은 오늘날 지구상에서 가장 위험한 존재입니다. 노골적으로 말하면 핵무기의 폐기를 반대하는 것도 미국이요, 저 남아공화국의 핵무장도 지원했어요. 이스라엘의 핵무장도 그렇고. 미국은 평화나 정의보다는 미국 이익만 앞세우는 나라라는 것을 우리 한국 사람들이 분명히 인식해야 해요. 한반도 문제에 대해서도 마찬가지입니다.

박혜명 마지막으로 현 정부의 통일정책에 대한 점수를 준다면…….

리영희 그동안의 정부는 통일정책보다는 반통일정책이었다고 앞에서 말했습니다. 통일을 이야기하는 사람들을 사형하거나 아니면 형무소에 보냈어요. 저도 여러 번 다녀왔습니다. 그런데 김대중 대통령 때에는 통일정책이 철학을 가진 일정한 방향으로 추진되는 것을 알 수 있습니다. 대체로 세계적 구도 속에 실현 가능한 측면에서 접근하는 듯합니다. 불행하게도 김영삼 전 대통령 때에는 통일부 장관이 가장 무능하고 무력한 자리일 뿐 아니라 대략 6 개월에 한 사람씩 6~7명이 바뀌었습니다. 그래가지고 무슨 통일 정책이 설 수 있겠어요? 아예 통일이란 염두에 없었지요. 김대중 대통령의 대북정책은 지금까지 말했지만 높이 살 만합니다. 어떠한 전문가보다 전향적입니다.

박청수 우리 국가나 민족에게 퍽 다행이라는 생각을 해봅니다. 김대중 대통령은 오래전부터 철학과 신념, 경륜이 일관되어 이렇듯 정책을 추진해온 결과라 생각하며 또한 반세기 만에 보게 되는 평화의 서광이라고 봅니다. 어쨌든 IMF를 어느 정도 극복하고서 비료라도 줄 만하고 무엇이든 대북지원을 할 수 있어서 얼마나 다행한 일인지 모릅니다. 그런데 제가 꼭 한마디 하고 싶은 것은 종교인들이 북한을 돕는 것은 좋지만 어떻게든 자기 종교를 심고자 하는 것은 반대합니다. 종교를 선교한다는 목적보다는 인도주의 입장에서 무조건적인 사랑, 박애, 자비, 은혜로 가까이 다가섰으면 합니다. 결코 선교 대상으로 보아서는 안 됩니다.

리영희 옳습니다. 북한 사람들은 물질적으로는 가난하지만 인간 삶의 '질' 면에서 남한의 극단적인 타락상보다는 높습니다. 그런데 남한의 종교인들은 북한 사람들을 악에서 '구원'해주어야 한다는 착각을 하고 있습니다. 종교가 없는 북한이 종교신도가 총인구의 절반인 남한보다 어떤 면에서 인간성은 훨씬 월등합니다. 저도 이 점에 대해서는 많은 측면에서 동감합니다. 사실 각종 종교가 이렇듯 많고, '종교인'들이 많은데(전체 인구의 51퍼센트) 왜 이렇게 사회가 타락하고 있는 것입니까? 죄송합니다. 종교인들이 다른 비종교인들에게 무슨 선행을 권하는 것보다 자신들부터 착해지라고 말하고 싶은 마음입니다. 그러면 훨씬 사회가 밝아지리라고 봅니다.

박혜명 『원광』 창간 51주년 기념으로 두 분을 모시고 대담을 갖게 되어 감사드립니다. 한민족의 통일은 숙원이요, 희망인 만큼 두 분의 말씀은 원광 가족들에게 올바른 남북관계 이해 및 의식변화에 큰 도움이 되리라 생각됩니다. 이제 통일의 첫걸음을 내딛었다는 마음으로 하나 하나 선행요건들이 해결될 수 있기를 기원합니다. 감사합니다.

• 『원광』, 2000년 7월호

미국에 예속된 상태에선 통일은 없다

대담: 이계환·'통일뉴스' 편집국장

리영희, 그의 이름은 지식인 사회에서 결코 가볍지만은 않다.

군사독재 시절 학생들의 필독서가 되었던 『전환시대의 논리』(1974)와 『우상과 이성』(1977)에서부터 최근 『새는 좌·우의 날개로 난다』(1994)와 『반세기의 신화』(1999)에 이르기까지 그의 날카로운 펜끝은 늘 시대의 나침반이 되었다. 그러나 최근 아무도 그의 동정이나 글을 접할 수 없었다.

인터넷 신문 '통일뉴스' 창간 1주년 기념 인터뷰를 간곡히 청하여 만나본 그는 작년 11월 뇌출혈로 쓰러진 이후 외부활동을 삼가고 건강을 돌보고 있었다. 단풍 물든 수리산 자락의 그의 자택에서 이젠 73세의 노구를 돌보고 있는 당대의 지성에게 21세기의 화두와 우리 민족의 미래를 들어보았다.

이계환 몸도 불편하신데 말씀을 청해 죄송합니다. 작년 6월 25일자 『시사저널』에서 김남식 선생과의 대화를 마지막으로 지면을 통해 뵙지 못했습니다. 건강은 어떠신지요.

리영희 쓰러진 지가 작년 11월부터 열한 달 됐구만. 병이 한두 가진가. 뇌출혈로 반신불수되는 건데, 한방의학으로는 중풍이라고. 게다가 중태에 가까운 만성기관지염. 노인들은 대개 이것으로 죽어. 옛날에 형무소에서 영하 10도나 되는 데서 겨울을 나서 생긴 거지만 못 고치니까. 뇌출혈만이라면 살살 달래가면서 고쳐나가겠는데 기관지염이 재발하면 숨을 못 쉬어. 어제도 이름난 한의사한테 뜸을 떴는데 얼마나 효과가 있을지? 병원 가서 진찰받아야 하고. 약도 한두 가지가 아니고…….

이계환 하루 일과는 어떻게 보내시는지 궁금합니다.

리영희 오전시간에는 집 뒷산 언덕으로 보행하러 나가고 오후에는…… (부인에게 운동 나가는 데가 어디냐고 묻고는) 뇌신경을 타격받아서 기억력이 상실되었어. 장애인 복지회관이란 곳에 가서 재활운동하고, 그리고 병원 가고, 침 맞으러 가고. 그런다고 낫는 것은 아니지만 안 하고 있으면 큰일나니까.

이계환 최근 정세에 대해서는 듣고 계십니까.

리영희 읽지도 않아 뭐가 어떻게 돌아가는지 몰라. 세상일에 관심을 다 버리고 살아. 뇌출혈 환자라는 건 일절 마음을 비워야 돼. 세상의 잡스러운 일에 신경쓰다 재발하면 그만이지.

이계환 선생님의 근황과 지금의 생각을 알고 싶어하는 사람들을 대신하여 몇 가지 질문을 드리겠습니다. 먼저 20세기는 사회주의와 자본주의체제의 경쟁시기로 특징지을 수 있을 것 같은데요. 지난 20세기를 어떻게 평가할 수 있을까요.

리영희 자본주의와 사회주의의 각축은 100년간 인류가 전개한 수많은 여러 현상 가운데 하나지. 20세기를 두 사상·제도의 대립으로만 볼 수 있을까요? 그밖에 20세기를 특징짓는 수많은 성격들이 있었는데 사상적·이데올로기적·제도적 각축은 많은 것 중의 하나라고 생각해요.

사회는, 인류라는 것은, 수많은 인간들이 집단적으로 살면서 자신의 생존 환경과 조건을 바꿔나가는 과정이지, 혁명이라는 과격한 행위로 변화의 단계와 속도를 단락화해서는 원하는 결론을 낼수 없다는 것을 입증해주고 있지 않나 싶습니다. 이전의 중세나, 노예사회를 보더라도 하나의 제도가 수천 수백 년에 걸쳐 그 나름의 조건과 토대 위에서 자기변화를 해나가다가 마지막 단계에서 변화했듯이, 자본주의도 수세기에 걸쳐 이루어진 것이라고. 사회주의가 하나의 인위적인 제도적 폭력이랄까 변화로 그것을 단락화할 수 있다고 생각했던 것은 잘못이라고 봅니다. 일정한 경과적 변화의 단계를 거치지 않고 일시에 변화한다는 것은 불가능하다는 것을 입증했다고 봐요. 지금의 자본주의, 이런 식의 자본주의 특히 미국이 지배하는 자본주의도 서서히 다른 경제제도로 옮겨갈 거예요.

미국식 반인간적 자본주의는 자기파멸 부를 것

이계환 그렇다면 현재의 자본주의는 어떤 문제로 인해 어떤 모습으로 변해나갈 것이라고 예상하시는지요.

리영희 오늘날의 무한경쟁, 신자유주의 자본주의는 사회주의적 인간 중심 평등과 이데올로기, 철학, 사상, 제도 이런 것에 대항해서 개인의 이기주의를 철저하게 추구하는 미국식 자본주의의 자기전개 과정이죠. 이것은 비(非)인간적인 것이 아니라 반(反)인간적이고 자연과 우주의 운영원리에 역행하는 반자연적인 원리라고 봐요. 반인간성, 반자연성으로 오로지 물질지상주의고 이익추구이고 인간의 동물적인 경쟁에 의한, 그런 결과에서 행복을 추구하려고 하지만 이것은 인간성의 황폐와 끝내는 자기파멸을 가져올 거예요. 그건 인간의 진실된 행복에 반한 것이니까. 변화된 자본주의는 사회주의가 예상했던 방향으로 변화 발전할지, 또 우리가 모르는, 아직 예상하지 못한 다른 것으로 변화할지 모르지만 변화하지요. 21세기 중반, 후반에 나타나지 않을까요.

이계환 그렇다면 21세기에 인류가 나아갈 수 있는 바람직한 사회를 어떻게 그려볼 수 있을까요.

리영희 첫째는 미국이 지배하는 세계질서를 바꿔야지요. 미국식 자본주의라는 것, 미국이 지배하는 세계 자본주의는 오직 물질적 이윤추구뿐이니까. 오로지 신을 숭배하듯이 물질적 이윤을 추구하는데 이런 경제생활 양식 체계를 바꾸어야지요. 그리고 자연친화적 생존양식으로 돌아가겠지요. 지금까지 인간성과 우주현상의 자연적인 법칙을 인간이 전부 거역하고 게놈이니 생명공학이니 많이 성취하고 있는데, 인간의 이성이 우리가 이야기하는 이성다운 이성으로 돌아가야지요. 인간 지식이 신에 도전하는, 자연의 원리에 도전하고 신의 능력을 인간화하려고 하는 이런 것이 과연 인간의 행복을 가져올 것인가, 파멸을 초래할 것인가에 대해서 이대로 가면 21세기 말쯤 슬픈 결론이 내려질 거예요.

이계환 미국이 아프가니스탄을 공격하고 있습니다. 9·11 테러 공습을 받은 것을 어떻게 이해해야 할까요.

리영희 미국 자본주의는 전쟁을 해야만 유지되는 원리예요. 미국의 제도와 사상과 가치관이 반인간성을 체현하고 있기 때문에 바꾸어야 합니다. 정치에서 세계를 지배하려는 패권주의, 미국식 생활방식이 선악의 기준이라는 자아독선, 기독교 신의 정의를 위장한 제국주의, 미국의 힘으로 결판 낸다는 힘의 오만, 폭력과 주먹이 신앙인 이런 것이 미국이라는 초강대국을 상징하는 것이에요. 이러한 것이 인류를 지배한다면 2차 대전 못지않은 인류의 불행이 초래되지 않을까 싶어요. 아프간 정도는 아무것도 아니에요. 나는 신은 믿지 않지만 미국식으로 간다는 것은 신의 뜻에 어긋나는, 역행하는 불행을 인류에게 가져올 거라고 확신해요. 특히 '유일신' 종교라는 것은 오로지 자기의 가치관과 신념을 절대화하고 그것을 배타적으로 정당화·신성화하는 것이기 때문에 모든 가치관에서 자기가 생각하는 것이 절대적인 정의, 절대적인 목표가 되는 거예요. 무서운 일이지. 바로 지금 미국의 범죄가 그 증거예요.

이계환 최근에는 북미관계가 다소 우여곡절은 겪겠지만 관계 정상화로 가지 않겠냐는 견해들이 많습니다. 10여 년에 걸친 북한과 미국 간의 관계사를 어떻게 이해할 수 있을까요.

리영희 뭐 북한과 미국이 10여 년의 역사밖에 없나요. 1945년부터 시작된 56년간의 관계지. 일관해서 적대관계죠. 크게 봐야지요. 조그만 변화고 접근한 게 뭐가 있나요. 미국은 그런 변화를 계속하겠지만 안 될 것으로 봐요. 물론 북미 간의 관계를 개선해야 되고 그래야 남북의 평화는 말할 것도 없고 동북아, 세계의 평화가 보장되지요. 아프간 전쟁 전까지는 여기가 세계의 폭발고였으니까. 미국이 반성하지 않는 한 변함이 없는 거예요. 쉽게 말하면 미국이 한반도를 끝까지 지배하겠다는 거니까. 통일 후에도 미군을 주둔시키겠다는 건 무슨 발언이에요. 제국주의도 보통 제국주의가 아니죠. 그런데 그걸 좋다고 떠드는 인간들이 많다고요.

이계환 한미관계가 중요한데 한국이 비자주적이지 않느냐는 지적도 많습니다. 정부 당국이 미국과의 관계에서 무엇을 해결해야 할까요.

리영희 비자주적이라는 것은 정확한 표현이 아니오. 본질을 말하고 있는 것이 아니지. 비자주가 아니라 '예속' 그 자체야. 한미방위조약에 보면 분명히 나와 있어요. 우리 남한의 영토, 영해, 영공은 한국 것이 아니라 완전히 미국 거야. 남한의 땅이든 건물이든 무엇이든, 청와대까지도 미군이 군용으로 쓰겠다면, 달라면 줘야 돼요. '한미 상호방위조약'이라는 것의 제4조가 그렇게 규정하고 있어요. 식민지 관계나 다름없어요. 이때까지 정권이 남한 민중의 뜻으로 들어섰다 나갔다 한 적 있어요? 다 미국의 뜻으로 들어섰다 나갔다 했지. 한국 국민들이 자주 주권국가인 것처럼 크게 착각하고 있는데 한미관계의 본질, 본성을 알아야 진실이 보이는데 전혀 못 보고 있다고. 누구도 남북관계의 진실을 하나도 제대로 해석을 못하고 있어요. 북한이 주저하고 행동이 느리면 폐쇄적이다 뭐다라고 온갖 비난을 하는데, 우리는 항상 미국이 지배하는 남한을 객관화해서 북한과의 관계를 생각해야지. 최근에 장관급 회담, 김 위원장 방문이 늦어지는 것을 모두 북한 탓이라고 비난을 퍼붓고 하지만 이 조건을 그대로 놓고 우리가 북한의 입장에서 있다고 생각한다면 비로소 그때 이해가 될 거예요.

이계환 북·미 간은 적대적, 한·미 간은 예속적 관계로 정의해 주셨는데요. 6·15남북공동선언 1년이 지난 지금 이를 어떻게 평가할 수 있을까요.

리영희 클린턴 정권이 앞으로 중국, 러시아 문제를 고려해 동북아에서 큰 판을 짜기 위해 남북한 사이에 전쟁은 다시 일으키지 않는 게 좋겠다는 판단을 해서 어느 정도 접근이 가능해졌어. 특히 미·소 대립, 양 진영 대립구조가 1990년을 전후해서 해소됐는데도 불구하고 한반도에서만 유일하게 군사대립 상태가 남아 있는 것은 굉장히 위험한 요소지요. 미국도 어느 정도까지는 세계적 상황변화 추세에 맞추려고 한 것이 사실이라고 봐야지요. 한민족을 위해서가 아니라 자기들의 이익을 위한 것이지만. 그때에 비하면 부시 정권 체제는 위험천만한 출발을 했지요. 클린턴 때도 그렇지 않았던 것은 아니지만, 해보니까 안 돼서 바꾼 거지요. 부시 정권이 지금 조금 달라진 것도 아프간과 아랍과 대립해서 할 수 없이 그렇지, 달라진 것은 아니라고 봐야지요.

이계환 6·15남북공동선언에 보면 제1항, 우리 민족끼리 서로 힘을 합쳐 자주적으로 해결하자는 대목은 큰 의미가 있다고 보입니다.

리영희 그것은 잠깐 클린턴 정부 시절에 미국의 동북아정책 추구 시점에서 허용된 거지요. 나중에 그것 때문에 김 대통령이 부시 취임 뒤 와싱톤 방문시 얼마나 천대받았어요?

이계환 남쪽 사회를 늘 비판해왔고 북한사회 역시 비판해오셨습니다. 통일 후 남북한의 바람직한 사회는 어떤 사회일까요.

리영희 통일, 거 아직 멀었어요. 통일까지의 길에서 100가지 장애물을 제거해야 한다면 이제 하나 했을 뿐이니 아흔아홉 개를 제거하기 위해 꾸준히 노력해야지요. 통일 후의 국가를 구체적으로 그리기는 너무 이르지 않을까요?

이계환 남쪽 사회는 선이고 북쪽 사회는 악이라는 이분법적 사고를 경계해오셨습니다. 6·15남북공동선언 이후 아직도 이러한 경향이 있습니다.

리영희 전적으로 자기기만적인 잘못된 견해예요. 북한과 남한은 각기 선과 악을 같은 분량만큼 공유하고 있지요. 북쪽은 1인숭

배가 국가의 유일 최고가치가 되어 있고, 이는 유일신 유일종교와
마찬가지로 위험해요. 북한의 개방과 인류보편적 민주화는 김일
성 유일사상이 지배하고 있는 한 어렵지요. 그 예로, 큰 건물의 대
문만 열고 들어가면 김일성의 좌상, 입상, 심지어 누운 상까지 수
없이 나타나요. 이래가지고는 사회주의든 자본주의든을 떠나서
문제지요. 남한은 일제 때부터 이어받은 친일파를 그대로 이어받
아 오늘날까지 이 사회가 외세에 완전히 예속사회가 되어 있지요.
일본에 이어 미국에 대해 완전히 예속국가가 되어 있어요. 민족이
예속된 상태에서 민족의 자주통일은 불가능해요. 남한은 미국에
의한 거의 전면적인 지배구조에서 자주성을 획득해나가고 남한적
인 철저한 반인간적 사회, 인간생활 형태 이것을 인간적인 사회로
바꿔야지요. 한때 미국이 사회주의 사회를 보고 '인간의 얼굴'을
한 사회주의를 하라, 이런 식으로 윽박질렀어. 지금 미국의 경제
구조나 행동이 악마의 얼굴을 하고 있고, 남한의 사회는 얼마나 비
인간적인가요. 이런 사회를 가지고서는 행복한 민족으로서의 통
일은 힘들다고 봐요. 북한이 개방해서 자유로운 선택을 시민에게
부여하는 사회제도로서의 자본주의적 시장경제로 가게끔 요구한
다면, 그 대신 남한은 물신주의로 타락하고 잔인한 사회가 되어버
린 총체적인 생활의 변화를 위해 사회주의의 도입이 필요하지 않
을까 생각해요. 개인의 이익을 신성시하는 이기주의적인 사회가 아
니라, 자본주의의 생산적 장점과 더불어 사회 구성원 전체가 더불
어 행복을 추구하는 사회, 획득(acquisition)만이 행복의 유일한 조
건과 내용이 아니라, 나누는 것이 행복의 사회적 범주로 숭상되는
제도의 사회로 바뀌어야 하지 않을까요? 쉽게 말해서, 서독과 동독
이 평화적 통일이 가능했던 까닭은 서독에서 사회주의가 자본주의

와 동격인 사회원리였기 때문이에요. 사회주의 정당이 정권을 담당하기도 하고 국민의 시상과 생활에 자연스럽게 스며 있었기 때문이지요. 즉 공산주의인 동독과의 관계에서 아무런 마찰 없이 통일이 가능했던 것은 서독에 사회주의적 요소가 존재했기 때문이라고 봐야지요. 그에 비해서 남한은 반공주의밖에 없는데, 그나마 타락하고 반이성적인, 폭력적이고 극우적 반공주의밖에 없으니까. 그래가지고는 평화적·자주적 통일은 불가능하다고 봐요. 더구나 지금의 야당들이 지난날 골수 반공주의자였고 현재도 미국숭배적이라는 사실 때문에 앞으로 남북관계가 어떻게 변할지 단언할 수 없어요.

이계환 북한은 '민족' '민족주의', '민족 제일주의'를 강조하고 있습니다. 세계화시대에서 민족주의를 어떻게 이해해야 할까요.

리영희 남북은 경쟁 상대방에 대립적인 좌표에서 상대방의 특성과 정반대되는 대칭적인 성격을 가지려고 했다고 봐요. 남한이 미국에 예속적인 국가 성격에 대해 북한이 민족자주 노선을 강조했지요. 소련과 중국 사이에서 강대국의 간섭을 배제하기 위한 과거 공산진영 내의 국가관계의 특성이기도 했고. 이제 이런 문제들을 인식한다면 대극점에 가 있는 남과 북이 중심을 향해 접근해야지. 6·15남북공동선언을 한 김 대통령의 노력도 그런 철학의 바탕에 있고요. 미국이 전쟁에 의한 북한지배 정책을 포기한다고 분명하게 하면 북한은 고립적 민족주의를 고집하지 않게 되겠지요. 북미관계에서 미국의 행동이 가장 큰 결정요소라고 봐요.

심플 라이프, 하이 씽킹

이계환 비판적 지식인으로서 마르크스 이론과 모택동 이론을 공부하셨는데, 김일성 이론 또는 주체사상을 공부하신 적은 없습니까?

리영희 별로 없는데. 나는 중국과 소련, 제3세계 연구에 몰두하다 보니까 북한에 대한 연구는 깊이 하지 않았어요. 마르크스나 모택동, 레닌 원전을 통해 학문과 이론에 대해 많이 읽었지만 북한이나 김일성에 관해서는 거의 손을 대지 않았지요. 이것저것 다할 수도 없었고. 내가 북한문제를 얘기할 때는 남북에 선과 악이 따로 있지 않다는 것, 서로 관계론적인 측면에서 문제를 봐왔지 김일성 개인의 문제로 추구하지는 않았어요. 연구를 하지 못했다고 할까, 거기까지는 연구의 범위를 넓히지 못했어요.

이계환 8·15 민족통일대축전 평양행사에 대해 남쪽 언론의 보도가 문제가 되었습니다. 알고 계시는지요.

리영희 금년 들어서는 병 때문에 일절 신문을 안 보고 뉴스도 띄엄띄엄 보니까 잘 몰라. 강정구 교수가 구속되었다 나온 거는 알아.

이계환 '통일뉴스'는 인터넷 신문입니다. 인터넷에 대해 평소 어떻게 생각하고 계시며 실제로 이용하시는지요.

리영희 별로 생각 없고 안 써요. 신경마비(중풍)가 된 후, 나는 내 인생을 복잡하게 하는 것을 원치 않아요. 생각하고 연구하고 논문 써서 발표하는 지적 인생은 이제 접었어. 내 삶의 정신이 '심플 라이프'(simple life)야, 일상생활에서 심플 라이프. 검소하고 단순한 생활, '심플 라이프 앤드 하이 씽킹'(simple life and high thinking). 물질이나 기술은 적당히 알아야지, 따라가려고 하면 '하이 씽킹'할 수 없어요. 그건 다른 분들이 하고 나는 안해.

아파트 문에 걸린 문패 봤어요? 나는 번호로 인간을 표시하는 것을 아주 혐오해요. 너무나 오랫동안 군대에서 군번으로, 형무소에서 수번호로 살아왔어. 몰인격적 몰인간적인 상징이야. 굳이 오래전에 살던 집 문패를 가져다 아파트 문에 붙이는 것은 쓸데없는 짓이 아니야. '1902호'가 아니라 리영희라는 고집이야. 나는 남이 사는 대로 안 살아, 내 방식으로 살지.

　　이계환　말씀 감사합니다. 쾌차하셔서 더욱 많은 말씀 들려주시기 바랍니다.

　　• '통일뉴스', 2001.10.30

DJ한테 정 떨어졌어!

대담: 박호성·서강대 교수, 『참여사회』 편집인

　　"1호선을 타면 안양 지나 금정역이라고 있어요. 거긴 출구가 하나뿐이야. 모든 사람이 한 군데로 나와요. 나오면…… (조금 쉬었다가) 나오면 말이야, 구름다리가 연결돼 있어. 그걸 건너라고. 그리고 택시를 타고 8단지 약수터 앞에 가자고 해요. 내리면 바로 813동이야. 우리 동이 맨 끝이야. 바로 산 밑이라고."

　　천천히 그리고 꼼꼼히 일러주었다. 꽤 오래전부터 건강이 그다지 좋지 않다는 귀동냥을 들은 바 있지만 선생의 음성은 생각보다 아주 또랑또랑했다.

　　"자, 이걸 들어봐요."

　　전남 영암에서 보낸 녹차와 중국 용정 차밭에서 따낸 우롱차를 섞어 만든 '용정차'는 황사바람 맞고 온 손님의 칼칼한 목젖을 따스하게 적셔주었다.

　　박호성 이 황사에 선생님 건강은 좀 어떠십니까.

　　리영희 괜찮아요. 이럴 땐 일절 문밖 출입을 안 하니까. 난 기관지염 환자라서 기후에 민감해요. 최근 며칠간 황사 중대경보가 내렸잖아요.

박호성 중국, 참 대단한 나라예요. 선생님, 이 바람이 하와이까지 간답니다.

리영희 이 황사바람이 한반도 땅 자체를 황토로 만든다잖아. 난 그동안 이 황토가 오랜 세월 마모되고, 풍화작용을 거쳐 그리 된 줄 알았는데 그게 아니야. 다 황사의 축적이라잖아. 그러고 보니, 아하, 싶더라구요. 후에 다니다 보라고. 동해안과 서해안의 흙이 어떻게 다른지. 그러니까 서해안 뻘밭은 황사가 만든 거야. 지구 발생 후부터 생긴 거니 얼마나 대단한 거겠어. 내가 꼼짝을 못 하잖아. 매일 세 시간씩 저쪽(수리산을 가리키며)에서 보냈는데……

박호성 그래도 선생님 눈빛과 혈색이 많이 좋아지셨습니다.

리영희 마비가 손끝에서 빠진데요. 경직 풀리면 다 나은 거라는데, 이 손가락 끝에 수만 개의 침이 박혀 있는 것 같애. 사그락 사그락거린다고. 아침에 일어나면 마비된 손과 팔운동을 해요. 그렇게 한참 풀어줘야 좀 괜찮거든. 이것만 좀 나으면 될 텐데. 그게 참……

박호성 선생님이 살고 계신 이곳 산본이라는 이름에는 무슨 말 뜻이 담겨 있나요?

리영희 山本(야마모토). 일제시에 조선을 토지측량하던 일본 사람이 '내 이름 붙여라' 그랬나봐요. 더러는 해석하는 사람에 따라 메뿌리(山本)라고 하는 애국주의자들도 있지. 하하하, 원래 지명은 모르겠어요. 아마 여긴 다 반월이었을 거예요.

천부적 독종 유물론자

박호성 이곳에서 운동 삼아 산책 좀 다니시나요?

리영희 그럼. 하루 세 시간씩 산에 오르며 운동을 하지요. 병원에서 나온 뒤로는 늘 옆에 누군가 붙어 있어야 했는데, 이제는 혼자 다니지. 지팡이 짚고 두 시간, 세 시간 걷는 게 참 좋아, 아주 좋다구. 산속에서 체조도 하고, 우물우물하다 오는 거야. 허 허 허……. 건강에 중대사태를 맞았었지만 지금은 그 고비를 넘긴 상태예요. 신의 가호지. 나는 무신론자니까 하늘의 가호라 해야 하나. 하 하 하……. 그저 운이 좋았어요. 아주 위험했는데도 그 정도로 끝나서 정말 다행이지. 지난 겨울 태국으로 도망갔는데 기관지염 때문이었지. 내가 기관지염 중환자예요. 중풍마비도 그렇고. 기관지염 때문에 한국의 추위를 못 견뎌요. 따뜻한 나라로 갔었어요. 12월부터 3월까지 석 달간 있다 왔지요.

박호성 선생님이 천부적 독종이라 그래요. 그 어려움에서 벗어나신 걸 보면.

리영희 예전에는 어떤 일을 보면 흥분하고, 화를 내고, 상심하고 했지만 이제는 모든 일에 감사할 뿐이에요. 전에는 세상일에 대해 어떤 대립감 같은 걸 느꼈는데, 이젠 어떤 걸 봐도 그냥 세상일이라는 게 그런 것 아니냐, 이런 생각이 들어요. 편안한 마음으로 지내요. 산에 들어간 중처럼 욕망, 감정, 세상사에 대한 관심을 안 가지려고 해요. 뜻대로 되지는 않지만. 절에 들어가지 않는 한 어렵겠지.

박호성 지금은 완전히 선생님의 르네상스 시대네요. 하 하 하.

리영희 그럴 수도 있겠지요. 신문도 보지 않고, 뉴스도 저녁 9시 뉴스 딱 한 번만 봐요. 지난 겨울 다녀온 태국 이야기나 좀 해줄까? 방콕에 내려 국내선 타고 동북부 쪽으로 700킬로미터 정도 떨어져 있는 메콩강가 시골마을 농카이읍에 있다가 왔어요. 겨울인데도 꽃이 만발하고 참 좋은 곳이더군요. 거기선 한국 사람, Korean 이런 걸 몰라. 영어나 할 줄 알고, 공부한 사람만이 한국을 알아. 거기 사람들은 모두 한국을 '까오리'라고 불러요. '고려'에서 나온 중국말인데, 베트남, 라오스는 물론 태국에서도 그렇게 부르더라고. 경치 좋은 곳에서 런닝에 반바지 차림으로 겨울을 보내다 왔어요. 시골마을이라 시설이 나빴지만 참 좋은 곳이었어요. 사람들도 너무나 친절하고, 무엇보다 물가가 저렴해서 좋더구만. 물가가 우리의 4분의 1 정도밖에 안 돼요. 집도 5,000만 원이면 강남의 정원 딸린 200평짜리 집을 살 수 있어요. 아마 강남에서 20억 줘도 못 살 걸. 강남 개포동엔 13평짜리 아파트가 3억이래요.

박호성 선생님, 완전히 사모님과 소꿉놀이하다 오셨군요. 물가 싼 곳에서 두 분이 오순도순 재미있게 살다 오신 거네요.

리영희 우리 세대엔 그런 거 없어요. 농카이읍은 북유럽 노인들이 요양차 많이 오더구만. 거기가 세계 7대 요양지 중의 하나야. 그런데다 그들은 '까오리'를 처음 봐 그런지 신기해하면서 친절하게 잘해줬어요. 태국 사람들 참 선량해요. 치안 걱정은 할 필요도 없어요. 오히려 한국이 훨씬 위험하지. 태국은 90퍼센트가 불교신자예요. 그 읍은 인구 2만에 불교사찰이 25개니 말 다했지.

박호성 요즘 선생님 완전히 선승처럼 사시네요.

리영희 본래 난 무신론자예요. 인간은 물질로 돼 있고, 따라서 영혼도 물질의 작용이라고 생각하거든.

박호성 선생님 아직도 유물론자시군요. 하 하 하…….

리영희 죽으면 모든 게 무로 돌아간다고 생각하니까 편해요. 나에게 천국이니 지옥이니 그런 것 없어요.

박호성 선생님, 돌아가시기 전에 이건 꼭 해야겠다 하는 희망이나 기대가 있다면 무엇입니까.

리영희 읽고 싶은 책도 많고, 써서 기록하고 남길 것도 많아요. 자서전을 써달라는 출판사의 요청서도 몇 년간 가지고 있다가 도로 보냈어요. 이젠 이름이나 지명은 많이 잊어버렸어. 기억이 많이 상실됐지요. 남들은 날더러 구술하라고, 자기들이 정리하겠다고 하지만, 난 그게 왠지 이상해요. 글이라는 건 내가 쓰고, 고치고, 또 고치고 그런 건데……. 구술해서는 나의 문장이 안 될 것 같아서.

박호성 하루 일과는 어떻게 보내세요?

리영희 밤 10시 또는 11시쯤 취침해요. 새벽 6시쯤 잠이 깨고. 그런데 난 왜 그리 꿈이 많아? 중앙정보부원에게 쫓기는 꿈, 해양대학 다니던 시절 돈이 없어 고생하던 꿈…… 맨 그런 거야.

박호성 그게 다 과거청산 과정입니다. 최근엔 '김동성 사건'도 있었는데 선생님은 그걸 어떻게 보셨습니까? 보수니 원조보수니 하며 최근엔 정치권에 보수논쟁이 한창인데요.

리영희 꼭 신당동 족발집 같구만. 극우를 자처하는 자들의 비방, 인신공격, 날조는 거의 범죄적인 수준이에요. 극우의 본질을 당할 수 없다고. 요즘 사회는 그러나 미분적으로 보면 한심하기 짝이 없지만, 시그마(적분) 식으로 보면 조금씩 나아지고 있다고 볼 수 있어요. 델타(미분)적으로 보면 같은 상태라 따분하기 그지없지만 말이오.

박호성 저도 그렇습니다. 남들이 절더러 세종대왕 시절에 살고 프냐, 전두환 시절에 살고프냐 그러면 전 전두환 시절에 살고 싶다고 말할 거예요. 그건 하루하루 나아질 수 있기 때문이죠.

리영희 난 말이야. DJ가 통일 이후에도 미군이 주둔해야 한다고 말해서 정 떨어졌어. 노무현도 미군은 전략적으로 배치돼야 한다고 말하고. 당장에 미군철수하라고 주장하는 것도 소아병적인 얘기지만, 정치인들이 그러는 건 이해 못할 일이에요. 당장 철수시킬 상황이 아니고, 그렇게 할 능력이 없어도 그렇게 말하면 안되지요. 점진적으로 북과의 관계를 개선하고, 또 이젠 전 국민이 북한을 적으로 인정하지 않아요. 그 정도면 많이 개선된 거라고. 더 이상 외국군대가 잔류할 필요가 없어요. 그런 면에서 보면 우리는 지금 미국의 반(牛)식민지와 같아요. 주한미군도 다국적 군대로 바꿔 남북관계를 개선할 필요가 있지요. 앞으로 15년이면 미군지배에서 벗어날 수 있어요.

고향의 봄

박호성 선생님은 NL(민족해방계열)에 대해 어떻게 생각하세요?

리영희 그런 약칭으로 표현된 단체나 그 뜻을 나는 몰라요. 과거에 젊은 운동가들이 그런 이름으로 이념싸움을 했을 때도 나는 왜들 그러는지 알지도 못했고 알려고 하지도 않았어요. 나는 하나의 노선에 사로잡히지 않아요. 슬로건적인 걸 싫어합니다.

정오를 넘기자 리 선생은 밖에 좋은 식당을 알아두었다며 먼저 서둘렀다. 작은 동작은 잘 할 수 없지만 큰 동작은 할 수 있다는 리 선생은, 서툰 솜씨지만 직접 자동차를 운전하며 봄볕 그윽한 들길로 취재진을 안내했다. 비탈길에 핀 진달래 개나리를 보자 선생의 입 속에선 "나의 살던 고향은 꽃피는 산골~"하며 「고향의 봄」이 절로 새어나왔다.

박호성　선생님은 요즘 어떤 책을 읽고 계십니까?

리영희　와다 하루키가 쓴 『6·25전쟁의 전사』라고 한 500쪽 되는 책을 읽었어요. 그렇지, 일본말로 된 거지. 난 솔직히 지금도 일본말이 한국말보다 더 쉬워요. 6·25전쟁은 첫날부터 마지막 날까지 내가 직접 겪은 것이기 때문에 이 책은 그저 내가 겪은 체험담이나 마찬가지로 잘 읽혀요. 내 책에서도 인용을 많이 했고, 소설 같지. 그래도 하루에 한 시간씩밖에 못 읽어요. 자, 이제 논밭으로 갑니다. 시골길로 가요. 허 허 허……

　수리산이 마을을 폭 감싸고 있었다. 선생의 아파트에서 차를 타고 덕고개를 넘어 갈치 저수지를 지나 반월호수 앞에 있는 둔터 식당에서 우린 메기매운탕을 시켰다. 그러곤 다시 이야기가 시작됐다.

박호성　선생님의 별명은 무엇이지요?

리영희　말갈. 거시기산악회 소속 재야 경제학자 박현채가 붙여준 거야. 내가 평안도 출생이니까 말갈족의 후예라고도 하고, 말갈퀴라고도 하고 그랬지. 이 집엔 손님들이 오면 가끔 같이 와요. 토속적인 음식이 아주 맘에 들어. 오는 길도 좋고. 지금은 농사철이 아니라 휑하지만, 조금 있어보라고. 그럼 새순이 돋고 사람들의 향취가 느껴지지. IMF 땐 평일 대낮에도 이 호수에 앉아 낚시하는 실업자들이 많았어. 여기 와서 한쪽에 가방 놔두고, 앉아서 낚시하는 거야. 집엔 일 나간다 해놓고 여기 와서 낚시하다가 저녁때에는 다시 신사복으로 갈아입고 가족에게로 가는 거지.

박호성　선생님 이제 남북에도 통일의 봄이 곧 올 것 같아요. 금강산에서 이산가족이 만나기로 하고……. 선생님 고향엔 못 가셨지요?

리영희 고향은 안 들여보내.

박호성 최근 노무현 씨가 경선장에서 『동아일보』 폐간 운운했다는 기사로 언론이 시끄럽습니다.

리영희 술 먹고 한 소릴 가지고 뭐.

박호성 선생님, 세상에 관심 없다고 하시면서 모르시는 게 거의 없네요.

리영희 무슨. 별 관심 없어요. 사람들이 하는 소리를 듣고 대충 짐작하는 거지. 병 고치는 거나 신경쓰고, 하루종일 음악 듣고 그렇게 살아요.

리 선생과 박 교수의 대화는 저물지 않고 계속 됐다. 봉평 메밀 막걸리도 한잔씩 꺾으며 두런두런 이야기꽃을 피웠다. "새는 좌·우의 날개로 난다"고 피력했던 한반도 남단 최고의 지성 리영희 선생은 어느새 따스한 자연인으로 우리 곁에 다가와 있었다. 그러나 한없이 인간적으로 부드러워진 리 선생은 여전히 또랑또랑한 목소리와 철두철미한 사고로 한국사회가 넘어가야 할 과제가 무엇인지 명확히 제시하고 있었다.

• 『참여사회』, 2002년 5월호

이라크 파병, 평화 보장? 엄청난 환상이지

대담: 권태선·『한겨레』 편집국 부국장

한국 역사에서 유례를 찾기 힘든 대규모 반전평화 시위의 물결이 한반도 남녘에 출렁이고 있다. 정부와 국회는 결국 이라크전쟁 파병을 결정했지만, 그 정당성과 효과를 둘러싼 논란은 여전히 뜨겁다. 논란은 불평등한 한미 관계와 위태로운 한반도 정세의 근원에 대한 문제제기로 이어지고 있다. 50년 가까이 이 문제에 천착해온 우리 시대의 지성 리영희 전 한양대 교수를 권태선 부국장이 만났다. 2000년 뇌출혈로 쓰러졌던 후유증이 완전히 가시지는 않은 듯 그의 오른팔과 다리는 불편해 보였다. 그러나 "인류 보편의 양심으로 불법부당한 이라크전 참전에 반대해야 한다"고 말할 때 그의 목소리엔 힘이 실렸고, 눈빛 또한 형형했다.

권태선 한동안 대외활동을 삼가신 것으로 아는데 최근 들어 반전평화 집회에 빠짐없이 참여하신다. 무슨 특별한 이유라도?

리영희 지난 4, 5년 동안 시민운동이 활발해지면서 여러 곳에서 참여를 요구해왔다. 그러나 나는 원칙적으로 내가 자신 있게 아는 분야에만 관심을 표해왔다. 평화와 한미 관계 문제는 1957년부터 연구해온 분야다. 이번 이라크 사태는 명백한 미국의 침략이며, 이에 대해 내가 발언해야겠다는 사명감을 느끼고 나섰다.

권태선 언론에선 침공이란 용어를 더 쓰고 있는데, 선생님은 침략이라고 말씀하신다. 침공과 침략은 어떻게 다른가?

리영희 침공은 자국의 권익이 상대방에 의해 일시적으로 침해를 받을 때 그 권익의 회복을 위해 전쟁을 벌이는 것이다. 침략은 국제연맹과 유엔 결의에 규정돼 있다. 단순히 국가 권익의 보호나 회복 목적이 아닌 무력침탈로, 군사적 점령만이 아니라 영토에 대한 폭격과 무기사용, 항만봉쇄, 선박나포 등을 망라한다. 유엔 결의 제1조는 침략을 한 나라가 다른 나라의 주권과 영토, 정치적 독립에 대해 무력을 행사하는 행위로 정의하고 있다. 여기에 비춰볼 때 미국이 이라크에 한 것은 침공이 아니라 '침략'이다.

권태선 국민적 파병반대 여론에도 불구하고 결국 파병 결정이 내려졌다. 파병 결정을 불가피한 것으로 이해한다는 여론도 한편으론 있다.

리영희 파병은 미국의 침략행위를 방조하는 행위로서, 이 또한 당연히 불법이다. 일부 여론의 파병 지지는 이 사실에 대한 무지의 탓이다. 이라크 파병은 유엔 결의뿐 아니라 우리 헌법에도 위배되는 국가적 범죄행위다. 나는 파병에 반대하는 시민집회에선 그 이유를 16가지를 들었지만 그중에서도 특히 강조하고 싶은 것이 두 가지 있다. 흔히 한미 군사동맹에 따라 파병해야 한다는 주장이 있는데 한미 상호방위조약은 한반도와 태평양 지역으로 상호 파병의 범위를 한정하고 있고, 한국이 외부로부터의 선제공격을 받지 않은 상태에서 제3국에 군사공격을 할 때 미국은 한국을 군사적으로 도울 의무를 지지 않는다는 점을 분명히 하고 있다.

한국도 마찬가지다. 이라크는 대한민국은 물론 미국도 공격한 일이 없다. 따라서 미국의 이라크 공격 전장에 한국이 가담하는 행위는 한미 방위조약의 의무 밖이다. 아울러 이른바 6·25 보은론은 정치적 고려나 도덕적 관계가 역사(변화)적인 것이며, 국가이익에 따라 변화하는 관계라는 점을 망각한 주장이다. 1, 2차 세계대전과 그 후 국가(국민)적 생존에 미국의 엄청난 은혜를 입었던 영국이 베트남전쟁 당시, 나토(NATO)국은 유럽 외의 지역 전쟁에 참여할 수 없다는 나토조약을 근거로, 파병하지 않고 겨우 6명의 의장대만을 보낸 점을 상기할 필요가 있다.

많은 사람들과 노무현 대통령 자신이, 파병함으로써 이른바 '북핵 문제'와 관련한 미국의 양보를 얻어낸다고 생각하는데 그 또한 엄청난 환상이다. 지금 석유자본·군수자본·극우세력·기독교 근본주의, 미국 금융지배적 유대인 사회 세력에 기반을 둔 부시를 중심으로 한 공화당 우파가 주도하는 미국 정책 결정 집단의 성격을 너무 모르고 하는 소리다. 그들은 그들의 이익을 위해선 하위 동맹국의 희망이나 요청 따위는 안중에 없는 집단이다. 클린턴 정권 때도 북한과의 전쟁을 두 번씩이나 계획할 때 한국 정부의 의견을 조금이라도 참작한 적이 있었는가? 72년 닉슨이 1개 사단을 빼낼 때 언제 한국 국민의 동의를 구했던가?

권태선 그렇다면 이라크 침략전쟁이 끝나고 난 뒤 미국의 대 한반도 전략은 어떻게 전개되리라 보나?

리영희 지금과 다름없이 간다고 본다. 아버지 부시 대통령은 90년대 초 공산권이 붕괴한 뒤 '신세계질서'라는 독트린을 발표했다. 미국의 유일 패권에 대한 도전을 일절 허용하지 않고, 비자본주의적 세계의 출현을 용납하지 않으며, 미국의 권위에 순응하지 않는 이라크, 이란, 리비아, 쿠바, 북한 등과 같은 '군소국가'를 **최단시일 내에 최소 비용으로** 처치한다는 내용이다. 또 이를 위해 세계 모든 국가의 군사력을 합친 것보다도 막강한 미국 단독 군사력을 유지하며, 유엔 안보리가 미국의 목표 수행에 동의하지 않을 때는 유엔의 동의 없이도 서슴없이 단독 군사행동을 강행한다는 결의를 전 세계에 천명했다. 지금, 아들 부시가 바로 그대로 하고 있다. 북한에 대해서도 지금 그들의 말은 하나도 믿을 수 없으며, 언제든 그들의 이익에 따라서 변화할 수 있다.

무엇보다 우리는 미국의 거짓말을 먼저 인식해야 한다. 미국은 북한이 핵무기를 갖고 있다, 미사일도 엄청나다고 말한다. 이라크 침략 전에도 화학무기니 대량살상 무기가 많다고 선전했지만, 뭐가 나왔나? 베트남전에서도 미국이 북베트남이나 베트콩에 대해 선전하고 주장한 것의 90퍼센트는 거짓말로 밝혀졌다. 71년에 『뉴욕 타임스』에 의해 폭로된 유명한 '미국 국방부 기밀문서'(펜타곤 페이퍼)가 밝힌 사실이다.

권태선 북핵과 관련해 미국의 주장은 어느 정도 믿을 수 있나?

리영희 미국은 94년 북·미 제네바합의를 꾸준히 위배했다. 한 예로 미국이 약속한 2기의 경수로 중 한 기는 2003년에, 나머지 한 기는 2004년에 완성되어 북한에 인도돼야 하지만, 부시 집권 직전까지 8년 동안 20퍼센트밖에 진행이 안 됐다. 부시 정권 들어와선 중유 공급을 중단하고, 북한 정권을 악의 축이라고 규정했다. 또 2002년 2월 미국은 핵태세 보고에서 북한을 포함한 이른바 불량국가에 대한 핵 선제공격 가능성을 천명했다. 이는 비핵국가에 대한 핵보유국의 핵 선제공격을 금지한 핵안전협정·핵확산금지조약 등의 의무를 정면 위반한 것이다. 여기에 북한은 어떻게 대처할 것인가, 답변은 거기서 나오리라 본다.

권태선 그런 미국의 한반도전략에 대응해 남북한이 할 수 있는 일은 무엇이 있나?

리영희 현재 미국에 정치군사적으로 예속된 상태에서 남한이 정면으로 미국 이익을 해치는 방식을 취하는 것은 불가능하다. 그러나 지금처럼 일방적으로 양보하는 게 아니라, 러시아·중국 등과의 횡적인 지원협력 관계를 공고·확대하면서 자주성을 강화할 필요가 있다. 노무현 대통령이 미국에 대해 '할 얘기는 하겠다'고 했을 때, 그 정도의 구상은 있는 줄 알았는데, 전혀 없다는 게 밝혀졌다.

지금 미국이 얘기하는 주한미군 감축 주장의 숨은 의도를 똑바로 꿰뚫어 봐야 한다. 촛불시위 등 미국에 대해 자주적인 새 세대와 그를 바탕으로 한 정권이 등장하니까, 이걸 꺾고 새 정권의 기를 죽이기 위해 감축론을 지피고 있다. 미 2사단의 한강 이남 재배치도 우리가 말리려고 하는데 소용없는 짓이다. 미국은 전쟁 준비를 위해 2사단을 북한의 장거리포와 다연장포 사거리 밖으로 빼려고 하는 것이다. 그래야 미국은 안심하고 해·공군으로 북한을 공격할 수 있다.

사실 북의 장거리포는 처음부터 미군의 대북공격에 대비해 미군과 서울을 볼모로 잡기 위해 배치된 것이다. 그러므로 북한은 자신들의 장거리포와 미사일 등은 결코 남한 위협용이 아니며, 미국만 군사행동을 안 하면 언제든지 폐기할 용의가 있다고 분명히 밝혀야 한다. 북한은 되풀이된 미국과의 회담에서 그 뜻을 거듭 천명해왔다.

권태선 미국의 전쟁 준비에 대한 말씀을 들으니 우리가 엄중한 시대를 살고 있다는 느낌이 든다.

　리영희　실로 엄중한 시대다. 국회가 이라크 파병을 의결한 뒤에 부시가 노 대통령에게 전화해서 대북한 무력공격을 안 한다고 했다는데, 부시의 말은 믿을 것이 못 된다. 문서 등으로 공식화하면 몰라도. 부시 정권이 교체되지 않는 한 한반도의 전쟁위협은 그대로 남을 것이다. 나는 미국의 대북침략까지 한 2년 정도가 걸릴 것으로 본다. 이라크전이 끝나고 미군을 철수하면, 즉시 다른 지역 다른 국가에 대해 침략전쟁을 준비할 것이다. 이라크전에서 소모한 엄청난 신무기도 다시 보충하려면 시간이 걸린다. 그래서 적어도 북한을 침략하려면 2년은 걸릴 것이다. 그동안 부시는 북한은 이라크와 달라 외교적으로 해결한다느니 자기 모순적인 속임수의 주장을 계속할 것이다.

　권태선　베트남전 때와는 달리 시민운동 등 반전 분위기가 엄청나게 높아졌다. 이런 시민사회 변화를 평가한다면?

　리영희　베트남전 당시는 군사독재 시대니까 사람들이 감히 나서지 못했다. 30여 년 동안 치열한 민주화 투쟁의 결과 이만큼 발전했다. 그러나 앞으로 미국에 대한 예속 관계가 해결될 것으로 기대하면 착각이다. 94년 클린턴 정부에 의한 대북전쟁 개시가 초읽기에 들어갔을 때, 카터 전 대통령이 평양을 방문했다. 그때 김 주석이 미국이 대북한 전쟁행위를 안 하면 주한미군이 남한에 계속 주둔해도 괜찮다고 약속했고, 아들 김정일 위원장도 같은 입장을 밝혔다. 그러나 여전히 조·중·동 등 남한 신문들과 극우 무리들이 현실을 오도해 걱정이다.

　권태선　요즘 언론에 대해 굉장히 비판적이신 것 같은데?

　리영희　『논어』에 정명론이 있다. 표현하려는 사실의 내용과 성질에 맞게 이름을 지어야 오해와 곡해를 바로잡을 수 있고 그것이 정치의 근본이라는 것이다. 우리 언론이나 학자들이 북핵문제, 북핵 문제 하는데 이는 내용을 전적으로 오도하는 것이다. 북핵문제라고 하면 마치 북이 핵무기를 가지려 하기 때문에 생기는 문제로 이해되지만, 그게 아니다. 미국이 북한과 서명한 94년의 제네바합의에 대한 '미국의 의무 불이행' 문제로 불러야 진실이 나타난다. '북핵문제'라고 할 때와 '미국의 합의 위반 문제'라고 할 때 문제의 핵심과 내용이 전적으로 달라진다. 한국 언론은 이를 명심해야할 것이다. 이것이 공자의 자로(子路) 편에 있는 '정명'(正名)론의 21세기적 실천적 의미이다. 그러나 지난 50년 동안 미국을 천사로 착각하는 극우반동 세력과 기독교 우파에 기반한 『조선일보』, 『동아일보』 따위가 국민의 눈과 귀를 막고 있는 상황이 계속됐다. 개탄할 일이다.

권태선 마지막으로 젊은 세대에게 하고 싶은 말씀은?

리영희 젊은 세대가 미국의 실체를 똑바로 알기를 바란다. 미국은 2000년도 정부 집행 세출예산 5,550억 달러 가운데 군사비가 2,810억 달러로 50퍼센트를 넘는 군사국가다. 미국은 결코 평화애호 국가가 아니다. 미국이 지배하는 한에서의 평화만이 필요하지, 보편개념으로서의 평화는 미국의 이익에 반한다. 미국이야말로 '악의 제국'이며, 부시 행정부의 집권세력이야말로 '악의 축'이다.

젊은 세대들은 해방 이후 친일파 군대 출신이 외세에 빌붙어 지배해온 한국 현대사를 똑바로 배우고 인식하기 바란다. 그를 위해 『해방전후사의 인식』만은 꼭 읽어보기 바란다.

•『한겨레』, 2003.4.8.

보안법 통용되는 한국은 아직도 야만사회

대담: 한홍구·성공회대 교수

냉전 이데올로기의 허구성을 파헤쳐 동시대인들의 인식을 한 단계 끌어올렸던 '의식화 교사' 리영희 교수. 2000년 뇌출혈로 쓰러진 후 아직 후유증에 시달리는 선생의 손은 눈에 띄게 떨렸고 말투도 어눌했다. 하지만 눈빛은 예나 다름없이 형형했고 쇳소리를 연상시키는 특유의 목소리도 여전했다.

경기 군포시 산본 8단지. 선생이 살고 있는 19층에서 바라보니 수리산이 바로 코앞이다. 간밤에 내린 눈 때문에 산등성이에 하얗게 꽃이 피었다. 처음엔 "그저 살아온 얘기나 하겠다"며 어렵사리 인터뷰에 응했던 선생은, 성공회대 한홍구 교수가 "제가 쓴 졸작입니다"하며 건넨 『대한민국사』를 여기저기 들여다보다, 뜻밖에도 제법 무거운 주제인 '자본주의 맹아론'에 대한 비판으로 말문을 열었다.

리영희 이 책 아주 공들여 썼더군요. 내가 오래전에 파리의 에펠탑 앞에서 느낀 게 있어요. 그게 1887~89년 만국박람회 때 세운 거란 말이오. 그러면 그때 조선에는 쇠붙이로 만든 게 뭐가 있었던가? 이런 걸 생각하지 않을 수 없더군요. 1900년의 프랑스에는 에펠탑 같은 엄청난 구조물을 건설하는 데 필요한 온갖 과학·기술이 발달했던 거지요. 정말 대단하지 않아요? 나는 영·정조 시기에 조선에 자본주의의 싹이 돋아나기 시작했다는, 이른바 자본주의 맹아론에 대해 굉장히 회의적이에요. 설사 그랬다 해도 유럽에 비해서 300년 이상 늦었고, 일본에 비해서도 100년의 낙후 상태가 아닙니까?

한홍구 자본주의 맹아론이 현실을 정확히 반영한 것인가에 대해선 회의적 시각도 많지요. 그것은 60, 70년대에 일본 식민사관에 대한 저항사관으로서 의미가 컸던 것 아닐까요.

리영희 그렇지요. 남한 학자들이 북한의 민족사관에 자극을 받아서, 그때까지 받들어오던 일본인의 조선미개론에 입각한 식민사관을 수정하는 노력으로 발상된 것이 아닙니까? 자생적으로 깨달은 게 아니라 받아들인 것이지요. 그래서 억지스러운 측면이 많은 것 같아 보여. 난 학문하는 사람들이 지나친 민족의식과 애국심에 집착하지 말았으면 해요. 이성적이고 과학적인 탐구심으로 학문을 해야 합니다. 에펠탑 같은 것을 만들어낼 수 있었던 조건은 결국 근대화된 제도와 경제적·물질적 잉여가치의 창출능력이었지요. 그런 잉여가 있어야 근대문명의 생산이 가능하지 않았겠어요? 그런 의미에서 그 당시 우리 사회에 과연 그런 제도와 경제적·물질적 잉여가 있었나 하는 거죠. 없었어요. 텔레비전에서 사극을 보더라도 임금도, 정승들도 탈것이라는 게 고작 가마란 말이지요. 그런데 문명이란 것은 바퀴에서 시작되는 거란 말이오. 두 개의 바퀴를 달면 물건과 인간의 이동이 편리한데, 왜 우린 그때까지 바퀴 달린 탈것을 못 만들었냐는 거지요.

한홍구 못 만들기도 했고, 안 만들기도 했던 것 아닐까요.

리영희 안 만든 이유가, 임진왜란 때 가토 기요마사가 부산에서
서울까지 들어오는 데 20일도 안 걸리거든. 그런 외침을 당하다보
니까, 항상 그걸 염려하며 길을 안 만들었단 말이오. 퇴영적 국가
의 표본이라고! 길을 만들어 문물이동을 촉진할 친취적·적극적
기풍을 진작할 생각은 못하고, 외세의 침범이 두려워서 길을 안
말들고 국토를 밀폐했으니 무슨 발전을 생각할 수 있소?

한홍구 바퀴는 도로를 닦아야 하는 문제와 직결되지요. 김옥균
이 갑신정변할 때도 그 개혁안을 들여다보면 도로 문제에 초점을
맞추고 있습니다. 상당히 핵심적인 문제제기 아닌가요.

리영희 김옥균도 그렇고, 박제가도 개탄을 한 적이 있어요. 중
국에서 사통팔달로 발달한 도로를 보고 놀랐다고 쓰고 있거든요.
그런데 우린 한일합방하는 시기까지도 가마밖에 탈것이 없었어
요. 일본엔 봉건시대에 세워진 성이 있잖아요? 성벽을 쌓은 돌들
이 엄청나게 큽니다. 사방 7~8미터의 큰 바윗덩어리거든요. 무게
가 30톤이오. 그걸 반듯하게 깎아 쌓아 올렸어요. '구루마'가 있었
으니까 가능했지. 그게 지금으로부터 450여 년 전, 도요토미 히데
요시(風臣秀吉) 시대의 일이오.

한홍구 선생님의 대표적 저술이 베트남전쟁과 관련한 글들입니
다. 그런데 베트남전쟁 당시와 지금은 상황이 많이 변한 듯합니
다. 50, 60년대의 친미적 분위기는 당시 상황으로 어느 정도 설명
이 될 수가 있는데, 90년대 이후 친미가 더 강하게 내면화되는 것
아닌가요.

리영희 두 가지로 설명할 수 있겠지요. 하나는 북한에 대한 위
기의식이 고조된 것이지요. 소위 핵문제가 바로 그겁니다. 북한과

의 대결상태라는 전제에서 위기감이 고조되면서, 그 상황을 이겨나가려면 미국의 보호밖에 없다는 생각. 또 하나는 대내적 상황의 변화인데, 국내에 반전세력, 민주화세력, 민족(국가) 자주성을 강조하는 시민과 세력이 상당한 힘을 갖게 되었잖아요. 반평화적·외세의존적 수구세력이 이 새로운 시대정신에 대항하려면 누구하고 손을 잡아야 하느냐? 그게 미국밖에 없다는 것이지.

한홍구 올해가 한미 상호방위조약이 발효된 지 50주년입니다. 지금 한국 사회에서 평등한 한미관계를 새롭게 구축할 수 있는 방안이나 대안은 어떤 것들이 있을까요.

리영희 지금 평등한 한미관계라는 용어를 썼는데, 그건 미군이 없는 상태가 되었을 때 비로소 쓸 수 있는 말입니다. 미군이 주둔군으로 명령권을 가지고 존재하는 한 어떤 상황에서도 '평등'이라는 것은 존재하지 않아요. 국가의 권한이 고작 상호 호혜적인 선에 다소 접근하는 그런 정도가 한계라고 봐요. 그런데 그것을 위해 우리 정부가 할 수 있는 건 극히 한정되어 있어요. 우리 정부는 정치적·군사적으로 그리고 조약상으로 미국에 예속되어 있는 거나 다름없거든요. 미군철수 문제도 그렇고, 범죄를 저지른 미군인 재판권도 없고, 간단한 독극물 방류 문제만 해도 재판 한번 제대로 못 하잖아요. 결국 가장 중요한 건, 국민대중의 의식능력 개선밖에 없어요. 국민 다수가 미국 없으면 못 산다는 자기능력 상실증에 걸려 있고, 외세 숭앙적인 병에 걸려 있는 상태에서 무슨……. 이걸 깨우치는 게 제일 중요해요.

한홍구 2000년에 6·15남북공동선언이 있지 않았습니까? 3년 반이 지났지만 당시의 감격이 정말 옛날 일처럼 느껴질 정도로 남북관계가 진전을 보지 못했습니다. 미국이 북한의 핵문제를 가지고 시비를 걸면서, 모처럼 조성한 남북관계 진전의 기회를 깔아 뭉개버렸습니다. 그런데 이런 미국의 태도뿐 아니라 남북관계를 더 이상 진전시키지 못한 국내적 원인도 있지 않습니까.

리영희 남·북 민족의 화해·상호부조와 전쟁 위기의 해소가 자기 생존에 더 이익이 안 된다고 생각하는 세력이 있기 때문이지요. 난 그 세력이 우리 사회에서 50퍼센트가 넘는다고 봐요. 국민 개개인의 숫자를 얘기하는 건 아니고. 실제로 어떤 정책을 결정하는 힘을 가진 엘리트 집단의 영향력을 말하는 거예요. 북한을 전쟁으로 굴복시키라고 선동하는 막강한 수구적 신문들을 보시오. 한심한 현실이야.

한홍구 통일이라는 용어보다 '남북 재통합'이라는 용어를 쓰시는데, 그것에 대해 자세히 말씀해주시죠.

리영희 남북의 평화적인 재통합은 아주 중요한 문제지요. 난 통일이라는 용어를 쓰기 싫어합니다. 통일이라는 용어를 안일하게 유행처럼 쓰고 있는데, 용어와 개념이 정확해야 해요. 나는 현재의 이질적인 두 체제를 재통합하기 위해서는 체제 수렴적인 방식밖에 없다고 생각해요. 독일은 재통합이 될 때 체제 수렴을 새로 할 필요가 없었어요. 서독은 자본주의 체제 속에서도 사회주의 정당이 집권할 수 있는 사회였거든요. 동독과의 통합에서 무리나 부작용이 거의 없었단 말이죠. 그러나 우리 남한은 그런 준비가 되어 있지 않아요. 체제가 수렴되는 것, 즉 두 체제가 서로 자기변화를 하면서 다시 하나가 되는 방향으로 변하지 않으면 둘이 충돌할 수밖에 없어요. 북한은 이제 중국의 영향으로 변화해가고 있지요. 남한은 북한이 더 변해야 한다는 전제하에서 바라보고 있는데, 사실은 남한이 북한보다 몇 배 더 자기변신과 수정을 해야 해요. 사회주의 정당과 정책 등 사회주의적 가치를 인정하는 포용력 있는 사회가 되어야 해요. 그래야 남북한이 서로 접근할 수 있어요. 현재의 체제로는 대립과 충돌, 심지어 전쟁을 피할 수 없어요.

한홍구 며칠 전에 송두율 교수의 재판에 다녀오셨지요? 선생님도 반공법으로 두 번, 국가보안법으로 두 번 구속된 적이 있는데, 이번에 방청석에 앉아서 어떤 느낌이 드셨는지요.

리영희 나의 마지막 재판인 20년 전과 별 차이가 없더군. 한마디로 야만이지요. 국가보안법의 목적과 기능이 통용되는 사회는 야만이지요. 송 교수 재판의 구체적 내용들을 내가 다 아는 건 아니지만, 난 그 사람을 알아요. 송 교수가 통일에 대해 가지고 있는 철학이나 사상이나 행동 양식은 검찰에서 주장하는 그런 것이 아닙니다. 그 재판을 보면서, 아직도 우리가 야만을 벗어나지 못했다는 서글픔을 느꼈어요.

한홍구 요즘은 어떻게 일과를 보내시는지요.

리영희 나는 이제 공자의 삶에서 노자의 삶으로 돌아오고 있어요. 현실적 문제에 대한 사고나 활동을 멀리하고, 불교나 노자의 세계로 가까이 가볼까 노력하고 있어요. 난 이제 환자니까, 잘 되지는 않겠지만 내면을 바라보면서 노·불(老佛)의 원리를 찾고, 그 원리 속에 일체화하는 노력을 하면서 살려고 해요. 지난 50년을 외향적으로 살았다면, 이제 내향적으로 살 수밖에 없어요. 뇌기능도 많이 상실했어요. 육체도 정신도 두뇌도 늙었어요.

한홍구 요즘엔 주로 무슨 책을 읽고 계신가요.

리영희 괴테를 읽어요. 노자를 한문 원전으로 보고 있고. 자꾸 고전 쪽으로 마음이 가요. 고전을 잡으면 맘이 편안해져요. 내겐 두가지 큰 병이 있어요. 하나는 3년 전에 뇌출혈로 쓰러져서 몸이 마비된 것인데, 이젠 손이 떨려서 글을 못 써요. 또 하나는 만성기관지염인데 교도소에서 추운 겨울을 보내면서 생긴 것이지요. 지금도 추울 때는 집안에 가만히 있어야 해요. 저기 창밖에 보이는 산이 수리산인데, 날이 따뜻해져야 잠깐이라도 산책하러 나갈 텐데. 뭐, 머지않아 봄이 오면 날씨도 따뜻해지겠지요.

• 『경향신문』, 2004.1.26

긴 안목에서 역사를 보라

• 지령 5000호 특집 인터뷰 '한겨레에 바란다'

대담: 권태선·『한겨레』편집국 부국장

지령 5000호를 맞아 『한겨레』에 대한 격려와 고언을 듣기 위해 리영희(75) 전 한양대 교수를 만났다. 『한겨레』 창간 발기인이자 창간 당시 논설고문으로 '한겨레논단'을 통해 날카로운 논평을 뿜어냈던 리 교수는 1989년 『한겨레』 방북취재 계획을 도왔다는 이유로 옥고를 치렀을 뿐만 아니라 99년까지 사외이사를 맡아 오늘의 『한겨레』에 큰 밑거름이 됐다. 2000년 뇌졸중으로 쓰러진 탓에 아직도 불편한 몸을 이끌고 이라크 파병과 같은 사회적 문제에 대해 발언을 계속해온 리 교수는 자신의 사상적 궤적을 대담 형식으로 풀어낸 책을 마무리하는 데 많은 시간을 쓰고 있다고 근황을 소개했다.

권태선 이제 『한겨레』가 지령 5000호를 맞게 되었습니다.

리영희 세월 참 빠르구나! 벌써 그렇게 되었나? 5000호라, 세월이 유수와 같다는 생각이 절로 나는군.

권태선 1988년 5월 『한겨레신문』을 처음 창간했을 그 당시의 느낌이 기억나세요?

리영희 나고말고요. 우리 민족의 현대사에 일대전환이 이뤄지는 것을 느꼈지. 캄캄했던 하늘에 번쩍 광명의 빛이 나타나는 것 같기도 하고. 불가능한 것을 이룬 데 대한 믿을 수 없는 놀라움에 압도되었지요. 오랜 세월 억눌렸던 민중의 에네르기는 폭발할 수밖에 없는데, 그것이 폭발했구나 하는 감격이었지.

1979년 10월 26일에 박정희가 죽었다는 걸 광주형무소 감방 안에서 전해 들었을 적에, 너무 감격에 벅차 내 안에서 소리가, 웃음소리가 터져나왔어요. 내가 역사를 선취하고 살았다는, 새로운 역사가 지금 실현된다는, 벅찬 희열로 한쪽으론 눈물이 쏟아지고 한쪽으론 웃음이 터져나왔어. 그때의 그 벅찼던 감회를 『한겨레』 창간호가 윤전기에서 홍수같이 쏟아져 나온 그 순간에 다시 느꼈지. 새 시대, 새로운 시대의 출발이구나 했어요.

권태선 돌이켜보면 새 시대의 출발이었던 것은 맞는 것 같으십니까? 이후 역사가 선생님이 기대했던 대로 이뤄졌는지요?

리영희 (리 교수는 인터뷰를 위해 자리잡았던 자택 거실의 의자에서 일어나 방에서 자료뭉치를 꺼내왔다.) 얼마 전에 누가 이런 걸 보내왔길래 봤어요. 여론조사 결과인데, '우리나라 안보에 가장 위협적인 국가는 어디인가'라는 질문에 미국을 꼽은 사람이 20대는 58퍼센트이고, 30대가 47퍼센트, 40대가 36퍼센트, 50대 이상이 18퍼센트더구먼. 아주 정확한 수학적인 순열로 연령하고 반비례한단 말이야. 이건 굉장한 의미가 있는 거예요. (연령을 통틀어서 보면 한국 안보에 가장 위협적인 국가로 39퍼센트가 미국을, 33퍼센트가 북한을 꼽았다.) 말하자면 미국을 북한보다도 위험한 국가로 인정한다는 것은 한국 사람들, 한국 국민의 의식으로 볼 때 엄청난 혁명적 변화예요.

이건 16년 전 『한겨레』가 탄생하기 전에는 상상할 수 없었던 일이지. 적어도 세계에 대한 인식에서나, 한국 국민으로서 집단적인 생존환경에 대한 인식이 이렇게 미래지향적 연령에 정비례해서 올바르게 되었다는 것은 대단한 변화지. 16년 동안 『한겨레』가 언론으로서 진실 인식의 능력을 키워준 덕분이라고 나는 보는 거예요. 젊은 세대의 행동양식이나 가치관에 당황하는 때도 많지만, 적어도 이런 점에서는 낙관해도 좋을 것 같아.

변하려면 시간이 필요하다

권태선 그렇지만 한국의 언론환경은 그렇게 낙관적이진 않은 것 같습니다. 얼마 전에 외국에서 오래 살다 온 분이 "다른 나라에선 있을 수 없는 언론환경이 한국에서 펼쳐지고 있다"고 지적하는 걸 들었습니다. 즉 극우적인 색깔의, 이른바 조중동이라 표현되는 그런 신문들이 독자수에서는 여전히 진보 쪽 신문보다 서너 배 되는 것이 현실 아닙니까?

리영희 나는 그거 당연하다고 봐요. 그전엔 그쪽밖에 없었으니까 당연히 그쪽이 100퍼센트였겠지. 그런데 지금은 그렇지가 않잖아요? 부수가 얼마가 되든 간에, 중요한 것은 그 논조와 신문부수가 이 사회 구성분자의 의식에 얼마나 반영되고 있는가 하는 것인데, 미국과 북한에 대한 인식변화에서 볼 수 있듯이, 『한겨레』의 존재 이유랄까 무게라는 게 있단 말이지요. 해방 이후 여태까지 보수적인 것, 심지어 반역사적 신문들만이 개인과 전체 사회의 의식을 지배해왔는데, 이게 변하려면 당연히 시간이 필요한 거요. 또 미국·일본 등 보수세력을 지탱하는 외부 세력이 크니까, 그런 세력과 『한겨레』 같은 신문을 지탱하는 세력의 사회경제적·정치적 영향력을 비교하면 뭐, 압도적으로 그쪽이 강한 거거든. 그럼에도 그 속에서 이만한 변화가 이뤄졌다는 것은, 만족할 만한 변화라고 할 수는 없지만, 비관할 것은 아니라고 봐요. 외국에서 온 그 어떤 사람의 비관은 수천만 명의 인간이 구성하는 사회의 변화라는 것을 혁명적으로 바꿀 수 있다고 착각하거나 혁명적으로 바꿨으면 하는 열망을 표현한 것이지, 실제 사회와 집단의 변화는 그리 안 돼요.

권태선 역사를 길게 보신다는 말씀이신데요, 그런 역사인식을 갖게 된 것은 선생님의 삶과 무관하지 않은 것 같습니다.

리영희 마오쩌둥의 문화혁명이 실패하고, 공산주의권이 몰락하는 것을 지켜보면서, 또한 내가 살아온 삶의 역정을 통해서 깊이 느꼈어요. 모든 사회변화는 단계를 거쳐야 한다, 조건이 성숙돼야 하고, 또 그런 조건을 만들어가는 노력과 투쟁을 계속하면서, 긴 안목으로 역사를 봐야 한다고 말이지요.

권태선 1990년대 초의 글에서 "한국의 언론집단은 철저하게 기회주의적이다, 시국에 따라 변하면서 총칼 있는 정권에는 비굴하게 아첨하고, 그렇지 않은 정부에는 가혹하게 군다"고 언론인들에게 경고하신 적이 있으시지요. 최근 언론상황을 봐도 그 말씀은 여전히 유효하다는 생각이 드는데요.

리영희 한국 언론은 원래 그래요. 그전에는 그저 하나의 이해관계로 그런 방향으로 그저 갔지만, 요즘은 거기에 보태서 이념적으로 더 악랄해졌지. 더 표독해지고.

『조선일보』의 김대중이라는 이가 얼마 전에 서울대 출신 언론인 모임이라는 데서 상을 받았다는데, 그 사람이 한 이야기가 흥미로워요. "상을 받지만 한편으론 기분이 안 좋다. 국론이 이렇게 분열됐는데, 언론이 이거를 하나로 통합하지 못해 유감이다", 그런 내용이었어.

그 사람 말대로 여론이 반분되었다면 가치판단의 중심이 과거에는 100퍼센트 자기 쪽에 있던 것이 지금은 새로운 중심으로 옮겨가고 있다는 말이 아니겠소? 그것은 국민적으로, 또 개인적으로 지적·이성적 수준이 향상되고 있음을 말하는 것이지 뭐 개탄할 아무런 이유가 없는 것이지. 그리고 또 양분된 것을 하나로 묶지 못했다는 개탄은 이제 과거 수구광신적 사고방식으로는, 그런 언론이 부수가 아무리 많다 하더라도, 어떻게 하지 못할 정도로, 오히려 힘의 배분이랄까 역량의 배분이 엄청나게 달라졌다는 현실을 그 수구세력의 수문장 대변인 자신의 입으로 고백한 거지. 이쪽의 주장에서 입증되는 게 아니라 그쪽에서 그런 평가와 느낌으로 반영해주는 거니까, 그것 이상으로 훌륭한 증거가 없어요. 이것은 이 사회의 현재를 고민하면서도 미래를 낙관할 수 있는 흐뭇한 변화지요.

권태선　1988년 갓 창간된 『한겨레신문』에 칼럼을 쓰시면서, "새는 좌·우의 날개로 난다. 한쪽에 너무 편향된 사회는 건강하지 않은 사회다"라고 지적하셨는데요. 지금은 어느 정도 양 날개로 움직이는 상황이 되었다고 판단하신다는 말씀입니까?

리영희　양적으로 판단하기는 어려우나, 한 3분의 1 정도? 아직 절반은 안 되었고. 그러나 없던 한쪽 날개가 돋아났고, 날아가는 생물체를 찔룩거리면서나마 지탱해줄 힘이 되었다고는 해도 좋지 않을까?

권태선　문민정부 이래로 언론개혁이 정권의 주요 과제였지만 결국은 한번도 성공을 하지 못했다고 볼 수 있는데요. 노무현 정부도 그것을 굉장히 중요한 과제로 내세웠는데, 최근 노 대통령이 『중앙일보』회장과 인터뷰하면서 특별대우를 했다고 해서 이야깃거리가 됐습니다. 노 정권이 취약한 기반 때문에 보수적인 언론과 타협하려는 것 아닌가 하는 우려의 목소리도 나왔고요. 정권은 어차피 그렇게 언론의 눈치를 볼 수밖에 없는 걸까요. 정권 차원에서 언론개혁을 제대로 하려면 어떻게 해야 할까요.

리영희 해방 후 오늘날까지의 언론 역사를 보면 부패한 언론과 부패한 권력이 만날 때 상호 유착해 상승작용을 하면서 부패하고 타락해왔어요. 한국식 언론은 본래가 부패를 먹고 사는 기관이어서 권력의 부패를 기회로 삼지요. 그러니 진짜 청결한 권력만이 언론을 견제할 수 있는 겁니다. 그러니까 만약에 이 정부가 지금 드러나듯이 자기 주변이나 권력 구성체 내에 부정이나 부패가 없었더라면 달랐겠지요. 정권이 부패하기 시작한 듯하니까, 대통령이 그랬다는 게 아니라, 구린내가 나는 듯하니까 파리가 힘을 얻고, 정권은 먹이를 줘야 하고, 그렇게 해서 유착은 깊어지고. 지금이라도 바로잡아야지요.

논조 다른 글도 폭넓게 싣기를

권태선 『한겨레』창간에서부터 지령 5000호를 맞는 지금에 이르는 동안 언론환경은 참 많이 변했습니다. 선생님께서 원자탄이나 다이너마이트처럼 위험하다고 했던 방송매체뿐 아니라 인터넷 등 다양하고 새로운 언론매체들이 등장하고 있습니다. 그래서 세계적으로 신문매체의 시장이 줄어들고 영향력도 점차 줄어드는 게 아닌가 하는 우려도 없지 않습니다.

리영희 일반적으로 신문 1면, 2면에 날 정도의 기사는 텔레비전에서 하루에도 몇 번 나온 것입니다. 그래서 독자가 신문에 기대하는 것은 좀더 높은 관점의 전문적 논평과 좀더 상세한 구체적인 자료로 뒷받침된 기록이나 해설 같은 것이지요.

그런 의미에서 『한겨레』가 사설을 맨 뒷면(요일에 따라 19면·23면·27면)으로 보낸 것은 좀 문제가 있지 않나 생각해요. 우리 세대는 오피니언을 중시하는 세대라 그런지 모르지만 내가 보기에 사설은, 특히 『한겨레』의 경우는 사회의 약자와 소수자의 견해를 대표하는 신문이니까 중시해야 한다고 생각해요. 신문이 그때그때 사안을 어떻게 보느냐 하는 입장과 주장을 그렇게 신문 맨 뒷장에 '정배' 보내야 하는가 좀 의심스러워요.

특히 『한겨레』에 부탁하고 싶은 것은 『한겨레』의 논조와 생각이 다른 사람들의 글도 폭넓게 실어줬으면 하는 거예요. 나간 기사나 기고에 대해서 개인이나 단체가 반론을 제기하거나 해명할 경우, 그런 글을 좀더 많이 실으면 좋겠어요. 그렇게 해야 『한겨레』 독자들에게 사유의 유연성을 제공해, 그들이 생존환경에 대한 정확한 평가와 예측성과 균형잡힌 시각을 갖게 될 것입니다.

그리고 『한겨레』를 읽으면서 가끔 생각하게 되는 것인데요, 기사에 취재기자들의 가치판단이나 주견이 지나치게 표현되는 것 같습니다. 취재기자가 마치 논설위원이 된 것 같은 착각을 일으키는 기사가 종종 있어요. 의견을 넣으려면 의견 형식의 난을 만들어야지요. 뉴스 기사에서 그러지 말고.

또 신문 지면을 보면 애국주의적이랄까 민족 중심주의적인 정서가 느껴져요. 예컨대 외국 통신사의 이름을 알파벳 대신 굳이 한글로 표기하는데, 이건 이상합니다. 마치 어떤 외래적 관용도 못마땅하다고 여기는 것처럼 느껴져요. 한글전용 원칙을 흐트릴 수는 없겠지만, 지나치게 배타주의로 흐르지는 말아달라는 것입니다. 한국문화만 우수한 것이 아니라 다른 모든 문화도 그 나름의 장점과 특징을 가지고 있는 것입니다. 사유나 가치관, 문화와 같은 것을 수용하는 문호를 주관적인 호불호로 좁게 닫지 말고 좀 넓히기를 바랍니다.

권태선 애초『한겨레』기자들한테 고언을 해주십사 부탁을 드릴까 했는데, 먼저 말씀하셨네요.

리영희 한마디 덧붙이자면 기자들이 우리말 공부를 좀더 해달라는 것입니다. 예를 들면 군함의 숫자를 헤아릴 때, 군함 몇 대 식으로 쓰는 건 문제예요. 배를 헤아리는 단위는 '척'이 있듯이 수를 헤아리는 데는 각각의 경우에 달리 쓰이는 다양한 수사가 있거든. 좀 자질구레한 부탁 같지만 평소 글 쓸 때 사소한 것에서도 엄밀하게 쓰려는 노력을 해줬으면 좋겠어요.

권태선 마지막으로 언론인으로 그리고 언론학자로서 평생을 살아오신 경험에 비춰 후배 언론인들이 갖춰야 할 자세에 대해서 말씀해주십시오.

리영희 막강한 보수언론들과 공존하면서『한겨레』를 만들어야 하니까 역사에 대해서 좀더 진취적이길 바라요. 소수의 이익보다는 다수의 이익을 더 생각하는 입장에 서야 할 것입니다. 아울러 우리 국민들이 물질만능주의에서 벗어나 좀더 정신적 가치를 추구할 수 있도록 도움을 주기 위해 기자 자신들의 생활자세도 소박해졌으면 합니다. 물질이 부족해서 불행한 게 아니라 그것을 지나치게 추구해서 가난한 것이오. 우리 사회의 물신숭배 때문에 인간적 가치와 생명의 존귀함을 상실해가는 게 불행한 일이니까요. 적은 봉급으로 사는 우리 『한겨레』 구성원들에게 말하기는 안됐지만, 우리 기자들도 간소한 삶의 미덕과 장점을 터득해주면 좋겠어요. 기자가 생활의 풍요를 추구하면 거의 틀림없이 부정·부패·타락의 유혹에 굴복하게 마련이오.

덧붙여 공부도 게을리하지 말아야 할 것입니다. 자신의 취재 분야에 정통하기 위한 공부와 아울러 우리를 둘러싼 사회에 대한 이해를 위해 폭넓게 문화적 소양을 쌓아야겠지요. 한국사회 지식활동 분야 전체를 상대로 해서 적어도 한 분야의 대가가 되겠다는 목표를 세우고 노력해주면 정말 좋겠습니다.

그리고 무엇보다도 지난 15년 동안 『한겨레』의 업적이라는 게 엄청나게 크다는 그 사실을 잊지 말았으면 해요. 『한겨레』의 의미를 말이에요. 『한겨레』 일원으로서 신문을 통해 이 사회와 국가의 변화에 아주 소중한 기여를 하고 있다는 믿음과 자부심을 갖기 바랍니다.

•『한겨레』, 2004.3.4

날카로운 펜 끝으로 시대의 나침반이 되다

감사하는 마음으로 살아가는 나날들

우리는 참으로 행복한 시대를 살고 있습니다. 동시대인으로 우리에게 희망을 주고 우리에게 길을 제시해주는 어른들과 함께 사는 행운을 가졌으니까요.

리영희, 한국 현대사에서 빼놓을 수 없는 인물, 그는 현대사를 이끈 사람 가운데서 가장 빼어나다. 그는 반세기 동안 한국의 민주주의와 평화를 위해 온몸을 바쳤고, 수많은 글을 통해 대중을 일깨우려 노력했다. 리영희, 그의 이름은 지식인 사회에서 결코 가벼울 수 없다. 군사독재 시절 학생들의 필독서였던, 『전환시대의 논리』(1974), 『우상과 이성』(1977)에서부터 최근에 출간된 『새는 좌·우의 날개로 난다』(1994)와 『반세기의 신화』(1999)에 이르기까지 그의 날카로운 펜 끝은 늘 시대의 나침반이 되었다.

리영희 선생님을 지칭한 한 언론의 평입니다. 군사독재 시절 아홉 번 연행되어 다섯 번 구치소에 갔고, 세 번이나 재판을 받았으며, 언론계에서 두 번 쫓겨났고, 교수 직위에서도 두 번 쫓겨났던 선생님의 족적은 곧 우리의 아픈 현대사입니다.

1월 1일부터 5일까지 리영희 선생님과의 만남을 신년특집으로 마련했는데요, 선생님께 21세기의 화두와 우리 민족의 미래를 들어보기 위해 경기도 산본에 있는 선생님 댁으로 직접 방문을 했습니다.

오지혜 그동안 많이 편찮으셨잖아요? 이제는 건강이 괜찮아지셨어요?

리영희 이만하면 많이 좋아진 셈이지요. 뇌출혈 환자니까, 우리 한방으로 말하면 중풍인데, 이젠 걸어다닐 만하지요. 다만 오른쪽 위 어깨부터 손가락 끝까지 마비가 되어 있어요. 글 쓰던 사람이 못 쓰게 되니 마음이 아프기는 하지만, 글 쓰겠다는 욕심도 다 털어버리고 있어요. 그만 쓰라는 하늘의 명령인 걸로 알고 따르고 있습니다.

오지혜 여름 거치고 가을 거쳐서 많이 좋아지셨다니까 저희는 참 다행이다 싶었습니다. 괜히 찾아뵙고 폐를 끼치는 건 아닌가 했는데, 목소리는 여전히 쩌렁쩌렁해 아주 좋은데요.

리영희 음성도 회복이 되어서 그래요.

오지혜 네, 정말 다행입니다. 많이들 찾아오시죠, 이렇게 연말연시가 되면?

리영희 예, 많이는 아니지만 여러 분들이 직접·간접으로 문병 와줘서 고맙지요.

오지혜 그만큼 이 땅이 아직 선생님의 말씀이 필요해서겠지요. 아직 성숙하지 못했기 때문에 자꾸 선생님을 귀찮게 해드리는 것 같습니다.

리영희 아니, 그건 당치도 않은 말씀이고, 나로서는 이제 우리 사회를 위해서 공헌할 일이 별로 없어요. 그저 내 몸과 마음을 다스리는 일, 그 위주로 살고 있지요.

오지혜 무언가 새로운 말씀을 하시지 않아도……, 그저 이렇게 계셔주는 것만으로 굉장히 큰 공헌을 하시는 거예요. 여태까지 해주신 말씀 되새기는 것만으로도 저희는 한참 철들 일이 남은 것 같습니다.

리영희 굳이 그렇게 말해주면 또 그런 면이 없지도 않겠지요. 할 수만 있으면 얼마나 좋겠어요?

오지혜 아무래도 현실적으로 사모님이 너무 고생스러우시겠어요. 이렇게 여기저기서 자꾸 귀찮게 해드리니까요.

리영희 아니, 그보다는 그동안 내가 살아온 힘겨운 과정을 보필하느라 더 힘들었지요. 몇십 년 동안. 내 삶이 비정상적이고 파행적이어서 아내로서, 세 아이의 어머니로서 고생이 많았지요.

오지혜 하긴, 살아오신 것에 비하면 요즘 괴롭혀드리는 건 아무 일도 아니지요, 그렇지요?

리영희 그래요, 지금은 아주 편안한 삶입니다. 난 오직 감사하는 마음으로 살고 있어요. 만사에 감사하는 마음, 애증을 초월하는 마음 말이에요. 그러나 오직 한 가지만은 그 마음에서 제외되는데, 그것은 전두환이라는 살인마요. 그자만은 하늘도 인간도 용서할 수 없지요.

오지혜 조금 전 선생님께서 이제 세상에 공헌할 일이 없다 하셨는데, 아무리 귀 닫고 눈 닫고 살고 싶어도 자꾸 들리고 보이잖아요?

리영희 그저 텔레비전 종합 뉴스 한 시간 정도 보고, 신문의 큰 제목 대충 훑어보는 정도입니다. 그전과는 다른 생활이지요. '사회적 리영희'는 없고 '명상적 리영희'와 관조적인 내가 있을 뿐이지요.

오지혜 요즘 우리의 입에 자주 오르는 것이 경제문제이데요. IMF 때보다 더 좋지 않고, 특히 서민들이 체감으로 느끼는 사정은 더 좋지 않다고 말합니다. 무엇이 잘못되고 어디부터 꼬여서 이렇게 풀리지 않는 걸까요?

리영희 굳이 문제를 제기하여 질문하니 묵묵부답할 수도 없게 됐군. 난 경제분야의 전문가가 아니니까 권위 있는 답변을 할 수는 없는데, 우리 한국 사람들의 결점 가운데 하나가 뭐든지 잘해도 정부, 못해도 정부, 모든 일을 정부 탓으로만 돌리는 거예요. 거기에 큰 원인이 있다고 생각해요. 경제문제만 하더라도 세계나 미국의 경제가 저렇게 나쁘고, 그렇게 되면 우리도 영향을 받게 마련이지요. 일본에서도 그래왔고. 게다가 크고 작은 모든 개혁에는 아픔이 뒤따르게 마련이거든요. 지난 시절 우리의 경제라는 것이 독재권력층에서 '하라면 해' 하고 명령하면 그대로 해야 했고, 그러면서 부패와 타락과 부정과 불법이 자행되던 시절이었지 않아요? 오로지 힘 있는 자만이 독과점하던 경제를 이제는 힘없는 사람에게도 혜택이 가도록 해보려고 수술을 하고 있는 때이니 만큼 아픔이 따르는 건 당연하지요. 물론 그렇다고 대중이 모든 걸 참고만 있어야 한다는 뜻은 아닙니다. 또 정부도 졸속으로 진행하는 면이 많지요. 우리는 다른 나라 국민에 비해 참을성이 없습니다. 순간 순간 감정의 표출이 심하고, 경제를 올바르게 이끌기 위해 내가 무엇을 할 수 있겠는가 하는 생각은 하지 않거든요. 그처럼 복합적인 요인 때문에 이렇게 된 것이지, 오로지 하나만 탓할 것은 아니라고 봐요.

오지혜 진득하게 봐주는 마음가짐이 부족하다는 말씀이지요?

리영희 조금 부족한 게 아니에요, 많이 부족하지요. 아마 세계의 많은 민족 가운데 우리 민족처럼 이렇게 성급하고 남의 책임만 따지는 민족이 없을 거예요. 이렇게 가다 보면 결국 하나도 나아질 수가 없어요. 조금 더 참을성이 있었으면 좋겠어요. 있는 사람들, 가진 사람들은 지금 엄청나게 좋아요. 서울에 사는, 절반 이상의, 돈 가지고 권세 가진 사람들은 무엇을 못 하나요? 밤낮 골프채 매고 외국 나가잖아요? 그런 사람들이 나쁘다, 나쁘다 하는 소리는 더 크게 낸다고. 정치적 편견과 숨겨진 의도 때문에 사회여론을 악화시키려는 행위를 경계해야지. 이게 우리 국민이 반성할 문제예요.

이 땅의 젊은이를 신뢰한다

오지혜 선생님께서 이제는 세상사에 나서지 않으련다 하고 매스컴에서 말씀하신 걸 들었는데요, 그래도 여전하시네요. 정말 여전해서 저는 개인적으로 반갑고 기쁩니다. 요즘 젊은 친구들이 선생님 글뿐만 아니라, 진지한 책, 고민하는 책은 고사하고 그에 관련된 기사조차 접하기 귀찮아하는 성향인데, 그건 어떻게 보세요? 섭섭하지 않으세요?

리영희 환영하거나 권장할 만한 상황은 아니지만 그렇다고 부정적으로만 볼 것은 아니라고 생각해요. 왜냐하면 우리처럼 나이가 드는 몇십 년 동안 세상의 파도 속에서 살다보면 어떤 기복이 있어요. 어떤 현상에도 고양기가 있고 쇠퇴기가 있습니다. 항상 올라가는 일, 고양기만 계속된다면 그건 인간에게 또 불행이지요. 책을 읽는 것도 마찬가지입니다. 우리 역사 가운데 개혁기인 1970년대부터 90년대 말까지 사회정의, 외세예속 문제, 민주화운동, 인권운동, 평화운동하면서 모두 얼마나 많은 책을 읽었어요? 의식이 고양되고 정말 대단했지요. 그런데 그런 상태가 그렇게 지속적으로만 이루어지는 것은 아니거든요. 이제 자기반성과 휴식이 필요한 거지요. 좀 사는 낙을 찾고 싶어진 거지요. 또 문명에 대한 가치관도 달라지고. 인터넷이니 텔레비전이니. 그러면 변화가 오게 마련이지요. 그리고 그 변화에 따르는 생활양식이나 의식으로 가다가 먼저의 의식이나 생활양식과 다시 만나서 안티테제를 찾는 거예요. 정반합으로. 모든 운동은 그런 과정을 거치는 것이므로 너무 그렇게 조급하게 생각할 것은 아니라고 여겨지는데……

오지혜　역시 우문현답이시네요. 그러니까 20대 친구들에게도 희망을 버리지 않았다, 그런 말씀이시지요?

리영희　물론이지요. 가치판단의 패러다임이 시대정신과 역사적 상황 변화에 맞춰 정·반·합의 이치로 꾸준히 자기수정을 하는 거지요. 너무 과한 낙관도 과한 실망도 금물입니다.

오지혜　그렇게 긍정적인 생각으로 항상 후손에 대한 신뢰를 가지고 있어야 세대간의 반목도 없어질 것 같습니다.

리영희　신뢰가 있어야지요. 물론 그것은 '비판적인 신뢰'지요. 어느 세대나 그렇지만 지금의 젊은 세대는 민주주의와 향상된 물질과 인권 등을 윗 세대에게서 받아서 향유하고 있지요. 이 모든 것을 어떻게 얻었느냐, 앞의 세대들이 어떤 험난한 싸움을 거쳐서 얻었느냐, 이제는 그런 것도 생각하면서 누려주면 더욱 좋겠지요.

오지혜 이만큼 민주화가 된 것이 공짜로 얻어진 게 아닌데, 그 것을 몰라주니 386세대인 저만 해도 섭섭한데 선생님 세대, 더욱 이 재야에서 평생을 민주화를 위해서 애썼던 분들은 너무 막막하겠다 싶었습니다. 그런데 이렇게 너그럽게 이해해주고 그래도 20대를 믿는다고 하시니까.

리영희 너그럽게 이해하려 한다기보다, 좀 표현이 우스운데, 역시 노인이니까 우주만물의, 인간세상의 운행이 그런 리듬을 갖는다는 진리 같은 것에 조금은 눈 뜬 탓이겠지. 직선으로만 이루어지는 게 아니라는 터득을 하면 모든 것에 여유로운 마음이 생겨요. 그렇게 되는 이치가 있고, 단계가 있다는 인식이랄까, 일종의 깨달음 같은 경지지요.

오지혜   인생 사는 모든 게 이거 아니면 저거다 하고 말할 수 없는 거다 하는 것과 일맥상통하는 말씀이시지요?

리영희 그렇지요. 그런 양단론은 물리학이나 신학(神學)논쟁에서는 가능하지만 인간들의 현실상황에서는 좀체 실존하지 않는 거지요.

오지혜 냉전논리에 대해서 여쭤보지 않을 수가 없는데요. 많이 좋아졌다고는 하지만 솔직히 아직은, 약간 거칠게 표현하자면 아직 반공논리로 먹고 사는 사람들이 있잖아요.

리영희 그런 생각이 표출되는 사회가 한심하기는 한데. 1945년 해방부터 몇 해 전까지 몇십 년 동안, 세상에는 오로지 반공주의밖에 없는 걸로 알면서 살아왔잖아요? 교육이 그렇고, 형법이 그렇고, 모든 권력이 오로지 그것만을 가르치고 그걸로 닦달을 해왔지요. 그러니 머릿속에 든 것이 그거밖에 없는 인간이 얼마나 많았겠어? 극소수의 깨우친 사람들이 특별하지요. 못 깨우친 사람들이 보통이고. 그런 사람들이 권력과 돈과 지위를 다 쥐고 있지 않았어요? 그러니 쉽게 풀리겠어요? 그 사람들의 머리라는 건 마취가 되어 있지요, 반공주의로. 거기에 해독제를 집어넣는다 해도 사상적·의식적 독소가 풀리는 데도 시간이 걸린다고 생각을 해야지.

오지혜 기성세대는 그렇다 치고, 젊은 사람들조차 완전히 자유롭지 못하다는 것이 안타깝습니다.

리영희 물론 안타깝지요. 하루아침에 냉전시대의 낡고 고질적인 병이 나을 수는 없겠지. 남을 미워하지 않고서는 자기도 살지 못하는 사람들이 많잖아요. 생각을 달리하는 문제, 남북한 사회의 문제, 미국과 한국 관계의 예속성 문제 등등, 그런 정신이 바로 잡히면 얼마나 좋겠냐만 그건 우리의 바람일 뿐. 인간의 본성도, 세상의 원리도 그렇지 않으니까. 할 수 없이 계속 노력해가는 거지요. 참을성 있게.

대화만이 우리의 살 길

오지혜 잠깐 말씀을 듣는데도, 언뜻 대화만이 살 길이다 하는 생각이 들어요. 우리나라 토론 참 못하잖아요. 토론이 안 되고 싸움으로만 변질되니. 이렇게 어르신들 자주 찾아뵙고, 아니면 모셔다 이렇게 건강하고 생산적인 토론과 회의에 대한 말씀을 듣고 나누고 해야 대화문화가 발전되겠다 싶은 생각이 드는군요.

리영희 그렇지. 토론의 문화가 한국에, 한국 국민들에게 없지요. 오로지 항복 아니면 승리. 아니면, 양자의 대결이지요. 우리 국회가 표본이지. 마음을 너그럽게 가지고, 인내심을 가지고, 오늘 못 하면 내일 하고. 내가 지향하는 것과 다르면 조금 물러서고. 톨레랑스라는 말이 있지요. 프랑스, 유럽, 서양에 있는 문화가 그것이라고 할 수 있지. "네가 나를 반대하는 것은 싫지만, 네가 반대하는 그 권리를 나는 오히려 싸워서 지켜줄 테다." 그런데 오로지 내가 말하는 권리는 권리이고 네가 말하는 권리는 부정되어야 한다는 식의 한국인들의 논리, 이건 너무 각박해요. 세상 어디를 나가봐도 한국 사람처럼 조급하고 각박하고 싸우지 않고는 못 견디는 이런 민족이 있는가 싶어.

오지혜 너무 당하기만 하고 살아서 그런가요? 땅덩어리가 좁아서 그런가요?

리영희 지정학적인, 지리적인 원인이 있겠지요. 정치적인 이유도 있고. 역사적·자연적·인간적·풍습적인 것이 합쳐진 결과이겠지. '민족적 유전' '국민적 DNA'라고 할까! 우리가 많이 반성해야 한다고 생각해요.

오지혜 그러기 위해서는 자라나는 어린 학생들에게 건강한 토론을 할 수 있는 방법을 많이 가르치고, 스무 살 전에 여행을 많이 다니게 해서 넓은 세상을 보게 하는, 입시 위주가 아니라 생각의 틀을 넓혀주어야 후세에는 좀 낫지 않을까 싶어요.

리영희 당연하지요. 어렸을 때 외국을 돌아보는 것은 차치하고 토론을 하고 대화를 나누는 가운데 자신의 결점을 발견하고 나은 쪽으로 발전시켜가는 습관이 중요하지요.

오지혜 결국 모든 이야기는 교육으로 끝나는군요.

리영희 그렇지. '교육'이라고 하지만 넓게는 '교양'이고 광의의 문화지요. 그리고 그것은 '학교교육'보다도 사회적 훈련, 영어로는 Discipline인데, 그것은 실생활에서의 훈련·절제·수양, 집단생활에서 각 구성분자의 자기규율과 전체와의 협동정신, 공익과 사익의 분별(의식), 건전한 정신, 희생정신, 양보의 미덕 실천 등을 뜻해요. 이런 훈련과 자제가 우리 국민에게 있습니까? 이런 미덕이 실천되는 사회입니까? 우리의 역사가 그러했습니까? 우리 국가제도가 그렇습니까? 교육이라고 말하지만 그것은 '교과서의 기술'보다는 현실적 실천을 통한 '훈련'을 말합니다.

미국이라는 환상의 나라

30여 년 전, 그 시절 사회풍경을 떠올려보면 탱크가 대학교 정문을 지켰습니다. 탱크 포문은 일반 시민을 향해 고개를 들고 있었고요. 폭압과 공포의 시절에 펜으로 그들과 싸운 분이 여럿 있지만, 그 가운데 이 분은 60년대에서 80년대에 광신적인 극우와 냉전, 그리고 반공 이데올로기와 군사독재가 이 땅을 지배하고 있을 때 홀연히 나서서 우리의 허울을 적나라하게 파헤쳐주셨습니다. 한쪽에서는 이 분 리영희 선생님을 대학생 의식화의 원흉이라고도 했습니다. 그러나 다른 한쪽에서는 실천하는 지식인, 상식을 실천한 평화주의자라고 했습니다. 그런데 지식인의 한계를 물리치고 양심을 실천할 수 있게 해준 것이 의식화라면 원흉이라는 표현은 악평이 아니라 영광으로 들어야 할 것입니다. 1월 1일부터 신년특집으로 마련한 리영희 선생님과의 만남, 그 두 번째 날입니다.

오지혜 오늘은 미국에 대해서 여쭤보지 않을 수가 없군요.

리영희 현실을 분석하고 판단할 때, 우리와 미국의 관계는 1905년 을사보호조약의 상태, 일본에 외교와 독립권 절반을 빼앗긴, 완전 식민지는 아니고 을사보호 같은 상태라고 생각하고 있어요. 한국 국민은 미국이라는 나라에 대해 환상에 젖어 있는 것 같아. 해방 후 60년이 되어오지요. 어려울 때 밀가루 얻어 먹고, 6·25 때 미군이 와서 전쟁을 해줬다는 것 때문에 운명을 미국에 맡겨놓고 미국 없으면 우리는 못 산다는 민족 니힐리즘, 패배주의와 자기 부정주의에 빠져 있어. 반사적으로 미국은 위대하고 아름답고 훌륭하고 정의롭다……, 이런 착각을 하게 되지요. 특히 내가 걱정하는 것은, 과히 안 좋아하는 사람도 많겠지만, 한국의 예수교예요. 미국을 정확하게 보는 데 가장 장애가 되는 것은 극우반공주의자처럼 머리가 돌덩이처럼 굳은 사람들의 사고도 문제지만, 미국을 마치 하느님이 선택한 나라, 절대 범죄도 안 저지르고, 절대 나쁜 짓도 안 하고, 남의 나라를 치고 들어가 불바다를 만들지도 않는 나라라는 착각 속에 사는 한국의 예수교인이 너무 많다는 거예요. 이 때문에 대부분의 한국인은 미국과의 관계를 정상화하고, 두 나라의 위상을 객관화해볼 지적 능력이 없어요.

오지혜 그렇지요, 항상 걸림돌이 되지요. 기독교인이 다 그렇다는 건 아니고, 일부 보수적인. 그보다 더한 문제는 그런 생각을 하는 사람들의 권력이 무시 못할 정도이므로 그게 문제가 되더라고요.

리영희 전쟁을 안 하면 사는 보람이 없고, 또 싸우거나 미워하지 않으면 심심해서 재미가 없다고 생각하는 사람들이 너무 많아. '정신이상자' 같은 상태의 사람들이 많아요. 과거 60년 동안의 극우반공 투쟁, 증오할 상대가 없으면 못 견디는 이런 사람들이 평화를 저해하고 있는 거지. 남북문제도 마찬가지야. 지금 이라크 전쟁 되어가는 꼴을 보세요. 처음에는 70퍼센트, 80퍼센트 이상의 미국 국민들이 부시의 이라크 전쟁을 지지하다가 최근에는 반대표가 51퍼센트를 넘어섰어. 이제야 제정신을 차린 거지. 본래 미국인들이란 그런 의식이 없는 국민입니다. 이러니 한국이 어떻겠어? 참 딱한 일이에요.

오지혜 인터넷에 참으로 반가운 사이트가 하나 있더라고요. 미국의 국민들이 자발적으로 전 세계 시민들에게 자신들 때문에 세계가 망쳐지는 것 같아 미안하다는 메시지를 전달하는 그런 사이트였어요. 국민 개개인이 전 세계 시민들에게.

리영희 2억 7,000만 속에 그런 몇몇이 없을 수 있겠어? 그러나 베트남전쟁에서 저지른 범죄적 행위를 이라크에서 되풀이하고 있단 말이에요. 역사에서 교훈을 얻어야 하는데. 미국이라는 나라는, 미국 자본주의란 본래 수탈하는 거야. 빼앗는 거예요. 견제하는 세력, 그런 상대적 힘이 없으면 미국 자본주의는 무조건 빼앗는 거야. 유럽 사회주의, 유럽 민주국가들은 좌파 정당·사상·가치관·철학·문학·관습 같은 것이 전통적으로 몇백 년 쌓여 있어요. 현실적으로 독일 같은 경우 어떻게 통일이 이루어질 수 있었느냐 하면, 물질보다 인간을 귀하게 여기는 사회주의적 가치관, 사회주의 정당, 사회주의 총리 이런 세력이 동서독의 통합을 꾸준히 정책화해온 거예요. 그런 사회는 자본주의도 있고 사회주의도 있고, 중간도 있고 우도 있고 좌도 있고. 북유럽 국가들이 그 모범에 가깝지. 그것에 비하면 미국은 전쟁을 일삼는 국가라고 해야 해. 한국은 바로 그런 최악의 본을 따르는 나라지.

오지혜 그야말로 좌우의 날개가 평정을 이루는.

리영희 그렇지, 내가 그런 제목의 책을 썼지. 그렇게 세계관과 국가정책관이 균형을, 밸런스를 잘 유지하고 있다고요. 그런데 미국은 좌파적인, 사회주의적인, 가난한 사람들을 위한 정당, 정치, 이념 이런 것이 없지. 오로지 생산, 물질적 풍요, 재산 그리고 낭비, 소비주의, 사치……, 이런 것을 GNP라는 숫자로, 계속 경제의 양이 커지는 것을 인간의 행복으로 착각하는 순수 미국식 자본주의밖에 없으니까. 말하자면 마땅히 가져야 할 가치관과 의식과 판단 용량의 절반밖에 못 가지고 있는 거예요. 미국은 정신적으로 일종의 불구의 나라입니다. 정신적·제도적으로 불구예요. 이러다 보니 정치정책도 오로지 군사력만 확대해나가요. 5,000억에 가까운, 정확하게는 4,700억에 이르는 1년 군사비는 전 세계 나머지 국가의 군사비 전체를 합친 것보다 큽니다. 핵무기, 탱크, 비행기 만들고, 그걸 설계하는 학자, 교수, 그걸로 돈 버는 자본가들, 그걸 이용하는 정치적 우익의 국회의원들, 그들의 돈지갑의 끈을 쥐고 있는 유대인계 자본가 집단…… 이들의 이익에 맞춰서 미국이 굴러가는 거야. 미국이라는 나라는 적을 설정하지 않고는, 가서 쳐부술 어떤 대상을 상정하지 않고는 경제도 침체되고 정치도 침체되게 마련이야. 계속 뭔가를 파괴해야 경제가 돌아가고 정치가 움직이고……. 무서운 나라예요, 그런 의미에서. 한국인들이 꿈에서 깨어나야 하는데, 언제나 미국병에서 빠져나올지 걱정이야.

평화라는 이름 뒤에 감춰진 얼굴

오지혜 미국이 항상 앞세우는 것이 세계평화인데, 뒤로는 군수물자 팔면서 항상 '평화'라는 이름으로 전쟁을 하잖아요. 그런데 평화를 위한 전쟁, 성스러운 전쟁이란 말은 굉장히 어폐가 있어요. 자본주의가 이렇게 팽배한 세상에서 그걸 완전히 뒤바꾼다는 건 사실 불가능한 일이고, 이토록 전쟁이 끊임없이 이루어지고 있는데 아무리 파병 반대를 하고 전쟁 반대를 한다 해도 목소리가 너무 미약하니까 무력감 같은 걸 느껴요.

리영희 우리보다 훨씬 깬, 그리고 세계관에서 우리보다 훨씬 균형이 잡힌 북유럽 국가들, 또는 독일이나 프랑스 같은 유럽 나라의 정부와 국민들도 미국에 대해 손을 쓰지 못하니까 우리보다 괴로움이 많을 거예요. 우리만 그렇다고 생각할 것 없어. 다 그래. 그러니까 이게 21세기 인류의 불행이에요. 20세기 후반에서 21세기로 넘어온 이 시기에 미국이 저런 체제와 사상과 이념과 세계관을 가진 국가로 있다는 것 때문에 세계는 지금 엄청난 재난과 불행에 처해 있습니다. 난 가끔 그런 말을 해요. 미국은 불을 지르는 방화범이고, 그것을 끄러 가는 소방관이고, 소방기구를 팔아먹는 상인이고, 방화범을 잡아다 조사하는 경찰관이고, 그를 기소하는 검찰이고, 거기에 무죄판결을 내리는 판사이고, 그들을 위해 사랑과 인도주의를 하느님에게 기도하는 선교사이고, 예배당을 나오면 다음에는 다시 방화범이 되는 악순환의 계속이지. 알겠어요, 무슨 뜻인지?

오지혜 너무 적절한 예네요. 정말 통렬해요. 그런데 전 세계 지식인 가운데 그 사실을 모르는 사람이 없잖아요. 그리고 반미 주류가 크게 형성되어 있잖아요. 그런데도 자본의 힘을 무시하지 못하니까 다들 질질 끌려가나봐요.

리영희 지금 당신의 견해와 이야기는 과대평가하는 거예요. 세계 인류가 그런 생각을 하고 있다는…….

오지혜 아니, 지식인이오.

리영희 지식인도 그렇지 않아요.

오지혜 그래요?

리영희 그럼요. 소위 '자유세계'라고 자칭하는 제도와 진영의 국가들의 지식인들도 그동안 미국이라는 나라에 대해 환상을 가지고 살아왔어. 베트남전쟁, 이라크전쟁이 일어나기 전까지는 미국을 경배하고 있었어요. 이라크전을 보고 나서야 제대로 된 생각을, 미국이라는 나라를 다시 보기 시작한 거예요. 이제, 이제 겨우. 이런 짓을 되풀이하면서 미국은 나날이 쇠퇴할 거예요. 왜냐하면 미국은 이제 거의 완전히 포위되었으니까. 2차 대전 후의 세계적 위상이나, 소련 몰락 후의 세계 유일 초강대국의 힘과 도덕적 권위가 세계적으로 부정당하고 있어. 그래도 아직은 힘이 워낙 세니까 그런 걸 무시하고 넘어갈 수 있어. 예를 들어서 미국은 자국의 이익이 아니면 국제법이건 협정이건 협약이건 안 지키는 나라예요. 잘못 생각하면 안 돼! 미국은 인권이나 평화를 주장하거나 표방할 자격이 없는 나라예요. 세계에서 국제법을 만들어 전쟁에서 비인도적인 대량 학살행위를 한다든가 하는 자를 형사법으로 처벌하자는 '국제형사법'과 '국제형사재판소'의 설치를 미국은 거부했어요. 그 법에 찬성하는 나라들을 매수하고, 또 개별적으로 압력을 가해 미군이 무슨 짓을 해도 처벌을 안 하게끔 약소국들의 동의를 얻었어. 이번에 '교토의정서' 문제가 있었지 않아요? 환경파괴. 인류의 중대한 문제이고 삶의 중대한 문제인데, 이것도 미국만 반대하는 거예요. 미국이 북한에 대해 핵문제를 거론하지만, 훨씬 전에 미국은 이스라엘에 핵무기 제조를 원조했어. 지금 이스라엘은 중국과 맞먹는 핵국가가 되어 있어요. 핵탄두 100여 개와 핵미사일 200여 개로 중동, 아랍세계를 협박하고 있어. 미국 정부가 이스라엘을 비난한 일이 있어요, 미국이? 과거 남아공화국이라는, 인류 사상 히틀러 다음으로 인류를 인종적으로 격리하고 혹독하게 탄압한 국가가 있었지요. 미국은 1991년 7월, 그 나라에 있던 핵폭탄 6개 반을 해체했어요. 자국 핵기술자들과 함께. 그럼, 그동안은 가만 있다가 왜 그제서야 해체하느냐, 비밀리에? 93년에 흑인 정권 만델라 대통령이 집권하게 되어 있었거든. 그러니까 이제 써먹질 못하게 된 거야. 그동안은 백인정권(아파르트헤이트)에다 남아프리카 일대의 흑인세계를 지배하게끔 핵무기 제조지식과 자료를 제공하고 묵인했던 거예요. 만델라 대통령이 집권하니까 몰래 해체해서 우라늄, 플루토늄 다 가져갔습니다. 미국은 평화를 말할 수 있는 자격이 전혀 없는 나라입니다.

오지혜 그러니 어떻게 해야 돼요? 너무 거대하잖아요.

리영희 너무 거대하지요. 라틴아메리카 24~25개국 가운데 15개국을 침범하고 정권을 타도한 나라예요. 결국 이런 짓이 되풀이되면서 전 세계 인류가 미국이라는 정체를 똑바로 알게 되지. 지금 미국은 소위 '우방국'이라는 한심한 종속국가들의 군대 하나 제대로 이라크에 동원하지 못하고 있어요. 다 철수하고 있다고요. 그 졸개인 한국이나 일본만 그러지 못하지. 미국을 거역할 수 없는 영국은 어쩔 수 없고. 그밖에 200명, 100명, 70명을 보냈던 나라들도 철수하고 있거든요. 이렇게 해서 자꾸 깨우쳐야지, 깨달아야지. 막강한 미국이 하루아침에 어떻게 된다, 그런 건 절대 있을 수 없어. 엄청난 국가니까, 힘이니까. 대신 스스로 자기의 무덤을 파고 있는 거야. 미국의 범죄가 되풀이되면서 세계의 인민들은 깨닫게 될 거야. 세계의 인민들이 깨닫는 속도에 비례해서 미국 제국주의는 기울어지는 거야.

오지혜 지금 청취자 여러분은 한 가지 오해를 하지 않으셨으면 좋겠어요. 리영희 선생님이 말씀하시는 게 무조건 멀쩡하게 있는 남의 나라를 나쁘게만 이야기하려는 게 아닙니다. 다만 중요한 건 있는 그대로의 사실을 언론이나 지식인들이 제대로 알리는 역할을 못해왔기 때문에 답답한 마음에 제발 이 '사실'을 알았으면 좋겠다 하는 거지요. 그리고 현대를 살아가면서 우리가 없는 사실을 만들어내 누구를 미워하는 것이 아니라 있는 사실을 자각하는 것이, 제대로 정체성을 확립하고 제대로 된 국가관을 설립하는 것이 가장 중요하기 때문에 이런 말씀을 해주시는 거고, 또 듣는 저희도 그렇게 받아들여야 할 것 같습니다.

리영희 뭐 그렇게 받아들이든 안 받아들이든 미국이란 나라는 그런 거야. 진실을 모르거나, 조금은 알면서 눈 감고 있거나, 미국을 신(神)으로 착각하고 있는 사람들이 망상에 빠져 있을 뿐이지.

오지혜 (웃음) 여전하십니다, 선생님. 저희는 선생님의 그런 모습을 좋아해요.

리영희 이제야 미국 국민들도 자신들의 본성을 조금 깨닫기 시작하는 것 같아.

사회적 정의감이 살아 있는 사회

아직도 이 시대는 누군가 목소리를 높여서 잠든 영혼을 깨울 필요가 있습니다. 광야에서 외치는 예언자처럼 무리 중에 우뚝 솟아서 우리의 길잡이가 되어줄 그런 이가 필요합니다. 언젠가 모두 깨어 있어 자신이 걷는 길을 바로 보고 걸을 수 있는 그날까지 말입니다. 이 시대의 길잡이로 불리는 '리영희', 프랑스의 『르몽드』 지는 1970년대 리영희를 일컬어 '한국 젊은이의 사상적 은사'라고 칭하기도 했는데요. 희망과 열정으로 한국 현대사의 어둠을 고발하고 일그러진 우상에 도전한 인물로 평가되는 리영희 선생님을 모시고 1월 1일부터 5일까지 신년특집으로 마련하고 있습니다. 오늘은 그 세 번째 날입니다.

오지혜 어제는 미국이 어떤 나라인지 제대로 보고, 제대로 생각하고, 제대로 실천하자 그런 말씀을 해주셨는데요. 오늘은 개인적인 일에 대해서 여쭙고 싶어요.

리영희 아, 그거 좋습니다. 이 인터뷰의 첫머리에서 말했듯이, 나는 이제는 사회문제·국제문제 등의 심각한 담론을 안 하고 사는데, 당신이 자꾸만 캐물으니까 할 수 없이 말했을 뿐이지.

오지혜 왜, 흔히들 이런 표현을 하잖아요. '반골'. 어리석은 질문일지 모르지만 언제부터 그런 성향이 있으셨을까요?

리영희 글쎄, 내가 반골인지 아닌지 나 자신도 잘 몰라요. 나도 흐느적흐느적할 때가 많으니까. 그러나 나는 강자나 권력이 '거짓'이라는 마약을 국민에게 먹여서 의식을 몽롱하게 만들고, 선악과 정의를 분간할 수 없는 상태로 만들고, 강자가 약자를 속임수로 다스리는 것을 가장 미워했어요. 중국의 노신(魯迅) 잘 아시지요? 그는 「아Q정전」(阿Q正傳)이라는 책에다 중국인들의 나태, 타락, 부정, 니힐리즘 등 온갖 악덕이 다 배어 있는 그 시대 중국인들의 실상을 적나라하게 묘사했어. 사람들로 하여금 "아, 내 모양이 왜 이 모양이냐? 중국 인민대중이 정말 이런 거구나"하는 정신적 충격을 주어서 분발하도록 했거든요. 그럼으로써 외세 지배와 봉건

제도의 압제와 반인간성, 각종 권력집단의 범죄와 악덕을 고발하여 4억 중국인민을 대오각성케 함으로써 혁명을 일으켜 정신적 독립을 추구하도록 했어. 그렇게 엄청나게 큰일은 난 못 하지만, 다만 그런 것을 지향했던 거지요.

오지혜 구체적으로 선생님 개인으로는 전쟁을 직접 목격하는 등 우리나라의 시끌벅적했던 현대사를 그대로 살아온 연배잖아요. 그래서 더욱 그렇게 생각을 한 것 같은데, 구체적으로 전쟁 당시 무엇을 목격해 역사에 대해서 깊이 생각할 기회를 가지셨는지요?

리영희 처음 일제치하에서 해방된 이 민족을 친일파가 지배한 거예요. 해방 후 남한을 다스린 미국의 군정이라는 것은 미국 군대의 통치야. 그러니까 우리는 미국 군대의 식민지가 일단 되었지요. 해방이라는 미명 아래. 그 다음 이승만 정권으로 넘어오면서 그대로 그 인간들이 지배를 이어갔어요. 즉 권력과 제도와 돈과 머리 등…… 모든 것을 가진 인간들이 친일파들이었어요. 총을 쥔 자까지. 한 나라가, 한 민족이 바뀔 때에는, 새로 태어날 때에는, 성경에서 말하듯 '새 술은 새 부대에' 담아야 하는 거야. 그런데 해방된 우리는 완전히 썩어 문드러지고 구멍이 뻥 뚫린 일본의 그 낡은 부대에다, 게다가 일본의 그 낡은 모든 인간과 사상과 제도와 권력을 그대로 담아가지고는 독립국가니 대한민국이니 했어요. 6·25전쟁 동안과 휴전 후 또 3년 반, 총 7년간의 최전방 전투부대와 후방부대 복무에서 나는 인간과 생명의 가치, 평화에 대한 갈망, 무슨무슨 주의 이름을 앞세운 국가 지배집단의 폭력성, 허약한 대중의 처참한 운명 등, 그밖의 많은 문제에 관해서 고민하면서 차츰 진실에 대한 정확한 이해의 눈을 뜨게 되었지. 사회생활에서 그 각성과 그에 기초한 인생관·세계관에 따라 실천했을 뿐이오.

오지혜 그렇습니다, 그대로 답습했지요.

리영희 이것이 해방 이후 우리 대한민국 역사에서 가장 불행한 일이에요. 요새 정부가 개혁법을 통해 과거 친일파를 청산하자고 하지요. 세상에 어떤 민족도 식민지에서 해방되면서 이전의 제도나 법률 등을 청산 안 한 나라가 없어. 우리는 우리 정신 속에 깊이 스며 있는 친일파의 것을 그대로 지니고 나라를 만들어냈으니 그게 무슨 나라꼴이겠어. 부패, 부정, 약자에 대한 권력의 억압·속임수·횡포가 자행되고, 약한 자는 그 사회에서 살아남기 위해 이북으로 도망가거나 교활해질 수밖에 없었지요. 자기 민족, 자기 국민의 모습을 너무 가혹하게 표현하는 것인지 모르겠지만, 해방 후의 시간을 살아온 세대들은 양심을 가지고는 도저히 견딜 수 없는 상황이었어요. 시간이 가면서 조금씩은 나아졌지만 아직도 대부분은 그대로 아닙니까? 그런 걸 보면서 이 사회의 악을 도려내고, 반공주의라는 틀에 갇힌 잘못된 교육이니 사상이니 하는 것을 이제는 똑바로 알고 반성하고 버려야 한다는 것을 밝혀야겠다고 생각한 거지요.

오지혜 선생님께서 어디선가 "몰랐다면 모를까, 다 본 이상 어떻게 모른 척할 수가 있느냐"고 하셨는데, 그것이 바로 실천하는 지성인의 기본 요건이잖아요. 그런데 지식인이나 지성인이라고 해서 다 실천으로 옮기는 사람은 드문데, 선생님의 어떤 성향이 그렇게 만들었을까요?

리영희 내 성격의 결함인지도 모르지! 그런 것을 슬금슬금 넘기고, 보고도 못 본 체할 수도 있을 텐데, 내가 대범하지 못해서 그랬을 거야.

오지혜 결벽증 같은 게 있으신가 보지요?

리영희 그래요. 아니, 개인적인 결벽증이 아니라 사회적인 결벽증이라고 해야겠지.

오지혜 모든 지식인이 그 같은 사회적 결벽증이 있어야 좋은 세상이 빨리 오지 않을까요?

리영희 아니야, 아니야. 뭐든지 같은 것으로 통일되고 일색이 되는 사회, 그건 그것대로 불행한 생존이야. 반드시 반대는 아니라 하더라도 다른 의견들이 있어야 해요. 그런 사회가 되어야 정반합을 이룰 수 있지요. 또 서로 의견을 주고받아야 사회가 향상되는 거지요. 우리에게는 서로를 너무 부정만 하는 요소가 많았지요.

오지혜 지금 아주 이상적인 말씀을 해주셨어요. 그야말로 톨레랑스가 정착되고 정반합이 제대로 이루어지는 사회라면 가장 이상적인 사회잖아요.

리영희 물론이지요.

오지혜 그런데 그렇지 않기 때문에 제가 그 같은 말씀을 드린 거지요. 사회적 결벽증이 더 있어도 되는데 조금 모자라 이렇게 더디게 발전하는 것이 아닌가 하는 생각이 들거든요.

리영희 결벽증이 아니라 '사회적 정의감'이라고 하는 게 나을지도 모르지, 정의감……

오늘의 네 발자국이 내일의 길잡이가 되리니

오지혜 예전에 『조선일보』에도 잠시 계셨잖아요? 『조선일보』가 지금은 보수적인 언론 중 정점에 서 있는 신문이라고 볼 수 있는데, 그 당시는 지금 정도는 아니었나봐요?

리영희　내가 『조선일보』에 있었던 것은 1964년부터 69년 가을까지입니다. 66년 무렵까지는 한국의 신문들이 옳은 것은 옳은 대로 봤어요. 그런데 무엇이 계기가 되었느냐 하면 박정희가 종신총통제를 실시하기 위해서 언론의 입을 막아버리는 법률을 만들고자 했어. 아예 벙어리를 만들고자 했던 거지. 이렇게 되자 사주(社主)들은 자기 권력과 재산인 신문을 지키기 위해 정권에 가 붙었고 기자들은 결사 반대했지. 결국 언론통제 악법은 제정하지 못하고 말았지만, 그때부터 신문사 사주들이 정권에 붙어버리는 바람에 권언유착이 시작된 거예요. 돈 가진 사주들의 수구적인, 군사정권의 이해를 대변하는, 말하자면 영어로 '마우스피스'라는 대변지가 되어버린 거지요.

　　오지혜　언론과 자본은 절대 친해져서는 안 될 사이인데 너무 친해져 어디서부터 수술을 해야 할지. 언론은 이제 큰 공룡처럼 변해버리고 말았잖아요. 오늘은 개인적인 질문을 드린다고 했는데 자꾸만 사회적인 이야기가 되고 마네요. 언론에 대해서도 상당히 못마땅하시지요?

　　리영희　그렇지요. 그렇게 조작을 하고. 도저히 언론의 정도(正道)가 아닌 그러한 일들, 경품 주고 자전거를 주고……. 우리 아들도 언젠가 집에 가보니까 자전거를 받고 나서 그 신문을 구독하더라고. 언론이라는 게 이 모양으로 타락해서는 안 되는 겁니다. 그건 전 국민의 판단의식을 완전히 병들게 하는 거예요. 그렇게 해서 100만이다 200만이다 하는 부수를 가지고 큰 신문이다 작은 신문이다……. 이것이 순환적으로 우리 사회를 병들게 하는 거지요.

　　오지혜　언론개혁부터 빨리 되어야 제대로 된 소리를 대중들에게 전달할 텐데. 입이 망그러져 있으니 제대로 된 말도 전달하는 쪽에서 잘못 전달하니까 문제가 정말 심각한 것 같아요. 그런데 선생님, 평생 옳은 소리 쓴 소리를 하면서 개인적으로 고초도 많이 당하고, 가족들 고생도 심했는데, 지금 생각해보면 억울하지 않으세요?

리영희 아, 그건 굉장히 어려운 질문이에요. 억울한 점도 많지. 그러나 한편 생각하면, 그로 말미암아서 사회가 많이 달라졌어요. 나의 글이나 저서들, 또는 약간은 언행일치로 살려는 나의 인생강령을 보면서 잘 깨우친 후학이나 후배들이 각 분야에서 궐기했지. 지금은 각 분야에서 역할을 하고 있는 것이 나의 보람이지요. 책을 통해서나 후배들에게 가르침을 통해서나 나는 이제 한 사람이 할 수 있는 역할은 웬만큼 하지 않았는가 생각하면 억울함과 고통이 상쇄될 수 있겠지요? 그렇게 생각하고 살아요.

오지혜 저희 후학이나 젊은 사람들은 늘 선생님께 빚진 듯한 생각이 들어요. 먼저 세상에 태어난 죄로 그 쓰레기들을 치우느라고 험한 일을 당하시고. 우리는 공짜로 무임승차한 것 같은 느낌이 많거든요.

리영희 아니, 아니, 그렇지 않아. 서산대사의 시를 김구 선생이 붓으로 쓴 것이 있어. "캄캄한 밤중에 눈밭을 걸을 때 함부로 걷지 마라, 네 오늘 걷는 발자국이 내일 뒤따라오는 사람들의 길잡이가 되리니." 이런 말이 있거든. 그러니까 어차피 앞에 생명을 타고난 사람은 뒤에 오는 사람을 위한 길잡이가 되어야 하는 거예요. 그건 운명이야. 그러니까 하나도 미안하게 생각할 것은 없고, 다만 조금 본받아서 그 정신을 이어받기만 하면 되는 거예요.

오지혜 그렇게 말씀해주시니까 더 미안하네요. 하긴, 선배보다 무서운 게 후배라 그러잖아요.

리영희 중국 고사에 후생가외(後生可畏)라고 있지. 나도 그렇게 생각해요. 『전환시대의 논리』에서 시작해서 나의 많은 글과 책을 읽은 수많은 후학이 그것을 읽었을 때의 깨우침. 여태까지 믿었던 것이 전부 거짓말이었구나 하는. 그 놀라움과 충격으로 정신개조를 했단 말이야. 그분들이 지금 놀랄 만큼 큰일을 하니까 나는 태어난 보람은 있지 않은가, 그렇게 생각해요. 이제 나는 천학비재(淺學非才)의 한 사람으로서 이 정도 했으면 쉴 만한 자격이 있지 않나 생각하고 편안히 살아요.

오지혜 자격은 충분하신데 여전히 후학들이 와서 괴롭히잖아요. 들을 말씀이 너무 많이 남았어요. 지금도 들을 말씀이 많은데 마칠 시간이 되었으니 이를 어쩌면 좋아요. 개인적인 일을 좀더 여쭈어볼게요. 후생들을 보면서 '아, 저런 면은 우리 세대보다, 개인적으로 나보다 낫구나. 저건 배워야겠다. 왜 젊었을 때는 저런 생각을 못 했지?' 하는 생각도 혹시 하지 않으셨어요?

리영희 그럼요, 하지요. 생명이란 대를 거듭하면서 유전학적으로 진화하는 것 아니에요? 내 앞에는, 배워와서 그런 이야기를 할 만큼 뭐가 없었어. 아무것도 없는 가운데 혼자 암중모색하고, 연구하고, 글 쓰고, 논문 쓰고, 발표하고, 말하고. 그런데 그 뒤 80년대 말부터는, 나도 거기 일조한 것이겠지만, 그런 새로운 기풍이 일반화되었어요. 당시는 연구해서 발표한 논문이나 주장 때문에 형무소를 가야 했지만, 지금은 아무것도 아닌 게 되었단 말이야. 난 그게 고마운 거요, 오히려. 난 그렇게 후배들이 편안하게, 내가 어렵게 깨달은 사실을 편안하게 습득하고 살아주길 원했어요.

오지혜 이렇게 고맙다는 말이 쉽게 나올 수 있다는 것이 저는 아주 놀라워요. 그 말씀이 진심이신 것 같아서요. 저희 후배들 입장에서는 그런 어이없는 세상을 몸으로 살아내신 것, 행위로 나쁜 짓을 했으면 당연히 감옥을 가야 되지만 생각을 달리했다는 이유로 그렇게 감옥을 보내는 어처구니없는 시대를 버티어주셔서 우리가 편안하게 민주주의를 누릴 수 있다는 게 감사한 일인데 오히려 고맙게 생각한다고 하시니까 다시 한 번 머리가 숙여집니다.

모두 틀리고 모두 맞는 것은 없다

우린 아주 큰 어른, 그 어른과 함께 동시대를 살아가는 행운을 누리고 있습니다. 리영희 선생님, 그는 자신을 60퍼센트의 저널리스트이고 40퍼센트의 아카데미션이라고 스스로를 일컫는데요. 글과 언론가 폐쇄되었던 7,80년대 그의 글은 암울한 시대상황을 뚫고 나온 한 줄기 빛이었고 준엄한 꾸짖음이었으며 지식인 사회의 맑은 창이었지요. 그러나 우리에게 그 맑은 창을 열어준 그의 삶은 시련과 고난의 연속이었습니다. 우리 시대의 어른으로 지난 시대의 아픔을 고스란히 온몸으로 받아낸 리영희 선생님을 2005년 1월 1일부터 5일까지 신년특집으로 모시고 있습니다.

오지혜 오늘은 마지막 날이니까 통일에 대해서 여쭙고 싶어요. 얼마 전에도 남과 북 한쪽만 야단치는 게 아니라 "북한도 잘못했다, 북한도 정신차려야 된다" 그러면서 "나는 양쪽 다한테 환영받지 못할 거야"라고 말씀하셨습니다.

리영희 북한문제는 크게 작게 여러 가지가 많지요. 국가의 원수 자리를 대를 이어 계승한다는 것부터 세계에서 쉽게 받아들여지기 어려운 행태예요. 물론 미국과의 관계에서 어느 순간에 군사적으로 덮칠지 모르는 70년대와 80년대를 겪으면서 심각한 위기감 때문에 그렇기는 하지만. 어쨌든 사회주의 사회에서 그것은 허용되지 않았어야 할 일이었거든요. 그런 여러 가지 이유 때문에 세계의 환영을 받을 수 없는 국가 이미지가 굳어진 거예요. 게다가 인민에 대한 통제가 심하다—어떻다 하는 것은 한편 통제를 늦췄을 때 어떻게 되겠느냐—하는 생각도 해야 하고, 또 그렇게 통제를 하게 된 원인과 책임이 북한 자신과 미국에 각기 얼마나 있는가, 미국이 북한 봉쇄·말살정책을 50년 동안 펼치지 않았더라면 사회를 개방할 여유를 어느 정도 갖지 않았겠는가, 그랬다면 요즘처럼 조금씩 개방하지 않았겠는가. 북한문제는 이처럼 복합적인 측면이 있지요. 북한문제를 생각할 때는 반드시 미국의 대북한 전략과 목표, 남한과 미국의 협동적 적대정책……, 이런 측면을 아울러 생각해야 해요. 그렇지 않으면 진실의 절반밖에 볼 수 없지요.

오지혜 '북핵문제, 북핵문제'라고 말을 많이 하지요. 언론에서 너무 과장된 표현이라고 말씀을 하셨는데 그에 대해서도 다시 한번 설명해주세요.

리영희 아니, 과장된 표현이라는 게 아니라 '북한 핵문제'라는 용어와 개념설정이 잘못되었다는 거지요. 오히려 그것을 미국의 문제로 보는 게 문제의 본질을 인식하는 거예요. 북한의 문제이면서 미국의 문제야. 가령 허약한 내가 무시무시한 깡패를 만나 싸워야 한다면 무기를 지녀야 하지 않아요? 하다못해 연필 깎는 칼이라도. 미국이 열일곱 번인가 열아홉 번인가 팀스피리트 훈련이라는 것을 30년에 걸쳐서 했는데, 이건 완전히 북한을 핵무기로 말살하려고 하는 공격용이었지. 흔히 남한에서 우리가, 또 미국이 주장하는 것처럼 단순한 방어용 군사훈련이 아니에요. 가령 미국처럼 막강한 과거의 소련이 우리 남한에게 그런 짓을 했다고 바꿔 생각을 해봅시다. 그럼 우리는 어땠겠느냐? 아무 대응도 안 했겠느냐? 내가 과거에 일찌감치 알아서 썼어. 최근에 와서야 국민들이 알게 된 사실이지만, 박정희 대통령은 1975~78년에 미사일과 핵폭탄을 완성해서 사용하려고 그랬어. 그처럼 항상 우리는 역지사지, 즉 남의 이야기를 할 때는 그쪽의 입장에 한번 서보는 마음가짐이 필요해요.

오지혜 지금 통일이 어디까지 왔다고 생각하세요? 점수를 매긴다면요?

리영희 난 '통일'이라는 용어를 안 씁니다. 흔히 통일운동, 통일운동 할 때 사람들의 정신상태는 굉장히 관념적이에요. 난 그래서 군비축소, 평화공존, 상호협력이란 용어를 써요. 구체적으로, 서로 낮은 차원에서 물질이 오고가고, 사람이 오고가고. 이렇게 하는 것이 통일로 가는 단계지. 꾸준히 통일을 지향해가는 과정에서 통일을 방해하는 난관 하나를 해결하면, 그럼 이제 통일까지의 과정에 99퍼센트가 남았어. 남·북 간에 가로놓인 열 가지를 해결하면 통일까지 90퍼센트가 남았어. 그렇게 극복하고, 치우고, 제쳐놓고, 해결하는 것이 그대로 통일의 비율이지. 통일이라는 게 관념적으로 또 심정적으로 되는 게 아니라고. 남북한에 군사대결 체제를 하나씩 제거하고, 공장 세우고 교류하는 것 이 정도로도 상당한 진전을 이룬 거야. 우선 출발을 한 거예요.

오지혜 이 정도만으로도 많은 진전이 있다는 말씀이지요?

리영희 그렇지요. 서로의 가슴에 총부리를 겨누던 때의 상황에 비하면 얼마나 달라졌어요? 놀랄 만한 진전이지. 안 그래요?

오지혜 미국이 북한 인권법을 통과시킨 것에 대해서 사실 저는 좀 자존심이 상하는데요. 선생님은 어떻게 느끼세요?

리영희 미국이라는 나라는 본래 그런 나라이기 때문에 나는 자존심이 상하질 않아요. 또 저러는구나 생각하지요. 미국은 약소국에 대해서 그런 법률을 제정해서는 미국에 비우호적인 정부나 국민의 활동을 질식시키는 거예요. 민주주의·자유·민족자결·평등…… 같은 아름다운 구호를 내거는 미국이라는 나라로서는 그런 발상부터가 잘못된 거지. 어쨌든, '인권법'이니 '민주주의 조직법'이니 하는 입법행위로 북한 질식을 강화하는 실제적이고 구체적인 효과를 거두려는 거지요. 군사적 공격의 선행 또는 보조수단이지요.

오지혜 그러게요, 정말 안하무인격인 것 같더라고요.

리영희 세계를 돌아다니면서 철저히 인권을 유린하고, 많은 민족에게 피를 흘리게 하고, 어렵게 건설한 가난한 인민의 재산과 집 등을 불살라버리는 그 미국이 어떻게 인권을 주장할 수가 있어요?

오지혜 며칠 전에 선생님이 "똑같은 것, 그것은 참 좋지 않다. 사람에게는 여러 가지 생각이 있지, 모두 틀리고 모두 맞는 것은 없다"고 말씀을 하셨는데, 그건 어떻게 새겨들어야 하는지요?

리영희 한 가지 생각이란 물이 그대로 멈추어 있는 상태와 같지요. 결국 썩어요. 다른 생각, 다른 행동, 다른 가치관이 서로 산소의 역할을 해서 부패를 막아주어요. 하나만으로 고정되면 생명의 신진대사가 정지해버려. 생명의 죽음이야. 생명은 항상 새로운 것을 받으면서 낡은 것을 내보내곤 하지. 이 같은 싱싱한 신진대사의 과정을 생명이라고 할 수 있지요. 한쪽으로 뭉치자든가 하나로 행동하자, 이건 스스로 자기 생명을 부정하는 사상이에요.

오지혜　네, 그래서 2002년 월드컵 때 "대~한민국! 짝짝짝 짝짝"하는 모습을 보고 신이 나긴 했는데 한편으로는 무섭다는 생각도 들었거든요.

리영희　하나가 되자는 것은 외형적으로 말하면 "같은 옷을 입자"는 것과 같아요. 월드컵 이야기가 나왔으니 말인데 왜 꼭 전부 뻘건 옷을 입고 나가서 같은 행동을 해야 해? 일전에 귀화한 박노자 씨가 내 집에 인터뷰하러 왔더라구. 월드컵 이야기가 나왔길래 그랬어. "난 월드컵에 대해 별로 기쁜 마음을 못 가진다. 자기 입고 싶은 대로 입고 나가서 응원도 하고 해야지. 너무나 애국주의적인 언행들, 국가지상주의 같은 집단심리, "대−한민국!"의 합창! 그냥 "한국 팀 잘해라" 정도면 안 돼요? 스포츠는 실력대로 이기기도 하고 지기도 하는 거야. 꼭 이겨야 한다는 생각, 그리고 '대한민국'이라는 국가의 정식 호칭 아래서 스포츠로 일체화하는 정치화를 나는 두려워해요. 과거 히틀러가 했던.

오지혜　독재정권이 많이 이용했지요.

리영희　아니, 그냥 독재가 아니라 파시스트, 극우와 극좌가 어느 시대나 어디서나 그랬어. '스포츠의 정치화'. 모든 것을 하나로 만드는 획일주의. 나는 이것이 싫어요. 나는 북한이 세계 제일이라고 자랑하는 수만 명의 일사불란한 대형 매스게임을 좋아하지 않아요. 특히 '애국주의' '애국심'의 신성화! 그 슬로건하에 얼마나 많은 범죄가 정당화되고, 얼마나 많은 보편적 가치가 부정되었는가, 생각해볼 일이오.

오지혜　선생님께서 "나를 민족주의자라고 부르지 말아달라"고 말씀하신 것도 그런 면에서 일맥상통하는 건가요?

리영희　기본적으로는 민족의 입장에 서지만 나아가 인류보편적인 가치와 염원과 목표를 존중해야 한다는 생각이지요.

　　오지혜　그럼 뭐라고 불렀으면 좋으시겠어요?

　　리영희　난 휴머니스트입니다. 인도주의자 그리고 평화주의자이고. 덧붙인다면 우상파괴자!

　　오지혜　아, 평화주의자가 제일 멋지네요.

　　리영희　나는 군대에서 7년, 그 가운데 6·25 때는 3년 반을 최전방에 있었어요. 죽음이라는 것, 전쟁이라는 것은 정말 끔찍해요. 지금 몰라서들 전쟁을 부르짖는데, 전쟁의 잔혹함을 진심으로 겪고 깨달은 사람이라면 그런 생각을 못 해요. 이 많은 집과 생활토대들이 폐허가 된다고. 남북한·베트남, 아프가니스탄·이라크 보세요. 생명의 파괴, 물질의 파괴는 말할 것도 없고. 그러니까 '국가주의'는 반대해야 해. 스포츠조차 '대한민국'이라고 부르짖어. 그냥 한국이라 하면 어때? 텔레비전의 자막을 봐도 독일은 '독일'인데 우리는 '대한민국'이라고 써. 우리를 대한민국이라고 쓰려면 상대방도 정식명칭인 '독일연방공화국'이라고 불러야지 않아? 대한민국이라는 국가를 높이 올려놓고 그 밑에 단결해서 하나가 되는 것을 아름답게 생각하는 일, 나는 늘 그것을 두려운 마음으로 바라봅니다.

　　오지혜　국수적인 딜레마에 빠질 수 있는 위험성이 있지요.

　　리영희　그렇지요. 나는 스포츠에서 한국이 이기면 물론 좋지만, 져도 별로 아쉬워하지 않아. 잘하는 쪽이 이기면 돼. '스포츠의 애국심'! 나는 그런 애국심은 없어.

개혁에는 시간과 절차가 필요하다

오지혜 국가에 대해서 이야기를 하다보면 요즘 4대 개혁입법에 대해서도 말이 많은데 어떻게 될지요?

리영희 대체로 옳은 방향의 개혁이지요. 개혁에는 아픔이 따른다는데 아픔을 참지 않으려는, 또는 개혁을 자기를 향한 칼으로 착각하는 기득권자들의 문제가 크지요. 개혁은 꼭 해야지. 그런데 민주주의에서는 역시 시간이 걸리는 거예요. 절차가 필요하지요. 무리해서 개혁이 성립되는 게 아니니 참을성이 있어야지요.

오지혜 다 같이 잘사는 세상, 상식이 통하는 세상을 위해서는 기득권이 조금은 포기할 수 있는 그런 관용이 필요한 것 같습니다.

리영희 요새 스웨터 하나에 500만 원이니, 위스키 한 병에 700만 원이니 하면서 흥청대는 자들이 한국에 꽤 많다고. 그들이 다 불법으로 치부했다는 말은 아니지만, 자본주의 체제가 엄청난 빈부의 격차를 만들어내는 걸 기본원리로 하고 있기 때문에 그런 짓이 가능하단 말이야. 그런 걸 개혁하려는데 "700만 원짜리 위스키를 못 마시면 그럼 한병에 고작 200만 원짜리 마시라는 거냐" 이러지 않겠어? 그러니까 참 어려운 거야. 제도도 바꾸고 머리부터 깨우쳐야 해.

오지혜 마지막으로 지금 방송을 듣고 계신 분, 특히 젊은 청취자분들에게 새해를 맞이해서 좋은 말씀이 있으면 해주세요.

리영희 첫째는, 지금 젊은 세대들이 경제적으로 어렵다니까 새해에는 그분들에게 직업이 고루 돌아가고 경제사정이 나아지기를 충심으로 바랍니다. 앉아서 바란다고 될 일은 아니지만, 그러기 위해서는 야당도 여당도 필요한 개혁을 해야겠지. 둘째는, 젊은 세대가 의식의 변화를 가져주기를 바라지요. 금년뿐만 아니라 앞으로도 계속. 모든 일을 투쟁을 위한 것이 아니라 좀더 평화지향적으로 해결해나가라고 말하고 싶어요. 남북 간 문제도 마찬가지이고. 옳은 것을 위해 서로 양보하고, 참고, 모든 일을 정부 탓으로만 돌리지 말고, 좋은 것 나쁜 것을 함께 흡수하는 아량을 가지라고 부탁하고 싶어요.

　오지혜　일반적인 대중들은 선생님을 좀 반골이고, 쓴소리 많이 하는 분, 까다로운 분으로 대개 알고 있는데 직접 뵈니 그렇지 않군요. 말씀의 기저에는 아주 긍정적인, 모든 면을 긍정적으로 바라보고 평화를 사랑하는 마음이 있기 때문이라는 것을 느꼈습니다. 나흘 동안 좋은 말씀 해주셔서 정말 감사합니다. 새해에도 건강이 더 좋아져서 좋은 말씀 후학들에게 많이 남겨주시기 바랍니다.

　리영희　그래요. 감사합니다.

　오지혜　안녕히 계십시오.

　• EBS-FM, 「만나고 싶었습니다」, 2005.1.1~5

4

중립화 통일론의 대두와 논리

서울발.

지난 4월에 일어난 한국 학생혁명 이후 한국인들은 불안한 마음으로 세계적 관계 속에서 자신들의 위상을 재평가하는 논의를 하고 있다. 그들은 이승만 정권을 타도하는 데 일정 공로가 미국 정부에 있다는 사실을 인식하는 한편, 바로 그 이유로 미국에 대한 남한의 의존적인 현실이 더욱 깊어지게 되었다는 사실을 놓고 그 현실의 양면성에 대해 고민하고 있다(현재 한국 정부예산의 60퍼센트 정도를 미국 원조에 의존하는 실정이다).

이승만 정권 시기에는 외세의 영향에 반대하는 운동이 노골화될 수는 없었고 불평의 형식으로 꾸준히 잠재해왔다. 4·19혁명 전에는 이 문제를 공론화할 수가 없었다. 그러나 이승만 독재정권을 쓰러뜨린 후 한국의 지식인들 사이에서 새로운 민족주의에 대한

이 글은 이 시기 미국의 가장 권위 있는 진보적 평론 위주 주간지 『더 뉴 리퍼블릭』(*The New Republic*)의 요청으로 영문으로 기고해 1961년 3월 6일자에 게재된 글을 번역한 것이다.

의욕이 새롭게 파동을 일으키고 이 문제가 공론화되기 시작했다. 독재정권에 맞선 혁명이 성공하자 남한의 대학생·지식인들의 자존심과 자기주장의 자세가 더욱 강화되었으며, 젊은 세대의 자기의식은 적어도 오늘 당장 한국을 지배할 수 있는 힘은 아니라 하더라도 머지않은 미래의 한국을 이끌어갈 이념이 될 것이다.

4·19혁명 이후 새 정부와 일반 대중은 그전에 비해 한국 내정에 대한 사소한 간섭의 표현에도 매우 민감해진 상태다. 이처럼 새로워진 민심에 정부는 미국의 대한(對韓) 원조계획이나 집행에 관한 현재의 방식을 재평가하려는 방향으로 움직이고 있다. 그들은 미국 측에서 제기되는 비판, 즉 막대한 원조액의 남용과 비능률적인 사용에 대한 책임을 지나치게 한국 정부와 한국 사회가 비난받아온 사실에 대해 거부반응을 보이고 있다. 특히 군사적 측면에서 주한미군에 대한 법적 지위, 즉 '행정협정'에 대해서 더욱 엄격한 집행을 요구한다. 한국인은 대부분 주한미군의 범죄행위에 대해 미국 정부가 지나치게 거부권을 행사한다고 비판한다.

한 예를 들어보자. 최근 미국 군사원조사업의 직접적 책임자인 한 장성이 방한 기간 동안 '우정 어린 충고'라는 미명 아래 발언을 한 것이 문제가 된 적이 있다. 4·19혁명 이후 새 한국군 참모총장에 임명된 장성이 국군 내에 만연한 부패를 뿌리뽑아야겠다는 계획을 발표한 바 있다. 그런데 이에 대해 미국의 장성은 그것이 마치 미국의 책임을 추궁한, 미국 원조정책의 탓이기도 하다는 뜻으로 받아들였다. 그런 맥락에서 신임 참모총장의 계획에 제동을 거는 듯한 발언을 했던 것이다.

이에 한국 장성은 "우리는 국가주권의 간섭 여부에 대한 경계를 게을리해서는 안 된다"고 말했다. 미군의 한국 주둔 12년 역사상

단 한 번도 이런 전례가 없었다. 더욱 중요한 사실은 한국군 참모총장의 발언 자체보다 그에 대해서 한국 국민이 절대적인 지지를 표명하고 나섰다는 사실이다. 한국의 언론들은 미국 장성의 문제가 된 발언에 대해 아무리 '우정 어린'이라는 수식어가 붙었다 하더라도 "충고와 간섭 사이에는 분명한 차이가 있다"는 논지에서 일치했다(남한 군대의 작전 및 군수 관할권은 주한 미8군사령관의 권한이며, 주한 미8군사령관은 주한 UN군사령관을 겸한다).

이승만 정권 시기에는 경찰국가적 특징 때문에 정부에 대한 국민의 비판여론은 완전히 봉쇄된 상태였다. 그러나 지금은 4·19혁명으로 인해 상황이 달라졌다. 정부도 여론에 귀를 기울여야 하고, 또 일정한 조치를 취해야 한다. 바로 이와 같은 변화로 말미암아 한국정부는 주한미군의 법적 지위문제에 대한 행정협정 체결을 요구하고 나선 것이다. 지난 날에는 상상조차 할 수 없었던 변화이며, 국민 사이에서 일어난 행정 캠페인의 직접적 결과다.

내가 여기서 강조하고 싶은 것은 이와 같은 남한에서의 내셔널리즘의 새로운 징후가 반드시 반미적인 변화는 아니라는 사실이다. 오히려 미국과의 관계에서 이전과 달리 더욱 독립적이고 평등한 관계를 원하는 전 국민적 바람의 표현이라고 할 수 있다. 대한민국 정부수립을 지원하는 과정에서 표현된 미국의 호의와 공산주의로부터의 보호, 그리고 전쟁 후 피폐해진 한국경제에 대한 원조 등은 미국에 대하여 진정한 벗이라는 인식을 한국 대중들 머릿속에 심어주었다. 그러나 앞으로 미국은 4·19혁명의 성공으로 촉발된 미국에 대한 비판적·저항적인 태도를 주시해야 할 것이다.

새로운 내셔널리즘의 의미 있는 측면을 보면 한국 지식인들과 대중 사이에서 분단한국의 통일염원이 높아지고 있으며, 그 염원은 남북 중립화 통일론으로 자리잡고 있다. 이를 놓고 지지시위나 반대시위가 매일 공공 토론장 또는 길거리에서 벌어지고 있다. 특히 대학생, 교수, 정치인, 공적 여론 지도자들 사이에서는 일상적인 토론의제가 되었음을 볼 수 있다.

아직은 새로운 중립화 통일론에 대한 지지세력 분포를 가늠할 여론조사가 행해진 바 없다. 하지만 공공적 토론과 공개적 시위 또는 보도기관을 통해 나타나는 대중적 감정과 개인적 일상대화에서의 인상 등을 종합할 때 웬만큼은 타당한 평가가 가능하다. 요약하자면 이 통일론은 대부분의 대학생과 젊은 인텔리들 사이에서 지지를 받고 있다는 것이다. 지지층인 젊은 세대와 기성세대인 지도층이나 정권의 안팎에서 오랫동안 세를 누려온 구세대 사이에는 단층이 존재하는 것이 사실이다. 중립화 통일론이 현 시점에서 반드시 지배적인 견해라 하기에는 시기상조다. 그렇다고는 하더라도 이같이 새로운 국민적 정서가 자리잡고 있다는 것만은 확실하다.

또 하나 서방세계가 주목해야 할 사실이 있다. 한국 국민들 사이에서 한쪽 강대국 진영에 예속되거나 속한다는 것이 과연 현명한 일인가 하는 문제에 대해 새로운 각성이 일어나고 있다는 것이다. 냉전의 한쪽 진영에 몰입되거나 예속되는 상태는 다시금 그들의 땅을 세력간 전쟁 또는 위기갈등의 마당으로 제공하는 결과가 초래될 것이라는 새로운 의식에 눈을 뜬 것이다.

남한 국민의 새로운 의식을 촉발시킨 외부적 제반 요인은 다른 나라의 경우에도 같은 성격을 지니고 있다. 미국과 소련 사이의 힘의 균형이 이동한다는 사실을 들 수 있고, 또 하나는 역사적으로 영향력을 행사해온 이웃인 공산국가 중국의 역량에 대한 인식이 급속히 변화하기 시작했다는 사실이다. 또 과거에는 힘을 발휘할 수 없었던 중립주의적 국가군의 역량이 확대되고 그들 간에 단결이 공고해졌다는 사실이다. 그리고 일본 국민들 사이에서 자리 잡고 있는 중립주의적인 역량의 증대 등도 들 수 있다.

게다가 한국 국민들의 견해로 보아 만약 6·25와 같은 전쟁이 재발할 경우 미국이 과연 과거와 같은 확고한 자세를 취할 것인가 하는 의구심도 가세한다. 미국 정부의 거듭된 공약에도 불구하고 실제로는 마치 트루먼 대통령 집권 당시 한때 그랬던 것처럼, 미국의 세계 규모의 방위선 전략에서 남한은 배제될지 모른다는 의구심 또한 적지 않다. 더욱이 남한 지식인들 사이에서 중립화 노선에 대한 어느 정도의 희망은 케네디 신정부의 대외정책에서의 변화와 앞으로의 전망에도 바탕을 두고 있다. 즉 미국의 신정부는 동북 아시아와 관련된 국가 사이의 합의가 이루어지기만 한다면 한국의 중립화를 용인할 정책변화의 가능성에 대한 새로운 전망이 일어나고 있는 것이다.

최근에 일어난 이 같은 외부적 요인들이 강력한 내부적 요인들을 증폭시켰다. 예를 들면, 한반도 북쪽과 남쪽 민중 간의 인종적·민족적 단일 성격에 대한 강렬한 친화적 의식, 38도선으로 찢기고 갈라진 수백만에 달하는 이산가족 문제, 공업 위주인 북한과 농업 기반에 치중하는 남한 경제가 하나로 통합되지 않고는 경제적 존속이 어렵다는 점 등, 이런 여러 가지 사실들이 새로운 조류에 가세했다. 한국 민족처럼 분단된 땅에서는 그와 같은 상호보존적인 체제가 하나로 통합되지 않고는 건전한 경제적 발전을 이루기 힘들다는 현실 분석과 미래 진단에 기초해서 더욱 힘을 얻고 있다.

통합된 민족적 생존을 위해서는 남북사회에 자리잡은 두 가지 서로 다른 제도가 타협점을 찾아야 한다. 또 공동의 번영을 이룩하기 위해서는 지금까지 외국 주도적인 군사·정치적 진영화로부터 가능한 한 거리를 확보하고, 그럼으로써 양쪽 냉전체제들에게도 한반도의 중립화가 그들에게 이익이면 이익이었지 결코 해가 되지 않는다는 사실을 인식시켜야 할 것이다. 한국에서의 중립화 사상 또는 노선 자체가 반드시 목적은 아니며, 차라리 전쟁위기와 빈곤으로부터의 탈출을 위한 방법론적 요구로 인정된다.

바로 이 점에서 한국의 중립화(이론)는 일본과 성격이 다르다. 일본 국민들에게 인지된 중립화 이론은 앞으로 발발할 전쟁에 휘말려들지도 모른다는 두려움에서 나온 것이다. 또 한국의 중립화 이론은 인도네시아나 인도와도 성격이 다르다. 그들은 중립주의를 표방하는 국가의 국민들로서 그 같은 정책 추구가 군사진영적인 양쪽 세계의 중간에서 안전을 유지하고 영향력을 보존할 수 있는 방법이라는 사실에 기초를 둔다. 또한 한국은 유고슬라비아와도 다르다. 유고슬라비아는 소련에 의해 추방된 국가로, 국가이익을 보존하고 중립세계에서 주도적 위치를 유지할 수 있는 이데올로기적 측면이 강하다.

지금 남한 정부와 국민들은 북한이 1953년 정전협정 이후 단시간에 이룩한 괄목할 만한 경제 재건과 공업화와 그에 따르는 놀라운 경제적 발전에 대해 일종의 패배주의에 사로잡혀 있다. 최근 수만 명의 재일 조선인이 북한으로 간 일이 있다. 이는 자본주의 세계에서 공산주의 세계로의 대량 이동의 전력에 비추어 그와는 반대로 자본주의 세계에서 공산주의를 선택해 이동한 최초의 대민족이동이었다. 이는 결코 공산주의의 선전의 승리라고만 일소에 부칠 수 없는 분명한 변화이며, 한국 국민들에게는 놀라운 사실로 비쳤던 것이다.

북한의 발전에 비해 남한의 생존조건은 열악하다. 개인소득이 불과 50달러 정도였던 6·25전쟁 당시로 거슬러 올라가 비교해보면 적지 않은 향상을 이룩했다. 그렇기는 하지만 이승만 정권 12년 동안 남한에 제공된 20억 달러의 경제원조는 막대한 액수에 비해서는 현실 상황을 개선하는 데 별로 효력을 발휘하지 못한 것이 사실이다. 이에 대해서는 최근 미국 상원 외교위원회의 요청으로 샌프란시스코에 있는 콜론 아소시에이트(Conlon Associates)가 동 위원회에 제출한 남북한 경제실정 분석보고서에서 지적한 그대로다.

한국의 신문들은 대중적 여론 형성에 크나큰 힘을 발휘하는 기관이다. 이 같은 영향력을 가진 한국의 신문들이 근래에 와서는 한국경제가 반식민지형으로 몰락해가고 있다는 사실을 경고하고 있다. 이승만 정권의 특징인 국가 전면에 걸친 부패와 한미 양국의 잘못된 원조지원 및 수급방식 때문에 지난 12년 동안 10여 개 신흥재벌을 탄생시킨 반면 실업자군은 급속도로 증대하는 현실적 모순이 거듭되고 있다. 현재 실업자 수는 250만~300만 정도로 기록되는데, 경제활동인구 800만의 나라에서 40퍼센트에 육박하는 고율의 실업자 문제는 바로 한국경제의 붕괴를 의미하는 것으로 지적된다.

그런데 문제는 경제적 위기가 젊은 인텔리 계층과 직업전선으로 나아가야 할 대학생들에게 집중됨으로써 그들이 불안과 공포에 싸여 있다는 점이다. 지난 시기에 미국을 원점으로 하는 서방적 전통을 교육받았지만 중산층적 존재로 허용되지 못하는 이들은 미래에 대한 불안 때문에 남북문제의 중립적 해결에 기대를 거는 면이 없지 않다. 이승만 정권 당시 그리고 현재에도 그들은 남한 사회의 그늘진 존재로 내몰리고 그로 인해 급진화되고 불만에 가득 차 있다. 또 지난 시대에는 상상할 수 없을 정도로 분명하게 "채워지지 않는 욕구"를 채워달라고 소리를 지르고 있다.

이러한 새로운 경향에 대해 한국 중립화 노선이나 정책에 반대하는 사회집단의 대변인 격인 극우세력과 정부는, 약소국가의 가장 안전한 생존은 어느 한 강대국과의 연대관계로 더욱 유지할 수 있다고 반박한다. 미국이나 러시아 어느 쪽도 한반도의 항구적 중립화를 상정하지 않을 것이라고 설득하고 있다. 그들은 또한 중립화의 필수적 전제조건이 되는 정치적 안정 없이는 안 된다고 설명한다.

정부나 반중립화론자들이 주장하기를, 북한 공산주의자들은 파괴공작 요원들을 훈련시켜 남한의 민주주의를 1년 또는 단시일 내에 마음만 먹으면 끝장낼 수 있다고 말한다. 이런 주장 뒤에 숨은 뜻이 무엇인지는 확실치 않지만 수구세력은 그로써 중립화사상이나 운동을 반대하고 있다. 이에 반해 중립화를 주장하는 측은 민주주의도 중요하지만 경제발전은 더욱 중요하며, 사소한 자유나 권리는 경제적 발전에 도움이 된다면 일시 연기할 수도 있고, 상쇄될 수도 있다고 말한다.

이상과 같은 배경 아래 진행되는 현재의 중립화 논쟁은 현재로서는 초보적 단계일 뿐이다. 그러므로 나는 이승만 정권 뒤에 탄생한 이 민주정부가 현명한 미국의 도움을 받아 훨씬 밝은 희망의 설계도를 제시할 수 있다면 한국 국민들은 지금까지와 같은 국토분단의 비극을 그대로 수락할 수도 있다고 평가한다. 즉 자유와 권리라는 민주적 가치의 일정 부분을 희생하거나 미룬다 하더라도 일정한 기간 동안 또는 적절한 통일의 기회가 올 때까지 현재와 같은 서방식 민주주의의 유지와 확보에 동의할 것으로 생각한다. 하지만 국민 정서와 욕구의 밑바닥에 강력하게 확대되고 있는 민족통일의 욕구는 아마도 전 국민적인 조류로 계속 흐를 것이며, 제한 없이 자유로이 표현할 수 있는 기회를 달라고 요구할 것이다.

지금 새로운 사조의 중심에 서 있는 젊은 세대들은 6·25전쟁에 대한 경험이 없고, 공산주의에 대한 구체적인 공포가 없다. 그러므로 냉전적 통제나 부자유나 경제적 생존조건의 악화가 계속된다면, 오히려 더 많은 한국 청년들이 장래 국가 지도층이 되어 발언권을 행사하게 될 때 좀더 나은, 지금까지와 다른 방식이 허용되지 않는다면 중립화 방식에 의한 통일을 위해서 더욱 자신들의 역량을 국가 운용에 발휘하게 될 것이다.

북·미 핵협상을 보며 남한 정부는 배워야 한다

당당했던 베트콩 외교

북한의 핵문제를 놓고 북한과 미국 사이에 2년 가까이 벌어지고 있는 흥정을 보고 있노라면, 단연 '협상외교의 극치'라는 감탄의 소리가 나도 모르게 터져나온다. 40년 가까운 세월을 국제관계 분야를 관찰하고 공부해온 나지만 이처럼 절묘한 국가 간 협상은 처음이다. 북한의 협상 솜씨는 보기에 따라서는 마술사 같기도 하다. 다음에 무슨 변화로 관객을 깜짝 놀라게 하려는 것인지 예측할 수가 없다. 때로는 미국이라는 거인이 난쟁이 손바닥에서 노는 것 같은 착각을 일으킨다.

그런가 하면, 협상의 각 국면이 매끈하게 이어져서 애초에 구상한 대로의 전체상을 다듬어나가는 외교기술은 조금 과장하면 가히 예술의 경지라고 할 만하다. 그 자세 또한 당당하기 이를 데 없다. 미국과 북한의 핵협상 외교는 두 나라의 국가 지도자들이 살아온 인생경험, 철학, 세계관, 정치감각을 그대로 표현하고 있다. 미국의 협상전략은 그들의 만사가 그렇듯이 물량주의의 정면공격이다. 압

312

도적인 물질적·군사적 주먹의 강펀치로 '녹아웃'을 시도한다.

이에 대해서 북한의 대응은, 그 나라의 지도자들이 과거 항일 빨치산 전투에서 터득한 '유격전법'이다. 임기응변, 변화무쌍이라 할까, 신축자재다. 모택동의 유격전법대로 미국이 치고 들어오면 피하고, 미국이 공격을 멈추면 북한도 잠시 멈추고, 미국이 후퇴하면 추격을 한다.

불과 2년 전, 이라크와 후세인을 일격에 녹아웃시킨 미국의 군인, 정치가, 그리고 언론들이 얼마나 보기가 딱했으면, "위대한 미국이 5등 국가에 완전 굴복했다"느니, "북한 외교에 대한 미국 외교의 무조건 항복"이라느니 하면서 흥분하고 개탄하고 있을까! 자기 나라와 한국(남한)의 외교(한미외교)에서 오랫동안 입맛을 들여온 미국의 정부 당국자, 군인, 언론들은 "이것이 남한의 코리안과 같은 민족의 코리안인가?!"라고 어리둥절해하는 표정들이다.

우루과이라운드와 쌀시장 개방 협상에서 남한 정부와 국민의 손을 가볍게 비틀어버린 것이 바로 엊그제의 일이니, 그럴 만도 하다.

미국이 이처럼 행동거지가 당당하면서도 외교솜씨가 절묘한 무서운 상대를 만난 것은 두 번째다. 첫 번째는, 남한 사람들이 가당치도 않게 경멸조로 '베트콩'이라고 불렀던 '베트남민족해방전선'(FNL)이다.

남·북 베트남 민족의 내란에 섣불리 군사적으로 개입하여 이른바 '베트남 사태'의 늪에 빠져버린 미국은 베트남전쟁의 해결을 위해서 호치민 대통령의 북베트남 정부와 남베트남의 교전 당사자인 민족해방전선(베트콩) 임시정부를 상대로, 1968년 11월 2일부터 미국이 참패하여 군대를 철수한 73년 1월 8일까지 4년여 동안

파리에서 강화협상을 계속했다. 이 마라톤 협상에서 북베트남과
남베트남을 공동대표한 수석대표는 가냘픈 몸매의 구엔 티 빈이
라는 민족해방전선의 여성이었다.

200회에 가까운 파리협상 모임 때마다 세계의 시선과 관심은
온통 빈 여사에게 집중되었다. 불면 날아갈 것만 같은 가냘픈 몸
매와는 달리, 세계는 빈 여사의 당당한 자세와 도의적으로 우월하
고 설득력 있는 논리, 그리고 막강한 미국을 상대로 끄떡도 하지
않는 끈질김에 연일 감탄성을 발했던 것이다.

나는 공교롭게도 파리평화회담의 전 기간 동안 『조선일보』의
외신부장으로 그 협상의 장면과 진전(우여곡절)을 지켜보면서, 바
로 그로부터 20년 뒤의 북한－미국 협상의 예고편을 본 셈이었다.
그때도 미국의 반공주의자들, 군인, 정치가, 언론들은 오늘과 마
찬가지로 "위대한 미국이 그 따위 베트콩에 굴복했다"느니, "협상
무용, 무력 해결!"의 구호를 외쳐댔다. 그리고 베트남전쟁은 미국
의 패배로 끝이 났다.

문제의 핵심은 도덕성이었다. 아무리 물리적 힘은 약하더라도
행위에 도덕성이 있을 때 인간은 거의 장엄한 모습으로 비치는 법
이다. 파리회담의 "베트콩" 측 빈 수석대표의 모습이 비칠 때마다
미국의 동맹국가들의 지식인들과 시민들의 동정과 공감, 심지어
존경이 '베트콩'으로 기울어져갔다.

그와 대조적으로 미국의 우격다짐식 베트남전쟁 논리와 정책은
미국 국민 자신들한테도 배척당했다. 미국 역사상 자기 나라의 전
쟁에서 37만 명이나 되는 징집 대상자가 소집장을 불태우거나, 차
라리 형무소행을 자원하거나, 외국으로 망명한 전례는 없었던 것
이다. 지금 북한에 '최후통첩'과 같은 강경 입장을 취하고 있는 클

린턴 미국 대통령이 그 당시 베트남전쟁 반대, 징집 기피자(거부)였다는 경력은 아이러니하고도 흥미 있다.

그 당시, 즉 베트남 민족의 '내란'에 우리는 군대를 파견해 미국을 대신하여, 한국(조선)민족에게 손가락질 한 번 한 일 없는 무고한 베트남 농민들을 살상했다. 한국인들은 그들을 '베트콩'이라고 부르면서 마치 자기들이 미국인인 듯 착각하고 으쓱해했다. 그리고 그들을 소련의 '괴뢰' 또는 중국(중공)의 '괴뢰'로 불렀다. 자신들이 미국의 괴뢰인 사실을 모르고. '베트콩'은 소련 공산당이나 중국 공산당의 꼭두각시이기는커녕, 강대한 소련이나 중국의 존경의 대상이었던 것이다. 이때 나는 많은 것을 깨달았다.

베트남 사태와 전쟁, 그리고 그와 관련된 문제들을 그런 관점에서 신문의 국제면에 반영시키다보니 끝이 편안할 리가 없었다. 그 문제만도 아니었지만 정부의 압력과 신문사주의 개인적 신문관 때문에, 결국 나는 베트남전쟁의 종말을 신문사에서 보지 못하고 69년에 『조선일보』에서 쫓겨나고 만다.

돌이켜보면, 당시의 광적 반공주의와 월남 파병 군국주의의 사상적 광란 속에서, 몇 해 동안이나마, 수많은 신문들 가운데 유일하게 그런 논조로 대신문의 국제면을 꾸려나갔다는 것이 스스로 놀랍기만 하다. 당시 그 신문의 입장을 대변하는 유력한 내부인사가 나를 두고 "찢고 까분다"는 악담을 했다는데 어쩌면 그렇게 비쳤는지도 모를 일이다.

1960년대의 베트남 사태와 북한을 유심히 살핀 결과, 나는 한국 언론에 또 다른 조그마한 흔적을 남기는 일을 한다. 북한을 '북괴'라고 부르고 표기해야 했던, 공식화된 압력과 관례를 거부하고 '북한'으로 표기한 것이다. 신문사의 안과 밖에서 말썽이 그치지 않았고 사상적으로 의심을 받으면서도 그 용어와 표기를 내가 책임진 외신면에서는 끝내 관철했다. 전국의 신문이 모두 '북괴' 일색일 때, '북한'이라는 활자는 분명히 색달랐다. 어쩌면 신선했을 것이다.

이러쿵저러쿵 시비곡절을 거치는 과정에서 한두 신문이 조심스레 뒤따랐다. 그리고 일반화되었다. 반공법과 국가보안법이 때려잡을 대상을 확대경을 들이대고 찾고 있는 광적인 상태에서 그것이 얼마나 무모한 일이었겠는가는 긴 설명이 필요하지 않다.

오늘날, 북한이라는 호칭을 국가의 정식 명칭으로 서슴없이 부르고 표기하게 된 분위기에서는, '북괴'라는 표기를 단순히 지리적 관념인 '북한'으로 바꿔 쓰려는 결심이 직면해야 했던 상황의 어려움과 두려움은 쉽게 상상할 수 없으리라.

『조선일보』에서 쫓겨나 1969년에 다시 합동통신사로 옮겨 외신부를 책임진 뒤에도 북한을 '있는 사실대로' 표현하고 묘사하려는 힘겨운 노력을 계속했다. 공자가 제자의 물음에 답하여 정명론(正名論)에서 말했듯이, 정치 또는 세상을 바로잡는 제1의 요체는 사물·관계·현상의 이름(명칭)을 정확히 표현·표기하는 것이라고 믿었던 것이다. 내가 신문인으로서 민족의 화해에 기여하는 제일 손쉬운 공헌을 북한에 관한 '이름 바로잡기'로 생각했기 때문이다. 이름(명칭)이 정확해야 그 이름으로 지칭된 실체가 정확히 인식될 것은 당연한 이치다. 그 이치가 그 당시의 한국에서는 통하지 않았을 뿐 아니라, '위험사상'이라는 것이었다. 그때 중대한 계기가 생겼다.

북·미 외교전의 제1회전, 푸에블로호 사건

지금 세계가 숨을 죽이고 손에 땀을 쥔 상태로 지켜보고 있는 북한과 미국의 숨가쁜 핵협상 외교는 말하자면 제2회전인 격이다. 제1회전은 1968년의 소위 '푸에블로호 사건'이라는 것이다.

푸에블로호는 일본의 모항에 기지를 둔 미국 해군의, 2척밖에 없는 초고성능 전파 탐지용 스파이 함정이었다. 이 함정은 주로 북한 해안에 바짝 붙어 항해하면서 북한의 군사용·행정용 통신을 도청하여 암호를 풀고, 소련령 블라디보스토크에 기지를 둔 극동 함대의 통신을 해독하여 이동·훈련의 현장에 들어가 감시와 첩보 활동을 하는 106톤 크기의 해군 첩보선이었다.

이 초비밀 전자간첩선이 1968년 1월 23일, 원산 앞바다에서 북한 해군과 공군기에 의해 나포된 것이다. 배에는 함장을 비롯해서 도청용 전자장치 기술자, 암호해독 전문가들인 군인과 민간인 합해서 83명이 있었다.

미국 정부와 선전기관은 사건이 발생하자 "야만행위" "비인도적 만행" "국제법을 유린하는 파렴치범" 등…… 마치 2년 전에 이라크 공격에 앞서 이라크 정부와 후세인 대통령에게 퍼부었던 비난을 방불케 하는 일대 선전공세를 전개했다. 그 이유로서 내놓은 미국의 주장은 푸에블로호가 납치된 지점이 동경 127도 54분 북위 39도 25분으로, 북한 해안에서 40마일 떨어진 공해상이라는 것이었다.

이에 대해 북한은 함정 내의 미해군 문서에 기재된, 이미 1966년 2월 28일 북한 해안에서 3마일 거리까지 침입했던 기록을 제시했다. 그리고 그때부터 여러 차례의 경고에도 불구하고 영해 침

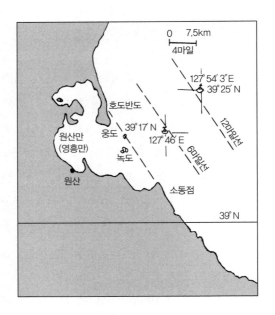

범과 국제법 위반행위를 거듭한 까닭에 일정한 국제적 해상활동의 규정에 따르는 경고 끝에 나포했음을 밝히고, 그 지점이 동경 127도 46분 북위 39도 17분이라고 주장했다.

각기의 주장을 해도상에 재생해보면 위 그림과 같이 된다. 미국이 주장하는 지점이 북한 해안에서 40마일이라는 근거는 원산만 안쪽의 육지 해안선을 기점으로 계산한 것이었다.

그러나 국제법의 영해 규정('영해 및 접촉수역에 관한 조약', 1958)은 제4조에서 "해안선의 굴곡이 심한 경우에는, 또는 해안에 따라서 지근거리(至近距離)에 일련의 섬들이 있을 경우에는, 영해의 폭을 측정하는 선은 그것들을 적당히 연결하는 직선기선(直線基線)을 기준으로 한다"고 명시하고 있다.

이 규정에 따라서 원산 앞의 영해 측정 기선은 호도반도(虎島半

島)의 해안선과 웅도(熊島), 녹도(鹿島)를 지나 만의 남쪽 끝인 소동정(小洞庭) 곶을 연결하는 선이 된다. 북한이 주장하는 영해 12마일선이라도 그렇고, 미국이 영해로 주장하는 6마일선을 잡아도 푸에블로호는 영해 침범이 분명했다(11개월간의 납치 후 석방될 때, 함장 푸커 소령은 그 사실을 인정한 사과문서에 서명했다).

쌍방의 공식적 주장은 끝까지 대립했다.

푸에블로호 나포사건은 한국전쟁이 끝난 이후에 처음으로 미국이 한반도에서의 전쟁 재발을 각오한 무력시위를 촉발했다. 존슨 대통령은 사건 첫날부터 핵항공모함 2척과 각종 함정 25척, 합계 27척으로 구성된 제77 특별기동함대를 편성해 원산 앞바다에 포진하고 군사적 압력을 가했다. 전 세계가 '제2의 한국전쟁'을 걱정하는 여론으로 들끓었다. 베트남전쟁이 한창인 때였다. 작년에 핵문제를 놓고 미국이 취했던 대북한 군사공격 위협은 이때의 군사공격 결심에 비하면 아예 비교의 기준이 다르다. 우리는 정말로 새로운 전쟁의 공포에 떨었다. 미국은 원산 앞바다에 특별 기동함대를 대놓고 위협하는 한편, 소련을 비롯한 북한의 동맹국가들 정부를 총동원해 정치·외교적 압력을 계속했다.

중국과의 대립, 이른바 '중소 분쟁'으로 그 당시 흐루시초프 당서기장의 소련은 중공을 적대시하고 오히려 미국과 밀월관계에 있었다. 소련 정부는 미국의 대리 역할을 자청하여 각 방면으로 북한 정권에 압력을 가했던 것이다. 미국의 청을 받아 유고슬라비아의 티토 대통령뿐 아니라 루마니아의 초세스쿠 대통령까지 평양으로 날아왔다. "미국인을 즉시 석방하지 않으면 북한은 정말로 다시 쑥밭이 될 것"이라는 미국의 결심을 전달하면서 온갖 설득 노력을 다했다.

남한은 물론 중국, 일본, 대만 등 동아시아 지역 국가들은 전쟁 준비 태세를 갖추고 사태의 추이를 지켜보고 있었다. '일촉즉발'이라는 표현은 바로 이때의 긴장감을 두고 말하는 것이었다.

남한이 괴뢰면 북한도 괴뢰?

1994년의 미국·북한 간의 핵문제 협상외교를 이야기하는 이 글이 25년 전의 베트남전쟁 외교, 푸에블로호 사건의 북한·미국 제1라운드 외교전쟁까지 거슬러 올라온 이유는 바로 다음의 이야기를 하기 위해서다.

미국은 미국의 막강한 군사적 협박 앞에서는 북한 정권이 저항의 표시를 하다가 웬만큼 체면을 세운 뒤에는 굴복할 것이라 믿었다. 이런 경우에 언제나 그렇듯이 미국의 의회·시민·언론들은 온통 전쟁열을 부추기기에 여념이 없었다. 북한에 대한 극단적인 멸시와 매도의 표현인 '5등국가'(The 5th rate nation)라는 호칭이 새로이 발명되고 일반화되었다.

미국은 미국과 남한 간의 존재양식을 초강대 공산국가 소련과 북한 간의 존재양식으로 등식화했다. 즉 남한이 거의 미국의 '괴뢰'이듯이, 같은 코리안인 북한도 틀림없이 초강대국 소련의 '괴뢰' 정도로 믿었던 것이다.

소련이 미국을 대신해서 압력을 가하기만 하면 북한은 무릎을 꿇고 기어나와, 나포한 첩보선과 미국시민을 고스란히 되돌려주리라고 확신했다. '한쪽의 코리안이 괴뢰면 다른 쪽의 코리안도 괴뢰지, 별수 있는가?' 이것이 미국의 북한관이었다.

미국이 그렇게 믿은 근거에는 충분한 타당성이 있지 않은가?

미국으로서는 지극히 논리적인 결론이었다.

그러나 실제는 그렇지 않았다. 미국의 군사적 공격의지를 뒷받침하는 소련의 온갖 종용과 설득, 압력과 협박에도 불구하고 북한은 끄떡도 하지 않았다. 나는 그 과정을 신문사 외신부의 텔레타이프에서 흘러 나오는 외신기사의 두루마리에서 확인하면서, 바로 지금 1994년 초에 핵문제를 놓고서 진행되는 북한·미국 협상외교의 스릴보다 몇십 배나 강한 충격과 감동을 동시에 느끼곤 했다.

"이럴 수도 있는 것인가?" 이것이 나의 민족적 긍지에서 우러나오는 모든 감정을 한마디로 묶은 감탄사였다. "같은 핏줄을 이은 민족인데 한쪽은 이럴 수도 있는 것인가?"

10개월이나 계속된 온갖 압력에도 끝내 굴복하지 않자, 소련 공산당과 정부는 미국과 세계 앞에서 체면이 말이 아니었다. 남한이 어쩌다 포항 앞바다 영해에서 소련의 스파이선을 나포하고, 소련 극동함대가 강원도 강릉이나 인천 앞 영종도에 정박하여 무력시위를 하는 한편, 소련의 청탁을 받은 대(大)북미합중국이 남한 정부에 대해 '당장에 석방하라'는 압력을 10개월, 아니 한 달만이라도 가해왔다고 가상해보자.

그러던 어느 날 소련 외무장관이 모스크바 주재 북한대사를 외무성으로 또 '호출'했다. 미국의 뜻을 전달하기 위한 소련 외상의 거듭된 호출 요구는 그때마다 묵살됐다. 소련 외무성은 화가 머리 끝까지 치솟았다. 조선민주주의인민공화국 소련 주재 대사의 오만불손한 태도를 따지기 위해서 외무차관(그의 이름은 지금 기억나지 않는다)이 직접 차를 몰고 북한 대사관으로 달려갔다.

국제외교의 의전상 대소련 외무차관이 몸소 대사관을 찾으면 북한이 아니라 어느 나라라도, 적어도 대사가 건물 현관에 나와서 영접하는 게 예의다.

　그날 북한 대사관에는 대사 이하 공사, 참사관, 그리고 각 등급의 서기관들이 다 있었다. 그런데 소련 외무차관을 현관에서 영접한 사람은 대사도 아닌, 1등 서기관도 아닌, 서열상 최하위직 외교관인 3등 서기관이었다.

　그 후의 전개는 불문가지다.

　이 현장묘사를 모스크바발 AFP통신 기사로, 막 텔레타이프에서 탁탁탁 찍혀 나오는 활자로 읽었던 그 순간의 나의 감정은 25년이라는 긴 시간이 흘러간 지금도 그대로 강렬하고 선명하다. 그 충격적 감동이, 나의 마음 깊은 곳에 새겨놓은 민족적 자부심의 흔적이 어찌 25년 세월의 마멸작용으로 지워질 수 있겠는가!

　기계열로 달아 있는 뜨거운 텔레타이프에서 흘러 나오고 있는, 뜨끈뜨끈한 두루마리의 그 외신기사를 손에 든 채 나는 또 한 번 잠시 상상에 젖었다. 같은 상황에서, 미국 정부를 대표한 국무차관이 와싱톤 주재 대한민국 대사관 현관에 몸소 나타났다면 어떠했을까? 그 상상의 결과에 나는 혐오를 느꼈다. 25년 전이다.

　나포된 지 325일 만에 미국 정부를 대신해 푸에블로호 함장 푸커 소령이 북한영해 침범 사실을 확인하는 사과문서에 서명했다. 83명의 대북미합중국 간첩선 군인과 시민(그중 1명은 피체시의 총상으로 인한 시체)은 1968년 12월 23일, 마침내 석방되어 판문점을 넘어왔다.

　미국은 미국인 석방 즉시, 푸커 함장의 북한영해 침범 시인이 무효라고 선언했다. 스파이선과 기물, 전자첩보 장비와 비밀문서 등은 북한에 압수되었다.

　사건 발생에서 석방까지의 11개월 동안 미국과 북한 사이에서는 28회의 비밀협상이 있었다. 협박과 군사공격 위협, 소련을 비롯한 수많은 북한의 동맹국을 동원한 외교적 방법의 회유와 설득 노력 등이 모두 무효임이 입증되었다. 평양정권은 완강했다.

미국인이 석방되기 전날, 존슨 미국 대통령은 미국 정부가 11개월 동안 어떤 노력을 했으며, 어떤 조치들을 취해왔는가를, 「국민에게 보고한다」는 텔레비전 특별프로에 나와서 낱낱이 설명했다. 미국의 대중과 신문, 군대와 정치가들은 '5등 국가'에 당하고도 속수무책인 존슨 대통령과 정부를 극렬한 어조로 규탄하고 있었다.

보고는 한 시간 가까이 계속되었다. 텔레타이프에서 흘러 나오는 존슨 대통령의 대국민 보고기사를, 언제나 그랬듯이 기계 앞에 선 채 읽어나가던 나는 그의 결론 부분에서 딱 멈추어버렸다. 순간, 번개를 맞은 것처럼 온몸이 저려들었다.

그것은 11개월 동안 계속된 미국과 북한의 마라톤 협상 과정에서 내가 수없이 품었던 의문들을 단 한마디로 깨끗이 풀어주는 결론이었다. 존슨 미국 대통령의 긴 보고는 이렇게 매듭지어졌다. 그의 결론이 너무도 놀랍고 의외였던 까닭에 나는 그 표현을 지금도 기억하고 있다. 결론은 한마디였다. 이렇게 짧았다.

"North Korea seems to be a nation out of the pressure of the U.S.S.R."

우리말로 옮기면, "북한이라는 나라는 소비에트 사회주의공화국 연방(소련)의 압력이 먹혀들어가지 않는 나라인 것 같다."

이 한마디에서 나는, 북쪽 동포민족의 국가 호칭을 '북괴'가 아니라 '북한'으로 고쳐 쓰기 위한 힘겹고 외로운 싸움에 대한 정당성을 미국 대통령에 의해서 검증받은 심정이었다. 그리고 북한에 관한 많은 의문이 바람에 구름 걷히듯이 풀리는 것 같았다.

그로부터 25년이 지났다. 지금 핵문제를 놓고서 전개되는 북한과 미국의 협상을 지켜보면서 나는 가끔 혼자서 흐뭇하게 독백처럼 중얼거리곤 한다.

　　"그러면 그렇지, 변하지 않았구나! 그만하면 알 만하다!"

　　•『말』, 1994년 2월호

자유와 민주주의의 적 — '매카시즘'

대한민국이라는 나라가 온통 정치적 경련을 일으키고 있다. 광적인 발작 상태로 사회의 몸통과 사지가 뒤틀리고 있다는 느낌이다. 눈을 허옇게 까고 입에 거품을 물고, 닥치는 대로 때려부수면서, 스스로 온몸에 유혈이 낭자한 간질병 환자를 보는 것만 같다.

모두가 제정신이 아니다. 발광 상태다. 국가에 정치는 없고 폭력만이 난무하고 있다. 정상은 간데없고 비정상과 비상식이 지배하고 있다. 조용한 이론과 논리는 밀려나고 우격다짐과 고함소리만이 나라 안에 가득하다. 증오와 공포의 원시시대다.

미국과 북한 사이에 핵문제를 둘러싼 격돌 상태가 차츰 화해와 해결의 단계로 접어드는 과정과 병행해서 일어난 변화다. 한반도를 둘러싼 50년간의 국제정세와 환경구조가 비정상에서 정상으로 전환하려는 사태 발전과 정반대로 대한민국(남한) 사회 내에서 일어나고 있는 역동(逆動) 현상이다.

금년 초쯤부터 시작해 카터 전 미국 대통령의 평양 방문, 김일성 북한 주석의 남북 정상회담 제의, 김영삼 대통령의 제의 수락, 그리고 7월 25일로 예정된 남북 정상의 만남이 가까워지면서 이

간질병 현상은 고조에 달했다. 국민대중의 남북 화해를 향한 희망이 부풀어가자 이것을 깨부수고자 하는 수구 기득권 집단들의 비상식과 반논리는 드디어 폭력으로 화했다. 지난 반세기 동안 우리 정치에서 언제나 그랬듯이, 이런 상황에서 으레 등장하는 것이 수구세력의 유일한 처방인 '적색공포증' 선동이다. 세상의 모든 것이 붉게만 보이는 공포증이다. 『조선일보』와 『월간조선』이라는 출판물을 그 '적색공포증' 선동의 대변지로 삼은 이 비정상과 반논리의 폭력은 올해 초부터 그들의 구미에 맞지 않는 지식인들을 하나씩 골라서 조준경에 맞추어 사살해왔다. 한완상이라는 부총리가 그들의 저격탄에 맞아 쓰러졌다. 다음으로 리영희라는 지식인이 조준경에 맞추어졌다.

떨어질 감투도, 잃어버릴 지위나 권세도 가진 것이 없는 리영희가 끄떡않고 버티고 서자, 그들은 다음에는 김정남이라는 권력중추의 인물과 당치도 않게 한승주라는 외무장관에게까지 정밀 조준사격을 퍼부었다. 두 인물은 그들의 사격으로 떨어질지도 모르는 감투와 지위와 권세를 갖고 있기 때문이다. 그 사격은 소리만 요란하고 전사자나 부상자가 났다는 소식은 없다.

그러나 비겁하게 등뒤에서 총질하기를 좋아하는 전쟁애호적 수구세력의 총구는 이부영이라는 국회의원에게 조준을 맞추었다. 김일성 주석 사망 뒤 '조의 표명' 시비의 와중에서 깨끗하고 전도유망하고 선비 같은 이 국회의원은 사격뿐만 아니라 난도질까지 당했다. 아마도 적지 않은 상처를 입었으리라는 소문이다. 맙소사!

유혈이 낭자한 이부영 의원은 상대방을 손가락질하면서 용감하게 외쳤다.

"한국판 매카시즘!"

"낡은 수법 '빨갱이사냥'을 집어치우라!"

"비겁한 마녀사냥!"

이부영 의원이 '한국판 매카시즘'이라고 규탄한 지난날의 광적 반공주의·냉전사상의 신봉자인 기득권 집단은 마침내 그들을 비호하는 국가권력을 움직여 학생·교수·노동자·지식인에 대해 일제사격을 하기 시작했다. 이른바 '신공안정국'이다. 몇 해 전의 군부독재로 되돌아간 감이다.

대북한전쟁을 못해서 몸이 근질근질한 그들 집단들의 적색공포증은 바야흐로 극에 달하고 있다. 몇십 명의 이른바 '주사파' 연관 사병들이 "대한민국 군대의 명령·지휘계통을 파괴하려 하고 있다"고 요란하게 떠들어대기에 이르렀으니 말이다.

50년 역전의 전통을 자랑하며, 수백 명의 대장·중장·소장·준장들이 꽉 틀어쥐고 있는 이 나라 육해공군 70만 군대의 명령·지휘계통이 고작 입대 중인 몇십 명(몇백 명이라 해도 그렇다)의 하급 사병들에 의해 좌우되고, 유린되고, 장악되고, 파괴되고…… 할 수 있는 것이냐?

이런 황당하고도 무계한 소리가 누구의 비판이나 반대도 받음이 없이 함부로 외쳐지게끔 방치된 상태, 이것이 지금의 대한민국이다. 그런 소리를 듣고도 긍지 있는 우리 군부가 한마디 항변도 하지 않고 있는 것을 보니 그럴 가능성이나 위험성이 있기는 있는 것인가? 내일이라도 우리 군대의 명령계통은 지리멸렬이 되려는가? 그래서야 한시인들 두려워서 국민이 살 수 있겠는가?

만약 수십 명의 허약한 사병들에 의해서 막강한 세계 유수의 군대가 무력화될 위기에 처했거나 그럴 가능성이 있다면, 몇십 년

동안 군부독재를 해온 당사자들과 그들의 권력기반이었던 오늘의
그 수구세력은 무얼 하고 있었던가?

누워서 침을 뱉으려면 조금은 방향을 가늠해서 뱉어내야 할 것
이 아닌가? 국민이 조금은 납득을 할 수 있는 선동이어야지! 적어
도 군복무 경험을 하지 않은 남자가 거의 없는 '국민개병'의 대한
민국에서 어떻게 대한민국의 국가권력 기관들이 그런 소리들을
함부로 할 수 있게 되었는지! 생각할수록 한심해지는 정신풍토다.

생각 있는 사람들은 이 모든 작태를 두고 '한국판 매카시즘'이
라고 규탄하고 있다. '매카시즘'이란 무엇인가? 이 달에는 우리 함
께 '매카시즘'을 연구해보자. 그 형성 과정과 목적, 그것의 본태와
결과 등을 정확히 알아야, 그리고 정확히 알면, 한국 사회의 정치
적 생태를 정확히 이해하는 데 도움이 된다.

아이젠하워까지 '빨갱이'로 몰았던 매카시즘

어떤 정치사전은 요약해서 이렇게 쓰고 있다.

미국의 공화당 상원의원 조지프 매카시(1908~56)라는 자가
1950년 2월 미국 정부기관에도, 특히 국무부를 비롯한 행정부
의 중추적 직위에 205명의 공산당과 그 동조자가 잠복해 있고,
미국 사회의 각 부문을 공산주의자들이 지배하고 있다고 '폭로'
발언을 했다. 이 폭로식 주장은 정부 내에 공포 분위기를 조성
했고 한 발 더 나아가 미국 사회를 경련과 발작 상태로 몰아넣
었다. 1954년에는 정부와 지식인 사회뿐만 아니라 미국 군대
내에도 다수의 '빨갱이'가 있어 미국 군대의 존재를 위태롭게 하

고 있다고 공공연하게 비난했다. 그의 비난을 조사할 의회 청문회가 열려, 두 달에 걸친 조사와 증언청취가 소란스럽게 진행됐으나 매카시 의원은 단 한 명의 행정부나 '군대 내 빨갱이'의 존재도 입증하지 못했다. 매카시는 여기서 그치지 않고 전 대통령인 트루만과 현 대통령인 아이젠하워도 '빨갱이 의혹'이 있다고 발설하기에 이르렀다. 그의 조작된 주장과 비난으로 수많은 최고 지성인들이 공·사 각 분야의 직위에서 추방되고 미국 사회가 공산주의 사회를 거꾸로 모방한 '반공독재'의 공포정치로 타락해버렸다. 뿐만 아니라 미국 국민에게 가장 존경받는 아이젠하워 대통령까지 '빨갱이'로 의심하는 광적인 작태를 벌이자 미국 의회는 1954년 12월 매카시 상원의원에 대한 징계 결의안을 통과시켰다. 매카시 의원은 미국 사회를 상호불신과 발작과 공포적인 반공 히스테리로 몰아넣는 데는 성공했지만 그 목적을 위해 악용했던 상원 내 '국내치안분과위원회' 위원장직을 해임당했고, 깊은 좌절 끝에 정신착란증 환자가 되어 1957년 5월 죽었다.

'매카시즘'의 개요는 대강 이런 것이다.

어떤 이는 "소련에서는 스탈린이 '극좌'의 공포정치를 실현하는 데 30년이 걸렸고, 독일에서는 히틀러가 '극우·반공'의 공포통치를 실행하는 데 15년이 걸렸다. 그런데 자유와 민주주의를 자랑하던 미국에서는 매카시즘이 미국 사회를 '광적 반공'의 공포정치로 타락시키는 데 3년밖에 걸리지 않았다"고 비꼬기도 했다.

극좌 공산주의의 스탈린과 극우 반공주의의 히틀러가 다같이 저지른 대량살육을 미국의 극우 반공주의 매카시즘은 저지르지 않았다. 그러나 '반공'의 기치 아래 20여 개 나라를 침공·침략한 전쟁에서 미국 반공주의는 수백만의 무고한 인간을 살상하고 상상을 초월한 재물을 파괴했다. 공포통치의 수법이나 해악은 극좌와 극우가 다를 것이 없다는 사실을 입증했다. 이것이 매카시즘의 교훈이다. 공포통치에서는 극좌와 극우가 'one and same'(전혀 다를 것이 없는 한 가지)임을 매카시즘은 우리에게 가르쳐주었다.

매카시즘은, 제2차 세계대전이 끝난 1945년 이후 소련과 공산주의·사회주의의 세력·이념·사상이 동유럽·중국대륙을 비롯해서 세계의 구식민지 인민들을 사로잡고 미국이 대표하는 의회주의와 자본주의가 축소돼간다는 위기의식이 발작적으로 표출된 사상이자 체제였다. 잘못 알고 있는 사람들은 (1950년 6월 말에 일어난) 한국전쟁 때문으로 생각하지만 매카시즘의 뿌리는 그보다 훨씬 깊고 시간적으로 그보다 앞선다. 한국전쟁에서 처음으로 '공산주의자'와 맞붙게 된 미국 국민의 경험은 매카시즘을 더욱 광적으로 만드는 데 기여했다.

매카시는 초기에는 인기가 없던 그의 '빨갱이사냥' 선동에다 한국전쟁 참전의 감정을 이식했다. 그는 "미국 청년들이 공산주의자들의 기관총에 맞아 한국의 골짜기에서 피흘리며 죽어가는데 미국 내의 각 분야에 숨어 있는 공산·친공·좌익분자들이 그것을 돕고 있다"는 원시감정적 표현을 덧붙임으로써 아연 미국 국민과 사회를 '반공 히스테리'의 도가니로 몰아넣는 데 성공했다. 매카시 상원의원은 '악마적 선동가'의 탁월한 소질을 천성적으로 타고났다. 미국 국민이 5년 동안 완전히 한 사람의 악마적 선동가에게 놀아난 셈이다.

이제부터 우리나라의 문제와 관련시키면서 그 교훈을 살펴보

자. 미국은 제2차 세계대전 기간 중에 전쟁노력을 저해하는 적성 행위(適性行爲)와 '반미국적 행위'를 처벌하는 '스미스 법'(Smith Act)을 제정했다. 이것으로써 웬만한 반미국적 행위를 처벌하고 대처하는 데는 충분했다. 형법이 있고 방첩법이 있고 스미스 법도 있다. 그 이상의 법이 필요하지 않았다.

한국에서 그 후에 '반공법'의 원형이 된 이 스미스 법(국내치안 유지법)은 '반공'의 이름으로 미국의 건국이념인 사상의 자유와 자유주의 정신을 정면으로 유린하는 내용이다. 이 법이 얼마나 '반공'이라는 미명 아래 인권과 자유정신을 유린하는 내용이었는가는 트루먼 대통령이 그 법률안을 비토한 사실로도 알 수 있다.

트루먼 대통령은 반국가행위, 간첩행위, 정부전복행위, 사보타주 파괴행위 등, 국가의 안전을 위협하는 행위에 대해서는 기존의 여러 법으로도 충분하다고 역설하면서 다음과 같은 이유로 그 법안을 비토했다.

자유를 기본정신으로 하는 나라에서는 시민이 저지른 범죄에 대해서 그 사람을 처벌하는 것이지, 그 사람이 어떤 생각을 갖고 있는가를 문제삼아 처벌하는 일은 절대로(naver) 있을 수 없다. ……이 사상과 논리는 자유를 보호하기 위한 근본적인 전제다. 그 까닭은 자유가 다수자(의견)의 박해로부터 소수자(의견)를 보호하기 때문만이 아니다. 의사표시(표현·언론)의 자유를 보장하는 까닭은 그것이 비판(권)을 허용하고 비판은 전체를 진보와 발전으로 이끌어준다는 의미에서 누구보다도 바로 다수자(의견)의 이익이 되기 때문이다.

트루만 대통령의 이 같은 사리에 밝은 충고에도 불구하고 미국 의회는 대통령의 거부권을 묵살한 채 두 시간 만에 그 법안을 통과시켰다. 미국민의 양심을 대표하고 집약했던 의회도 매카시적 광란적 '적색공포증'으로 민주주의를 유린하는 우를 범한 것이다.

그래도 흥분된 논란 끝에 다음의 구절을 삽입하자는 소수의견이 채택되기는 했다. 즉 "이 법의 어떤 표현도 헌법으로 보장된 출판과 의사표시의 자유를 침해하는 것으로 해석될 수 없다." 하지만 실제로는 광란적 반공주의와 공포감에 사로잡힌 집단에 의해 이 조항의 정신은 완전히 유린되고 말았다.

이 법을 토대로 의회 내에 '정부전복활동통제위원회'와 하원에 '반미국적 활동조사위원회'(The House UnAmerican Activities Committee)가 설치되었다.

매카시 의원은 상원 '국내치안분과위원회' 위원장으로서 이 모든 위원회의 권한을 행사했다.

이 위원회들과 그들 활동의 법적 근거인 여러 법의 조문이나 표현은 여기서 생략한다. 다만 그것들이 우리나라에서 그 후 반공법과 국가보안법의 기틀이 되고 그것과 대동소이하다고 생각하면 된다.

한 극우선동가에게 놀아난 미국

매카시는 천성적인 선동가였다. 그는 상원의 국내치안분과위원장이 되기 전인 1950년 2월, 젊은 초선의원으로 상원에 진출했다. 그 직후 기자회견을 자청한 매카시는 한 다발의 종이뭉치를 흔들어 보이면서 선언했다.

"내가 들고 있는 이 서류뭉치에는 국무장관에게 오래전에 그 정체가 보고되었음에도 불구하고 여태껏 국무부의 그 높은 직위에 있으면서 미국 정부의 대외정책 수립에 관여하고 있는 205명의 공산주의자 명단이 있다!"

이것은 폭탄선언이었다. 전 미국이 들썩거렸다. 전국의 정치풍토가 하루아침에 살벌해졌다. 매카시는 그 후에도 장소와 국면을 바꾸어가면서 기자회견을 통해, 때로는 200명이랬다가 때로는 150명이랬다…… 입에서 나오는 대로 일관성 없는 소리로 '적색공포증'을 부채질했다.

공포에 질린 국무부와 상원의원들은 매카시에게 그 명단을 공개할 것을 요구했다. 매카시는 그럴수록 공개 요구를 거부하면서 '명단'의 효과를 극대화했다. 대중적 공포증, 군중심리적 히스테리는 극에 달했다. 이렇게 되자 미국 사회의 일각에서는 젊은 매카시를 영웅시하면서 '차기 대통령 후보' 운운하는 소리가 일기 시작한다. 극우적 선동은 적중했다.

명단 공개 요구를 묵살한 매카시는 훗날 그의 정치적 후원자인 언론계의 왕자 월리엄 랜돌프 허스트 2세에게 실토했다. 허스트의 자서전에 따르면 매카시는 이렇게 말했다는 것이다. "자네도 그 명단이라는 것이 있는 줄 믿었나? 그 정부 내 빨갱이 명단이라는 것 말이야? 명단이 있긴 뭐가 있어. 그저 인쇄된 서류뭉치였지!!" 이것이 극우 반공선동의 대표작이자 전형적인 작품이다. "근거가 무슨 필요가 있어. 그렇다면 그런 거지! 증거를 대라니 같잖은 소리!" 이 '빨갱이잡이'에서의 증거무용론의 충실한 아류들을 지금 한국에서 본다.

박 뭐라고 하는 가톨릭교 신부이자 지식인이며 서강대학의 총장이라는 어느 '빨갱이 사냥꾼'은, 이른바 '주사파' 소동에서 증거를 대라고 추궁받자 "증거고 나발이고 무슨 필요가 있어. 그렇다면 그런 거지!"라는 뜻의 말을 내뱉은 것으로 전해진다. 대단한 영웅들이다. 매카시스트의 전형이다.

매카시즘의 또 다른 교훈은, 매카시즘은 반드시 극우·냉전주의·비이성적 반공주의 언론기관(인)과 결탁함으로써만 위세를 떨칠 수 있다는 사실이다. 그 동맹조직은 거짓을 유포하는 체제다.

미국 출판왕국의 제왕이던 허스트와 『타임라이프』(TIME-LIFE) 출판왕국의 총수 헨리 루스는 극우·반공성전을 선포하고 매카시와 동맹했다. 마치 한국에서 현재 『조선일보』와 『동아일보』를 필두로, 그밖의 몇몇 신문사 출판왕자들과 한국판 매카시스트들이 '빨갱이 사냥 십자군'의 깃발을 흔들면서 모든 자유주의적 성향과 진보적 인사들에 대해 총공격을 하고 있는 동맹체와 같다.

매카시 동맹세력이 '반공의 영웅' 또는 '투사'를 제조해내 선동의 선두에 내세우는 것도 우리의 현실과 같다. 이들에 의해 만들어진 투사가 다름 아닌 빌리 그레이엄 목사다.

1950년대 초에는 로스앤젤레스에서 허름한 천막교회를 운영하던, 누구도 그 이름을 들어본 적이 없는 부흥선교사 빌리 그레이엄은, 매카시의 정치력과 막강한 허스트계의 신문조직 및 『타임라이프』계 출판언론 조직의 협동작전으로 일약 '반공성전의 투사'로 만들어졌다. 이 동맹세력에 전국의 자본이 접근한 것은 두말할 나위도 없다. 자본가들이 빌리 그레이엄의 반공주의 기도회와 부흥회에 아낌없이 헌금했다.

'마녀사냥꾼'이 된 빌리 그레이엄은 1954년, 35만 명의 군중 앞에서 열광적으로 외쳤다.

"여러분! 공산주의가 죽거나 기독교가 죽거나 둘 중 하나밖에 없습니다. 어느 것을 선택하겠습니까?"

군중은 광란했다. 이 양자택일의 반지성적 흑백논리는 미국 사회의 철학이 되었다. 우리는 1980년대에 두 번에 걸쳐 서울의 여의도 광장에서 이 꼴의 한국판을 본다. '극우정치인+극우 지식인·교수들+극우언론+극우종교+자본=매카시즘'의 시대가 되었다. 우리는 이 형상을 지금 우리 눈앞에서 보고 있다.

이 '매카시+언론계' 동맹의 충실한 용병으로 권력에 아부하고 아세곡필하는 많은 수의 이른바 '언론인'이라는 지식인이 출세했다. 지성과 직업적 윤리를 배반하고 출세하는 '언론인'의 모형이다. MBS 방송망의 풀턴 루이스, ABC 방송망의 조지 소콜스키 등이 바로 그들이다. 우리는 지금, 같은 유형의 '언론인'을 『조선일보』와 조갑제(『월간조선』)라는 인물에서 그 모범을 찾을 수 있다.

반면에 용감하게 매카시+극우언론기관 동맹에 대항하여 미국적 자유언론의 정신을 지킨 진정한 언론인들도 있었다. 드루 피어슨, 월터 리프먼, 조지프 올솝과 스튜어트 올솝 형제, 토머스 스토크스, 프레드 프렌들리, 에드워드 머로 등이다. 이런 언론인들은 한국에는 없다. 노엄 촘스키 같은 교수 지식인도 없다.

반공 히스테리와 충성 테스트

시대는 트루먼 대통령에서 아이젠하워 대통령 정부로 바뀌었다. '공산주의의 원흉'인 스탈린도 죽었고(1953.3) 한국전쟁도 끝났다(1953.7). 흐루시초프와 말렌코프가 '스탈린 비판'을 감행하고 미국에 친선정책을 제의했다. 군사적 대결의 무용함과 공산주의 혁명노선을 포기할 용의도 천명했다. 세계는 '비스탈린화'로 미·소의 대결에서 공존과 평화를 모색하는 국면으로 변했다. 매카시즘의 미국적 필요성도 감소되는 객관적·세계적 추세였다.

그러나 이성적인 사고는 미국의 극우·반공세력이 환영하는 바가 아니었다. 오히려 평화와 정상(正常)을 사랑하는 각 분야의 인사들을 골라내 매카시스트들은 집중사격을 했다. 그들에게는 영원한 대립·투쟁·증오·전쟁·파괴가 평화나 공존 또는 정상보다 값진 것이었기 때문이다. 매카시즘은 더욱 기승을 부렸다.

대통령선거 기간과 당선시에는 매카시즘과 주로 공화당 동맹세력들의 '마녀사냥' '빨갱이잡이' 소동을 언짢게 생각했던 아이젠하워 대통령도 미국의 사상풍토의 히스테리를 거역할 수가 없었다. 아이젠하워가 취임하기 이전에 이미 '연방정부기관 공무원 충성서약제도'라는 것이 실시되고 있었다. 이것은 각 개인의 사상이나 신념 또는 의견의 자백을 강요하는 제도로, 분명히 미국헌법의 정신과 구체적 조항에 위배되는 것이었다.

그러나 '반공 히스테리'는 그 위대한 건국선조들의 자유정신과 헌법규정에도 아랑곳하지 않았다. 이 '충성 테스트' 제도에 따라 250만의 공무원·군인과 군속문관 300만·방위산업에 관련된 과학자·기술자, 심지어 직공 300만, 합계 850만 명의 미국인이 충성서약서를 제출하도록 강요당했다. 상상만 해도 등골이 오싹해지지 않는가?

이 충성서약서는 1922년 이탈리아에서 극우독재자 무솔리니가 집권했을 때 이탈리아의 지식인들에게 강요했던 제도다. 위대한 미국이 극우독재로 전락했다.

'저 사람의 반공사상이 의심스럽다'는 뜻의 투서 한 장만으로 매카시위원회는 밀고된 사람을 재판 없이 매장할 수 있게 되었다. 밀고자의 이름은 밝힐 필요 없이 밀고된 사람이 처벌받았다. 우리나라의 최근까지의 '반공'제도와 국가보안법과 같다. 가장 비열한 행위인 이웃의 밀고가 '성스러운 행위' '애국행위'로 둔갑했다. 중세 기독교(교황청)의 증거가 필요없는 무자비한 마녀사냥과 스탈린 소련의 밀고제도가 미국에서 재현되었다.

이런 광란적 풍토 때문에 아이젠하워 대통령은 1953년 '보안상의 고려'로 1,456명의 유능한 공직자들을 그 자리에서 추방해버렸다. 여기서 우리는 언론기관(인)이 매카시즘에 중독되면 어떻게 직무를 유기하는가의 본보기를 본다. 즉 1,456명의 공무원이 다만 '보안상의 고려' 때문에 해직되었는데도, 미국에서 가장 권위 있는 신문인 『뉴욕 타임스』는 "정부 내에 1,456명의 '빨갱이' 적발, 추방!"이라고 보도했다. 여타의 신문들이 과연 어떤 보도를 했겠는가는 불문가지다.

이른바 '언론인'(기관)을 자처한 신문(인)들은 바로 매카시즘의 대열 앞에서 북 치고 대열 뒤에서 나팔 부는 히스테리 선동기관으로 타락해 있었다. 현재 우리나라의 이른바 언론기관(인)들의 작태를 그 속에서 본다.

공무원 외에도 유능한 배우·과학자·교사·교수·작가·예술인·방송인·감독들이 다수 추방되고 박해받았다. 찰리 채플린은 수많은 희생자 가운데 한 사람일 뿐이다. 그의 동료 영화배우로 이 밀고단체(Aware Inc.)의 열성분자였던 레이건이라는 배우는 30년 뒤에 미국의 대통령이 된다. 우리나라에서는 어떤 한국판 레이건이 앞으로 대통령이 되려는고! 가장 타락한 자가 가장 양명한 자를 추방하는 인간사회의 '그레셤 법칙'이 일반화됐다. 만인이 만인의 감시자가 되었다.

매카시즘의 교훈은 끝이 없다. 매카시 상원의원과 그에 의해서 동원됐거나 자진 협조하는 '마녀사냥꾼'들은 타인의 인격·품위·양심·프라이버시 따위는 털끝만한 가치로도 인정하지 않았다. 구체적 인간의 구체적 행복은 그들이 신봉하는 추상적·관념적 가치인 '반공주의' 앞에서는 일고의 가치도 없었다. "죽여라!" 이 구호만이 매카시스트의 신조였던 것이다. 그것은 당시의 극좌적 스탈린주의와 지나간 파시스트의 극우적 신조와 궤를 같이하는 것이었다. 극좌와 극우는 'one and same'(바로 그게 그것)임을 매카시즘은 스스로 입증한 것이다.

매카시즘의 반지성·반이성·반논리·반문화적 야만성은 문화활동 전반을 질식시켰다. 문화적 활동의 각 분야에서 순진하고 유능한 인물들이 집단으로 해고된 비극은 앞에서 본 대로다. 영화·연극·문학·과학·학문·창작 등의 모든 분야에서 '반공주의' 외의 것은 바로 '공산주의' 또는 '용공'으로 낙인찍혀 말살당했다.

전국의 공·사립 도서관에서는 매카시위원회가 시달한 목록에 따라, 공산주의·사회주의·자유주의적 성향과 내용의 예술품과 도서가 무더기로 끌어내려졌다. 지식인에 대한 갱유(抗儒)에 문화·정신적 소산인 예술품과 도서에 대한 분서(焚書)의 재난이 들씌워졌다. 출판사·서점·도서관 책임자들은 지레 겁을 먹고 자기들의 지식수준으로 이해하기 어렵거나 구미에 맞지 않는 서적들을 그 내용과 관계없이 폐기해버렸다.

우리나라에서 '共'자와 '社'자가 든 책은 그것이 '共同社會……'든 무엇이든 간에 공항 세관에서 압수되거나, 장서로 갖고 있는 것만으로도 의심받던 꼴과 다름없다. 지금 이 시각에도 대학교수들의 교재용 저서가 '빨갱이책'으로 압수되고 그 교수들을 구속하겠다는 협박이 국가권력 기관에서 서슴없이 나오고 있다. 매카시즘은 다양한 견해를 거부한다.

이렇게 서슬이 시퍼렇던 매카시즘의 극우·반공주의도 운명이 다할 날이 차츰 다가오고 있었다. 무엄하게도 국민의 절대적 존경을 받는 두 사람의 대통령과 제2차 대전의 몇몇 영웅들을 '용공분자'로 중상하기 시작한 시점부터다.

기고만장한 매카시 상원의원과 그 추종자들은 트루먼 전 대통령과 아이젠하워 현 대통령에게 도전한다. 두 대통령에게 '용공적 의혹'이 있다고 공언한 것이다. 미국 국민의 인격적 존경을 받는 제2차 세계대전 중의 육군참모총장 조지 마셜 장군 겸 국무장관도 같은 모략의 대상이 되었다. 이때부터 미국인들은 매카시 상원의원이 부르짖는 극우·반공주의의 정체에 의심을 품게 되었다. 매카시즘으로 마취됐던 국민들의 정신이 차츰 돌아오기 시작한 것이다.

매카시즘의 종막은 1954년 동료 상원의원들과 군대에 대해 '용공' 조사를 하겠다는 선언과 함께 성큼 다가왔다. 상원의원들은 여태까지 맹목적 반공주의에 박수를 치는 동안 매카시라는 젊은 상원의원을 자신들의 교수형 집행자로 키웠음을 깨달았다. 그들은 경악했다.

군대의 제독·장성들에 대한 '용공' 비난은 자위책으로 군대를 결속하게 했다. 군대는 반격할 자세를 취했다. 미국 시민들도 자신들이 뽑은 상원의원과, 제2차 세계대전과 한국전쟁 때 피투성이가 되어 싸운 군장성들을 '빨갱이'로 모는 매카시를 용납할 수 없는 감정이었다. 매카시의 운명의 날이 왔다.

매카시의 최후

1954년 12월 2일, 새로운 선거로 민주당 지배하에 들어간 미국 상원은 매카시 상원의원이 '미국 상원의 전통을 유린하는 행위'를 했다는 이유로 징계안을 제출했다. 매카시 징계안은 67 대 22로 가결되었다. 이것으로 공식적으로는 매카시의 광적인 극우·반공주의와 '빨갱이사냥'은 끝났다.

그러나 매카시 상원의원이 미국의 사상·정치를 휘어잡는 동안 미국이라는 나라는 스탈린의 소련과 히틀러의 나치 독일과 다름없는 국가적 타락을 겪은 것이다. 얼마나 수치스러운 재해인가!

참고로, 마지막으로 덧붙여야 할 한 가지 사실이 있다. 매카시 위원회나 그밖에 매카시가 주도한 각종 조사위원회가 고발했거나 기소한 '공산주의자, 용공주의자' 등과 관련된 사건 중 법원의 정식 재판에서 유죄가 입증된 건은 단 한 건도 없다!(로젠버그 원자탄 비밀 누설의혹 사건은 그 후의 일이다)

광적인 극우 반공주의의 괴물 조지프 매카시는 2년 뒤인 1957년 5월, 48세의 나이로 죽었다. 조지프 매카시는 대한민국이라는 나라에서만은 지금 이 순간에도 48세의 나이로 정력적으로 실력을 발휘하고 있다.

•『말』, 1994년 9월호

전환기 시대의 민족지성과 동북아 평화

　지성이라는 것은 여러 가지 많은 내용을 내포하는 개념입니다. 인간이 도달할 수 있는 지적·정서적·정신적·사상적·종교적인 데까지를 합친 높은 차원의 사유·사고 및 철학적인 지평을 가리키는 것입니다. 나는 오늘 그러한 일반적 측면보다는 우리 사회에서 구체적으로 나타나는 지성이라는 것이 무엇인가 이야기해보고자 합니다.

　지성인이란 쉽게 말하면 '자유롭게 사고할 수 있는 비판적 능력을 지닌 사람'을 가리킵니다. 어떤 권력의 통제·제약이나 개인적 편견, 선입견이나 강박관념, 이해관계 등의 영향에 좌우되지 않고 사고할 수 있는 사람을 말합니다. 그 사고는 저항일 수도, 사이언스(science)라고도 할 수 있습니다. 혹은 물리적·비과학적인 측면의 가능성까지를 내포하는 철학적인 사유입니다.

　지난 여름 연세대에서 벌어진 학생들의 모임과 거기에 대응한 정부의 자세는 지성과는 거리가 먼 반지성의 대결을 보여주는 표본이었다고 해도 과언이 아닐 겁니다. 이제는 그러한 반지성을 극복할 수 있는 대안을 내야 하는 때가 아닌가 합니다.

그런데 사실 모든 시민 개개인을 민주주의적인 인간, 지성적인 인간, 이성적인 인간으로 끌어올리려면 규약이라는 것이 필요하다고 여겨집니다.

1879년 미국에서 헌법조항 14개가 수정됐을 때의 일입니다. 14개 조항 중 그 첫 번째는 바로 "연방의회(즉 국가의회)는 종교의 자유와 그 종교적 행위를 억제하는 법률을 제정할 수 없으며, 또 'freedom of speech, freedom of press'를 제약하는 법률을 제정할 수 없다"는 것이었습니다. 이 내용을 한국에서는 흔히들 잘못 번역해서 '신문이 대표하는 언론의 자유'라고 하지만 결코 그 의미만은 아닙니다. 평화스러운 시민의 집회와 언론의 자유, speech, 즉 '개인이 자신의 생각을 말(발표)하는 자유'와 권리가 '언론' 즉 인쇄기로 대량인쇄·발행하는 정보나 견해, 즉 press의 자유보다 우선합니다. 다시 말해 연방법률을 제정하는 입법부, 즉 국가도 시민의 자유를 억제할 수 있는 법률을 제정할 수 없다고 돼 있습니다. 첫째는 종교에 대한 자유를 언급하고 있습니다. 미국은 영국에서 종교의 자유를 제한받아 미국으로 이민을 온 사람들의 나라이기 때문에 자유의 첫 번째를 종교의 자유라고 꼽았던 것입니다.

종교문제 뒤에는 바로 'freedom of speech'와 'freedom of press'가 오는데, 이것을 사람들은 흔히 '언론의 자유'라고 해석합니다. 제 생각으로는 그 개념이 많이 축소되어 쓰이고 있다고 판단합니다. 마치 신문사, 방송국, 잡지사들이 취재를 자유롭게 하고, 사설을 자유롭게 쓰고, 표현을 자유롭게 하고, 평론을 마음대로 하는 것을 언론의 자유인 양 여깁니다. 또 정부나 단체나 그밖의 어떤 집단으로부터 신문기사에 대한 제약이 있으면 이것을 언론의 자유를 박해한다, 탄압한다고 말합니다. 신문, 방송, 라디오, 또 기자·PD들은 자기들의 사주가 자본가로서 보호 발판을 삼고 있는 자유가 오늘날 전 세계 민주국가에서 헌법상의 보편적인 원칙처럼 받아들여지고 있는 미국헌법상의 수정조항 1항의 언론의 자유에 해당하는 걸로 추정합니다. 그런데 이건 아주 큰 착각입니다. 'freedom of speeh and freedom of press'에서 'press'라는 것은 본래 15세기 무렵 구텐베르크에 의해 시작된 활자문화를 통해서 잡지가 시작되고, 통신이 시작되고, 교류가 시작될 때의 단어라는 걸 염두에 두어야 합니다. 활자 위에 잉크를 발라 종이를 놓고 그것을 눌러서(press) 신문이 만들어졌던 때의 단어인 것입니다.

그러면 speech란 무엇입니까? speech는 '말하는' 것입니다. 원래의 정신은 '개인이 말을 할 수 있는 자유', 권력의 제약에 두려움 없이 '말을 할 수 있는 자유', 고매한 학자가 펴는 이론적인 주장, 정치적인 정론만을 가리키는 말이 아니라는 것입니다. 말(의사표시)은 개개인이 우리 사회에서 기본적인 민주의 개념, 즉 각기가 속한 공동체에서 모든 개개인이 평등하며 그 평등한 권리의 주체로서 의사발표를 하는 자유입니다. 그 가치란 개개인 누구나가 자유롭게 '말'을 해서 스스로의 문제를 토론을 통해서 해결하는 것입니다. 그리하여 폭력으로 해결할 것들을 좀더 질 높은 평화적 방법으로 합의를 이루는 과정이며 원리입니다.

오늘날 자본주의적 자유시장 경제 속에서 보여지는 자유경쟁은 사상, 의견, 견해, 생각의 차원에서도 얼마든지 가능합니다. 토론을 통해서 자유롭게 승부를 결정하는 사회, 균형적인 판단을 통해서 발전하는 사회, 그러한 사회를 위한 인간의 이성에 기초해 미국수정헌법 1조가 만들어진 것입니다.

말에는 반드시 '생각'의 자유를 전제합니다. 그러니까 우리가 이성적인 사회, 이성적인 집단, 지성인을 이야기할 때는 정치적인 체제나 사회적인 규범이나 관습이나 폭력이나 압력에 의하지 않고, 생각할 수 있는 자유, 즉 '개인적 사상의 자유'를 전제로 하여 그 사상을 자유롭게 말할 수 있는 사회가 먼저 전제되어야 한다는 사실입니다.

요새 흔히들 '언론의 자유'라고 하면, 신문(또는 방송)을 소유했거나 만드는 사람들이 마음대로 기사를 쓰고, 그것을 보장받을 때 언론의 자유가 구현된 양 착각합니다. 하지만 그런 견해는 위험합니다. 오늘날의 신문·방송·잡지 등……, 소위 지식인들의 매스컴이라는 것이 오히려 자유의 기본적인 요소인 시민 개개인이 자유롭게 생각할 권리와 자유를 억압하고 있다는 것입니다. 『조선일보』를 선두로 한 대다수의 신문들을 그 예로 들어서 설명해봅시다. 사회의 대립 또는 갈등에서 강자의 이익만을 대변하면서, 사회적 약자의 권리주장을 사회질서의 파괴행위로 규탄하고, 화해를 거부하고, 민족 간의 대립을 부추기고, 오로지 반공주의적 분열 사상만을 내걸면서, 사회의 다양한 행위, 의견·가치관을 반공주의라는 단일가치로 규제해야 한다는 주장을 서슴지 않고 있습니다. 그러면서 마치 이것이 '언론의 자유'인 것처럼 여기는 것입니다. 텔레비전 방송 역시 예외는 아닙니다. 우리나라의 소위 '언론기관'이 주장하는 언론자유는 오히려 민주주의 사회의 기본 주체인 '개인'의 사상의 자유와 자유롭게 '말할 수 있는 자유'를 억압하는 역할을 하고 있다고 해도 지나침이 없습니다.

우리 민족의 가장 이성적인 판단은 통일

21세기 우리 민족이 나아가야 할 길과 관련해 생각해보면 평화적이고 민족자주적인 우리의 바람직한 이성적 사회가 구현되겠습니다. 외세의존이나 외세의 압도적인 힘에 의해서가 아니라 남북 민족의 이성에 의한 통합일 때 비로소 민족의 진정한 화합이 이루어지고, 한반도에서 갈등과 전쟁의 요소가 소멸될 것입니다.

분단된 민족이 그러한 원칙에 의해서 통합이 된다는 것은 우리가 오랜 민족사를 통해 염원하면서도 이루어보지 못한 과제이기도 합니다. 신라의 삼국통일만 하더라도 당나라의 개입으로 국토와 국권은 축소되었습니다. 그 이후의 민족사도 온갖 외세의 개입에 의해 역경의 연속이었습니다. 우리 민족은 단 한 번도 동북아시아 지역정치 영역의 주역으로, 하나의 역사 주체로 역할을 해낸 적이 없습니다. 그러므로 외세에 의해 분단된 우리 민족이 민족적 지성과 슬기를 가지고 통합을 이루어낸다는 것은 우리의 왜곡되었던 역사를 새로 쓰는 중대사가 될 것으로 생각합니다. 우리 민족의 생존영토는 지정학적으로 서쪽과 북쪽의 대륙세력과 동쪽 남쪽의 대양세력이 각축을 일으키는 화약고입니다. 땅을 옮겨놓지 않는 한, 이 민족이 운명적으로 짊어지고 가야 할 지정학적인 조건인 것입니다.

동북아시아에는 숱한 전쟁이 끊이지 않았습니다. 현대에 들어와 러일전쟁, 청일전쟁, 만주사변, 중국사변 그리고 1950년 한 민족이 서로 피를 흘리며 싸운 대리전쟁까지 치렀지 않습니까. 이런 역사가 보여주듯, 우리는 동북아시아의 화약고와 같습니다. 이제 우리가 민족의 화합을 이룩하고 통일을 이룩한다는 것은 바로 이런 동북아시아 전체의 평화와 안정과 번영을 위해 주동적인 또는 적어도 능동적 역할을 할 수 있다는 것입니다. 이것은 굉장히 중요한 문제입니다.

그렇다면 외세의존적 역사의 잔재를 청산할 수 있는 길은 무엇입니까. 그것은 남북의 화합과 평화통일을 통해서만 가능합니다. 해방된 지 50년이 지난 지금까지 일제의 잔재가 청산되지 않고 있습니다. 특히 남한에서는 미군정에서부터 오늘날까지 사실상 친일행각을 서슴지 않은 반민족행위자들이 이 국가의 모든 권력을 장악해왔습니다.

9년간 총을 들고 전 국민이 프랑스와 싸워 해방을 이룬 알제리처럼, 또는 막강한 프랑스와 미국을 상대로 총을 들고 싸워 이긴 베트남 민족처럼, 만약에 우리가 일본에 대항해서 싸워서 얻은 깨끗한 해방이라면 외세 잔재를 청산할 수 있었겠지요. 하지만 우리는 그걸 이룩하지 못했습니다. 남북한이 자유와 평화가 보장된 화해와 통일을 이룬다면 그런 해묵은 과제인 일제 식민지 제국주의의 잔재는 종말을 볼 것이라고 나는 생각합니다.

그런데 해방 이후 우리는 신생 독립국가를 이루었다고 하면서도 아직 외세에 의존하는 반예속적인 상태입니다. 양국의 정부와 대통령과 정권이 한 번이라도 우리의 뜻에 의해서 세워졌거나 무사히 임기를 마친 전례가 있습니까? 이승만 대통령에서부터 시작해서 민주당, 박정희, 최규하, 전두환, 노태우 정권까지 어느 한 정권도 미국의 뜻에 반하여, 또는 미국의 허가와 승인과 배후공작이 없이는 온전한 정부가 아니었습니다. 국민 생활 자체도 마찬가지였습니다. 외교, 정치는 물론, 그밖의 국민 한 사람까지 제대로 자유롭지 못했습니다. 한 예로 베트남전쟁을 들어봅시다. 베트남전쟁에 우리가 왜 참전을 했습니까. 무엇 때문에 50만 명이 넘는 우리 청년들이 가야 했고 몇천 명이 죽어야 했습니까. 베트남 국민들은 우리 한국 국민들에 대해서 손가락질 한 번 한 적이 없어요. 그런데 우리가 무엇 때문에 그곳에 가서 살상을 해야 했습니까?

1960년대에 박순천이라는 한 정치 지도자가 있었습니다. 여자 정치인이지만 당시 신망을 받기도 했습니다. 그런 그가 정부의 융숭한 대접을 받고, 베트남의 수도인 사이공 비행장에 내렸습니다. 그는 그 땅에 입을 대고 만세를 불렀습니다. 그리고 돌아와서 이런 글을 썼습니다.

"비행기가 사이공 비행장에 가까워지면서 나는 여기 이 땅에 우리의 아들 딸들이 와서 힘을 과시하고 있다고, 그 영토에서 한 민족의 힘을 자랑하고 있다고 생각하니 가슴이 울컥해졌다. 그리고, 내려서 국기대에 태극기가 휘날리고 있는 것을 보면서 눈물이 마구 쏟아졌다. 너무도 감동적이었다. 우리 민족의 수천년 역사에 이런 일이 있었는가. 그래서 땅에 입술을 대고 나는 울면서 감사했다."

그 당시 나는 신문사에서 그 글을 보고 "누구의 이익을 위해서 누구를 죽이러 간 전쟁인지도 모르는 위험천만한 센티멘털리즘"이라며 놀랐습니다. 현재 우리의 군사작전 지휘권이 누구에게 있습니까? 국가의 최종적인 물리적 주권보호의 수단인 군대의 통솔권이 누구에게 있느냐 하는 것은 국가의 생존권이 누구에게 있느냐와 같은 물음입니다. 그 군권을 50년 동안이나 외국인 파견 사령관 손에 넘겨준 채 돌려 달라는 소리도 한 번 못 하고, 마치 예속관계를 큰 자랑거리라도 되는 듯이 한미 안보는 확고하다느니 이런 식으로 지내왔습니다. 우리의 민족문제도 이런 방향으로 전개되고 있다고 볼 수 있습니다.

'전후처리'에 대한 문제도 생각해볼 필요가 있습니다. 2차 대전을 끝내면서 영국, 미국, 소련, 프랑스는 아시아에서 군국주의를 패망시킨 뒤에 세계 평화질서를 어떻게 유지할 것인가를 결정하게 됩니다. 그 결정으로 빚어진 것이 다름 아닌 민족과 영토의 분할이었습니다. 각 민족과 나라의 처지는 생각하지도 않고 전쟁에서 이긴 나라들이 자기들 구미에 맞추어서 마구잡이로 분할한 것이죠. 이것을 '얄타 체제'라고 합니다. 2차 대전 종결 이후 승전국들은 세계의 지도를 마구잡이식으로 연필로 이리저리 그어버렸습니다. 얄타 체제에 의해서 수많은 민족과 영토가 우리처럼 됐습니다. 그 예를 들자면 동·서독과 폴란드가 분할되었습니다. 그리고 현재 독일은 통합되고 폴란드는 찢겨진 채 그 결과가 끝이 났습니다. 독일과 폴란드의 경우는 압도적인 외세(미국과 소련, 자본주의 세계와 공산주의 세계)의 힘의 균형이 깨진 결과로 결말이 났습니다. 그럼에도 불구하고 민족자주에 의한 평화적인 방법의 가능성도 아울러 생각해볼 필요가 있습니다. 그냥 막연하게, "동족이니까 피 흘리지 말고 평화적으로 해야 한다"는 것이 아닙니다. 그것은 당위이고 정서적으로는 우리의 염원이지만, 반드시 가능하다는 보장이 없다는 것도 사실입니다. 통합에 대한 다각적인 분석이 필요합니다. 과연 평화통일은 가능한 것이냐, 오로지 폭력과 전쟁에 의해 한쪽이 굴복해야 가능한 것이냐, 이런 것들을 면밀히 보자는 것입니다. 독일과 폴란드는 전쟁에 의해서도 아니고 민족적 의지에 의해서 통일된 것도 아닙니다. 가능하지 않다고 여기던 독일의 통일을 예로 들자면, 사회주의 사회가 붕괴함으로써 힘의 균형이 깨진 결과로 통일이 되었습니다.

다음은 오스트리아입니다. 오스트리아는 전승 4대국이 점령 관리하다가 1955년에 스위스와 같은 영세중립국가 형태로 독립을 했습니다. 어떻게 그것이 가능했겠습니까? 네 개의 열강이 점령하던 국가, 3, 4개 언어를 쓰는 복합 민족국가였는데 사회주의와 자본주의의 세력인 좌와 우로 균형을 이루고 있는 나라였습니다. 오스트리아는 그래서 주변 국가들의 위협이 되지 않는 범위 내에서, 즉 장거리포를 제작 소유하지 않고, 단지 소규모의 자주국방력만 가지는 '영세중립국'으로 통일이 이루어졌습니다.

과거에 남북한 통일방안으로 오스트리아와 같은 영세중립국 방식을 채택해보자는 견해와 제안이 많았어요. 나도 오스트리아 같은 방안에 찬동합니다. 현실성은 고사하고. 이처럼 오스트리아에 좌우 정당이 대립해 있었지만 평화스럽게 공존했기에 평화적 통일이 가능했어요. 어쨌든 오스트리아는 폭력이 아니라 평화적인 방법으로 통일이 이루어진 예입니다.

힘의 불균형이나 전쟁을 이용한 통일은 막아야

이와는 반대로 전후처리로 인한 분쟁이 끊이지 않는 곳이 많습니다.

지금은 없지만 이탈리아에는 투리에스트라는 자그마한 항구도시가 있었습니다. 이곳도 전후처리 과정에서 분할됐습니다. 절반은 유고로 절반은 이탈리아로 넘어갔습니다. 1955년 이곳에서 군사분쟁이 일어나자 UN이 개입해서 두 나라로 분할했습니다. 군사적인 충돌에 의해 해결된 예라고 할 수 있습니다.

이스라엘은 힘으로 팔레스타인을 점령했고 세 번에 걸친 피비

린내 나는 지역전쟁을 치렀지만 팔레스타인 민족의 실지회복이나 통일은 이스라엘과 그 지지 세력인 미국 때문에 지금껏 분쟁이 해결되지 않고 있습니다.

1991년에 미국이 이라크를 침공한 전쟁도 따지고 보면 처리방식상 하나의 폭력적인 해결방법이라고 할 수 있습니다. 이라크는 원래 영국의 통치를 받았던 나라였는데 61년에 영국이 철수하면서 쿠웨이트를 분리독립시켜주면서부터 분쟁이 시작됐고, 지금도 끊이지 않고 있습니다.

베트남의 경우는 어떻습니까. 1955년에 프랑스와의 8년간에 걸친 전쟁이 승리로 끝났지만, 정전협정을 통해서 2년 뒤인 57년, 남북 총선거에 의해 통일된 베트남 국가를 건설하는 것으로 미국, 프랑스, 영국, 서독이 다 합의했던 것입니다. 그러나 미국은 이 국제적 합의의 준수를 거부했습니다. 약속된 1957년이 다가오자 미국은 아시아에서 반공전선을 구축하기 위해 베트남을 미국의 군사기지화해야 할 필요성을 강하게 느끼고 있었습니다. 모든 연합국이 조인한 대외조약에 따라 2년 후에 선거가 이루어질 것을 기대하면서 선거를 통한 평화적 통일정책을 준비하던 베트남을 미국은 한국처럼 군사기지로 확보해버렸던 것입니다. 베트남인의 80퍼센트 이상이 남베트남의 반공정권이 아니라 북부의 호치민 공산정권하의 통일을 원한다는 사실이 여론조사로 드러났기 때문이었어요. 그래서 아이젠하워 대통령은 베트남 휴전위원장인 영국의 이든 수상에게 직접 서한을 보내, 총선을 폐기시켜달라고 요청했던 것입니다. 이 사실을 한국인들은 베트남전 국군 파견 당시에도 몰랐고 지금도 모르고 있습니다.

이 대목에서 베트남전쟁이 얼마나 미국의 세계 패권주의의 부당한 전쟁이었는가를 다시 한 번 생각해볼 필요가 있습니다. 베트남은 두 번의 전쟁에 의해서 통일이 된 나라입니다. 프랑스와 전쟁을 치르고 그 다음은 12년간에 걸쳐 미국과 전쟁을 치렀습니다. 베트남 인민은 그렇게 피비린내 나는 전쟁을 두 번씩이나 치르면서 통일을 쟁취했습니다.

우리의 경우도 남북 간의 통일전쟁이 두 차례나 있었다고 말할 수 있습니다. 한 번은 북의 남침에 의해 군사적인 통일을 하려 했고, 두 번째는 38선을 넘어간 우리가 UN의 힘을 통해서 북한을 점령해서 통일하려 했습니다. 전쟁은 하나였지만 행위의 정치적 의미에서 보자면 쌍방 간 두 번의 통일전쟁을 치른 셈입니다.

여기서 우리는 또 지난 3년 동안 내란이 끊이지 않았던 유고슬라비아에 대해서 생각해볼 필요가 있습니다. 바로 얼마 전 휴정협정을 체결한 뒤 유고에서는 첫 선거가 열렸습니다. 우리와는 다르게 다민족 간의 싸움이 끊이지 않았던 복합 민족국가의 상태를, 그러한 민족적 차이를 무시하고 인위적으로 유고슬라비아라는 국가로 통합시켜버린 것입니다. 이것은 단일 민족국가를 분열시킨 것과는 정반대로 복합민족을 하나의 정치단위로 묶어버린 것입니다. 그리하여 이곳에서는 원래의 상태로 복귀하기 위한 내란이 일어나게 된 것입니다. 역시 전쟁이 일어난 것입니다. 아프리카의 분단국가 예멘도 민족 간 전쟁을 거쳐서 통합되었다.

이렇게 본다면 '전후처리' 방식에서 평화적인 것보다는 전쟁을 통하거나 한쪽의 우월한 힘의 작용에 의해 통합이 이루어졌기 때문에 분쟁이 계속됐음을 알 수 있습니다. 평화적으로 이루어진 예는 오스트리아 하나밖에 없었던 것입니다.

지금껏 여러 가지 예들을 살펴봤습니다만 이렇게 '전후처리' 과

정의 예를 들여다보고 있으면 참으로 비관적입니다. 우리에게는 변천기의 다른 역사 과정에서보다 더 높은 민족의 슬기가 필요합니다. 새로운 결의와 용기가 요구되고 있는 것입니다. 전쟁을 하지 않고 평화적으로 통일을 이루는 과제는 결코 용이한 일이 아닙니다. 조선 민족 전체도 물론이거니와 개개인의 슬기와 결의가 필요한 것입니다. 다른 민족이 못 했기 때문에, 지난날의 세계 정치·군사 이데올로기의 조건과 환경이 분명하지 않았기 때문에 이 꿈은 더 간절해지는 것입니다. 성숙된 사회란 모든 사상, 방법론, 가치관 등이 다양하게 거론되고 토론되는 사회입니다. 그래야만 아주 높은 수준의 슬기가 개개인에게서 창출되고 그것이 사회적으로 통합되어서 국가노선이나 정책의 결정과 수정이 신축성 있는 체제가 이루어지리라 생각합니다. 그런 이성적 사고의 작용으로 평화통일을 이루었을 때에만 그것을 바탕으로 하여 우리가 동북아시아 지역 내에서 충돌하는 열강의 힘을 조절하면서, 즉 우리의 불리한 지정학적 위치를 우리의 슬기로 극복하면서, 또한 우리 민족 지성의 높은 감화력과 도덕성으로 주변 열강들의 힘의 작용을 조절하는 역할을 할 수 있다고 생각합니다. 그럼으로써 동북아의 평화를 이룩할 수 있을 것입니다.

그렇다면 과연 현실적으로 그러한 역할이 가능한가 생각해보겠습니다. 극단적 적대적 견제는 상대방인 적대적 존재에 합일한다는 말이 있습니다. 가장 적절하고 구체적인 예가 남북한의 경우가 아닐까 합니다. 남북한은 현상적으로 보기엔 일직선상 위에서 반대 방향의 목표를 지향하는 것 같지만, 결국은 극악한 반이성적 사회 형태로 '동화'되었다는 것입니다. "적이 적에게 동화되다"는 말은 바로 그런 경우입니다. 서로가 극렬하게 반대 방향으로 적대

행위를 하다보면 결국 상대방이 반대하는 쪽으로 갈 수밖에 없고, 반대를 위한 반대는 결국 역방향으로 동화돼버린다는 그런 변증법적인 이론인 것입니다. 북한은 남한을 미국의 식민지라고 단정한 까닭에 극단적 폐쇄체제로 갔고, 또 우리는 북한에 대해 공산주의는 일당독재라며 오로지 반공, 반공만을 위한 극단적인 미국 예속적 폐쇄체제가 되었습니다. 그러다 보면 결국 둘의 양상은 같게 됩니다. 양 적대관계의 주체 또한 둘이 아닌 하나가 되어버리는 것입니다.

이러한 상황에서 통일의 가능성, 동북아 지역 평화의 가능성을 점쳐본다는 일은 쉽지가 않습니다. 남북문제가 21세기로 넘어가고 나면, 나 같은 세대는 통일을 못 보고 죽을지도 모릅니다. 나는 우리 정부가 하고 있는 작태나 북한 정부가 하고 있는 일이나 모두 지극히 위험한 것이라고 간주합니다. 앞서 얘기했듯이, 모든 자유로운 사고방식, 자유롭고 다양한 가치관, 방법론을 거부하고 북한은 북한대로 남한은 남한대로 국민에게 적대감정과 증오감만을 강조하는 것이 작금의 현실입니다. 불필요한 균을 살균한다고 해서 모든 균을 죽여 완전 살균 상태로 만든다는 것은 인간의 자유와 창의력을 말살해버리고 시키는 대로 따라하는 허수아비를 만들어내는 일과 같은 것입니다. 이러한 사회 분위기야말로 이 사회를 반지성적인 사회로 몰고 가는 것입니다.

그래서 남북한의 평화적 통합을 위한 몇 가지 방법을 이야기해 보고자 합니다.

먼저 냉전적 의식을 버려야 한다는 것이 나의 주장입니다. 세계 냉전이 끝났다고 말하지만 남북한에서는 실제로 냉전의 시대가 끝난 것이 아닙니다. 오히려 국가보안법을 강화하고 학생들의 생각을 폭력으로 진압하고 있습니다. 지금도 박정희, 전두환 시절과 같이 여러 출판물들을 불온서적으로 규정해 압수하고 있는 실정입니다. 어찌 보면 모든 사회현상이 과거의 극단적인 냉전시대로 돌아가고 있는 듯합니다. 사실 이러한 냉전적 사고는 소련과 미국의 극단적 대립, 즉 자본주의와 공산주의라는 체제 대립을 전제로 해서 만들어진 것입니다. 상대방이 제로(zero)가 되기 전에는 절대 다른 존재가 용서가 안 되는 사고방식을 말합니다. 앞서 말한 광적인 반공사상 역시 이 냉전사상의 하나인 것입니다. 북한은 다른 형태로 남한과 동일합니다.

광적인 반공사상은 휴머니즘을 왜곡

사상의 자유가 없는 사회에는 문화·예술이 꽃필 수 없으며, 심지어 가치중립적이라고 하는 과학·기술도 발전하지 못합니다. 한 예로 문학을 들어봅시다. 노벨 문학상이 한국(남한)에서 안 나온다고 한탄하는 소리가 높습니다. 그런데 인간의 자유로운 창조활동이란 진정으로 자유로운 생각(사유·사상)이 보장되는 가운데 가능한 것입니다. 최소한 일본 정도의 사상적 자유의 분위기는 보장되어야만 인간활동의 새로운 산물이 나오지 않겠습니까. 사람의 사고능력을 반공주의라는 동앗줄로 꽁꽁 묶어놓은 사회에서 노벨상 수준의 문학이 어떻게 창작될 것이며 그런 창작물이 어떻게 나오겠습니까.

광적인 반공사상은 냉전주의와 하나가 되어서 휴머니즘을 왜곡하는 법입니다. 그것들은 다양한 인간사상을 짓밟으면서 유일한 가치를 강요합니다. 남한의 상태는 북한의 유일사상보다 더하면 더했지 덜하지 않은 것입니다.

　이번에는 '맹목적 애국주의'에 대해 이야기해보겠습니다. 남북
관계에 무슨 문제가 일어나면 모든 매스컴이 한결같은 목소리를
냅니다. 남북문제의 평화적 해결에 가장 큰 저해요소가 바로 이 언
론입니다. 보도기관들은 북문제에 대해서만큼은 논조 자체가 일
치합니다. 진실규명보다는 무조건 상대방 비난에 열을 올립니다.
진실이야 어찌 되었건 반북한을 표방하기만 하면 어떠한 허위·날
조를 해도 면죄부가 주어집니다. 이것이 남한사회의 보도(언론)기
관들의 가장 혐오할 반지성적 태도입니다. 북한의 보도기관도 마
찬가지입니다.

　적어도 지성이라는 것은 자기의 사회, 자기 자신을 포함해서 자
기의 국가까지도 공정하게 바라볼 수 있는 판단력입니다. 무조건
자기가 옳다고 선전선동하는 우리의 매스컴은 국민들에게 무비판
적인 자기정당화를 유도합니다. 이래가지고야 어떻게 남북 간의
화해가 이루어질 수 있겠습니까? 북한의 상태 역시 그러합니다.

　다음으로는 '역사에 대한 이해'가 있어야 합니다. 개개인의 문
제에도 배경이 있듯이 남북관계에서도 역사적 배경이 존재합니
다. 가령 1994년에 미국과 북한 사이에 핵문제 조인이 이루어질
무렵 여러분들의 마음을 졸이게 했던 핵문제에 대한 인식은 어떠
했습니까. 북한이 핵무기를 만들려고 했다면 어떠한 의도가 있었
을 겁니다. 역사를 거슬러 올라가보면 정확히 20년 전인 1970년
대를 주목해야 합니다. 1972년, 전 세계적으로 가장 파괴적인 군
사력을 지닌 미국이 그 보잘것없는 나라, 짚신 신고 화승총이나
가지고 있는 베트남 민족에게 12년간에 걸친 전쟁 끝에 패배했습
니다. 세계 최강 미국의 건국 200년 역사에서 최초의 패전인 것입

니다. 그 이전인 1945년에는 2차 세계대전이 끝났습니다. 그러나 중국대륙에서는 장개석의 국민당 우익 반공정권과 모택동 좌익 공산정권 사이에서 미국은 막대한 물질, 외교, 돈, 군사력으로 장개석 국민당 반공정권을 지원했어요. 그런데 결국은 모택동 좌익 공산정권의 승리로 끝났습니다. 그로부터 3년이 지난 후 한반도에서 전쟁이 일어나자 미국은 남한을 보호하기 위해서 6·25전쟁에 참여했지만 결국 이기지도 못하고 지지도 않은 이상한 결과를 낳은 채 전쟁을 끝내게 되었던 것입니다.

그 이전인 1918년에서 22년까지 러시아에서 레닌이 주도하는 볼셰비키 세력의 혁명이 일어났을 때 프랑스와 영국, 독일이 볼셰비키를 타도하기 위한 반혁명적인 십자군을 조직하면서 러시아에 간섭을 하기 시작합니다. 이때 일본과 미국은 시베리아 쪽으로 들어가 영토를 점령하고 있다가 철수하게 됩니다.

이렇게 살펴보면 미국이 아시아 지역에 개입하는 경우에는 번번이 패전 또는 정전, 아니면 지지도도 없는 희생만을 초래한 결과를 낳았다는 것을 알 수 있습니다. 이에 대한 자기비판에서 1972년에 미국은 소위 '닉슨 독트린'이라는 것을 발표합니다. 정책을 전환한 것입니다. 미국은 아시아 지역이나 아시아 동맹국들에서 일어나는 분쟁이나 전쟁에는 직접 개입을 안 한다는 입장으로 전환을 한 것입니다. 그런 전쟁행위는 당사자가 해결하도록 하고, 대신 미국은 그 뒤에서 무기나 장비를 팔아서 간접적 지원만 한다는 정책전환이었습니다.

국제적으로도 60년대와 70년대에 세계는 자본주의로 가는 것이 아니라 사회주의로 가는 시대였습니다. 말하자면 미래의 사회는 마치 공산주의 또는 사회주의라고 느꼈던 시대입니다. 1961년에 아프리카에서는 은크루마라는 지도자에 의해 2차 대전 이후 처음으로 가나라는 독립국이 생겨납니다. 그로부터 2년에 걸쳐 아프리카에는 16개의 독립국이 탄생했는데 그 16개 국가가 대부분 사회주의의 정치·경제 방식을 채택했습니다. 자본주의를 택한 나라는 거의 없었습니다. 이후에 생겨난 100여 개의 제3세계 국가들도, 77개 국가가 결속한 비동맹국가들 대부분도 사회주의를 표방했습니다. 혁명이 성공하면 반드시 사회주의 국가가 건설되었고 신생 독립국가들 대부분이 사회주의를 표방했습니다. 즉, 그 당시로는 미래 세계는 사회주의라는 추세가 지배적이었습니다. 그 물결을 타고 북한도 당당한 사회주의 국가 건설에 박차를 가했습니다. 강대국들이 배제한 제3세계 비동맹세력들, 주은래가 대표하는 중국, 네루가 대표하는 인도, 수카르노가 대표하는 인도네시아, 티토가 이끄는 유고슬라비아, 낫세르가 이끄는 이집트…… 등, 제3세계의 다섯 개의 큰 봉우리 밑에서 북한은 중간급 봉우리를 이루었던 것입니다. 북한은 사회 여러 분야에서 자력갱생하고 자립경제를 이룩해 세계 비동맹 국가들의 모범으로 알려졌습니다.

이처럼 북한이 정치적 안정을 이루고 경제력이 발전했던 반면 남한의 사정은 악화일로를 걷고 있었습니다. 미국은 이제 남한 원조에서 손을 떼겠다면서 앞으로 남북 간의 군사분쟁이 발생해도 베트남에서처럼 관여하지 않고 후방 원조만 할 것이라는 입장을 발표한 것입니다.

미국이 이렇게 발표를 하고 나자 안보에 위협을 느낀 것은 누구보다도 여태껏 미국의 뒷받침으로 정권을 잡고 있던 한국의 권력자들이었습니다. 정부에 대한 국민의 사랑이나 유대는 하나도 없고, 사회는 모래알처럼 분열된 상태에서 미국이 발을 빼려 하자 박정희는 어쩔 수 없이 대통령으로서 선택을 강요당합니다. 그것은 바로 핵무기 생산 계획이었습니다.

1972년, 박정희는 프랑스에서 2,300만 달러를 주고 우라늄 재처리시설도입계약을 체결했습니다. 서울 홍릉에 '키스트'라는 연구기관을 만들어, 각 분야의 과학자들과 핵물리학자들을 동원해 핵무기를 만들기 위한 비밀계획을 추진하게 됩니다. 그 계획으로 1975년에 최초의 핵폭탄을 만들고, 1년 뒤인 76년에 핵폭탄을 탑재할 수 있는 미사일을 완성하려는 계획이 추진되었습니다. 그 핵무기는 물론 평양을 향한 것이었습니다. 와싱톤을 향하는 것도 아니고, 도쿄나 북경을 향하는 것도 아니었으며, 그렇다고 모스크바를 향하기 위해 만들어진 것도 아닌, 동족을 겨눈 핵무기였습니다. 이 비밀계획은 카터 미국 정부에 발각되었고 미국의 압력으로 백지화되었습니다.

그러나 불과 20년이 지난 지금은 상황이 완전히 뒤바뀌었습니다. 1990년대의 상황은 국내나 국제적으로 남·북의 처지가 역전되었다는 것입니다. 세계정세로 보더라도 남한과 북한은 엄청난 차이가 생겼습니다. 남한의 경제력은 4,000억 불이지만 북한의 경제력은 200억 불로 남한의 20분의 1 수준에 머물 뿐입니다. 더구나 지난해 북한에는 홍수가 나서 스스로 밝힌 경제력조차 170~180억 불입니다. 물론 자본주의 경제의 GNP 계산방식과 사회주의의 GNP 계산방식은 다릅니다. 사회주의 경제에서는 물적 생산만 계산합니다. 기타 서비스는 계산을 안 하기 때문에 20분의 1이라고 해도 실질적으로는 아마 18분의 1 정도가 될 것입니다. 어쨌거나 이제 경제나 물질적 능력에서 남한은 북한보다 압도적으로 우월한 지위를 차지하고 있는 것이 사실입니다. 그런 만큼 압도적인 경제력과 군사력에 미국 군대의 엄청난 힘으로 계속 북한에 압력을 가함으로서 상대방을 고립과 궁지, 사경의 경지에까지 몰아넣으려 한다면 박정희나 김정일이나 같은 선택을 하게 마련입니다. 20년 전에 압도적인 북한에 대해서 남한 정권이 핵무장으로 대항하려 했던 것과 똑같은 북한의 핵무기 저항에 부딪히게 됩니다.

또 하나 중요한 문제는 남북관계에서 '이중적 판단'을 하지 않아야 한다는 것입니다. 우리 사회는 모든 면에서 이중의 잣대를 가지고 있는 게 사실입니다. 그것처럼 비이성적인 태도는 없을 것입니다.

그 예로 팀스피리트 훈련을 살펴봅시다. 팀스피리트 훈련은 전략, 목적, 무기의 구성, 병력구성, 훈련방식만으로 봐도 엄청난 전쟁·공격훈련입니다. 우리는 팀스피리트 훈련을 방어훈련이라고 하면서 북한이야말로 공연히 팀스피리트 훈련에 대해 겁을 먹고 과민반응을 한다고 비난합니다. 20여 년 동안 계속해서 팀스피리트 훈련을 해오면서 그런 생각을 하고 있는 것입니다. 1991년, 팀스피리트 훈련에는 병력 27만, 핵항공모함 2척, 군함 27척이 동원됐습니다. 물론 육·해·공군이 모두 동원됐습니다. 병력 27만 명이라는 건 나토나 바르샤바 같은 거대한 군사동맹에서도 볼 수 없을 만큼 큰 규모입니다. 그 상공과 앞뒤에 미국이 자랑하는 초대형 핵폭격기들이 핵폭탄 투하 태세로 비행합니다. 훈련이 시작될 때마다 북한에서는 공장이 휴무하고, 작업장이 폐쇄됩니다. 전 인민이 무장하고 '준전시 상태'로 동원됩니다. 경우를 바꾸어 생각해봅시다. 소련의 핵 항공모함 2척과 블라디보스토크에 본부를 둔 극동함대 30척의 미사일로 무장한 군함들과, 초대형 핵폭격기 편대까지 동원되어 북한의 인민군 27만 명이 강화도 바로 앞이나 휴전선 등지를 왔다갔다하며 상륙작전 연습을 한다고 생각해보세요. 그것도 1, 2년이 아닌 20년 동안 계속해서 상륙작전을 열일곱 번이나 되풀이한다면 남한 정부와 남한 국민은 과연 어떻게 반응했을까요? 생각을 해봅시다. 그러니 북한의 반응을 과민반응쯤으로 몰아붙이는 것은 이중적 잣대로 판단하는 예라 할 수 있습니다. '역지사지'라는 말이 있습니다. 자기가 하는 일을 상대방의 처지가 되어 생각해봐야 한다는 격언입니다.

남북한 '이질화' 문제만 해도 이러한 이중적 판단 잣대 때문입니다. 흔히 귀순자나 유식하다는 지식인들이 언론매체를 통해 현재 북한은 언어도 문화도 변했고, 정치는 일당독재이며 그렇기 때문에 사회 전체가 이상하게 변했다고 주장합니다. 그리고 우리는 파이와 피자도 먹지만 북한은 아직 된장찌개에 김치만 먹는다고 이야기합니다. 그러나 실제로 이질화라는 개념을 두고 생각을 해보면 국적 없는 외국 저급문화에 자신을 상실했고, 범죄·부패·타락·도덕 부재로 사회문화가 황폐한 것은 오히려 남한 쪽이 아닐까요? 북한의 도덕, 사회, 가치, 규범, 행동, 양식, 정치이념 따위가 이질화되었다고는 하지만 남한의 이질화를 함께 염려하지 않으면 무슨 소용이 있겠습니까.

불과 몇십 년 사이, 우리에게는 도움의 미덕이라거나 나눔의 미덕들이 사라져버린 지 오래입니다. 밤길은 위험해졌고 폭력과 강간, 강도가 판을 치는 세상이 돼버렸습니다. 물질적 풍요라는 허울 속에서 인간성을 잃어버리고 살아가는 것, 이것이 바로 이질화 중에 가장 큰 이질화가 아닐까요? 비뚤어진 우리의 의식부터 정리하고 바로잡아야 남북사회의 진실이 바로 보일 것입니다.

올바른 역사의식이야말로 21세기의 참된 지성

지금 진남포에 대우그룹이 진출해서 스웨터를 생산한다고 합니다. 이러한 경제·상업행위는 종국에는 통일을 준비하기 위한 첫걸음이라고 생각합니다.

그런데 그러한 교류는 차치하고 군사적으로 북한에 계속 위협을 가하고, 계속적인 훈련으로 사회의 불안감을 조장하는 것은 통일을 그르치는 행위가 되는 것입니다. 독일 통합의 교훈은 매우 중요합니다. 동독은 공산주의 체제이면서도 자본주의 서방세계와 다방면으로 융화·교류했습니다. 서독은 자본주의 체제이지만 사회주의 정당이 정권을 잡기도 하고, 국가이념과 정책 및 국민생활 전반에 걸쳐서 사회주의가 실천되는 국가입니다. 이 유사성이 독일통일과 통합 이후의 성공의 근거입니다. 남북한은 어떻습니까? 특히 남한은 어떻습니까?

이러한 일련의 모든 행위, 의식들을 우리 스스로 냉철하게 반성해보고, 개개인 스스로가 먼저 반공의식이라는 폐쇄적인 사고와 세계관에서 해방되어 자유로운 사상과 판단력을 가져야 한다고 생각합니다. 반공주의라는 편협된 사고는 이중적인 판단기준을 낳고 남북관계를 더욱 어렵게 만들 뿐입니다. 이제 남북관계에는 더 관용적이고 합리적이고 이성적인 판단과 사고가 요구됩니다. 확고한 역사의식에 기초한 합리적이고 이성적인 판단, 바로 그것이 민족을 이끌고 나갈 21세기의 참된 지성인 것입니다.

• 『사회문화』, 1996년 11월호

지역 갈등의 매듭은 묶은 자가 풀어야

새해가 밝았다.

1997년의 낡은 해와 함께 5년간의 부패·무능했던 정권은 가고, 대한민국 역사상 최초의 공정한 민주선거로 선출된 새 지도자와 새 정권과 함께 1998년의 아침이 밝았다. 그러나 새 대통령과 국민들 앞에는 당장의 축복보다는 '부도난 나라'를 바로 세워야 할 가공할 재앙이 가로막고 있다. 그것은 해방 뒤 반세기 역사에서 6·25전쟁에 버금가는 국민적 시련이다.

우리가 직면한 이른바 '국제통화기금(IMF) 국난'을 최단시일 안에 극복해 웃음으로 21세기를 맞기 위해서는 박정희 정권 이래 40년에 걸쳐 누적된 온갖 썩고 일그러진 작태들을 과감히 청산해야 한다. 그것은 살을 깎는 아픔을 수반한다. 이 국가적 고통을 견디려면 첫째로 새 대통령과 국민의 일체감, 둘째로 대립적인 지역분열의 재화합이 선결문제라는 견해가 절대 다수다. 바로 '국민화합'이다.

국난극복의 이 처방에 대해서는 거의 국민적 합의가 이루어진 듯싶다. 민족이 남북으로 분열·대립하는 것도 서러운데, 그 한쪽 좁은 땅에서 다시 경상도와 전라도로 갈라져서 동서 분열·대립을 일삼은 지난 40년은 '망국현상'이라는 표현 외에 달리 부를 길이 없다. 나는 지역적 이해와 편견을 가지지 않은 한 이북 출신 지식인으로서 한번 기탄 없는 소견을 말하고 싶다.

내가 경험하고 관찰해온 해방 후의 한국정치 풍토에서, 이승만 대통령의 제1공화국 12년과 4·19 후의 민주당 정부 제2공화국 1년, 민국 초기 합계 13년간에는, 그들의 정치적 공과는 차치하고, 적어도 정당이나 정치집단들의 인적 구성에는 영남 출신과 호남 출신이라는 구분이 없었다. 모든 지역 출신의 혼합체였던 것이다. 말하자면 '지역적 무차별성'의 정치이고 국가였다.

지역분열과 대립은 경상도 출신의 박정희 장군이 유신독재·영구집권 체제를 결심하게 한 1971년 대통령 선거에서 전라도 출신 정치인 김대중 후보의 강력한 도전을 받은 데서 시작된다. 박정희 씨의 득표차가 90여 만 표라고 했지만, 70만 군인의 부재자 투·개표는 부대·영내에서 각군 지휘관 감시 아래 공개적으로 이루어졌다. 전국의 경찰과 행정기관들의 공포 분위기에서 조작된 표의 수는 헤아릴 수가 없었다. 이승만 정권 이래의 수법이었다. 그러기에 김대중 후보가 "투표에서 이기고 검표에서 졌다"는 당시 정치 평론가들의 판단에는 상당한 근거가 있었던 것이다.

곧바로 유신독재·영구집권체제를 군힌 박정희 정권은 그 뒤, 국가 권력기관들과 민간 언론기관들을 총동원하여 호남지역의 정체성과 전라도 주민의 인간성·도덕성에 대해 근거 없는 중상과 비방 캠페인을 전개했다. 박정희로 상징되는 '경상도 정권'이 전라도 지역과 그 지역 출신에 대해 저지른 조직적 차별은 국가적 제도가 되다시피했다.

경상도 출신들이 독점한 거대한 행정기구와 군·경찰·정보기관에서는 물론, 모든 공공 성격의 기관들에서 전라도 사람들은 악의적인 모욕과 멸시를 받고, 조직적으로 배제되었다. 그것은 마치 19~20세기에 유럽의 퇴폐한 부르주아 지배계층과 그 체제가 자신들보다 우수한 유대인들을 인종적으로 배제하기 위해서 취했던 온갖 비열한 수법들을 방불케 했다.

유대인들은 진심으로 유럽사회에 동화되기를 원했다. 그럴수록 유럽 부르주아지는 그들의 배척을 정당화하기 위해서 상상할 수 있는 모든 부정적 인간형을 유대인의 얼굴에 그려 붙였다. 나치 독일 권력집단이 유대인의 가슴에 매단 황색 6각의 '다비데의 별' 표는 바로 유럽 극우·반공·반인간주의자들이 고안한 흉악한 인간파괴의 상징이었다.

박해와 천대의 피해자인 유대인들에게는 그들의 권리와 인간성을 해방시켜줄 메시아가 필요했다. 그리고 그 주위에서 단결했다. 호남지역 주민들에게도 메시아가 필요했다. 전라도인들에게는 김대중이라는 정치인이 비쳤다. 김대중이라는 인물이 '경상도 정권'에 의해 죽음의 핍박을 당하면 당할수록 자신들의 정치적 메시아로 비친 것은 당연하다. 남한사회에서 전라도 사람들의 가슴마다 보이지 않는 '황색 6각 다윗의 별표'가 못질돼 있었던 것이다.

국가의 권력과 돈과 직위와 혜택을 독점한 영남정권은 호남 배척의 보조수단으로 호남 외의 다른 지역과 그 주민에게 약간의 혜택과 직위와 돈과 권력을 나누어주는 것으로 그들을 동반자로 만들었다. 이로써 휴전선 이남의 손바닥만한 땅에서 전라도인을 멸시·적대시하는 전체 지역의 부도덕한 동맹이 형성된 것이다.

이 동맹지역 주민들은 호남인들이 자기들끼리 또는 김대중이라는 정치인의 주변에 뭉치는 것을 가리켜 '전라도 지역주의'라고 비난하는 경향이 있었다. 지금도 그렇다. 인과관계의 구조에서 말하자면, 호남지역 감정이란 영남인들과 그들의 수혜자격인 그밖의 지방인의 '경상도 지역주의'가 강요한 결과라고 함이 옳을 것이다.

경상도 사람들은 그들이 독점한 국가권력의 위력을 업고 전라도 사람들을 마치 '불가촉천민'으로 치는 듯했다. 그 허구의식으로 그들은 마치 자신들이 '선인'인 양 착각하는 오만의 악덕에 빠졌다. 이로써 전체 한국인은 지역을 가릴 것 없이 모두 인간소외와 비인간화의 불행에 빠졌다. 남북한 서로 그런 인간소외와 비인간화의 서러움에 신음하는 가운데 느끼는 이중의 서러움이다.

경상도 주민들은 자신들이 '메시아'로 여기는 박정희 씨와 전두환 씨가 전라도 주민의 '메시아'를 여러 차례에 걸쳐서 악랄한 수법으로 살해하려 했던 범죄행위에 대해 뒤늦게나마 양심의 가책을 느껴야 마땅할 것이다. 1980년 5월 전두환의 광주시민 학살은 그 일련의 범죄행위의 클라이맥스다. 그것은 독일 나치 권력집단의 유대인 학살의 축소형이라 할 수 있다. 그런데 대통령 선거 결과로 형무소에서 풀려난 그 주모자의 입과 얼굴에서는 뉘우침의 말 한마디 듣지 못했고 기색조차 보지 못했다. 이 얼마나 슬픈 일인가.

김영삼 정권 5년에, 이른바 왕년의 '티케이'로 불리는 경상북도 사람들이 모든 혜택을 경상남도에 빼앗겼다고 불만이 크다는 말을 종종 들었다. 동정이 안 가는 바 아니다. 하지만 30년을 권력과 돈을 독점했던 경상북도 티케이 지역 주민들이 불과 5년간의 '푸대접'에 격분할 때, 한번쯤은, 경상남·북도 영남지역 공동지배하의 나라에서 40년 가까이 서러움의 눈물을 삼켜야 했던 전라도 호남인들의 심정을 생각해볼 만도 하다.

　이제 대통령 선거는 끝나고, 전라도 출신 대통령이 탄생했다. 그의 정치적 지도력은 미지수다. 구제금융 시대의 국난을 헤쳐나가는 시련 속에서 입증되고 평가될 숙제라 하겠다. 대통령 선거는 끝났지만 국민화합을 위해서 한 가지 짚고 넘어가야 할 일이 남아 있다. 전라도인의 비원을 업었던 김대중이라는 인물이 선거에 등장할 때마다 경상도인들과 다른 지역의 동맹군이 예외없이 들고 나왔던 김대중 씨에 대한 소위 '사상검증' '색깔논쟁'이다. 해방 직후에 김씨가 가입했다거나 가입했다고 비난받는 '건준'(건국준비위원회)은 좌·우익 정치인, 자본주의자, 사회주의자, 자유주의자, 민족주의자…… 등이 망라되었던 애국단체다. '건준'이 사상적으로 비난받을 하등의 이유가 없다. 건준이 비난받을 점이 있다면, 해방 후의 민족정부 수립을 위해서 친일파·민족반역자들을 철저히 배제했다는 사실일 것이다. 정치목적으로 역사의 진실을 왜곡해서는 안 된다.

　호남주민을 대표한(또는 대표한 것으로 만들어진) 김대중이라는 정치인의 과거 행적을 앞으로도 혹시 사사건건 트집잡으려는 영남인들이 있다면 다음의 사실을 잊지 말 것을 충고하고 싶다. 영남인들과 극우·반공주의자들의 '우상'인 박정희 대통령이 일제하에서 일본 제국군과 그 만주 괴뢰군의 조선인 장교로서 일본 천황과 일본 제국에 '분골쇄신의 충성'을 다했던 사상과 행적, 그리고 해방 후에는 미국 군정하 경비대(육군)의 남로당(공산당) 정보 책임자로 변신해 있다가 파면(6·25 발생 뒤에 복직)되었던 사람이다. 경상도 영남인들이 박정희의 이 사실과 사상을 들고 나오지 않는 한, 그들의 '색깔논쟁'은 자기 기만적이며 설득력이 없다.

많은 호남 출신이 직장에 남기 위해서 또는 일자리를 얻기 위해서, 호적을 바꾸었거나 전라도 사람이 아닌 모습으로 살려고 애쓰는 경우를 나는 수없이 알고 있다. 그들은 '3등국민'의 처지였고, '내국 식민지'적 멸시를 당했다. 주장할 의견이 있어도 참고 소리를 거두었다. 그것은 동포집단의 큰 부분에 강요된 '자기부정'이고 현대적 '소외'였다. 상대방의 처지가 되어서 한번 생각해보라. 남에게 자기부정과 소외를 강요하는 행위 역시 자신의 자기부정과 소외이고 보면 영남 사람들 또한 불행한 존재였다 할 것이다.

그러나 새로 선출된 호남출신 대통령 당선자는 보복금지와 국민화합을 제1정책으로 내세웠다. 반가운 일이다. 적대와 질시를 일삼는 아프리카의 미개한 부족들처럼, 박정희 정권 이래로 영남과 호남을 덮고 있던 오만과 원한과 갈등의 구름이 하루속히 말끔히 걷히기를 온 국민은 바라고 있다. 국민의 마음이 하나되지 않는 한, 구제금융이란 국난극복도, 21세기의 희망도 아득한 일이다.

그러기 위해서는 오랫동안 나라의 따스한 양지를 독차지하여 호남지역 주민들에게 음지의 삶을 강요했던 영남지역 주민들 사이에서 먼저 자발적인 자기비판과 반성의 소리가 일어나야 할 것 같다.

• 『한겨레신문』, 1998.1.7

남북 정상회담과 언론

우리들 패러다임이 바뀌어가고 있다. 서기 2000년 6월 15일 이전의 한반도와 그날 이후의 남한사회는 이미 같은 한반도가 아니며 같은 남한사회가 아니다. 평양에서 6월 13일부터 사흘 동안 벌어진 일들은 휴전선 이남 4,500만 주민의 머리와 가슴에서 반세기 동안 다져졌던 환상과 편견을 일거에 날려버렸다. 휴전선 북쪽 주민 2천만의 머리와 가슴에서도 같은 변화가 일어나기 시작했음을 볼 수 있다.

그것은 물론 역사적 변화의 주역인 김대중과 김정일이라는 걸출한 두 정치인의 무대였지만 그 연출의 의미와 효과를 전 세계에 유감없이 전달한 것은 첨단 매스컴의 공이었다. 그중에서도 시각 영상 매체인 텔레비전의 효과는 압도적이었다. 역사적인 그 며칠 동안 평양의 현장에서 뛰었거나 서울에서 보도한 모든 보도매체 관계자들에게 찬사를 보낸다. 그리고 그들의 노고를 치하한다. 하지만 이 민족의 새로운 패러다임의 삶의 문은 겨우 방긋이 밀어젖혔을 뿐이다. 역사적 드라마도 서막을 끝냈을 뿐이다. 반세기 동안 한 민족을 갈라놓았던 철통 같은 문은 활짝 열려져야 하고 민족화해의 드라마는 차질 없이 끝까지 연출돼야 한다.

그 과정에는 여러 가지 많은 곡절과 좌절이 예상된다. 분단과 적대의 체제에 익숙해진 사람들은 미소와 화합과 평화에서 오히려 호흡의 곤란을 느낄 것이다. 총칼과 탱크를 숭배하는 소수의 극우 반공주의의 개인과 세력은 동족 간의 영원한 대립과 투쟁 속에서 이득을 추구하려 할 것이다. 바로 우리의 일상적 삶 속에 거짓과 반목과 불신의 요설을 뿜어내는 '언론인'도 이 부류에 속한다.

평양 정상회담과 그 주변과 앞뒤에서 벌어진 수많은 장면이 카메라를 통해서 스크린 위에 투영되는 순간, 오랜 거짓교육과 거짓선전과, 소위 이데올로기 일변도의 '반공주의 언론(인)'의 효과는 햇빛을 맞은 아침안개처럼 흩날려버렸다. 이제야 대중은(아니 대부분의 이른바 '지식인'들도) 심한 현기증과 함께 오랜 착시·착각·환각·환청의 질병에서 깨어나기 시작했다. 국민대중은 그 역할에 대해서 한결같이 감사하고 있다. 생각건대 대중매체 분야에 종사하는 당신들 자신도 대부분은 평양 남북 정상회담을 계기로 비로소 이 같은 착시·착각·환각·환청의 중병에서 깨어났으리라. 그러고 보면 한국 국민의 진실을 감지할 수 있는 사고능력이 얼마나 마비되어 있는지 개탄하지 않을 수 없다. '상식적 판단'조차 못했다는 말이다.

그 책임의 전부는 아니더라도 절반은 이른바 '언론인'을 자처하는 당신들에게 있다고 말하고 싶다. 그러기에 국민의 인식능력과 사유능력을 병들게 한 원인과 책임은 공교육 담당자인 나라의 체제와 정부, 그리고 '언론'과 '언론인'이 양분해야 하리라고 생각한다.

대중매체와 그 종사자들이 민족의 새로운 패러다임적 삶의 시대를 여는 길잡이가 되어주기를 바란다. 그러기 위해서 나는 몇 가지 부탁을 하려 한다.

① 한국 매스컴의 특성으로 여겨지는 불명예인 '냄비언론'을 경계하라. 평양 정상회담 보도도 일부는 홍분 과잉이었다. 회담 후 급냉각 현상을 염려하게 한다.

② 이제는 역사의 유물이 된 지 오래인 '냉전의식'을 머리에서 청소하자. 아직도 버릇이 된 부분이 의식 속에 남아 있지 않나 자신의 머리를 구석구석 살펴보자.

③ 광적인 극우 반공주의 이데올로기병의 증상이 머리에 남아 있지 않나 냉철하게 점검하자.

④ '맹목적 애국주의'는 국가 이익에 역행한다. '맹목적 애국주의'는 신문·방송인에게는 절대 금물이다.

정전협정 체결(1953.7.27) 이후 1998년 6월 말까지 정전위원회에 등재된 휴전협정 위반 건수는 북한 42만 4,356건, 남한(유엔군) 45만 4,605건이다. 이 사실은 당신에게 말해주는 바가 많을 것이다.

⑤ 남북 간에 일어나는 문제나 사건에는 대개 상호 간에 작용한 역사적 배경이 있다. 그에 대한 이해 없는 가치판단은 오류가 된다. 1970년대 박정희 대통령(남한)의 핵무기, 미사일 비밀제조 계획과 90년대 북한의 그것과의 상황적·역사적 배경을 알면 문제는 훨씬 정확하고 공정하게 이해될 것이다.

⑥ 남북 간 문제나 분쟁은 대개 서로 원인과 결과, 작용과 반작용의 구조다. 앞서의 놀라운 정전협정 위반 사례도 이 같은 인과관계의 표현인 것이다.

⑦ 동일 사실에 대한 이중적 판단을 경계하라. 유사한 일을 남

한이 하면 합법이고, 북한이 하면 불법이라는 이중적 가치판단은 건전한 저널리스트의 결격사유다.

⑧ 북쪽 국가와 사회 및 생활과 의식에 대한 편견 없는 연구와 이해에 힘쓰라. 알고 나면 알기 전과 달리 보이고 납득이 가고 그 타당성을 수긍하게 된다.

⑨ 상대방의 처지에 자신을 세워놓고 같은 문제를 보라. 그러면 자기 입장과 시각으로만 보거나 판단했던 것과 다른 사실을 알게 될 것이다. 역지사지의 마음가짐은 '언론인'의 속단·독단을 예방하는 요체다.

⑩ 북한의 '이질화'를 함부로 일방적 현상으로 단정하지 말라. 남한의 인간 삶의 모습과 사회제도 행태 등이 얼마나 '이질화'되었는가를 살펴보고 생각해보라. 새로운 인식안이 열리게 된다.

⑪ 남·북한은 각자 장점과 단점을 아울러 가진 체제와 사회다. 북한은 악마이고 남한은 천사로 착각하는 '언론인'들이 의외로 많다. 북한 사회주의와 남한 자본주의의 장점을 수렴하려는 '상호적·동시적·병행적 변혁'만이 평화와 통일의 길을 열어줄 것이다.

이제 언론인 여러분의 건투를 빈다.

• 『신문과 방송』, 2000년 7월호

6자회담 공동선언 이후 동북아 정세

토론회 주제에 대해서는 이제 발제하실 전문가들이 상세하게 설명할 것이고, 나는 9·19공동성명과 6자회담 전후 과정에서 느낀 소감을 간략하게 말씀드리겠습니다.

6자회담 공동성명에 대해 언론이나 지식인들이 굉장히 문제해결에 접근했다는 식으로 해석하는데 비해 나는 오히려 걱정과 불안이 생기면 우리의 높은 경각심이 요구된다고 봅니다.

이번 공동성명 합의문 자체로만 본다면 대체로 우리가 원했던 바고, 한반도와 동북아 정세의 전반적인 사정에 비추어서 그렇게 할 수밖에 없고, 이론적으로나 현실적으로나 타당한 내용이 담겨져 있습니다. 적어도 지금까지는 미국이 전혀 그러한 방향으로의 문제해결에 관해서 생각조차 하지 않았던 점에 비추어본다면 특히 그렇습니다.

미국 집권자들이 예상하지 못한, 이라크의 베트남화로 한반도

2005년 10월 7일 평화·통일연구소 창립 1주년 토론회 '한반도 평화협정 체결 및 평화군축 방안'에서 강연한 것이다.

에서 대북전쟁의 가능성이 낮아졌고, 미국 내 분위기도 마치 베트남전쟁에서 패배했던 1970년대 초의 그런 정치적인 역동성이 커지고 있기 때문에 미국의 전쟁애호 집단으로서는 북경회담에서 이루어진 그 방향으로, 동북아 지역문제를 해결할 수밖에 없었던 것입니다.

그런데 미국이 6자회담 공동성명을 지킬 것인가?에 대해서 나는, 미국이 조약을 단 한 번도 지킨 사례가 없으므로, 이 사실에서 출발해 한반도와 동북아 지역문제에 대한 우리의 생각과 판단의 단서를 잡아야 한다고 봅니다.

다시 말해 내가 북경회담 합의문을 보고도 걱정하는 까닭은 미국이라는 나라는 유엔결의 또는 국제적인 합의에 기초한 많은 협약과 조약들을 하나같이 거부하고, 백지화해버리고 자기들의 이익에 100퍼센트 부합하지 않는 한, 어떠한 국제적 의무도 거부해온 역사를 너무나 잘 알기 때문입니다.

비핵보유국의 핵무기 포기에 상응해 핵강대국의 핵폐기를 위해 노력하기로 한 핵확산금지조약(NPT)에 역행하는 국가도 바로 미국이고, 이라크의 경우만 해도 1974년에 유엔에서 결의한 침략에 관한 결의의 모든 항목에 다 위반됩니다. 미국은 자기들이 유리할 때는 남의 나라에 대해 그 조항을 들어 침략이라고 규정하지만 자기들이 할 때는, 같은 행위라도 유엔결의를 이용해 정당화했던 것입니다.

1994년 클린턴 대통령이 서명한 핵문제에 관한 협정의 단계적 집행조치들을 백지화해 '미·북 핵협정'을 사문화한 것도 미국입니다. 북한은 이에 대한 자위수단으로 핵개발을 재개했고, 이 때문에 6자회담이 필요해진 것입니다.

오늘 토론회 주제인 군축문제, 평화협정, 미군주둔 문제만 하더라도 1953년 7월에 체결된 휴전협정 제60조에 다 규정되어 있는데, 이런 규정들이 미국에 의해 지켜진 것은 하나도 없습니다. 먼저 휴전협정에는 당시 휴전의 시간에 남쪽과 북쪽에 있던 무기와 동일한 종류의 낡은 무기를 1대 1로 교체할 수 있도록 하고 있습니다. 이 규정에 의하면 재래식 무기가 아닌 무기, 즉 핵무기는 한반도에 들여오지 못하게 되어 있습니다. 그러나 미국은 휴전협정 체결 후 2년 만에 이의 폐기를 일방적으로 선언하고, 1956년 남한에 수백 개의 핵무기를 비밀리에 배치했습니다. 여러분은 당연히 이 사실을 모르고 있었습니다.

평화협정 문제도 마찬가지인데, 미국이 휴전협정의 의무조항인 평화협정 체결 문제, 통일한국을 위한 선거문제 토의를 미국은 거부했습니다. 1954년 4월의 제네바회담에서 거부했던 이유는 한반도에 영구히 미군을 주둔시키고, 남한을 군사기지화해 중국과 소련 봉쇄를 위한 핵전쟁 기지로 만들기 위해서였습니다. 이것은 케네디 대통령이 공언한 대로입니다.

1954년 제네바 정치회담에서 한반도 문제와 더불어 논의되었던 베트남의 경우도 마찬가지인데, 베트남에서 전쟁이 끝나면 남북통일 선거를 실시해서 통일국가를 수립한다는 합의에 서명하자마자 미국은 곧바로 이를 뒤집어버렸습니다. 그래서 프랑스에 대항해 승리한 베트남 인민이 다시 총을 들게 된 것입니다. 미국은 한반도에서처럼 베트남을 포함해서 동남아 지역에서 '동남아방위조약'이라는 대공산권 포위전략을 위한 군사동맹체를 만들려는 목적하에 평화협정이나 통일을 위한 남북 통일선거를 거부한 것입니다.

규정, 조약, 합의사항, 협약이 없어서가 아니라, 안 되는 까닭은 미국이 지키지 않기 때문입니다. 나는 50년 동안 국제관계를 연구하는 사람으로서 미국이 조약을 지킨 일을 한 번도 본 적이 없습니다.

우리가 앞으로 미국과의 문제를 어떻게 해나갈 것인가? 하는 문제에 대해서 2000년 6·15정상회담 전에 나는 통일된 뒤에도 통일 코리아에 미군주둔을 허용한다는 한미 간의 합의를 전제로 남북 정상회담을 여는 것은 민족에 대한 배신일 수 있다고 비판하며, 김대중 전 대통령에게 한반도 평화체제 수립을 위한 다음과 같은 제안을 한 적이 있습니다.

미국과의 예속적 '한미 방위조약'을 친선우호관계 조약으로 대치하고, 그 거리만큼 중국과 러시아와의 관계를 개선·향상하는 국가관계를 추구하고 동북아지역 내 중심역할과 등거리외교를 채택하는 전략과 정책을 모색하도록 평양에 가서 말씀하시면 어떻겠는지 하는 이야기였습니다.

미군철수와 한미 상호방위조약의 근본적 수정 내지 폐기 방향으로의 노력과 관련해서 15년 계획을 말씀드렸는데, 우선 5년간은 군사관계를 제외한 민간 전 분야에 걸쳐서 남북화해, 상조, 개혁을 추진하면서 북한으로 하여금 남한의 군사력에 대한 위협을 느끼지 않게끔 상황을 만들면서 환경을 조성한다. 그 즈음 미국에 주한미군의 상당 부분을 축소하는 문제를 제기하고, 휴전선에 배치된 미군을 중립국가 군대로 대치해나간다.

다음 5년 사이에는 북한과 군축문제를 논의하면서 실제로 남북 간의 군사적 충돌이나 전쟁위기가 존재할 수 없는, 또 그것을 충분히 보장할 수 있는 국제적인 감시제도를 수립한다. 동시에 미국으로 하여금 거의 대부분의 무기와 병력, 기지를 철수할 수 있는 구체적 조치를 한 10년 사이에 완료하도록 한다. 한국 군대에 대한 미국의 작전통제권도 이 단계에 이양받는다.

나머지 5년은, 그런 단계에 오면 북한과 미국 사이에 평화협정을 체결할 충분한 토대가 될 터이니, 그때 미국이 거부해온 휴전협정 60조에 의한 평화협정을 체결하고 북미국교 정상화를 이룬다. 15년쯤 지나는 이 시점이 오면 미군주둔이 해소되고, 기지는 철폐되고 동시에 동맹관계는 군사동맹관계에서 비군사적 평화적 우호관계로 대치되는 것이 가능하지 않을까라고 제안했습니다.

물론 김대중 대통령이 상당히 불쾌해했습니다. 그 시기에 이런 구상이 먹혀들어갈 수 있을지 상당히 의심스러울 수는 있지요. 이와 같은 절차를 거쳐, 지역 강대국 누구에게도 불안을 주지 않으면서 한반도 상황을 개선해나간다면, 우리가 미국에 대해서 충분히 그와 같은 요구를 할 수 있고 또 세계여론으로 하여금 미국이 거부하기 어려운 상태까지 한반도 정세를 비군사화함으로써 동북아 정세를 변화시킬 수 있다고 생각했습니다. 나는 지금도 그런 것이 방법이 아니겠는가 생각합니다.

그래도 이번 북경회담을 보며 한 가지 변화는 확인합니다. 우리 민족이, 남북이 하나의 뜻과 하나의 전략과 하나의 목적으로 강대국들과 자리를 함께하고 발언하게 되었다는 것입니다. 19세기 말 이래, 한반도를 요리하기 위한 제국주의 강대국들 간의 수많은 회담에 이 민족과 국가의 대표가 단 한 번도 참석한 일이 없었습니다. 110여 년의 현대사에서, 처음으로 발언이라도 할 수 있었던, 그렇게 해서 말이나마 그러한 성명을 도출했다는 것. 여기에 처음으로 하나의 전진, 민족의 전진이 있다고 생각합니다.

유럽에서의 모든 전쟁과 정세불안의 요소가 됐던 발칸반도와 같이 우리 한반도가 지정학적으로 뿐만 아니라 우리 자신의 불찰로 말미암아 모든 동북아의 불안과 논쟁의 초점이 되어왔습니다. 그것은 역으로 말하자면 동북아의 안정과 평화냐, 전쟁이냐 이런 문제는 우리 한반도 문제에 대한 우리 민족 자신의 대응에 달려 있는 것이라 할 수 있습니다.

　나는 동북아시아 세력권·영향권·지배권 다툼을 위한 미일 군사동맹과 중국과의 전쟁위기가 여전히 상존하고 있다고 봅니다. 대만 문제를 놓고 중국과 미국이 흥정을 하는 과정에서 마치 과거의 가쯔라─태프트처럼, 필리핀과 조선에 대한 지배권을 주고받고 하는 이런 경우도 일단은 생각해야 합니다.

　왜냐하면 강대국은, 그 극치는 미국이지만, 중국, 러시아, 일본 모두 최종적인 결정의 전제는 자국의 이익밖에 없는 것입니다. 대만과 북한 문제가 동북아에서 패권주의적 국제관계의 해소에 평화적으로 도움되느냐 아니면 전쟁위기로까지 상황 악화가 지속될 것인가? 특히 중국의 국력이 지금과 같은 추세로 강화될 때, 미국 자본주의와 미국 자본주의의 통치 집단이 대만의 독립을 부추기면서 중국과의 위기 시국이 전개될 수도 있지 않을까 염려합니다.

　이렇게 볼 때, 현재 미국과 일본의 동북아지역 전쟁을 전제한 군사력 강화조치가 그것을 입증하고 있습니다. 지역 정세를 대국적으로, 총체적으로 전망한다면 우린 민족 간 화해를 통해서 전쟁의 빌미를 미국이 쥐지 못하도록 노력하는 방향으로 힘을 쏟아야 할 것이지, 북경회담 합의문이라는 종잇조각을 토대로 해서 상황을 판단하고 우리 민족의 행동을 규정할 때는 아직도 아닌 것으로 생각합니다.

우리는 그러한 정도의 높은 경각심을 가지고 사태를 살피는 것이 좋지 않을까 생각합니다.

집단적 기억

조선반도의 문제와 정세를 정확히 그리고 공정하게 이해하기 위해 전제조건으로 선행되어야 할 몇 가지 사항이 있다. 그것은 편견과 고정관념, 왜곡된 정보, 그리고 이데올로기적 입장으로 고의적으로 날조된 사실들이다. 이와 같은 잘못된 의식과 판단을 근본적으로 바로잡아야 하는 문제다. 그렇지 않고서는 조선반도(한반도)의 문제를 있는 그대로 볼 수 없다.

지금 한반도의 남북관계에서 남과 북 사이에 얼마나 큰 변화가 일어나고 있는가. 최근 일본 국민이 분노하고 세계적 문제가 되고 있는 일본인 납치 문제, 이런 일들을 계기로 흥분상태에 빠진 일본 국민의 북한에 대한 태도라든가, 반대로 다년간에 걸친 일본의 반조선 노선과 정책에 대한 북조선의 반일감정 등등 이와 같은 모든 사실을 배경으로 문제를 검토해야 할 것이다.

우선 제2차 세계대전 종전 후 한국에서 '해방'이라고 불린 이후

2003년 4월, 반핵·반전·평화를 지향하는 일본 각계의 제10회 '히로시마를 말한다' 심포지엄에서의 기조 발제문이다.

50년 동안의 시기는 광신적 극우와 병적인 반공주의 및 미국 일변도의 외세 숭배주의, 그리고 극우적 폭력과 군사주의가 지배했다. 이처럼 비정상적이고 왜곡된 정세는 40년이 지나 김대중 민주정권에 이르러 겨우 정상화되기 시작했다. 탈냉전적 동북 아시아의 상황 속에서 우리 남북 민족이 어떠한 삶을 살아야 하는가 하는 민족적 자각이 비로소 움튼 것이다. 지금 한반도에서 전개되고 있는 변화는 모두 이 자각에 바탕을 두고 있다. 나의 최근 일본어판 저서 『조선반도의 신밀레니엄』(朝鮮半島の新ミレニアム, 社會評論社, 2000. 원 서명은 『반세기의 신화』, 삼인, 서울, 1999)에 실린 서문을 인용한다면 여러분은 내 이야기의 뜻을 알 수 있을 것이다.

　2000년 6월 15일 이후의 조선민족(한민족)은 이제 그 이전의 조선민족이 아니다. 이날을 기하여 한반도 남북의 동포는 반세기 이상 긴 세월 동안 외국세력의 강요에 의해 만들어지고 지속된 민족 내부의 적대관계를 거부한 것이다.

　남쪽의 김대중 대통령과 북쪽의 김정일 조선노동당 총서기는 민족과 국토가 분단된 지 55년 만에 쌍방의 국가원수로는 처음으로 평양에서 회담을 가졌다. 그리고 남북 동포 간의 오랜 분열적 적대관계의 종결을 선언했다. 양 지도자는 이 날로 남북의 7천만 인민이 서로 구원(舊怨)을 버리고, 화해하고, 서로 이해하고, 상호 간 신뢰관계를 구축하여 교류와 협력을 촉진할 것을 서약했다. 1972년 7월 4일의 '7·4남북공동성명'의 정신으로 되돌아가서 민족공동체를 재건하고, 각자 체제의 차이를 넘어 마침내 민족의 평화통일을 성취할 굳은 결의를 내외에 선언한 것이다.

　이것은 한민족의 재생(再生)을 뜻할 뿐 아니라 실로 역사적 축복의 순간이었다. 그리하여 지금, 남북 평양 정상회담 후 열흘이 지나기 전에 한반도를 양분했던 270킬로미터의 휴전선에서는 총성이 멈추었다. 그동안 서로간 공용어가 되었던 적대적 호칭이 우호적이고 정상적인 명칭으로 바뀌었다. 대단한 변화다.

북과 남의 정부는 이제 누군가의 '괴뢰'가 아니며, 남과 북의 동포는 상대방 사회의 장점과 특징을 서로 주고받게 되었다. 지난 50년간 한국의 국정교과서에 넘쳐 흐르던 광신적 반공주의와 반이성적·극우적·반북한적 서술이 금년 가을학기 교과서에서 사라지게 되었고, 그 자리를 좀더 평화적이며 지성적인 명칭과 내용이 대신하게 될 것이다.

이것은 실로 혁명적 변화라고 말할 수밖에 없다. 남쪽으로부터는 북쪽 정부와 민간협력 원조물자들이 줄을 이어 항구에서 선적되고, 북은 남쪽의 기업과 투자에 대해 급속히 문호를 확대하기 시작했다. 50여 년간 생사조차 알 길이 없었던 서로 찢겨진 이산가족의 재회가 이루어지고, 고향방문 협상이 흥분 속에 진행되고 있다.

돌이켜보면 강대국이 중심이 된 냉전의 빙산 밑에 영원히 묻혀버리는 것으로 여겨졌던 한반도가 그 무거운 얼음을 깨고 힘겹게 움직이기 시작한 것이다. 김대중 대통령과 김정일 총서기는 정치지도자로서의 역량과 경륜을 유감없이 발휘하여 조선민족의 정치적 성숙을 세계에 과시했다. 잃어버렸던 민족의 자존과 긍지가 7천만 동포의 가슴에 용솟음치고 있다.

이제부터 21세기에는 남북의 한민족이 다시 통일국가를 이룩하고 세계사의 정면에 새롭게 등장하는 시대가 되리라는 것을 믿어 의심치 않는다. 그리하여 동북 아시아의 지역 평화와 번영에 적극적으로 참여하고 공헌함으로써 신밀레니엄을 맞이한 인류의 평화와 발전에도 크게 기여할 것임을 확신한다.

물론 남북 각각의 사회 내부에는 적지 않은 문제가 남아 있다. 또 주변 관련 국가들의 이해관계도 복잡하다. 하루아침에 민족의 희망과 영광이 실현되리라고는 결코 생각할 수 없다. 하지만 21세기의 조선민족은 과거 일본 제국주의에 농락을 당하고 이어서 냉전 패권주의의 희생물이었던 20세기의 그 같은 민족이 아닐 것임은 확실하다. 이 사실이야말로 새로운 세기의 의미 있는 일일 것이다.

이것이 김대중과 김정일이 3년 전 개최한 평양회의가 뜻하는 대체적인 내용이었다. 이것은 여태까지보다는 상당히 희망적인 합의다. 그러나 일본을 포함해 동북 아시아의 지역적인 문제는 그리 간단히 처리되지 않을 것이다. 왜냐하면 조선 반도의 문제가 바로 동북아시아의 지역문제이고, 동북아시아의 지역문제가 바로 돌아와 한반도 민족의 문제로 반영되기 때문이다. 남북 민족의 뜻에 반해서 지금 외부적 정세는 바야흐로 역전의 시기에 접어들고 있는 것으로 보인다.

바로 그것이 클린턴 미국 정부의 정책인 바, 이것이 조선반도에 어떠한 영향을 끼쳤는지에 대해 말해보겠다. 물론 클린턴 정부도 현 부시 정권과 기본적으로는 다를 바 없으며 북조선에 대해 적대적 관계를 견지했다. 그렇기는 하지만 북조선과 미국은 핵문제와 관련, 북쪽의 흑연감속형 원자로를 경수로형 발전소로 바꾸게 된다. 말하자면 핵무기 제조용 원료를 추출해낼 수 없는 경수로형 발전소로 바꾸는 대신 북조선의 국가와 정권체제에 대한 강압적인 정책을 단계적으로 거두겠다는 합의가 1994년 10월에 이루어졌던 것이다. 그러나 이때 체결된 양국 간의 핵 관련 합의는 매우 취약하고 복잡한 구조를 띠고 있다.

이것은 형식상 국제조약도 아니고 일반적인 국제적 합의도 아니다. 프레임워크(Framework) 합의라는 특수한 이름 아래 매우 구체적으로 각 합의·항목의 집행시기가 규정되어 있는 것이다. 북조선이 이것을 지키면, 다음 단계에서 미국이 이것을 지키며, 다음 단계에서 북조선이 이것을 이행하고, 그것을 확인하면 미국이 다음에 이것을 이행한다는 식이었다. 94년 10월부터 95년 4월까지 6개월, 그리고 2000년 말부터 5년 동안, 즉 올해 말로 사실 양국 간에 상호 합의된 조건이 모두 충족되면 실제로 2003년에는 모든 조치가 완료되어 조미 국교가 정상화될 예정이었던 것이다.

정확히 말하자면, 미국이 경수로를 지원하겠다는 약속으로, 북조선의 2기 원자로를 폐쇄한다. 그 대신 폐쇄로 인해 발생된 전기 발전량의 부족분을 미국이 중유(重油)를 공급해 채운다는 것이다. 그러나 그것을 이행하면 미국이 과연 약속을 지킬 것인지 북조선 측의 의구심이 매우 강했기 때문에 클린턴 대통령은 북조선의 거듭된 요구에 따라서 "미국 대통령의 이름을 걸고 하겠다"는 친서를 보낸 것이다.

그리하여 한 달 뒤인 94년 11월 21일에 국제공동사업체(컨소시엄)가 결성되고, 대체 에너르기인 중유 5만 톤이 공급됨으로써 원자력 계약이 성립되었다. 그런데 대단히 불행한 사실은 이 합의된 사항을 이행하지 않은 것은 대부분 미국 측이라는 것이다. 그런데 언제나 그러하지만, 미국 정부의 선전과 주장, 그것을 사실인 양 떠들어대는 미국의 매스컴과 학회와 정보 등으로 인해 세계는 모든 계약을 북한 측이 위반하고, 미국은 모두 성실히 지켜온 것처럼 착각하고 있는 경우가 많다. 하지만 사실은 그 반대이며 미국의 위반이 많다는 것이다. 특히 6개월 후에는 원자력의 기초 틀을 만들고, 1년 6개월 후인 96년 4월에는 미국이 북조선에 대해 54년 동안 폐쇄 동결해온 경제, 상업, 무역, 금융정책을 해제하기로 약속했다. 그러나 미국은 해제하기는커녕 더욱 강화해온 것이다. 말하자면 북조선의 숨통을 조이는 과거의 정책을 조금도 완화하지 않으려는 태도를 반영하고 있다.

미국이 94년 핵 합의를 이루고 난 뒤, 최고 정책 수립자들 내부의 의도에 관한 정보가 공개되었다. 그에 따르면 클린턴 정권의 군부와 각종 극우·반(反)북조선 세력들은 북조선이 흑연감속형 원자로를 폐기한 그 다음부터 경제 동결조치를 강화하여 북조선의 숨통을 끊어놓으면 북조선이 더 이상 미국에 대응조치를 취할 수 없으리라고 생각한 것이다. 즉 미국은 약속을 이행하지 않고, 시간을 끌면서 목을 죄어 북조선을 국가로서 존재할 수 없게 만들겠다는 의도가 있었던 것으로 밝혀졌다.

조·미합의에 따르면, 2000년에는 미국이 약속한 경수로 원자력발전소 2기 가운데 1기가 가동을 시작해야만 했다. 그러나 가동은커녕 5년 이상 지나서 올봄에야 겨우 땅 고르기를 하고, 과시하는 듯이 콘크리트를 넣는 작업을 한 것이다. 그야말로 5년의 세월을 낭비해온 것이다. 94년의 계약을 어느 쪽이 위반했느냐 하는 사실을 우리는 아주 냉정하게 봐야 한다. 그렇게 하지 않으면 미국의 주장과 선전을 그대로 받아들이는 크나큰 잘못을 범하게 된다.

게다가 당시 1994년 10월 합의 직전인 5월 16일, 클린턴 대통령은 북한에 대해 전쟁을 도발할 작정이었다. 모든 관계 4성장군을 펜타곤 전략본부로 소집하고, 공격개시 일자도 16일로 정하고 있었다. 미국의 요구조건을 받아들이지 않으면 전쟁은 기정사실화되어 있었던 것이다. 이 위험한 상황을 해결하기 위해 카터 전 대통령이 급히 평양으로 가서 김 주석을 설득, 대폭적인 양보를 이끌어내 합의에 이르도록 했다. 이리하여 간신히 첫 번째 전쟁의 위기는 연기되었다. 내가 '연기'라고 표현한 까닭은 북조선에 대한 전쟁이 '취소'되었다는 것이 아니라 일시적으로 미루어졌다는 것이기 때문이다. 일본인들은 이와 같은 일련의 사실들을 똑바로 알아야 한다.

그 전쟁에서 미국의 작전계획이었던 것이 유명한 작전명령 '5027'이다. 보통 전쟁이 아니라 핵공격·핵폭탄을 사용한 공격이었다. 이 전쟁을 미국이 어떤 식으로 구체적으로 시작하려 하는지에 대해 시간을 보내고 있는 사이, 도출된 군과 정보부의 시뮬레이션에 따른 북한과의 전쟁피해가 미군 사망 8만 또는 10만 명이었다. 초기에는 5만 2,000명이었지만, 본토 주둔 미군의 증파를 전제로 하자 증가한 것이다. 한국군 사망 100만 명, 전쟁비용은 1,000억 달러. 이에 따른 관계국, 일본도 포함해서지만, 미국 피해가 1조억 달러라는 시뮬레이션이 나온 것이다. 결국 그래서 클린턴과 전쟁광들은 단념했다.

이번 심포지엄의 제목은 '히로시마에서 히로시마로'이지만, 이 제목은 특히 조선반도에서 절실한 내용이 되었다. 조선반도에서 핵전쟁의 가능성을 없애거나 줄여나가기 위한 뜻에서 '히로시마에서 히로시마로'라고 한 정신의 실제적 표현인 것이다. 왜냐하면 미국은 과거 여섯 차례에 걸쳐서 조선반도에서 북조선에 대한 핵전쟁을 계획하고 있었기 때문이다. 1945년 8월 미국이 인류사상 최초로 황색인종 일본에게 사용한 핵이, 한국전쟁에서 1951년 맥 아더에 의해 실제로 사용될 뻔했다. 북조선이나 중국에 대한 맥아더의 핵전쟁 계획이 국제여론의 반대에 직면하자 트루만 대통령은 맥아더를 파면하는 것으로 일을 마무리했다.

그러나 그 후에 부임한 아이젠하워 정권은 한반도에서 핵전쟁을 계획하고 있었다. 그 후 약 여섯 차례에 걸쳐서 그 가능성이 실현되기 바로 직전 취소되었다. 클린턴 정부의 '5027' 작전은 대북조선 핵공격의 일곱 번째 계획에 해당될 것이다. 클린턴 정권이 상황변화를 위해서 형식적이나마 북한과 화해를 정치적으로 결정한 것이 1999년 클린턴 제2임기의 마지막 달이었다. 이때 그는 북조선의 숨통을 죄어 말살시키기 어렵다는 인식을 하고, 그 자신이 평양을 방문하기 위해 모든 조건을 갖추고 외교적 준비를 하고 있었다. 그러나 불행히도 선거에서 부시가 승리하게 되어 그의 임기는 끝나게 되었다.

부시 정부에 들어서서는 설명할 필요가 없이 여러분도 다 아는 상황이 되어버렸다. 지금은 일촉즉발의 상황이 계속되고 있어서 어떻게 될지 알 수가 없다. 이라크전쟁으로 인해 미국 정부는 잠시 북한에 대한 결정을 연기하면서 여러 가지 변명을 하고 있지만, 이라크전쟁이 끝나면 군사적으로 북조선과의 문제에 돌입하는 것은 확실하다고 생각한다. 조선반도의 문제는 오랜 냉전 동안 형성된 편향된 의식, 인식, 선입관, 냉전 이데올로기로 왜곡되어 너무나도 복잡하다. 왜냐하면 모든 국제사회의 여론이나 언론을 지배하는 것이 미국의 자본과 우익이 지배하는 매스미디어이므로 북조선과 같은 작은 나라가 어떤 말을 해도 세계여론에는 반영되지 않는 상황이 지속되고 있는 것이다.

그것은 일본 국민뿐만 아니라, 한국 국민에게도 중대한 문제다. "북조선은 조약을 일절 지키지 않는 나라다. 이런 나라와 약속을 한다는 것은 부당하다"라는 인식이 널리 퍼져 있다. 예를 들면, 나의 반증 논문이 나오기 전까지 한국 내부에서는 휴전선을 침범하는 등 휴전협정을 위반하는 것은 북한이고, 남한의 군대는 총 한 발 쏜 일이 없다고 믿고 있는 상황이었다. 내가 휴전협정 위반사항에 관한 논문을 발표해 한국사회에 논란과 충격을 주고 착각의 눈을 뜨게 하기 전까지 대체로 남북문제에 관해 여러 면에서 이런 상태가 계속되어왔다. 예를 들어 대학생들에게 "남한과 북한이 협정을 위반한 것을 어떻게 생각하는가?" 하고 물으면, "그것은 모두 북한이 범한 것으로, 남한은 한 번도 그런 적은 없다고 생각합니다"라고 답한다. 어떤 사람은 "북한은 100건 정도 범하고, 남한은 1건 정도겠지요"라고 한다. 대부분 이런 상황이다. 이처럼 50년간 세뇌되어 진상을 전혀 인식하지 못하는 상황이 되어버린 것이다. 이리하여 남한 사람들은, 북한 사람들은 모든 협정을 지키지 않는 '악한' 사람들이라는 생각을 하게 된 것이다. 일본인도 대부분 그렇게 믿고 있다고 생각한다. 그러나 1953년 7월 27일, 휴전협정에 의해 만들어진 중립국의 감시위원회에 보고된 휴전위반 사건 내용 보고에 따르면, 결론만 말하자면 북조선의 휴전위반이 42만 4,356건인데, 남한 군대는 어떠했을까? 아무런 위반도 하지 않았을까? 아니다. 남한 군대의 위반 건수는 놀랍게도 45만 4,605건이었다. 이러한 사실이 의미하는 바는 매우 간단하지만, 이러한 인식조차 없으면 한반도에서 남과 북, 또는 북한에 대한 이해는 전혀 이루어질 수 없을 것이다.

남쪽에 와 있던 북쪽의 간첩이나 공작원 일부가 김대중 정부가 들어서면서 북쪽으로 송환되었다. 그들은 철저한 공산주의자였기 때문에 40년간이나 비인간적인 동물보다 못한 대접을 받으면서 한 사람당 0.9평의 좁은 감옥에서 살았던 것이다. 한 사람이 누워서 발을 뻗고 한쪽 팔을 벌리면 바로 벽에 닿을 만큼 좁은 공간이다. 이것은 관의 크기와 같다. 그럼에도 불구하고 이들은 3, 40년 동안 북조선 체제와 지도자에 대한 신념을 바꾸지 않고, 이른바 한국에서 말하는 '비전향 간첩'이라는 명칭으로 불리며 살았다. 그러면서 대다수 남한 국민들은 '북한은 간첩만 내려보낸다'고 생각하고 있다.

그러나 내가 비밀문서에서 찾아내 공개해버린 사실이지만, 휴전 이후 남에서 북으로 올려 보낸 간첩과 파괴·납치공작원이 무려 1만 4,000여 명이나 된다. 이 가운데 남쪽으로 돌아오지 않았거나 돌아오지 못한 숫자는 정확히 7,662명이었다. 이들의 위패를 국방부가 비밀리에 간직하고 있어 일절 공지된 일이 없다. 운이 좋아서 목적을 달성했거나 달성하지 못했거나, 또는 갔다 돌아온 숫자가 얼마인지는 확실치 않지만 하여튼 돌아오지 못한 숫자가 7,662명이다. 내가 이 사실을 발표하고 난 후 한국 정부도 이를 시인했다. 심지어 국민적 여론이 일어나고 그 유족들의 항의가 빗발치자, 돌아오지 못한 사람들에 대한 명예회복과 연금을 지급하는 조치도 취하게 되었다. 몇몇 사실로 미루어보아도 남북한의 범죄적 과거는 어느 쪽이 어떠하다고 평가할 수 없는 실정이다. 자기 민족에 대한 공평한 지식과 공정한 이해가 없이는 한반도에 평화를 이룰 수 없다. 이처럼 구체적인 사실들을 알게 되면 여러분은 내가 발표하는 의미를 어렴풋이 짐작하리라 생각한다.

온갖 악은 북쪽이 행하고, 온갖 선은 남쪽이 행한다. 남한은 선하고, 북한은 악하다. 남한은 천사이고, 북한은 악마다, 라는 흑백 논리. 철저한 자기 민족 모멸과 거부의 사상, 이것이 부시 정권에 의해 세계로 퍼져나가고 있다. 바로 이 해독을 입는 나라 가운데 하나가 일본이다. 지금 일본에서 벌어지고 있는 복고주의적 정치 상황, 전쟁미화 및 군대숭배적 분위기를 나는 불안한 마음으로 지켜보고 있다.

부시 정부가 북한에 대해 '악의 축'이라고 할 경우, 그것은 어떤 의미일까? 미국이 해온 모든 일이 선이라는 뜻일까? 나는 최근 저서 하나의 부제목을 "남과 북에는 천사도 악마도 없다"라고 붙였다. 내가 책에서 이야기하고자 했던 취지는 북한을 악마로, 남한을 천사로, 또는 미국을 포함한 한미관계를 천사의 관계로 오인하고 있는, 그리고 북의 모든 것을 적으로 삼고 또는 증오와 파괴로 말살하려는 그런 사상을 가진 사람들에 대한 경고와 계몽의 뜻에서 앞에서 열거한 것과 같은 실제적 사항들을 모아서 제시한 것이다.

특히 남한의 군사력이 북한에 대해 아직도 열세라는 미신 같은 이야기를 국민의 머리에 주입시키고 있다. 그런데 북한의 군사력, 즉 군대의 기초인 물자와 군사력의 기초인 국가경제를 비교하면 남한이 북한의 약 26배나 크다. 군사비만 하더라도 200억 달러를 넘는다. 이것은 북한 군사비의 10배에 가깝다.

미국의 친정부적·우익적 연구소인 헤리티지(Heritage) 재단이 이미 1992년에 발표한 자료에 따르면, 남쪽의 군사비는 115억 달러인데 반해 북한은 22억 달러라고 평가했다. 1990년대 후반부터 2000년대 초로 넘어오는 지금의 시기에서는 거론될 필요조차 느끼지 않을 만큼 남북 격차는 확대·심화되었다. 전 세계가 알고 있는 상식이다.

미사일이라든가 핵개발 문제가 생기는 이유는 통상적인 군사력을 유지하거나 지속적으로 현대화하는 비용이 엄청나기 때문이다. 육해공군의 방대한 인원과 재래식 무기 등을 유지하기 위해서는 북한으로서는 남한의 월등 앞선 경제력과 군사비를 따라갈 방법이 없다는 것은 자명한 사실이다. 더욱이 남한에 주둔하는 세계 최강의 미국 군사력이 북한을 선제공격하거나 핵공격을 하기 위한 태세로 있을 때 그런 낙후한 재래식 무기는 전혀 국가방위의 수단이 될 수가 없다. 오히려 재래식 군사력을 희생하면서 집중적으로 현대적 공격무기인 미사일과 핵탄두를 몇 개씩 개발하는 것만으로 정치적 효과는 물론 실전적 효과가 있다. 바로 그 같은 이유로 북한의 고민과 핵전략이 집중되어 있다.

　냉전시대에 북대서양조약기구(NATO)의 군대와 소련의 바르샤바조약기구(WTO)의 군대는 군사전략이 달랐다. 남북한의 크나큰 경제적 차이와 마찬가지로, 미국을 비롯한 서방 국가의 경제력이 소련을 비롯한 사회주의 국가와는 비교가 안 될 만큼 월등히 막강했기 때문이었다.

　군사비 가운데 많은 비중을 차지하는 최첨단 무기인 비행기를 운항하는 NATO의 공군 세력을 소련과 WTO가 이끄는 군대의 취약한 경제력으로는 당할 수가 없었다. 그 결과 WTO와 소련은 미국과 NATO 측 군대가 압도적인 공군력으로 제압해 들어오면 유일한 대항방법으로 탱크를 주력으로 하는 지상군을 집중적으로 강화했던 것이다.

　소련과 동구권의 WTO 군대는 폭격으로 입는 전략적 열세를 비교적 값싼 비용으로 생산할 수 있는 탱크를 서방 WTO 국경 가까이에 배치했다가 NATO의 공군이 국경을 넘는 순간, 엄청난 수의 탱크대가 평야나 다름없는 유럽의 동서 국경을 일사천리로 넘어가 지상지역, 특히 그중에서도 독일을 중심으로 하는 지역을 단시일 내에 점령해버린다는 전략에 의존했다.

지금 한국에는 일본과 마찬가지로 미국의 막강한 군사기지가 있다. 북조선은 어떠한 군사적 수단을 쓴다 해도 이에 대항할 능력이 없다. 남한의 재래식 군사력만 하더라도 이미 북한의 군사력을 압도하고도 남는다. 이러한 상황에서 북쪽은 NATO와 WTO의 전통적인 전략 개념을 채택한 것 같다. 즉 그들은 막대한 군사예산을 소모하는 재래식 군편성을 지양하고, 군사비가 덜 들면서도 공격력이 월등히 우세한 미사일을 택하게 되었으리라고 생각한다. 사실이 그렇다. 이것은 압도적인 상대방의 군사력에 대해서 열세에 놓인 쪽이 선택할 수밖에 없는 전략 개념이다. 그것은 남한에 있는 13개의 원자력발전소라든가, 휴전선에서 40몇 킬로미터밖에 떨어지지 않은 거리에 있는 수도 서울이라든가, 또 4만여 명에 달하는 미국의 군사기지들이 산재한 지역을 공격 사정거리 내에 둔 미사일에 집중적으로 국방력을 위탁하는 전략이다.

한때, 아니 지금도 일본에서 호전주의자들에 의해, 또 반북한적 극우주의자들에 의해 과도하게 선전되고 공포 분위기가 조성되는 북한의 대포동 미사일 같은 경우, 우리는 그 목적과 전략의 본질을 꿰뚫어볼 필요가 있다. 북한의 그 같은 무기는 직접 일본을 점령한다든가 공격한다든가 하는 따위의 허망한 목적 때문은 아닐 것이다. '미국이 북조선을 공격해올 경우'에 대항하기 위해, 또는 미국의 무모한 공격을 예방하기 위해 일본의 주요 시설과 일본인을 '볼모'로 삼으려는 목적이 더욱 큰 것으로 보인다.

일본인들의 집권세력과 지배세력이 북조선의 미사일에 대해서 예민한 이유를 이해하지 못하는 바는 아니지만, 북조선의 미사일 전략의 본의를 정확히 인식할 필요가 있다. 일본 국토나 일본인들을 살육하거나 파괴하기 위한 것이 아니다. 그럴 힘도 없고 그럴 만한 숫자도 안 될 것이다. 그 전략의 진실은 북조선에 대한 미국의 전쟁 가능성에 대비해서 한국과 일본 및 미국에 대한 군사적 공동행위를 견제하기 위한 수단이라고 생각해야 할 것이다. 말하자면 공격이 목적이 아니라 견제가 목적인 피동적 수단이다.

다음은 북조선에 의한 일본인 납치문제에 대해 한마디 언급하지 않을 수가 없다. 나 자신은 물론이고, 우리 한국의 많은 사람들은 누구나 이 문제에 대해서 분노하고, 피해 가족인 당사자들에 대한 동정심에서 참으로 가슴이 저미는 심정임을 말하고자 한다. 북한의 행위는 정상적인 개인이나 집단이 할 수 있는 행위는 결코 아니다. 그런데 한 가지, 일본인 여러분과 이야기하고 싶은 측면이 있다. 우리가 역사적인 불행에 관해서 좀더 냉정하게 생각했으면 하는 바람에서다.

어제 날짜로 나온 『재팬 타임스』에서, 과거 제국주의 식민통치 시대에 일본이 조선에서 납치해 탄광에서 노예같이 부려먹다 죽음으로 몰고 간 1,100명의 위패가 어떤 절에 방치되어 있다는 기사를 읽었다. 1,100이라는 수의 생명이 학대를 당하다 죽었다는 이야기다. 하지만 그 숫자는 그와 같은 운명을 겪었던 조선인의 10분의 1에 해당할까? 또는 100분의 1에 해당할까? 일본 공식문서에 따르면 최소한 150만 명의 조선인이 불법으로 징집되고 끌려와서 반인간적 처우를 받았다는 사실을 일본인들이 생각해주었으면 좋겠다.

당연한 인정의 발로이기는 하지만, 여덟 명인가 열 명인가 일본

392

인을 납치해간 북조선에 대해 천인공노할 원수처럼 증오를 표시하는 일본인에 대해서는 더욱 그러하다. '집단적 기억'이라는 표현이 있다. 지금의 일본인 개개인이 직접 저지른 행위는 아니라 하더라도 일본 국가와 일본인이 지난날 저질렀던 집단적 행위에 따르는 집단적 기억은 버릴 수 없을 것이고 부인할 수도 없을 것이다.

히틀러의 나치스가 저질렀던 야만행위에 대해 지금의 독일인 개개인은 자신의 범죄가 아니라고 주장할 수 있을 것이다. 그것은 인정한다. 그렇다 하더라도 독일인 개개인이 독일민족, 독일국가, 독일군대, 독일인의 한 사람으로서 생존하다면 그 사실 역시 집단적 기억으로, 거부할 수 없을 것이다.

물론 북조선은 용서할 수 없는 비인도적인 행위를 했음을 부정할 수 없다. 일본의 관계를 떠나 남북한의 상황으로 눈을 돌려보아도, 남과 북에 의해서 각기 수많은 사람이 납치되고 학살되었다. 그리고 지금도 사랑하는 사람과의 재결합이 이루어지지 않은 채 방치되어 있다. 남북은 각기 자신들의 범죄는 미화하는 반면 상대방의 범죄만을 극악시하면서 쌍방에 대한 이해와 화해와 접근을 거부한다.

일본이 과거든 현재든, 미국과 한통속이 되어 언제든 북조선을 공격하려 한다고 판단한 북한은 일본 내의 상황을 파악하고자 무고한 일본인을 납치하려는 발상을 했을 것이다.

그러면 일본인 몇 명을 납치해 일본의 군사력이나 일본 내 미국 군대의 상황을 알아야겠다고 생각한 북쪽 정보기관의 의도와, 미국과 더불어 북조선을 언제든 핵공격으로 파멸시키려는 전략에 동참했던 일본의 지배집단이나 극우 반공집단의 의도는 어떻게 저울질해보아야 할까? 나는 이런 것을 아울러 일본인들이 생각해 주었으면 한다.

1985년 도쿄대학의 초청으로 일본에 와 있을 때였다. 제2차 세계대전 당시 전 유럽을 점령하고 나아가 전 세계를 지배하려고 했던 나치 독일의 전쟁행위가 40년 전에 패전으로 끝난 바로 그 5월이었다. 그때 독일의 바이츠재커 대통령이 독일 국민에게 반성의 필요성을 강조한 아주 훌륭한 연설을 했다. 그는 내가 앞에서 말한 것과 같은 민족의 '집단적 기억', 즉 역사에 대해 행위의 당사자가 아닌 후세의 개인과 집단과 국가와 국민이 명심해야 할 역사관에 대해 말했던 것이다. 즉 독일인들이 민족으로서 이 집단적 기억을 망각한다면 바로 같은 잘못을 범하게 되리라는, 통렬한 반성을 촉구하는 내용이었다. 정말 심금을 울리는 고결하고 절실한 연설이었다.

그런데 바로 그 직후인 8월, 일본의 나까소네 야스히로 수상이 자민당 간부 모임에서 한 연설은 바이츠재커 대통령의, 높은 철학을 담은 민족적 반성을 촉구하는 내용과는 전혀 반대였다. 한마디로 종전 40년이 지난 지금, 민족이든 국가든 군사력이든 지난날 "일본이 진 빚은 다 청산했다"고 내뱉은 것이다. 얼마나 뻔뻔스러운 발언이란 말인가? 이게 바로 일본이라는 국가를 장기적으로 통치하고 있는 집권당 간부들 앞에서 그 당 출신 총리가 하는 말이었다.

위에서 길게 언급한 나의 발언을 헤아려 나는 일본인 여러분이 좀더 넓은 이해력을 가지고 북조선과의 관계를 다시 보아주면 좋겠다는 생각이다. 일본의 매스컴이나 국민들이 지금 일종의 히스테리컬한 상태에 놓여 있는 것으로 보인다. 나는 일본 국민들에게 증오를 버리고, 증오를 미워할 줄 알고, 그리고 증오를 넘어 평화와 화해를 지향해야 할 때가 아닌지 생각해볼 필요가 있음을 제안한다. 이것이 인류 최초의, 반인간적이고 반인도적인 무기인 원자탄의 희생양이 됐던 도시 히로시마가 인류의 미래에 대해, 또 일본 국민, 일본 정부, 일본 지배자에 대해서 말하는 상징적인 메시지가 아니겠는가 생각한다.

•『히로시마 교육』(廣島敎育), 2003년 4월호

노신의 작품에는 왜 조선이 없는가

이 글은 노신(魯迅, 1881~1936)의 여러 해에 걸친 많은 저술·작품·발언 들 가운데 그 시대의 중국과 민족적 비운을 같이했던 조선민족에 관해, 그 어디서도 언급되지 않은 사실에 대해서, 본인이 평소에 품었던 의문을 나름대로 추측해본 것이다. 이 시론은 노신의 작품이나 사상 및 그의 생애에 관해, 문헌적 및 사실적 근거 없이, 다만 본인의 주관적 사고를 바탕으로 한 것에 불과하다. 노신 문학의 전공자가 아닌 본인은 노신의 방대한 작품 전체를 남김없이 읽었다고 말할 수 없고 또 그의 정신을 완전히 이해했다고는 생각하지 않는다. 따라서 이 글의 내용은 어디까지나 노신에 대한 불완전한 나의 개인적 이해를 토대로 한 것이다.

동아시아 3국 민족의 시대적 상황과 특성

노신이 사회적 의식을 갖게 된 1894년(13세)에 발생한 청일전

2005년, 한중 노신학회 제2차 학술대회 특별초청강연을 위해 쓴 글이다.

쟁부터 서구학문에 입문한 10대를 지나, 1904년 러일전쟁이 발발한 해부터 이후 10년간의 일본유학을 거쳐서 신해혁명(1911)을 이루는 과정은, 바로 조선이 이 두 차례 전쟁의 희생자가 되고 전승국 일본에 의해 한일합방(1910)이라는 식민통치가 진행되는 한편, 일본 제국주의에 대한 전 민족적 저항이 고조되었던 시기와 일치한다. 중국에서는 신문화운동의 일환으로 5·4운동(1919)과 『신청년』의 시대가 열렸고, 그 시대는 '스파르타적 정신'(斯巴達之魂, 1903)으로 시작된 노신의 30여 년에 걸친 본격적인 문학 창작 활동과 중국 사회혁명에 대한 전면적인 '비판적' 참여와 사상적 지도자로서의 시대였다.

중국의 이 시대와 마찬가지로, 일본 식민지 조선에서도 신문화운동의 자유사상 부흥시대이자, 이광수(李光洙, 1892~?)를 비롯한 수많은 문학가들이 배출되고 중국의 동시대와 비교할 만한 활발한 사회, 문화 및 특히 문학활동이 꽃핀 시대다.

다만 1930년대 이후 상황에서는 중국에서의 민족혁명 운동과 중국 공산당에 의한 혁명전쟁이 최고조에 달했던 격동기와는 대조적으로, 조선에서는 국내의 항일 혁명운동이 거의 전면적으로 탄압받아 명맥을 상실했다. 잔존세력은 중국 및 해외, 특히 동북지방으로 민족적 저항운동의 토대를 옮겼고, 민족독립 운동은 주로 중국 공산당의 항일전쟁 및 사회혁명 투쟁과 일체화된 형태로 지속되었다.

이 전체 시기를 통해 일본은 서양문물 도입과 제도적 개편을 대대적으로 추진한 까닭에 정치적·문화적으로는 동아시아에서 유일한 서구화 선진국가로 군림하게 되었으며, 군사대국의 국력을 배경으로 해 중국과 조선을 지배하는 패권국가로 변모했다. 이상과 같은 역사적 변화는 필연적으로는 일본을 중심으로 중국과 조선의 민족적 생존투쟁의 일체화 현상을 초래했다. 동아시아 3국의 개별적인 문제나 사건도 필연적으로 3국 전체의 문제가 될 수밖에 없었으며, 3국의 각 지도적 지식인들에게는 당연히 공동의 관심사가 되었던 것이다. 존경받는 지식인일수록, 이웃 민족이나 인민의 행위와 현실에 대해 고민하고 발언해야 할 책임이 있었다.

노신 문학사상 내 조선의 부재(不在)

주지하는 바와 같이, 이 시대 노신의 사상 및 문학적 특징은 유럽 제국주의와 신참 일본 제국주의의 희생물이 되었던 중국 사회체제와 중국인의 병폐적 현실에 대해 통렬히 비판했다는 점이다. 우선 유교적 봉건문화의 퇴폐성에 대한 저항으로서 「광인일기」(狂人日記), 중국 미신 숭배적 퇴행성에 대한 비판으로서 '과학주의', 그리고 정치적 능동자로서의 인간을 지향하는 인간형을 위해, 또 그 반면교사(反面敎師)적 정형인물 「아Q정전」(阿Q正傳)을 비롯한 소작품들을 통해, 중국민족의 퇴폐성에 대한 비판으로 나타난다.

1920~30년의 이 시기는 조선에서도 같은 문학과 사상활동에서의 혁명적 시기라고 할 수 있다. 다만 이 시기 조선의 사상 및 문학 분야에서 중국과 다른 한 가지 커다란 차이점은, 중국에서의 노신에 비견할 만한, 그와 같은 목적의식과 역사변혁의 주역을 담당한 위대한 문학가가 탄생하지 않았다는 사실이다. 특히 1930년대 이후 조선은 중국과 달리 일본 제국주의 통치의 철저하고 완벽한 식민화가 이루어져서, 심지어 조선어(한글) 창작활동조차 명맥을 유지하기 어려웠을 정도였다.

예외적으로 소수 사회주의 및 공산주의 계열의 작가들에게서 노신 사상 및 유형을 따르는 활동이 없었던 것은 아니지만 그것조차 30년대 말기에 이르러서는 맥이 끊어졌다. 그리고 이 시기에 적지 않은 조선인 혁명가, 문학가, 사상가들이 그 활로를 찾아서 중국대륙으로 건너갔고, 항일 독립운동의 일환으로 노신을 비롯한 많은 중국의 진보적인 지식인들과 접촉, 교류했다. 그 과정에서 노신을 비롯한 중국의 진보적 문학 및 사상 저작들이 조선에 소개되었다.

조선에서 최초로 노신의 「아Q정전」을 비롯한 작품이 소개된 것이 바로 이 시기(1930년대)였다. 노신 문학과 중국의 현대적 사회 혁명 사상이 조선의 지식인들에게 미친 영향은 주목할 만하지만, 그렇다고 그것이 일방통행적인 것은 아니었음이 중요하다. 1919년 3월 1일을 기점으로 해서 일어난 조선의 전 민족적 항일 독립투쟁은 전 세계에 조선민족의 강렬한 자기주장을 인식시켰다. 그것이 중국 현대의 정치사회 혁명의 기점이라고 일컬어지는 5·4운동의 정신적 촉발점 역할도 아울러 수행했던 것은 주목할 만하다.

조선에서 3·1운동이 일어나자 한 달 만에 뒤따라 일어난 5·4운동을 주동했던 진독수(陳獨秀)를 비롯한 대학생, 지식인들이 조선민족의 용맹성과 영웅성을 인용하면서 중국인민의 각성을 촉구하는 글을 썼다. 진독수는 1919년 3월 23일 『매주평론』(每週評論)에, 전사년(傅斯年)은 1919년 4월 1일 『신조』(新潮) 제1권 제4기에, 주은래(周恩來)는 1919년 7월 『남개일보』(南開日報)…… 등에 조선의 3·1운동과 관련해 어떻게 자극을 받았고, 어떻게 자각했는지를 보여주는 글을 발표했다. 중국 5·4운동의 격문들이, "보라, 조선인민을! 일본 제국주의의 노예화된 것으로 생각했던 조선인민이 맨가슴을 헤치고 일본 식민통치의 총부리에 맞서 일어났다!

우리 중국인민이 그래, 조선인민들보다 비겁하고 못하단 말인가? 중국인민이여, 일어나라!"하면서 중국인민을 분발시킨 촉진제 역할을 했음을 볼 수 있다.

그렇지만 노신의 글에서는 조선민족의 3·1운동과 같은 항일 독립투쟁과 중국 지식인들에 대한 사상적 영향에 관한 언급이 없었다. 더욱이 노신이 그토록 강조하고 중요시했던 중국민족의 영웅성, 민족의 힘에 해당하는 조선민족의 영웅성, 독립의식과 항일 구국투쟁에 대해서는 노신은 어떠한 글에서도 전혀 언급하고 있지 않다. 심지어 "인도의 노신"으로 비견되는 위대한 시인 타고르가 조선의 3·1운동을 보고, 그 불굴의 저항정신에 대해 「동방의 등불」이라는 제목의 감동적인 시로 찬양했던 것과는 무척 대조적이다. 나아가 일본의 동시대 문인들 가운데서도 도쿠토미 로까(德富蘆花, 1868~1927), 가가와 도요히꼬(賀川豊彦, 1888~1960) 등은 한일합방이나 3·1운동 등에 관해, 조선민족에 지극히 동정적인 발언을 했다. 더욱 여기서 주목할 만한 사실은 조선의 3·1운동이 중국의 5·4운동을 자극한 다음, 영국 식민지였던 인도에서 간디의 지도하에 전국적인 불복종운동(1922)이 촉발된 것이다. 이 아시아적 민족재생 운동의 원천에 대해 노신은 지나치게 무관심했거나 조선민족에 대한 선입감 때문에 의식적으로 무시한 것 같다.

민중(개인)·민족의 니체적(초인류적)·다원적(진화론적) 평가 기준

노신이 중국민족의 정신적 재생을 위해, 정신적 지향으로서 니체의 '초인사상', 다윈의 '진화론·적자생존론' 또는 바이런의 '낭만적·혁명적 영웅주의' 등을 작품 속에서 시종일관 견지했던 것은 주지의 사실이다. 노신의 이 모든 정신적 가치관을 우리는 그의 「문화편지론」(文化偏至論)을 비롯한 많은 글에서 읽을 수 있다. 노신은 이와 같은 개인이나 민족의 자질에 대한 평가를 동시대의 세계 모든 민족의 도덕성과 자질을 평가하는 기준으로 삼았을 뿐 아니라 조선민족에 대한 평가도 바로 그 기준에 입각했던 것으로 추측된다.

노신의 대(對)조선민족관이 그렇다고 가정한다면, 그의 그러한 관점이 형성되는 배경은 거의 일본 유학시절에 일본의 정치, 문학 사상의 영향을 받아 형성되지 않았을까, 일본 민족에 대한 노신의 평가는 한마디로 다위니즘적 이론에 근거해 일본민족의 우수성을 인정한 반면에, 중국 자기 민족에 대해서도 그렇거니와, 특히 조선민족에 대해서는 철저하게 열등민족시하는 사상을 가졌으리라고 추측할 수 있다. 노신은 당시 중국민족의 무능, 타락, 퇴영에 대한 반사적 견해로, 메이지유신으로 현대화하고 서양문물 사상으로 문명화한 일본을 긍정하고, 그 모든 장점을 모범으로 삼았던 것이 사실이다.

그렇게 보면 일본인이 조선민족에 대해 갖는 지배적인 견해가 바로 노신이 자기 중국민족의 무능력적·반진화적 존재로서 조선을 인식한 것도 자연스러웠을 것이다. 20세기의 개막부터, 노신의 가장 왕성한 사상 형성에 해당하는 1930년대까지 노신은 끊임없이 일본의 학술이론·정치비판·문명비판적인 신문, 잡지를 통해 조선의 당시 상황을 당연히 보았을 것이다. 일본인 지식인들과의 교류를 통해서도 조선의 역사와 민족성에 대해 철저하게 부정적인 견해를 갖게 되었을 것이라고 생각된다.

이러한 여러 가지 이유로 노신은 조선민족을 어쩌면 자립적 인격체로 인정하지 않았거나, 진화론적인 필연적 과정으로서, 일본의 조선민족 지배(식민통치)에 대해 아무런 이견이 없었던 건가 하는 생각을 해볼 수 있다. 만약 그렇다면, 그것은 노신 철학과 문명관의 자기모순이라고 해야 할 것이다. 노신의 이상적인 인간형과 민족적 자질은 "억압과 굴욕에 대해 분노"할 줄 알고, 결연히 일어나 저항할 줄 아는 정신이었다.

조선민족의 그와 같은 정신과 자질을 상징하는 민족적 거사로, 중국을 포함한 동아시아의 식민지화를 기도했던 메이지 일본 정권의 제국주의적 원흉인 대정치가 이또 히로부미(伊藤博文)를 중국인이 아닌 조선인 안중근이 1909년 10월 26일 하얼빈(哈爾濱)에서 저격 사살한 영웅적인 행위에 대해서 그는 침묵했다. 또한 만주를 완전히 점령하고 중국 본토를 강점할 목적으로 일본군이 일으킨 만주사변(1931)과 이어서 1932년 상해를 점령한 일본군 사령관 시라가와 요시노리(白川義則) 대장 등, 중국 파견군의 최고 지휘부 거물들 및 주중 일본대사 시게미쯔 마모루(重光葵)를 비롯한 중국 침략정책 수립의 정치·외교 책임자들이 홍커우(虹口) 공원에서 벌인 축하행사에 폭탄을 투척해 일격에 도살했던 한국 망명정부의 일원인 윤봉길의 거사에 관해서도 노신의 당시의 글에서 우리는 아무것도 발견할 수 없다. 안중근의 저격사건, 상해 홍커우 공원에서의 윤봉길의 영웅적 의거는 전 세계에 충격을 주었고, 동아시아의 총체적인 역사 방향을 결정짓는 대사건으로 평가되었다. 그 두 조선인에 의한 거사는 중국인민으로서는 감히 생각하지 못했던 행동이었다. 노신은 바로 그때 상해에 거주하고 있었으니 사건의 충격은 그에게도 결코 적지 않았을 것이다. 당시의 중국 신문과 여론은 이들 사건에 대해, 조선인과 조선민족이 일본 제국주의의 노예임을 거부하는 저항과 독립정신에 대해 찬사를 아끼지 않았던 것이다.

노신이 진정 "분노할 줄 알고, 결연히 저항할 줄 아는 정신"을 민족의 긍정적 자질로 평가했다면, 세계를 뒤흔들었던 이러한 행위에 대해, 조선인과 조선민족의 자질에 관해, 무엇인가 한번쯤은 긍정적으로 언급했어야 하지 않았을까. 노신은 "억압자의 폭력과 마찬가지로 피억압자의 폭력도 혐오했다"는 해석으로는 이 경우를 설명할 수 없다. 바로 이때 노신은 일본의 사회주의적 저항 작가 고바야시 타키지(小林多喜二, 1903~33)가 헌병대에 의해서 학살된 소식을 접하고 분노에 가득 찬, 뜨거운 조문의 글을 발표했다(『集拾補』, 1933).

노신과 이광수의 민족개조론: 노신의 일본인적 조선(민족)관 문제

조선에도 1920년대 이후 한 시기에 마치 중국의 노신과 같은 문학적 업적을 지닌 사상적 선각자 이광수가 있었다. 두 사람의 가장 두드러진 세계관의 한 가지 공통점은 자기 민족의 정치적 능동성을 위한 이른바 "민족개조론" 사상이다. 우리는 노신이 중국 인민대중의 무지, 나태함, 우매함, 탐욕, 교활함, 비굴함…… 등을 「광인일기」와 「아Q정전」을 비롯한 여러 글을 통해, 중국민족의 약점과 결점을 잔인하리 만큼 철저하게 폭로하고 비판한 것을 알고 있다.

조선의 이광수는 원래 1919년 3·1항일 독립투쟁의 정신적 및 이론적 근거를 제시했던 「독립선언문」의 초안자 가운데 한 사람이다. 그는 또한 노신과 다름없이 조선의 현대문학에서 봉건적·유교적 속박을 거부하고 자유사상을 고취했으며, 그것을 바탕으로 계몽적 현대소설을 창작했다. 그러한 측면에서 이광수는 "조선의 노신"이었다고 할 수 있다. 그러한 선각자적 문화개혁과 문학으로서 민중의 거의 절대적인 사랑을 받던 그는, 몇 해가 가지 않아 자기민족을 구제불능의 열등민족으로 규정하는 '민족개조론'으로 조선민족의 일본 예속화를 정당화했다. 이광수도 「독립선언문」을 기초하고 3·1운동의 한 사상적 주역을 담당했고, 일경을 피해 중국으로 망명해 독립운동에 참여했다. 그러나 2년도 채 안 되어 변절한 그는 일본의 보호하에 귀국해 『민족개조론』을 쓰고 조선의 일본화를 제창했다(1922).

이광수가 중국에 망명했던 그 짧은 기간 동안에 바로 노신의 작품집 『눌함』(吶喊) 속에 들어 있는 「광인일기」나 「아Q정전」을 비롯해, 중국민족을 개조시키려는 정신과 사상으로 쓴 많은 작품의 영향을 받았음을 능히 짐작할 수 있다. 그는 노신보다 아홉 살 적지만 노신의 일본 유학시절과 거의 같은 시기에 일본에 유학했다. 때문에, 어쩌면 노신이 일본인 사회의 조선지배에 대한 당위론으로서의 진화론적 세계관을 갖게 된 것과 마찬가지로 이광수도 그러한 영향하에서 자민족을 부정하는 '민족개조론'적 사상을 갖게 되지 않았을까 여겨진다. 그가 3·1 「독립선언문」의 초안에 참여한 것은 그의 의식 형성이라는 긴 과정에서 보면 오히려 일시적, 일탈적인 문필활동으로 보는 것이 옳을 것 같다.

노신은 중국민족이 "역사의 진정한 주인"이 되고, "정치적 능동성"을 확보해 정치적 주체가 되는 반제·반봉건 의식을 고취시키고자 문필활동에 투신했다. 노신에 비한다면, 민족 니힐리즘 입장을 취한 이광수는 노신의 「문화편지론」을 완전히 잘못 받아들인 것이 아닌가 보여진다. 마찬가지로 노신의 글에서 우리가 조선민족에 관한 언급을 볼 수 없는 또 하나의 이유가 이광수의 이러한 자기민족 부정적 사상을 바로 조선민족 전체의 정신상태와 조선의 현실로 잘못 인식한 탓이 아니겠는가라고 추측해본다.

결론: 한·중·일 노신 연구가의 또 하나의 과제

노신의 생애와 작품에 대해 깊은 애정과 경의를 가진 한 비전문가로서 본인은 위에서 논한 바와 같이, 극히 막연한 추론을 해보았다. 2005년 7월 중국 심양에서 열린 '중·한 노신문학학회'의 한 사담에서, 누군가 지나가는 말로 우연히 노신 작품 속에 조선 및 조선민족이 언급되지 않은 것 같다고 했다. 이에 관해 학회 기간 중 어느 쪽도 관심을 갖지 않았고, 따라서 아무런 언급 없이 무심히 지나가버렸다. 그 학회에 비전문가로서 초대받아 참석하는 영광을 누렸던 본인은 노신 문학 자체에 대한 관심 못지않게 쌍방 어느 쪽 누구도 관심이 없어 보였던 그 문제에 대해 나름대로 진지하게 생각하게 되었다.

그래서 이 글은 노신 문학과 그의 생애에 관심을 가지는 많은 사람들에게 문제(노신 저작에 조선이 부재한 까닭)를 고찰하는 하나의 초보적 시도로서, 이번 학회에 제기하게 되었다. 본인은 앞으로 중국, 일본, 한국(조선) 세 나라의 노신 학자들에 의해, 이 문제에 관한 더욱 깊은 연구가 있기를 바라는 바다.

• 2005.11.19

핵무기 신앙에서의 해방

핵폭발의 참혹성

지금으로부터 11년 전인 1977년 11월 11일 새벽에 전라북도 이리(裡里, 솜리)시에서 일어난 대폭발사건을 기억하는 사람은 거의 없을 것이다. 어쩌다 나들이길에 이리 시내를 지나게 되면 나는 그 사건을 회상하면서 핵전쟁의 공포에 사로잡히곤 한다. 이리시와 핵전쟁을 연결시켜서 생각하는 까닭은 내가 한반도의 핵전쟁 가능성의 공포나 심리적 알레르기 상태에서 살고 있어서인지도 모른다.

자동차로 지나면서 보는 이리시는 11년 전 당시나 그 이전에 내가 보았던 누추하고 질퍽한 시골의 소도시가 아니다. 제법 높은 빌딩도 몇 개는 서 있고, 주택들도 기와집으로 채비되고, 가게도 반듯하고, 도로도 포장되어서 적어도 지나가는 길손의 눈에는 나무랄 데 없는 지방 도시로 발전·변모되어 있다. 이리공단이 들어서서 얼마쯤은 돈기운도 돌게 된 탓인 것 같다. 그런 생각을 하면서 다시 핵무기와 핵전쟁의 이런저런 일을 머릿속에 그리다 보면 자동차는 이리 시내를 벗어나 호남평야의 지평선까지 펼쳐진 푸르름의 한가운데를 달리고 있다. 모든 것이 평화롭다. 인간들도 행복해 보이고, 자연도 천지의 축복 속에서 있어야 할 그대로의 모습으로 생을 누리고 있다. 평화의 모습이다. 당연한 일이다.

안도의 한숨 같은 것이 잠시 동만이나마 상념에 사로잡혔던 마음을 편안하게 해준다. 세상이 언제나 이렇기만 할 수 있다면 얼마나 좋을까! 그러고는 나들이의 일로 이리시는 다시 나의 머리에서 사라져버린다.

내가 핵무기와 핵전쟁과 현대의 인간들의 어리석음을 함께 생각하는 것은 이리시가 겪은 어처구니없는 사건 때문이다.

1977년 11월 11일 새벽, 이리 철도역에는 그 전날 저녁에 도착한 한 화물열차가 철로변경 지시를 기다리면서 멈춰 있었다. 열차에는 '한국화약' 공장에서 생산된 60톤의 공업용 화약(TNT)이 3량의 무개화차에 나누어 적재되어 있었다.

3량의 화차에는 그 화물관리의 목적으로 회사가 출장 보낸 화약취급 요원이 각 차량에 한 사람씩, 세 사람이 타고 있었다. 11월도 중순이면 춥다. 더구나 무개차는 그렇다. 밤을 지샌 세 요원은 아직 날이 새지 않은 어둠 속에 다시 모여 커피를 끓여 몸을 녹이려는 생각에서 먼저 촛불을 켜놓고 물을 얻으려고 화차에서 내렸다. 그들이 플랫폼에서 멀리 떨어진 후미진 곳에 있는 수도꼭지에서 막 물을 받으려는 순간, 꽝! 하는 소리가 났다. 소리와 함께 하늘과 땅이 하나가 되더니, 세 사람의 안막에는 천지간에 불그레한, 이상한, 빛도 아닌 어둠도 아닌 것이 꽉 차 들어왔다.

이것이 빈사상태로 땅바닥에 내동댕이쳐진 채로 발견된 한 요원의 회상의 전부다. 그 요원이 들은 꽝! 소리와 함께 철도역에서 한참 떨어져 있는 이리시 건물의 70퍼센트가 어딘가로 사라져버렸다. 사상자들은 미처 확인할 수도 없을 만큼 참혹했다. 이것이 11년 전에 일어난 유명한 '이리역 폭발사건'이다. 공업용 화약 60톤이 촛불에서 나는 감지할까말까 한 열기에 감응하는 순간 이리시의 70퍼센트가 하늘과 땅으로 사라져버린 것이다. 이제는 그 참상을 기억하는 사람도 없다. 이리시의 하늘은 그전이나 다름없이 푸르기도 하고 구름이 비를 뿌리기도 한다. 땅에는 다시 인간이 사는 집들이 들어서고, 풀이 돋아나고, 나비도 벌도 날아다니고 있다.

만약 이것이 핵무기의 투하나 폭발이었다면 그렇지가 않을 것이다.

핵폭탄의 기초원료인 우라늄 235는 1킬로그램의 폭발력이 TNT 2만 톤과 맞먹는다. 다시 말해서 폭발력의 크기로 같은 1킬로그램 중량의 우라늄 235는 TNT 2,000만 킬로그램의 폭발력과 맞먹는다. 그러니까 이리시의 70퍼센트를 흔적도 없이 날려버린 60톤=6만 킬로그램의 TNT를 핵폭탄으로 치면 3그램짜리가 된다. 반드시 산술적 계산대로는 아니지만 간단한 이해를 위해서 설명하자면 이리시의 그 괴멸적인 파괴를 위해 TNT는 60톤이 필요했는데, 핵폭탄이라면 3그램짜리면 충분하다는 말이다.

일본 히로시마에 떨어진 인류 최초의 그 초보적인 원자탄이 우라늄 17킬로그램짜리였으니까, 이리시 파괴의 몇백, 몇천, 몇만 배였겠는가 하는 소름끼치는 해답이 나온다. 우리말에 '무섭다'는 말이 있은 지 몇천 년이 됐지만 정말로 무서운 일을 우리는 아직 모르는 것이다. 얼마나 다행스러운 일인가!

그러나 이리시의 TNT 폭발이 핵폭탄 폭발이었다고 가상할 경우 몇 가지 중요한 유사성과 차이점을 생각해야 한다.

    3그램짜리의 작은 핵폭탄이지만 그것이 핵폭탄이었다면 이리시에서는 이 후로도 정상적인 생활은 하기 힘들 것이다. 무서운 방사선 때문에 생존환경은 완전히 오염되었을 것이다. 게다가 폭발로 발생한 방사성 낙진이 이리역을 중심으로 상당한 지역을 덮었으리라고 본다면 전주·군산·정읍·강경 일대에 미칠 인간과 동물의 생존에 대한 엄청난 위협을 짐작할 수 있다.

    이것은 그나마 폭발한 지 몇십 년 뒤의 일을 걱정하는 한가한 일이다. 사실은 폭발의 순간에 발생했을 섭씨 100만 도의 열을 생각해야 한다. TNT가 만들어내는 열은 고작 5,000도라고 한다. 이리역에 그 순간에 발생한 열의 수백 배의 열이 생겼다고 가상해보자. 무엇이 남아났겠는가?

    소련의 체르노빌 핵발전소 사고로, 발전소를 중심으로 한 광대한 지역에서 27만 명을 소개시켰거나 이주시켰다고 알려져 있다. 적어도 30년 동안은 다시는 돌아와 살지 못한다는 것이다. 폭발 당시 체르노빌에 살았고, 이주 조치가 취해지기까지의 몇 주일 동안 그곳에 살던 주민들 속에서 얼마나 많은 사람들이 원자병으로 죽고, 살아남은 사람들도 앞으로 얼마나 원자병에 시달려야 할 것인가? 그뿐이 아니다. 그들 사이에서 앞으로 태어날 생명들의 상당수가 기형아나 조사자(早死者)라고 한다면, 그들은 그 인생을 얼마나 저주하면서 생존해야 할 것인가? 스스로 목숨을 끊을 수도 없고, 그렇다고 모조리 안락사의 참혹한 자비심을 베풀어줄 수도 없는 일이 아닌가! 히로시마와 나가사끼의 후일담이 40여 년이 지난 오늘에도 그것을 말해준다.

    이리시를 중심으로 전라북도 일대에서 지금 태어나는 인생들이 그런 기형아들이라고 상상해보자! 어떻게 그것을 보면서, 그들과 더불어 살면서, 건강한 정신과 몸을 가진 사람들이 마음의 평온을 누릴 수가 있겠는가? 무서운 일이다.

그런데 이리시의 TNT 폭발과 핵무기 폭발 사이에는 그 같은 '차이점'만이 무서운 것이 아니다. 반대로 몇 가지 '유사성'은 상상만 해도 소름이 끼친다. 인간의 과오, 실수가 그것이다. 이리역 폭발은 전문적·직업적 훈련을 받은 '화약물 취급자'가 그 옆에서 촛불을 켠 데서 비롯했다. 우리는 말할지 모른다.

"바보 같은 놈들! 머리가 돌지 않았으면 어떻게 TNT 부대가 쌓여 있는 사이에서 촛불을 켜는가? 훈련을 받은 전문요원이 아닌가!"

그렇다 그들은 훈련을 받고, 정부가 발급한 면허증을 가진 사람들이었다. 그것을 알면 우리는 또 분노할 것이다.

"회사와 간부들은 무엇을 했나? 취급자에 대한 감독이 그렇게도 허술할 수가 있을까? 어째서 유개차에 싣지 않았나? 유개차에 실었으면 덜 추웠을 것이고, 촛불을 켜거나 몸을 녹이려고 물을 끓일 생각을 하지 않았을 것 아닌가?"

어쩐지 그 폭발사건의 모든 앞뒤 일이 정상적 판단력을 가진 사람들에게는 제정신이 아닌 사람들의 일 같기만 해 보인다. 일이 일어난 뒤에 알고 보면 모든 일이 한결같이 정상적이 아니었다. 그런데 일은 일어난 것이다. 그런데 우리의 일반적 생각으로는 무슨 일보다도 가장 정상적이어야 한다고 강조하고, 또 가장 정상적일 것으로 믿고 있는 가공할 핵무기의 주변에서도 사실은 이리역 TNT 주변에서 벌어진 것과 다름없는 일들이 일상적으로 이루어지고 있다.

민족의식의 실상

설마한들 미국과 소련을 비롯한 핵국가의 정치가·군사령관·과학기술자·현장 취급자들이 그런 어리석은 실수야 하지 않겠지? 이것이 우리의 믿음이고, 염원이고, 희망이다. 그런데 사실은 그렇지 않다.

체르노빌 핵발전소는 처음부터 소련 정부나 과학자·기술자들이 그렇게 되도록 설계하고 운영했을 까닭이 없다. 소련은 대륙간 탄도탄 시험발사에서 그것이 궤도를 빗나가는 바람에 원격조종으로 대기권에서 폭발시켜버린 일이 있다. 궤도를 빗나가도록 설계하고, 제조하고, 발사한 대륙간 탄도탄은 아니었다. 1970년대 말경에 소련의 인공위성에 장치된 핵연료 추진장치가 고장을 일으켜, 우주궤도에서 지구상으로 떨어진 사고를 한국 사람들도 잘 기억하고 있을 것이다. 이때 세상은 온통 그 핵물질이 자기 나라 땅에 떨어질까봐서 핏기를 잃고 공포에 질렸다. 공중에서 그물로 거두는 방법을 토의하기도 하고, 바다로 유도해내는 방법을 마련하기도 하고, 최악의 경우에 대비해서 예상되는 지역에 비상령을 내리고 소개준비를 서두르는 정부(캐나다)도 있었다. 지구상이 발칵 뒤집혔다. 핵폭탄에 비하면 사실은 보잘것없는 크기의 것인데도 그랬다. (그러나 이리시 폭발이 고작 3그램의 우라늄 폭발력과 같다는 사실을 생각하면 세상이 뒤집힐 만한 충분한 이유가 있었던 것이다.)

이렇게 인공위성 핵 발전기의 낙하를 지구상의 전 인류가 핏기 가신 얼굴로 걱정하고 있을 때, 아무런 걱정도 없이 그것이 머리 위로 내려올 것을 기대하면서 태연하게 하늘을 바라보고 있는 국민이 지구상 한 나라에 있었다. 대한민국이라는 나라의 용감한 국민들이었다. 하나도 두려워하지 않았다. 오히려 "그놈의 것이 한국 땅에 떨어지면 재미나겠다"는 생각들이었다.

거짓말이거나 지어낸 말이 아니다. 그렇게 전 인류가 새파랗게 질려 있을 때, 우리나라 서울에서 발행되는 신문, 그것도 한국에서 판매부수 1, 2등을 다툰다는 대신문의 사회면 만화는 이렇게 그렸던 것이다.

첫째 칸에서는 그 핵 위성이 사고를 일으켜 궤도를 이탈한다.

둘째 칸에서는 그것이 지구에 가까워온다.

셋째 칸에서는 전 인류가 우왕좌왕 정신을 잃고, 최후의 날을 맞은 기분으로 야단법석이다.

넷째 칸에서는 한 대한민국인이 무릎을 꿇고 앉아 하늘을 향해서 빌고 있다. 빌면서 하는 말인즉 "제발 평양에 떨어져주소서!"

이런 만화를 그린 만화가의 '반공사상'에는 다만 머리가 수그러질 뿐이다.

한국인들은 소련이 무슨 큰 실수를 하거나 불행한 일이 일어나면 기뻐하는 한심스러운 '이데올로기성 정신질환'이 있다. 핵으로 인한 불행이 소련에서만 발생할 까닭이 없다. 같은 과학이론, 같은 무기체계, 같은 군사전략, 같은 지휘계통과 무기관리수칙(SOP)에 따라 핵무기를 다루는 미국도 마찬가지다. (이 말을 들으면 갑자기 섭섭해하는 광신적 반공주의자나 맹목적 미국 숭배자가 있을는지 알 수 없지만······) 미국에서도 스리마일 핵발전소에서 핵원료 누출사고가 일어나 주변 생명에 큰 피해를 입혀 발전소가 폐기되었다. 작년 말에는 뉴욕 시의 전력공급을 위해서 건설된 핵발전소가, 자그마치 20억 달러의 공사비로 준공될 단계에서 그 위험성이 지적되어 발전기 한번 돌려보지 않은 채 영원히 폐쇄되었다. 뉴욕 시민들의 거센 반대 때문이다. 그밖에도 같은 예가 많다.

미국 정부와 핵발전소 제조회사 자본가들은 바로 그 같은 위험성 때문에 미국에서 계속 문을 닫고 있는 핵발전소를 원래는 한국에다 서기 2000년까지 44기나 팔아먹을 계획이었다. 지금은 20여 기로 수정되었으나 고리 1호기 발전소를 비롯한 몇 개의 기성 핵발전소의 핵 누출 사고는 헤아릴 수도 없다. 우리 정부가 온갖 방법으로 그 사실을 보도관제하고 있지만 몇 해 전에는 지역주민들을 대거 이주시킬 수밖에 없었다. 이에 관해서는 한국기독교사회문제연구원이 이미 1985년 12월 20일에 발행한 『핵과 평화—일지·자료목록해제·자료』를 구해서 읽어보도록 권고한다. 당신은 아마 엄청난 새로운 사실들을 알게 되면서 정신을 가누기 어려울 것이다. 그리고 우리나라에서는 처음으로 이 문제를 공해문제의 일환으로 추구하면서 큰 역할을 하고 있는 '한국공해문제연구소'의 정기간행물들을 찾아 읽도록 권고한다. 연세대학교 화학과 출신으로 민주화·인권운동의 대열에 서 있는 젊은 과학도 최열(崔冽) 씨의 숨은 공로로, 핵발전소를 '조국 현대화'의 상징처럼 우겨대던 우리 정부도 이제는 엄청난 피해와 위험을 숨길 수 없게 되었다. 군사용 핵무기의 사고는 더욱 무섭다.

미국의 핵무기는 전쟁목적에 사용될 경우는 아예 설명조차 필요없지만(그건 뒤에서 설명하겠다), 평상시 상태에서 소련보다도 더 위험한 실수를 저지르고 있다.

그 몇 가지 큼직한 실례를 들어보자.

● 1966년 1월 17일, 미국 영토도 아닌 스페인에 기지를 둔 미

국 B-52 초대형 핵폭격기가 KC-135 공중급유기와 공중 충돌했다. 핵폭격기 승무원 중 다섯 명이 즉사하고, 싣고 있던 핵폭탄 네개가 바다에 떨어졌다. 요행이 작용해서 핵폭탄이 폭발하지는 않았지만 스페인 영해는 방사능으로 오염되고, 폭격기에 실었던 통상폭탄이 폭발했다. 핵폭탄은 대대적인 심해탐색 작업 끝에 회수되었다.

• 1958년 3월 11일, 미국의 사우스 캐롤라이나 주 마스 브라프 폭격연습장 상공에서 B-47폭격기에 싣고 있던 핵폭탄 한 개가 떨어졌다. 핵폭탄의 기폭뇌관의 폭발로 땅에는 자그마치 깊이 28미터의 구멍이 파였다. 다행히 핵폭탄은 터지지 않았다. 그러나 여러 채의 농가가 파괴되었다.

• 1960년 6월 7일에는 매과이어 공군기지에 저장돼 있던 56개의 보마크 핵미사일 중 한 개가 폭발했다. 격리저장 방식 탓에 전체의 폭발은 방지되었지만 많은 방사능이 누출되었다.

• 1961년에는 미국 노스 캐롤라이나 주 골즈 보로에서 훈련중인 B-52폭격기에서 24메가톤 폭탄이 떨어졌다. 낙하충격으로 인해서, 그 핵폭탄에 장치된 여섯 개의 연결안전장치 중 다섯 개가 터졌는데 마지막 여섯 번째가 작동하지 않은 덕택에 24메가톤의 괴물이 그대로 회수되었다. 그것이 작동했더라면 히로시마 크기의 도시 1,200개 이상이 지구상에서 사라지는 폭발을 일으켰을 것이다.

• 1968년 1월 21일, 그린랜드의 툴 공군기지에 비상착륙하던 B-52폭격기가 바닷속으로 들어갔다. 싣고 있던 네 개의 핵폭탄은 충돌충격이 적어서 다행히 폭발하지는 않았지만, 네 개의 핵폭탄에 장치된 재래식 고폭약은 모두 폭발했다. 바닷속이 아니라 도시

나 마을에 떨어졌다면 어떻게 되었겠는가? 핵폭발은 없었지만 플루토늄 방사능이 누출되었다.

위에서 열거한 것과 같은 그야말로 아슬아슬한 대규모 핵폭탄 사고가 11회 발생했다. 그보다 작은 규모의 사고는 2차 대전 종결 이후, 즉 지난 40여 년 사이에 250회나 일어났다.

미국의 공군기와 전폭기들은 한반도 상공과 주변을 언제나 핵폭탄을 싣고 경계비행을 하고 있다. 누구의 머리 위에 떨어뜨리려는 것인지는 알 수 없으나 그것은 '실수'나 '사고'로 인해서도 우리의 머리 위로 떨어질 가능성이 항시적으로 있는 것이다. 그런 사고가 없었다는 것은 '요행'일 뿐이다. 앞서 소련 인공위성의 핵발전기가 평양에 떨어지기를 간절히 기도한 서울의 신문 만화가는 미국의 그 경우를 보면서 평양의 만화가가 "제발 서울에 떨어져주소서!"라고 빌었다면 뭐라고 말했을까? 아마도 "공산주의자니까 그렇다"고 답변했겠지. 그러면 저쪽에서는 뭐라고 말했을까? "광신적 반공주의자는 으레 그런 자들이니까!" 슬픈 일이다. '반공사상'은 어째서 그런 인간을 만들어내는 것일까? 휴전선 이북에 사는 동포들이 '공산주의 이데올로기 정신질환자'가 되지 않기를 바라는 것과 마찬가지 간절한 심정으로, 남한인들이 40여 년간의 '반공주의 이데올로기 정신질환'에서 하루속히 깨어나주면 좋겠다. 전쟁이 나면 핵폭탄은 공산주의자도 반공주의자도 가리지 않는다. 더군다나 그 핵폭탄은 북쪽에 사는 '조선 공산주의자'의 핵폭탄도 아니고 남쪽에 사는 '한국 반공주의자'의 핵폭탄도 아니다. 어째서 남·북에 갈라져서 살게 된 우리가 '소련 공산주의자'의 핵폭탄으로 남쪽이 쑥밭이 되고 '미국 자본주의자'의 핵폭탄으로 북쪽의 형제가 숯처럼 그을리기를 빌어야 하는가? 그리고 그 어느 쪽의 핵폭탄이나 핵미사일이 이 반도의 그 어느 쪽에 떨어질 때 그것은 1977년 11월 11일 새벽 이리시를 쑥밭으로 만들었던 3그램(TNT 60톤)짜리 핵폭탄이 아닌 것이다. 그 이름만 들어도 소름이 끼치는 '메가톤'짜리인 것이다.

'사무삼과'(四無三過)에 빠진 국민의식

우리 남한의 국민은 너나 할것없이 '사무삼과'(四無三過)에 빠져 있다. 이 낱말은 내가 만들어낸 것이다. 핵에 대해서 무지(無知)하고, 무관심(無關心)하고, 무감각(無感覺)하고, 무민족(無民族)적이다. 핵에 대해서 인간이성을 과신하고, 기계의 정밀성을 과신하고 군사력을 과신한다.

핵무기에 대해서의 제1무(無)는 단지 지식이 없다는 무지의 뜻이 아니다. 핵무기의 성능이나 그 원리나 제원(諸元) 같은 것이야 아인슈타인이나 테일러나 오펜하이머 같은 두뇌가 아닌 바에야 어찌 다 이해할 수 있겠는가? 내가 말하고자 하는 것은 자기 나라 땅에 남의 나라 핵무기가 들어와 있으면 자기가 안전하다고 착각하고 있는 무지를 말한다. 외국의 핵무기가 많이 들어와 있을수록 그만큼 자기가 더 안전하다고 착각하면서 살고 있는 무지다.

무감각하다. 이른바 상황순치증(狀況馴致症)인데, 파블로프 이론의 강아지처럼, 미국과 정부와 군부의 말을 하도 오랫동안 따르다 보니 핵무기의 두려움에 대해 길들어버린 것이다. 정신상태가 멍멍해졌다. '메가톤'이라고 해도 공기총알만큼에 대한 감각조차 없어 보인다.

그러니 핵무기, 핵전쟁 위험에 대해서 관심이 있을 까닭이 없다. 철저한 '무관심'이다. 한 예를 들어보자. 1986년 5월 18일, 세계정치의 무대에 혜성처럼 나타난 소련 지도자 고르바초프가 미국에 대해 핵무기 폐기를 제안하면서, 그 성의의 표시로 6개월간 소련의 일방적 핵실험 중단을 실시했다가 다시 미국의 대응을 촉구하는 뜻에서 또 6개월간의 핵실험 중단 연기 결정을 발표했다. 세계의 주요 신문들은 첫 번째 조치도 환영하고 대대적으로 보도했지만 두 번째의 조치는 더 크게 보도하면서 열렬히 환영했다. 평화를 바라는 전 인류적(미국을 제외하고) 염원의 표시였다. 그런데 이날의 우리나라 신문들은 이 발표를 묵살하거나 신문지면의 한구석에 파묻어버렸다. 그 발표의 중대성에도 무감각했고 핵무기 관계 일반에 무관심해버린 증거다. 이렇게 무관심할 수가 없다.

거기까지도 참을 수 있다. 그런데 자기 민족이 남의 나라 핵무기·핵전략·정치논리·국가이기주의의 볼모가 되고 노리개가 되어 있는데도 아무런 민족적 자각도 긍지도 저항도 느끼지 않는 것 같다. 앞서의 어느 신문 만화처럼 동포애도 없고, 민족적 감정도 없다. 어쩌면 이렇게도 철저하고 완벽하게도 민족을 상실하게 되었을까? 광신적 반공주의 교육과 선전 탓이다. 우리에겐 미국만 있고 민족은 없다. 무민족(無民族)주의자들이다.

삼과(三過)도 큰일이다. 첫째가 인간이성, 그중에서도 미국의 이성과 호의에 대한 과신이다. 핵무기를 쥐고 있는 남의 나라 정치가, 육군대장·해군대장·공군대장, 주한미군 사령관 등의 호의와 이성을 끝까지 믿고 있는 모양이다. 그런 사람에게는 미국 하원군사위원회의 한 보고서 내용을 들려주고 싶다.

남한에 있는 미국 군대의 각급 사령관들은 남한을 세계에서 제일 이상적인 군사훈련장으로 확신하고 있다. ……마음대로 이용할 수 있는 땅, 마음대로 설정할 수 있는 '무제한 사격지역', 휴전선 북쪽에 있는 사격목표로 가장 이상적인 살아 있는 인간 표적, 그뿐이 아니다. 남한은 지구상에서 우리를 쫓아내려 하지도 않고, 심지어 땅을 쓰는 임대료조차 달라고 하지 않는 유일한 국가다.

그뿐인가? 1982년에 미국 국방성과 정부가 확정한 비밀전략계획은, 중동 산유지역을 확고히 틀어쥐기 위해, 그 지역에서 소련과 분쟁상태에 들어가게 되면 소련군 역량을 분산시키기 위해서 한반도에서 전쟁을 시작할 것을 결정했다. 북한에 대한 핵무기 사용까지 포함한 지상공격 작전의 세부가 미국 언론에 의해 폭로되었다. 북한 공격은 주한미군 사령관의 명령으로 되고, 국회의 동의가 필요없으며, 미국 군대가 전투할 때는 핵무기 사용이 자동적으로 기정사실이 된다는 것이다.

나는 다행히 이 미국 정부의 비밀계획 내용을 일찍이 입수해 1983년 『기독교사상』 8월호에 「한반도 주변정세의 질적 변화와 우리의 민족적 과제」라는 논문을 특별기고해서 국민의 경각을 촉구한 바 있다. 그 후 이 글이 기독교, 학생, 지식인사회의 관심을 끌어, 웬만큼 핵전쟁 가능성에 대한 자각을 불러일으키게 된 것을 다행으로 생각한다.

다음은 기계에 대한 과신이다. 군사기계는 '과학기술'의 정수라고 생각하는 사람들은 최고의 과학과 기술이 응용된 전쟁무기와 그 사용·관리체제는 거짓이 있을 수 없는(Fool Proof) 것이라고 착각하고 있다. 컴퓨터의 정수로 제어되는 무기체제는 가장 정확한 것이라고 믿고 있다. 핵무기 사고에 관한 앞서의 수많은 실례가 입증하듯이 그것은 위험한 신념이다. 실제문제로서는 제일 단순한 것이 제일 확실한 법이다. 정교하고 복잡해질수록 불확실해진다.

한국 국민의 '삼과병'(三過病)의 마지막은 군사력 과신이다. 어떤 잘못된 사상이념의 교육과 세뇌를 받았는지, 모든 갈등은 무기와 군사력으로 해결해야 한다는 믿음이다. 그리고 그렇게 할 수 있다는 믿음이다. 이 군사력 과신병이 남북 간의 가능한 평화를 얼마나 방해했고 또 지연시켜왔는가! 냉정한 판단력이 있는 사람의 눈에 지난 오랜 세월은 '열병에 들뜬 군국주의'적 상태로 보였을 것이 틀림없다. 1988년 7월 7일, 대통령이라는 사람이 '6개 항목 선언'이라는 것을 발표해 남북한 간의 평화공존·협조·번영·민족공동체 회복을 부르짖은 한참 뒤인데, 텔레비전 방송으로 보여진 어떤 경찰간부회의에서는 최고 책임자가 여전히 "북괴의 남침 도발을 막기 위해 철저한 군사력을 포함한 태세"를 갖추라고 호령을 하고 있었다. 군사력 강화는 신성한 예식처럼 불가침·불가문·불가항의 국민 이데올로기가 되어버렸다. 민족 내부문제를 외국의 핵무기를 통해 해결하기를 원하는 한국 국민의 의식수준은 위험하기 짝이 없다.

대만의 국민당 군부도 1970년대에 남한의 군인 출신 박정희 대통령과 마찬가지로 비밀리에 핵무기 제조의 기초작업을 구상 중이었다. 장개석 총통이 생존했을 때다. 후에 부친을 계승해 총통이 된 장경국이 군부의 핵무기 제조계획을 가지고 장개석 총통의 재가를 얻으러 갔다. 계획에 관한 설명을 듣고 난 장 총통은 아들에게 타일렀다.

"중국인은 민족문제를 원자탄을 가지고 해결하려는 따위의 생각을 해서는 안 된다."

그 한마디로 대만 군부의 '본토수복'용 핵무기 제조계획은 백지화되었다. 이것은 그 당시, 대만과 남한정부의 핵무기 제조 준비를 걱정하는 세계여론에 따라 미국의 시사주간지 『타임』의 기자가 밝힌 장경국 총통의 후일담이다. 아마도 사실일 것이다. 그 후에 대만에서 진행된 제반사실들을 놓고 보아도 그랬을 것 같다. 중국민족은, 대륙에 있는 공산주의자도 대만으로 쫓겨와 있는 반공주의자도 뭔가 한국인들과는 다른 데가 있어 보인다. 한국 군부는 그 시기에 해외에 있는 여러 분야의 교포 과학자들을 엄청난 보수로 불러들여 핵무기 제조계획을 서두르는 한편, 프랑스·캐나다 등 국가에서 핵원료 제련시설을 비밀리에 구입하는 계획을 계약 체결까지 했다가 소련을 비롯한 외국의 압력을 받은 미국 정부의 개입으로 포기하는 일이 연거푸 있었다. 박정희 장군이 이 '핵무기 독자개발' 계획을 소위 '자주국방'이라는 명분 아래 강행하려 한 것이 카터 정부와 한국정부 간의 알력을 초래한 것은 지금은 다 아는 사실이다.

핵무기 문제에서는 조금 빗나가는 이야기지만 중국인과 한국인의 생각의 차이에 관해서 한 가지 덧붙일 이야기가 있다. 나는 1960년대부터 중국혁명에 흥미를 가지고 공부를 한 까닭에 중국어를 공부해야 했다. 일제 중학시절에 일주일에 두 시간씩 중국어는 배웠지만 그것은 다 잊어버렸고 일본어식 중국어로는 쓸모가 없었다. 그래서 새로이 공부하는 교본으로 한국에 있는 중국(대만)화교 국민학교 국어 교과서를 사용했다. 한 학기에 한 권씩, 1년 2학기, 6학년까지 12권이다. 각 권이 26~30단원으로 편찬되어 있으니까 6년간 합계 300여 단원이 된다. 그런데 대만 정부의 국

정교과서인 이 화교 국어 교과서를 공부하면서 감탄한 일이 있다. 300백 몇십 단원 속에 있는 본토의 '공산주의'나 '공산주의자'들에 관한 이야기 가운데 증오심을 부채질하는 악랄한 내용은 단 하나도 없다는 사실을 발견했기 때문이다. "이럴 수가 있을까?" 나는 한참을 당황했다. 본토를 버리고 도망온, 소위 '반공주의 피난민 정권'인데 오죽이나 모택동이니, 주은래니, 주덕이니를 미워하겠는가? 이를 갈고 가슴을 쳐도 시원치 않을 천추의 한이 맺혀 있지 않겠는가? 그런데도 대만에서 별로 멀지 않은 곳에 있는 어느 나라 정부나 군부처럼 자라나는 세대의 교과서에 야비한 증오심과 적개심을 부채질하는 내용의 단원이 300여 단원 속에 단 한 단원도 없다니! 이것은 정말 놀라운 발견이었다. 한국적인 사고로 본다면 차라리 한심한 일이었다. 어떤 나라의 어린 제2세 교육용 교과서의 "나는 무엇 무엇이 싫어요!" 따위의, 있었던 것인지 없었던 것인지도 모를 이야기를 가지고 동족에 대한 증오심을 아동들에게 절규하도록 가르치는 단원은 단 한 단원도 없었다. 그 후 중국 본토의 국민학교 국어 교과서를 얻어 볼 기회가 있었다. 대만의 경우 때문에 가슴이 뛰다시피 하는 감동을 참으면서 살펴보니, 본토의 교과서에도 대만으로 도망간 국민당과 그 지도자들을 인간적으로 매도하고 모독하는 단원이 없었다. 또 한 번 감탄인지 당혹인지 한숨인지 분간할 수 없는 소리가 자기도 모르는 사이에 입에서 새어나왔다.

"이럴 수가 있을까!"

그 후 대만과 본토 사이에 전개되는 일을 보면서 나는 쌍방의 국민학교 교과서 내용이 지니는 의미를 비로소 깨달았다. 그 깨달음 뒤에야 나는 중국혁명에 관한 연구를 하던 시절에 다소간은 경멸했던 장개석이라는 인물에 대해 새로운 경의를 품게 되었다. 그와 동시에 나는 대한민국이라는 사회와 제도와 인간들이 중국인과 그들의 그것에 비해서 너무나 왜소하다는 것을 부끄럽게 생각하게 되었다. 같은 반공주의인데 이렇게 다르다면, 그것은 소위 국민성이라는 건가? 지금도 이 의문은 나의 머리와 가슴속에 풀리지 않은 채 남아 있다.

우리나라 교과서가 그런 내용이니 그것으로 교육받은 제2세대가 대학생이 된다고 얼마나 나아지겠는가? 1978년 6월 서울의 한 대학(중앙대학교) 신문사가 그 대학 학생들을 상대로 "한국이 핵무기를 제조·보유하는 것을 원하는가?"라는 여론조사를 실시했다. 찬성이 89퍼센트나 나왔다. 10명에 9명이 핵무기를 가지기를 원한 것이다. "총은 쏘라고 준 것이다"의 사고방식으로 교육받은 이들이 핵무기를 만들자고 할 때, 어디에 누구에 대해서 쓰자는 잠재의식적 또는 의식적 목표는 묻지 않아도 분명하다. 한심하다 못해 소름이 끼치는 핵인식이다.

한국 국민의 의식이 이렇다 보니 미국이 업신여기는 것도 당연하다. 1988년 7월, 서울을 방문한 슐츠 미국무장관과 우리나라 정부의 발언을 들으면서 한·미 두 나라가 과연 '평등'한 우방국인지, 대한민국이 과연 '주권국가'인지를 의심하지 않을 수 없었다.

그나마 약간의 '민주화' 덕택인지, 슐츠와 정당 총재들의 대담 자리에서 한 야당 총재가 우리 영토에 미국의 핵무기가 있는지 없는지를 확인하라고 슐츠에게 요구했다는 것이다. 그러자 미국 정부를 대표하는 슐츠는 미국 정부의 '전략적 입장과 원칙'이라는 것을 들어 가부간의 확인을 또 거부했다. 미국대표의 말인즉, 가부간의 확인을 하지 않아야 '적'이 미국의 의도를 읽지 못함으로써 판단의 혼란을 일으켜 미국의 핵전략 효과가 있다는 말이다.

그런데 바로 같은 때에 국회에서 같은 질의를 정부에 제기했다. 정부를 대표해서 답변에 나선 국방부장관은 미국의 '전략적 입장과 원칙'을 그대로 되뇌고는 확인을 거부했다. 이런 꼴을 보고 듣는 우리는 단순한 불쾌감을 넘어서 분노에 가까운 심정을 억누를 수가 없다. 미국 정부의 태도는 끝없이 오만하고, 한국 정부의 자세는 굴욕적일 만큼 비굴하다.

미국은 소련과의 사이에 핵무기와 주요 통상무기에 관한 정보를 공식적으로 교환하고 있다. 우리와 관련해서 말하면, 미국은 남한을 목표로 정하고 시베리아에 설치된 핵무기의 위치와 수량과 성능을 소상히 알고 있다. 소련도 남한에 배치되어 있는 미국의 그것들에 관해서 마찬가지로 소상히 알고 있다. 사실은 북한도 알고 우리도 알고 있다.

그런데 미국은 '가상 적국'인 소련에게는 정보를 제공하면서 동맹국가인, 그것도 그 땅을 기지로 내어주고 있는 남한 국민에게만은 그 '존재 여부'의 확인조차 할 수 없다는 말이다. 우리는 이 땅에 들어와 있는 각종 핵무기의 하나라도 사용될 경우, 북쪽의 동포는 물론이거니와 그것이 초래할 소련의 틀림없는 핵보복 확전으로 인해서 남한의 우리 자신들의 생존이 중대한 위협에 놓이게 된다는 것을 우려한다. 따라서 우리는 우리 땅에 들여놓인 미국의 가공할 '최종 무기'에 관해서 알아야 하고, 미국은 답변할 책임이 있다고 생각한다.

미국 육군참모총장 에드워드 마이어 대장은 1983년 1월 23일 서울에 왔을 때, 핵전쟁 발생시의 여러 가지 겁나는 시나리오를 밝힌 끝에 "북한에는 핵무기가 없는 것으로 안다"고 공개 기자회

견에서 말한 바 있다. 북한이 핵무기 제조를 하지 않고 있고, 소련
도 중국도 그들의 핵무기를 북한 땅에 들여놓지 않고 있는 터에,
남한에 있는 것이 확실한 미국 핵무기의 성능이나 수량은 차치하
더라도 그 '유무의 확인'조차 거부하는 미국의 태도는 언어도단이
라 할 것이다.

우리 정부의 비굴이 더 큰 문제다. 북대서양조약기구의 15개 미
국 동맹국가 정부들의 의연하고 당당한 자세를 부끄러운 마음으
로 배워야 한다. 유럽 동맹국가들은 자국 영토에 들여오는 미국의
핵무기에 관해서 그 수량·종류·위치·성능·교체·명령체제 등에
관한 정보를 미국으로부터 받고 있다. 그 정보를 국민의 대표기관
이자 국가의 주권의 소재인 국회에 제출하여 동의를 요청한다.
1985~86년에 유럽 국가에서는 미국의 최신 핵무기 퍼싱 Ⅱ형 중
거리 미사일이 새로 들어오는 것에 반대하는 반핵 평화시위가 세
차게 벌어졌던 것을 우리는 보도를 통해서 다 알고 있다. 결국은
어느 나라건 국회가 동의를 해버리는 바람에 예정대로 미국 핵무
기는 설치되고 말았다. 하지만 그들은 적어도 미국으로부터 정보
를 요청하여 주권기관의 동의를 구하는 민주국가의 당연한 법절
차를 밟고 있다. 서독 정부는 서독 영토에 설치되는 핵무기는 동
독을 목표로 삼을 수 없다는 요구를 미국이 수락하게 하고 있다.
이 얼마나 의젓하고 당당한 자세이냐! 개인이건 국민이건, 죽는
일이 있더라도 왜 죽는가쯤은 알아야 할 것이 아니겠는가? 말이
주권국가이지 대한민국의 실체는 주권국가가 아니다.

34년간이나 한 글자의 수정도 없이 효력을 지속하고 있는 한미
방위조약(정식 명칭은 '대한민국과 북미합중국 간의 상호방위조
약') 제4조는 다음과 같이 되어 있다.

제4조: 상호합의에 의하여 북미합중국이 그 육·해·공군을 대한민국의 영토 내와 인접부근에 배치하는 권리를 대한민국은 허여하고 북미합중국은 이를 수락한다.

대한민국은 북미합중국의 육·해·공군에게 그 국토를 전면적으로 완전히 한 평의 유보도 없이 벗겨 내맡긴 것이다. 어떤 무기를 언제 어디로 들여오건 들고 나가건, 대한민국은 한마디 물어볼 권리가 없다. 이러고서야 어찌 주권국가라고 헌법에 쓸 수가 있는가? 미국의 식민지였고, 최근까지도 식민지나 다름없는 필리핀조차 상원에서 1988년 6월 미국의 핵무기 반입과 설치를 반대하는 결의를 통과시킨 바 있다.

필리핀 국민의 이 같은 성숙과 각성과 결의를 보고 있노라면 한국인임이 부끄러워진다. 필리핀 국민의 의연한 태도에 직면한 미국 정부는 필리핀에 있는 태평양·아시아 최대 해외기지인 클라크 공군기지와 수빅 해군기지를 싱가포르나 '사우스 코리아'로 옮길 계획을 본격적으로 검토 중이라고 발표했다. 괌섬도 언급되었지만 그거야 미국의 본토와 속령이니까 우리가 가타부타할 것이 못 된다. 싱가포르는 전체 면적이 580평방 킬로미터로 제주도(1,820평방 킬로미터)의 3분의 1도 안 된다. 북제주군 하나의 면적보다도 작다. 그런 곳에 태평양·아시아 최대의 미국 핵무기 기지를 옮기겠다는 것은 경제난에 허덕이는 필리핀 정부에 대한 협박적인 구실일 뿐이다. 그리고 싱가포르 정부만 하더라도 영토는 제주도의 3분의 1도 안 되지만 세계의 유수한 자유항 국가로서, 미국의 그런 괴물 같은 무기들을 받아들일 까닭이 없다.

남는 것은 '사우스 코리아'다. 왜 하필이면 또 '사우스 코리아'

일까. 남한이라는 나라의 정부와 국민은 미국 군사전략가나 군장성들의 눈에는 지구상에서 제일 고분고분하고 만만한 종족인 모양이다. 아니면 '사우스 코리아'의 정부와 지도자가 와싱턴에 불려가서 국민도 모르는 사이에 그런 밀약이라도 맺었다는 말인가?

소련의 군함 한 척이 동해의 공해를 지나가기만 해도 소련이 마치 남한에 대한 전쟁이나 준비하고 있는 양 법석을 떨고 야단들이다. 그렇다면 아시아·태평양 최대의 가공할 미국의 핵무기 기지가 하나도 아니고 2개나 남한에 들어온다고 할 때 북한과 소련은 어떻게 생각할까?

세계에서 국민적·국가적 자존심의 그루터기라도 남아 있는 정부나 민족들은 최근 잇따라 미국의 군사기지, 특히 핵무기의 철수를 요구하고 있다. 스페인은 프랑코 독재자 시대에 미국과 맺은 35년간의 기지협정의 갱신을 단호히 거부하고 있다. 포르투갈이 그렇고, 그리스는 금년 9월 1일부터 실효되는 기지협정의 갱신을 거부하고 미국에게 철수를 요구하는 공식통첩을 7월에 교환했다. 한국 정부도 부끄러운 마음으로 세계 여러 정부들의 의젓한 자세를 배워야 할 것 같다.

'남침위협'의 근거

미국 정부나 군부의 확인 여부와 관계없이 남한에 미국의 핵무기가 존재한다는 것은 다만 상식으로서도 너무나 낡은 상식이다. 미국 의회에서의 비밀증언들을 통해서도 알려지고 있고, 북한이 군사행동을 취할 경우에 즉각 '심층공격'으로 '초전박살'을 내겠다는 위협도 핵무기 선제사용의 의도를 말하는 것이다. (북한이 재래식 군사력으로 남한에 대한 전면적 남침공격을 감행할 능력을 갖고 있느냐의 실증적 연구논문 「남북한 전쟁능력 비교분석 시론」(월간 『사회와 사상』, 창간 9월호)을 참조.) 미국 자체 내에서도 정부 계통이 아닌 중립적이고 독립적이며, 그 신빙성에 정평이 있는 연구기관과 권위 있는 신문들의 평가로는 남한의 미국 핵무기 수는 300개 전후에서 600개 선까지, 시기에 따라서 증감된다. 이 책에 수록된 피터 헤이즈의 조사보고서 「한국에 있는 핵무기—배치·전략·지원」은 미국의 한국에서의 핵전쟁 구상·전략·명령체계 등등에 관해서, 지금까지 조사 발표된 관련 사실들 가운데 최고의 가치를 지닌 것이다. 꼭 일독하기를 권한다. 많은 것을 새로이 알게 될 것이다. 그리고 아마도 몇 번을 놀라고 탄식할 것이다. 따라서 나는 그 논문에서는 일절 인용하지 않기로 한다.

그러나 피터 헤이즈의 그 조사보고서에서도 핵무기의 수에 대해서는 다른 출처를 인용하고 있다. 그래서 한국에 있는 미국의 핵무기의 종류·성능·수량 등을 계산하는 근거와 산출방식을 여기에 따로 설명하겠다.

핵무기는 종류가 여러 가지로, 그 설치·운반·투하·발사 등 방식이 모두 다르다. 야포로 쏘는 핵폭탄, 폭격기로 운반·투하되는 핵폭탄, 미사일에 장착되어 발사되는 미사일 핵탄두, 전선이나 요지에 매설되는 핵지뢰, 필요할 때 적의 진격로나 장애물·요새·건설물에 매설하는 휴대용 극소형 핵폭발물 등등이다. 미국 정부의 공식발표가 없는 한 이런 다양한 종류의 것을 정확히 확인하기는 어렵다. 그 수를 개략적으로 판정하는 방식은 그 각종의 무기를 발사·운반·투척하는 모체인 전달수단(Delivery System)을 계산하여, 그것이 미국 본토, 유럽의 북대서양 동맹군(NATO), 일본, 필리핀 등 미국 군대가 있는 곳에서 평균적으로 장치되는 핵물체의 수를 곱하는 방식이다. 쉽게 말하면 기병대 말의 수를 헤아려서, 그 말에 탈(탄) 기병대 병력을 계산해내는 방식이다. 핵무기 장진·전달수단은 어떤 것이건 그것이 담당할 핵폭발물의 종류·수 등이 미리 설계 단계에서부터 정해져 제조되고 실전 배치된다. 그 설계는 별로 비밀이 아니다. 그리고 많은 정보를 종합하면 실제로 몇 개의 핵폭발물이 그 수단 1개에 할당되는가의 숫자가 나온다. 전문가들에게는 거의 분명하다.

그런 방식으로 산출된 예로, 1976년에 남한에 있던 핵무기의 종류와 수와 성능은 〈표 1〉과 같다.

이런 핵무기 전략을 이 조사연구서는 다음과 같이 해설하고 있다.

〈표 1〉 남한에 있는 미국 핵무기

군별	전달수단	수	하나당 장진수	핵무기 총수	폭발력 (각기)
공군	F-4 전폭기	48대	4	192	10kt
육군	8인치 M-110야포	28	2	56	1
	155밀리 M-109야포	76	2	152	1
	지대공미사일				
	나이키 허큘리스	144	1	144	5
	지대지 미사일(2종)				
	어네스트존	4	20	80	100
	써전트	2	6	12	100
	핵지뢰	25~50	1	25~50	5
총합계		327~352		661~686	

* The Center for Defense Information, "Korea and U.S. Policy in Korea", *The Defense Monitor*, Volume V, No. 1, pp.1~8

한국에 있는 수백 개의 미국 핵무기들은 제한된 용도뿐이다. 그 이유는 북한에는 핵무기가 없기 때문에 북한이 그런 무기를 쓸 가능성에 대비한 억지력으로서의 미국 핵무기의 필요가 없다. 이 사실은 소련과 북대서양동맹(NATO)이 다 같이 전술핵무기들을 갖고 있는 유럽의 조건과는 예리한 대조를 이룬다.

미국 군부는 북한의 재래식 공격에 대해서도 그 핵무기들로 제1공격을 가하겠다고까지 위협하고 있다. 미국 군부의 의도는 북한이 남(한)을 공격하려 한다면 미국은 각종 핵무력에 호소할 것이라는 두려움을 북한 사람들의 마음에 심어주려는 것이 분명하다. 그렇지만 비핵국가에 대해서 미국이 핵무기를 사용할 가능성은 극히 낮다. 미국의 지도자들은 그런 무기의 사용에 대한 시민 일반의 반대를 극복해야 할 것이다. 1975년 6월에 실시된 해리스 여론조사는 가장 극단적인 상황에서 핵무기를 사용하는 데도 32퍼센트만이 찬성했고, 52퍼센트, 즉 명백한 다수가 그 사용에 반대했다. 미국에 대한 책임추궁도 클 것이다. 한국전쟁 당시 핵무기의 사실상의 독점하에서 심각한 정세 역전에 직면한 상태에서조차 그것을 사용하지 않았다. 더구나 남한 영토에 설치된 핵무기의 사용은 많은 남한인들과 미군병력을 손상시킬 것이며, 그 결과로 야기될 대혼란으로 인해서 오히려 북한의 신속한 승리를 초래할 수도 있다. 낙진은 한국인들만 아니라 일본인들마저 위태롭게 할 것이다. 그뿐 아니라 미국 군부가 확신하듯이, 남한인들이 스스로를 방위할 수 있다면 핵무기를 사용할 필요가 없다.

국방장관직을 떠나기 조금 전에 제임스 슐레진저 장관은 한국에서의 핵무기 사용을 주장했던 본래의 입장에서 후퇴했다. 그는 오히려 (남북한 간의) 재래식 군사력의 균형상태 때문에 그 사용이 불필요하리라고 시인했다. 그 같은 여러 가지 이유로 해서 한국에 있는 미국 핵무기의 철수가 가장 적절한 조치인 듯하다.

미국 입장에서는 핵무기는 주한미군 보호용인데, 우리 정부는 군사력에서 북쪽이 훨씬 우월하고 남쪽이 언제나 열세이기 때문에 반드시 필요하다는 주장을 내세워왔다. 소위 북한의 남침 가능성에 대비해서라는 주장이다. 그런데 이 주장과 근거는 지난 10여 년간 계속된 한국의 급속한 군사력 증강 및 현대화로 그 근거가 상실된 것 같다.

실제로 한국 정부(군부) 자신의 그것을 입증하는 공식문서들이 근년 들어 공개되고 있다.

그중에서 가장 중요한 문서는 '한국방위분석연구소'(KIDA, The Korea Instiute for Defense Analysis)와 미국 국방장관의 의뢰를 받은 권위 있는 RAND 연구소가 여러 해에 걸쳐서 시행한 공동연구의 결론 보고서다. 이 보고서는 직접 미국 국방장관이 한반도 군사정세의 현재 및 장기적 평가를 위해서 위촉하고 또 채택한 중요한 문서다. 1985년 12월에 미국방장관에게 제출된 이 철두철미한 보고서는 "남한의 군사력이 현재도 우월하고, GNP의 차이가 증대할 장래에는 날로 더 우월해질 것"이라고 결론짓고 있다. 그 가장 설득력 있는 증거는 남한의 GNP가 급상승하기 시작한 70년대 중반 이후 무기 구입액이 지속적으로 북한을 앞질렀고, 1983년 현재는 3.11배에 달하고 있다. 레이건 정부의 동맹국 군비증강 정책으로 83년 이후는 이 추이가 더욱 확대되었다.

이 표 작성 이후 1983~86년에 남한이 미국에서 들여온 무기

(단위: 100만 달러)

연도	무기 구입비			운영비			인건비		
	북	남	남/북	북	남	남/북	북	남	남/북
1968	418	52	.12	737	108	.15	243	1,035	4.26
1969	300	85	.28	790	134	.17	276	1,070	3.88
1970	549	72	.13	828	162	.20	278	1,124	4.04
1971	796	98	.12	877	255	.29	280	1,146	1.09
1972	1,015	124	.12	962	325	.34	288	1,088	3.78
1973	622	84	.14	1,071	336	.31	286	1,176	4.11
1974	948	79	.08	1,248	502	.40	297	1,246	4.20
1975	501	303	.60	1,250	462	.37	328	1,213	3.70
1976	610	697	1.14	1,286	510	.40	339	1,202	3.55
1977	728	890	1.22	1,329	651	.49	378	1,186	3.14
1978	732	1,152	1.57	1,406	826	.59	383	1,206	3.15
1979	488	997	2.04	1,470	934	.64	446	1,223	2.74
1980	654	1,009	1.54	1,502	1,063	.71	509	1,269	2.49
1981	547	928	1.70	1,558	1,070	.69	566	1,278	2.26
1982	338	1,062	3.14	1,616	1,113	.69	568	1,224	2.15
1983	359	1,117	3.11	1,677	1,218	.73	568	1,277	2.25

＊ 위의 보고서, p.47

구입액은 32억 달러에 이르고, 85~89년에는 80억 달러가 예정돼
있다고 한다.[1]

---

1) 1985회계연도 '대외원조법안'에서의 국방부차관 제임스 켈리(James Kelly) 증
언, Stephen D. Goose, *The Military Situation on the Korean Peninsula*, p.3.

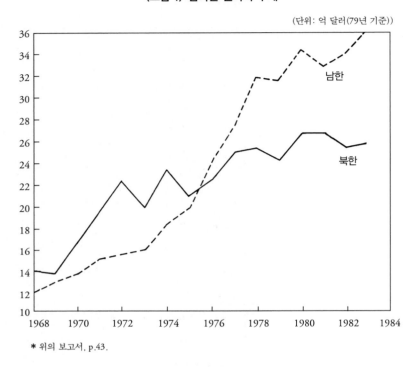

〈그림 1〉 남북한 군사비 추세

(단위: 억 달러(79년 기준))

남한

북한

* 위의 보고서, p.43.

　지난 오랜 군사독재, 유신체제, 군인 출신 대통령 영구집권 체제
를 옹호·변론하는 사람들은 주로 그 타당성과 근거로 북한 군사력
이 남한 군사력보다 우월하다는 것과, 그래서 '남침전쟁' 가능성이
크다는 것을 강조해온 것이 우리의 기억에 새롭다. 지금도 그렇게
주장하고 있는 사람들이 있다. 사실 그런가? 미국 국방성과 한국
군부의 공식적 판단기준으로 채택된 그 「조사연구보고」는 그 반대
를 보여주고 있다.

　위의 그림을 수치로 표시하면 다음 표와 같다.

　앞의 여러 통계에서 밝혀지듯이 남한의 군사비가 북한의 군사비

〈표 3〉 남·북한 연도별 군사비 비교

(단위: 100만 달러)

연도	북한	남한	비율(남한/북한)
1968	1,398	1,195	0.85
1969	1,366	1,289	0.94
1970	1,655	1,358	0.82
1971	1,952	1,499	0.77
1972	2,266	1,537	0.68
1973	1,980	1,596	0.81
1974	2,341	1,827	0.78
1975	2,079	1,978	0.95
1976	2,236	2,409	1.08
1977	2,489	2,727	1.10
1978	2,521	3,184	1.26
1979	2,405	3,154	1.31
1980	2,665	3,431	1.25
1981	2,676	3,276	1.22
1982	2,523	3,399	1.35
1983	2,598	3,612	1.39
합계 1968~83	35,150	37,381	1.06
1976~83	20,113	25,102	1.25

* 위의 보고서, p.45.

에 비해서 월등 클 뿐 아니라, 해마다 격차가 증대하고 있음을 알 수 있다.

　이것은 정부가 오랫동안 국민에게 위협적으로 들이댔던 하나의 커다란 '신화'의 실체를 밝혀준다. 즉 그들은 북한의 군사비가 GNP의 20퍼센트, 남한의 군사비가 GNP의 6퍼센트이므로 북쪽의 군사력이 3배가 넘으며, 따라서 '남침전쟁' 위험성이 크다고 선전해왔다. 그런데 그들은 그 주장과 동시에 남·북의 경제총생산(GNP)에서 남한이 북한의 5배라는 숫자를 제시했다. 그렇다면 그들이 주장하는 대로의 GNP 대 군사비 비율로도 남·북한 실제 군사비 액수는 30 대 20으로 우리가 1.5배나 크다. 이 사실은 그들이 밝히기를 주저해온 실체다. 이 'GNP 대 군사비 비율'은 여러 해 동안 군사독재 정권들의 '남침위협'론을 지탱해온 산술적 요술이다.

실제로는, 많은 중립적·독립적 외국 연구기관들의 남·북한 GNP 대 군사비 비율평가는 북한 12~15퍼센트, 남한 8퍼센트선에서 일치한다. 이 비율로 본다면 북한을 최고치인 15퍼센트로 잡더라도 남·북한 군사비 실액은 40 대 15가 된다.

남·북한 군사력 평가는 1979년 소련의 아프가니스탄 침공 직후, 카터 대통령 정부가 대소·대공 군사대결 강경정책으로 급선회하면서 북한의 병력과 기본무기 보유량의 수치가 별다른 이유없이 상승 조절되어 발표되었다. 그 후 레이건 정부의 등장과 함께 박차를 가한 대소·대공 '무한 군사력증강 경쟁' 정책으로 1983년 발표에서 북한 병력이 그 전해에 비해 한 해 사이에 11만 5,000이 증가된 75만으로 상승 평가되었다. 무기 보유량의 평가도 그렇게 두 차례에 걸쳐 상승조절 평가되었다. 그와 병행해서 한국에 대한 미국의 무기판매와 군사력 증강 압력이 가해졌다. 그 결과는 앞서 본 바와 같은 무기 구입비의 급증과 군사비의 압도적 우월로 나타난다.

와싱톤에 있는 권위 있는 군사연구소인 '국방정보연구소'가 분석한 한 결론은 다음과 같다.

북한 군사비의 아주 높은 수정평가치를 토대로 해서도 미국 정부의 '무기관리 및 군축담당국'(ACDA)의 평가는 1982년의 군사비에서 남한이 북한에 비해 37퍼센트를 초과한 것으로 나타난다(48억 달러 대 35억 달러). 런던에 있는 '국제전략연구소'(IISS) 조사보고는 1982년 남한의 군사비가 북한에 비해서 2.5배, 즉 43억 달러 대 17억 달러인 것으로 평가했다.[2]

맺는 말

우리 정부의 일관된 '북한군사력 우위'설과 '남침전쟁 위기'설을 이상과 같은 세계의 권위 있는 중립적 연구기관들의 결론들과 함께 어떻게 해석해야 할 것인가? 어려운 문제다. 그러나 미국 국방장관의 위촉으로 한국국방분석연구소와 RAND연구소가 공동 실시한, 그리고 한미 양국 정부의 공식 장기 국방정책 수립의 근거로 채택된 「종합연구 조사보고서」("The Changing Balance – South and North Korean Capabilities for Long – Term Military Competition," 1985년 12월)는, 현재의 육·해·공군 군사력은 물론 인구, 경제력, GNP의 현재와 전망, 공업·과학·기술능력 수준 등 모든 면에서 남한이 북한에 비해 그 종합적 군사능력(전쟁 잠재력)이 훨씬 우월하다는 결론을 내렸다.

이런 사실을 알게 되면 우리는 큰 안도의 한숨을 쉬게 된다. 남한이 열세인 것이 아니라 북한이 열세라는 사실 ─ 그것도 현저한 격차로 열세인 사실 ─을 확인하게 된다. 새로운 사실, 가려진 이면, 또는 우리 정부와 군부가 '퍼센트'로만 표시해온 남·북한 전쟁능력의 '실체'를 확인하게 된다. 무한한 안도감을 준다. 재래식 종

---

2) IISS, 군사연감 1984~85 인용, 앞서의 Stephen D. Goose 조사보고서, p. 5.

합 전쟁능력에서 우리가 북한보다 훨씬 강하다는 확인은 한국에 와 있는 미국 핵무기의 의미를 새로운 각도에서 검토할 것을 요구하는 것이기도 하다.

실제로 미국 정부와 정당, 정책수립 기관들의 안팎에서는 5년 후 전후해서 미군철수와 핵무기 철거 등에 관한 논의가 심심치 않게 제시되고 있다. 미국 군대가 없어도 충분한 자체 방위능력이 있기 때문이다.

한국 국민의 생사에 직결된 핵무기이면서도, 그 존재와 사용에 대해서 한국의 대통령도 국회도 군부도 아무런 발언권이나 정책 결정 참여의 법적 권리도 없는 미국의 핵무기는 안심하고 한국을 떠날 수 있는 조건이 마련되었다. 미국 정부는 소련과 중국을 통해서 이 같은 중·장기 전략과 정책을 북한에 충분히 납득시킨 것으로 보인다. 한국 정부와 미국 정부 사이에서는 물론 충분한 사전협의가 있을 것이다.

노태우 대통령이 7월 7일에 발표한 6개의 항목으로 이루어진 대북한 '평화공존선언'도 그 같은 평가와 판단을 토대로 해서 결정된 것으로 믿어진다. 7월 21일에 있은 북한의 '남북 불가침선언' 제의도 이 토대 위에서의 발상으로 믿어진다.

그렇다면 이 땅에서 외국의 핵무기는 떠나도 된다. 외국 군대가 마음대로 장난치는 핵무기의 위협 없이 좀 평화스럽게 살아보고 싶다.

• 『반핵—핵위기의 구조와 한반도』, 창작과비평사, 1988

1945년 '히로시마'의 영원한 논쟁

　내가 일본 '나이찌'(內地)의 히로시마(廣島)라는 도시에 미국의
원자폭탄이 투하되었다는 사실을 안 것은, 그전 1년 반 동안 매일
해온 대로, 경성(京城, 지금의 서울)의 남대문역 옆 봉래동(逢萊洞)
에 있는 경성전기회사(지금의 한전) 물자창고로 가기 위해서 흑석
동에 있는 하숙집을 나섰을 때였다. 1945년 8월 8일 아침이었던
것으로 기억한다. 나는 일제의 조선 식민지 통치에 종막이 내려지
는 그해, 중학교 4학년생으로 열일곱 살이었다. 그때 조선에서는
일본 본토를 '나이찌'라고 불렀다.

　미국과의 태평양전쟁을 일본은 '대동아전쟁'(大東亞戰爭)이라고
불렀다. 일제는 전쟁의 막바지여서 바닥이 드러난 생산노동력을
메우기 위해 1943년 학기 초부터 전 조선의 중학교를 사실상 폐
쇄하고, 전체 학생을 노동력으로 동원했던 것이다. 소위 전시학도
동원령(戰時學徒動員令)이다. 이 학도동원령과 함께 5학년제였던
중학교가 4학년제로 단축되었다. 나보다 한 해 위의 클라스가 입
학할 때의 꿈이던 1학년 졸업을 하지 못하고 소위 '단축 제1기'로
4학년 졸업을 하고 나간 뒤였다. 그 단축 4년제도 마지막 1년간은

학생이 아니라 노동자였다. 나는 '단축 중학 제2기'로서 벌써 1년 반을 군수품 생산공장에 동원되었다가 그해 봄부터 시작된 경성시 소개(疏開)작업에 끌려나가고 있었다.

소개는 미국 공군의 폭격에 대비하여 불타기 쉬운 건물들이 밀집해 있는 지역의 집들을 헐어버림으로써 경성 시내에 여러 개의 공간지대를 만드는 것이다. 그 당시 일본 본토의 주요 폭격목표가 거의 바닥이 나자 B-29 폭격기가 경성 상공에 더 자주 나타나기 시작했다. 앞으로 예상되는 이들의 폭격으로 인한 화재를 그런 공간지대를 만들어서 저지하자는 생각이었다. 지금의 동리 이름으로 말하면 청량리·왕십리·아현동·염리동·마포·공덕동·만리동 등, 주로 경성부의 여러 언덕배기에 게딱지처럼 다닥다닥 붙어 있던 조선인 초가집들이 싹 헐려버렸다.

간단히 말하면 경성부 주민 가운데서 조선인을, 그것도 경성부에 사는 조선인 중에서도 가장 밑바닥의 조선인들을 몰아내는 작업이었다. 소개된 그전 동리들은 경성부에서도 가장 가난한 조선인 초가집의 밀집지대였다.

그날 아침에도, 지금의 만리동 꼭대기에 있던 허물어진 초가집 더미 속에서 쓸모도 없는 전선·애자·두꺼비집·전등·소켓 따위를 회수하는 여러 학교 학생 작업대의 합류장이었던 봉래동의 경전 창고를 향해 흑석동의 하숙집을 나섰다. 그때 마을 사람들이 길가 여기저기에 나와 앉아, 신문지를 펴든 사람 둘레에서 불안스러운 거동으로 서성대고 있었다. 발을 멈추고 어른들의 몸을 비집고 틈 사이로 들여다보니 큰 활자의 제목이 눈에 들어왔다. 정확히 50년이 지났는데도 이상하게 그날 아침 그 신문의 제목이 생생히 떠오른다.

대본영(大本營) 발표—지난 6일 미국 폭격기가
히로시마 시에 특수폭탄을 투하하여 피해가 심대

그 제목 밑의 기사는 짧았다. 제목만 유달리 큰 기사였다. 짧은 기사의 첫 줄은 히로시마 시가 거의 괴멸·전소되었고 막대한 인명피해가 났다는 사실을 말한 다음, 둘째 줄에는 이번에 투하된 폭탄이 "여태까지의 폭탄과는 전혀 다른 특수한 성능의 새로운 폭탄"이라는 대본영의 설명이 있었다. '원자폭탄'이라는 말은 없었다. 일본 군부도 그것이 인류 최초의 '원자폭탄'이라는 사실을 몰랐던 것 같다. 왜냐하면 그로부터 4일 뒤인 8월 10일, 당시 미국에 대해서 일본 정부의 외교기능을 위임받은 스위스 정부를 통해 일본 정부가 미국 정부에 전달한 공식 항의문 중에 '원자폭탄'이라는 용어는 없기 때문이다. 그 항의문은 "본건의 폭탄은 낙하산을 달고 투하되어 공중에서 작열하여 극히 넓은 범위까지 파괴 효과를 미치는 것……이라고 길게 설명되어 있는 것으로 미루어서 그렇다.

조선민족의 운명을 바꾸었을 뿐만 아니라 세계사의 전환점이 된 이 "낙하산에 달아매어 투하된 특수무기"가 '원자폭탄'이라고 불리는 것임을 예상한 조선인은 그날 아침 한 사람도 없지 않았나 생각한다.

그러나 그날 아침 '신형폭탄'의 소식을 듣고 봉래동 경전 자료 창고에 모인 여러 중학교 학생들은 크게 불안해하거나 동요하지는 않는 기색이었다. 일본인 학생과 조선인 학생들이 100명이 넘었지만, 신문보도로 알게 된 "낙하산에 달려서 투하된 폭탄"이 터질 뒤에 다가올 대일본제국 패망의 신호탄인 줄은 미처 몰랐다.

그때쯤에는 오끼나와 섬까지 점령당해서 전세가 날로 불안해 보인 것이 사실이다. 그렇지만 일본군 대본영의 제도적인 허위보도와 지금은 상상조차 할 수 없는, 식민지 조선에 대한 일본 군국주의의 철통 같은 정보·언론통제 때문에 일본제국의 패망이 내일모레로 다가온 사실을 알 수 없었다.

나는 그때 원자탄의 위력이나 일본의 항복을 예상해서가 아니라, 객지에서 굶주림에 시달리면서 공부는 못 하고 매일 고된 노동을 해야 하는 생활에 지친 나머지, 시골의 아버지에게 편지를 써서 어머니 병세가 위독하니 급히 왔다 가라는 전보를 치게 했다. 그 전보를 읽은 수학 선생인 무뚝뚝한 일본인 담임교사는 별로 따져 묻지도 않고 학생여행증과 8월 10일의 철도표 구입증을 꺼내어 도장을 찍어주었다. 꼬박 이틀이 걸려 평안북도의 고향에 돌아온 12일, 나는 경성을 떠나기 전날인 9일에 또 "낙하산에 매달린 신형폭탄"이 나이찌의 나가사끼(長崎) 시에 떨어졌다는 뉴스를 들었다. 그리고 해방을 맞았다. 50년 전의 일이다.

두 발의 원자폭탄의 힘으로 일본 식민지 통치에서 해방된 한국(인)으로서는 미국이 히로시마와 나가사끼에 원자탄을 투하한 행위와 그 결과에 대해서 일본(인)과 같은 입장일 수도 없고, 그럴 까닭도 없다. 한국(인)으로서는 오히려 미국의 원자탄을 "낙하산에 매달려 하늘에서 내려온 축복"으로 여길 만했다. 그러나 사실은 미국의 원자탄 사용에 관해서 많은 논란이 있었다.

반세기의 긴 세월이 흘러간 지금, 한국인들은 최초의 원자탄 투하를 둘러싸고 세계의 지식사회에 제기되어온 많은 논쟁들에 대해서 과거와는 다른 지적 관심을 가져도 될 만큼 성숙했다. 우리는 지난날 이 논쟁거리에 대해서 별로 알지 못했고 또 알려고 하지도 않았던 것이 사실이다. 원자폭탄 덕분으로 해방된 한국민족으로서는 원폭투하로 전쟁을 승리로 종결한 미국의 논리만이 정답이었다. 그밖의 제3자적 관점이나 주장, 특히 일본 국민의 일부를 대변하는 감정이나 논리는 고려의 여지도 없는 것으로 무시되었다.

그중의 한 예가 히로시마 원자탄은 미국 군인 50만에서 100만의 생명을 구했다는 미국 정부의 공식논리였다. 이 같은 막연한 숫자의 신빙성에 대한 반론이 강력히 제기되었다. 두 개 도시의 일본인 비전투원 남녀노소 수십만 명을 일순간에 무차별 살상한 행위가 전쟁 승리자의 국제법 위반 및 '비인도적 범죄'를 구성하지 않느냐 하는 법이론도 나왔다. '비인도적 범죄'라는 개념은 미국을 비롯한 연합국이 나치 독일에 대한 뉘른베르크 전쟁범죄 재판에서 처음으로 도입한 규범으로, 패전자인 일본에게도 적용되었다. '비인도적 범죄'는 패자에게만 강요되는 것인가?

그러나 그 같은 법이론이나 이의제기는 승리자에 의해서 간단히 묵살되고 면책되었다. 승자의 범죄가 국제적 심판을 받기에는, 진주만 기습공격, 중국전선에서의 무차별 학살(예를 들어 난징 대학살), 포로에 대한 일상적 잔학행위, 점령지와 식민지 주민의 강제노동, 생물학적 생체실험 등 패자인 일본의 범죄가 너무나 컸기 때문이다. 그런 까닭으로 일본의 인구밀집 도시 히로시마와 나가사끼에 대한 원자폭탄 공격과 그 결과적 참상은 다만 '범죄 국가'에 대한 '합법적 응징'이라는 승자의 논리가 일방적으로 통용되어 왔다.

잘 알려진 바와 같이, 오끼나와와 이오오지마(硫黃島)에서 격전을 치른 미국은 일본 본토를 점령하기 위해서는 50만에서 100만의 미국인 살상이 예상된다는 막연한 추측을 했던 것으로 전해진다. 원자폭탄은 본토작전 없이 전쟁을 끝내주었기 때문에 그만한 미국인 피해를 막을 수 있었다는 것이 '원자폭탄의 인도(人道)론'이다. 미국이 이처럼 많은 피해를 예상했던 까닭은 두 가지였다.

일본은 막바지에 15세부터 60세까지의 모든 남자와 여자를 '국민의용전투대'로 편성하여 미국 군대와 일본 본토에서 대결한다는 최후결정을 내렸던 것이다.

만주의 관동군(關東軍)은 사실상 남방전선으로 배치 전환되어 왕년의 관동군은 흔적도 없었지만, 미국으로서는 관동군의 본토 이동 이전에 전쟁을 끝내야 할 긴박한 정세이기는 했다. 게다가 오끼나와 군도와 이오오지마에서 일본 군대와 민간인의 소위 옥쇄전술(玉碎戰術)이라는 '인간폭탄'의 처절한 저항에 직면한 미국은 일본 본토 작전의 피해를 예상하지 않을 수 없었다. 그것이 냉혹한 전쟁논리다. 이 논리가 미국 측 전쟁 책임자들에게 일본 본토전 피해 예상인원 50~100만 명이라는 계산을 낳게 한 것이다.

그러나 이 계산법의 관제성(官製性), 일방성 및 오류를 지적하고 일본 도시에 대한 최초의 원자폭탄 투하를 반대하거나 만류한 논자도 많았다. 그중 하나가 원자탄 제조를 위한 '맨해튼 프로젝트'의 주요 과학자단의 한 사람인 닐스 보어를 비롯한 몇몇 과학자들이다. 그들은 나치 독일이 패망한 1945년 5월경에, 거의 완성단계에 들어간 원자폭탄의 실전사용을 반대했을 뿐만 아니라 제조계획 자체의 백지화를 루스벨트 대통령에게 강력히 건의했다. 그들의 논리는 원자폭탄이 비인도적 대량학살 무기로서의 위험성을 갖고 있으며, 나치 독일을 패망시킨 2차 대전 이후의 세계를 다시 대결과 전쟁(즉 핵전쟁)으로 몰고 갈 것이라는 소름끼치는 예측에서 비롯되었다. 이에 관한 이야기는 이 책『히로시마의 그늘』제5장의 '알소스 작전' 부분에 잘 기술돼 있다.

또 하나의 유력한 반대론은 첫 원자폭탄이 완성된 1945년 7월의 단계에서 일본은 원자폭탄 투하나 소련의 참전 그리고 미군의 본토상륙 없이도 45년 말까지는 항복할 것이라는 미국전략폭격조사단의 조사결과였다. 일본의 육·해·공군(특히 해·공군)은 사실상 완전 소멸되었고, 본토의 육군도 압도적인 미국 제공권하에서 조직적이고 장기적인 저항이 불가능하다는 결론이었다. 아이젠하워 장군도 같은 견해였던 것으로 전해진다.

금년에 히로시마 원자폭탄 투하 50주년 기념사업으로 미국 스미스소니언 박물관이 주최한 원폭투하 B-29 폭격기 에놀라게이와 복스카 호 전시사업 자문위원회의 일원인 스탠포드 대학의 역사학교수 번스타인은, 일본 본토에서 결전이 벌어졌을 경우에 발생했을 미국 군대의 사상자 수로 6만 3,000이라는 숫자를 제시한 바 있다(『世界』, 1995년 9월호, 28~32쪽). 전시의 미국 군부 측 주장인 50만에서 100만과 그 반대쪽의 6만 3,000 간의 차이는 히로시마에 원자탄을 투하해야 하는가, 아니면 원자탄을 사용하지 않고도 일본을 패망시킬 수 있는가의 중대한 선택을 가능하게 할 만큼 현저하다.

과연 어느 쪽이 진실에 더 가까웠을까? 그 해답은 히로시마와 나가사끼에 투하된 두 개의 원자폭탄 폭발과 함께 영원한 과거의 역사에 묻혀버렸다. 하지만 전쟁을 반대하고 인간의 양심에 의지해서 인류의 평화를 실현하려는 염원이 끊이지 않는 한, 이 물음은 언제나 되살아나와서 우리에게 답변을 요구할 것이다.

미국의 히로시마-나가사끼 원폭공격으로, 수백 년 동안 군사·

법률학자들 간의 논쟁거리였던 전투행위(전쟁)에서의 '전투원'과 '비전투원'의 차별성 문제가 최종적으로 '해결'되었다. 즉 이론적 군사학의 시조 클라우제비츠 이후 논란이 되어온 전투원과 비전투원 사이의 경계와 차별성이 뭉개져버린 것이다.

미국은 나치 독일에 대한 뉘른베르크 전쟁범죄 재판과 일본군벌에 대한 도쿄 극동전쟁범죄 재판(정식명칭은 '극동국제군사재판')에서 비전투원에 대한 살상·잔학행위를 "비인도적 행위"로 유죄판결했다. 히로시마-나가사끼 원자탄 공격이 표현의 완전한 의미에서 전통적 개념인 도시주민 비전투원 대량살상의 전형적 행위로 해석되는 것도 무리가 아니다.

미국이 독일과 일본에 대한 전범재판에서 비전투원 대량살상·잔학행위를 유죄판결한 근거인 국제법은 뉘른베르크 전범재판에서 연합국에 의해 새로 그 개념이 도입된 "비인도적 죄" 외에 전통적 개념인 '육전(陸戰)의 제규정 및 관례에 관한 조약'(1910년 발효), 그 '조약부속서', 전시 해군포격에 관한 조약'(1910년 발효), '공전(空戰)에 관한 규칙'(1922년 서명됐지만 1945년 히로시마 원폭 당시에는 미발효) 등이었다.

이들 국제법에 근거해서 히로시마-나가사끼 원폭공격의 성격을 검토하기에 앞서, 참고삼아 두 도시의 피해상황을 알 필요가 있다. (이보다 앞선 3월 10일 도쿄 대폭격에서는 2시간 22분간의 폭격으로 8만 명이 사망했다.)

히로시마-나가사끼 원폭공격을 비난하는 측의 논리는 다음과 같은 국제조약 위반을 지적한다.

〈표 1〉 히로시마 - 나가사끼 원폭 피해

		히로시마	나가사끼
원자탄	폭발물질	우란-235 60kg	플루토늄-239 8kg
	폭발방식	포탄형	폭탄형
	폭발력(TNT 환산)	15±3kton	21±2kton
	폭발고도	지상 580m	지상 503m
인명살상	도시인구(폭발시)	약 35만 명	약 27만 명
	2차 피폭자(도시출입자)	약 7만 명	약 2만 4,000명
	사망자(피폭 후 2개월간)	약 13만 명	약 7만 명
	그 후 사망·재해자	불명	불명
건물피해	건물피해 : 피폭시 총수	7만 6,000호	5만 1,000호
	그중 전소·전파	62.9%	22.7%
	전파	5.0%	2.6%
	반파·반소·대파	24.0%	10.8%
	합계	91.9%	36.1%

＊高木仁三郎, 일본 원자력 자료정보실 연구원

육전 법규 및 관례에 관한 조약

제22조: 교전자는 적을 공격하는 수단 선택에서 무제한의 권리를 갖는 것이 아니다. (공격수단으로서 원자탄 선택 문제)

제27조: 〔포격의 제한 조항[1]〕적에 대한 포격에서는 종교·기예(技藝)·학술·자선 등의 목적으로 사용되는 건물, 역사적 기념 건조물, 병원 및 판자의 수용소는 그것이 군용목적으로 사

---

1) 이 조항은 훗날 1949년 체결된 '국제 무력분쟁의 희생자 보호에 관한 추가 의정서'(1978년 발효)의 제3부 제1절(전투의 방법 및 수단)의 규정(제35조와 제36조) 위반이라는 주장도 강력히 대두되었다.

용되고 있지 않는 한, 그에 대한 피해를 배제하기 위하여 필요한 모든 수단을 강구해야 한다. (히로시마–나가사끼의 도시 성격 문제)

제35조: 〔기본원칙〕

1. 어떤 무력분쟁에서도 분쟁 당사국이 전투 방법 및 수단을 선택하는 권리는 무제한이 아니다.

2. 과도한 상해(傷害)나 불필요한 고통을 주는 무기·발사체·물질 및 전투방법은 금지한다.

3. 자연환경에 대해서 광범위하고 장기적 및 심각한 손해를 끼칠 것을 목적으로 하거나 그 가능성이 있을 것으로 예상되는 전투 방법과 수단은 사용을 금한다. (원자폭탄의 기능·효과·영향)

제36조: 〔신개발 무기〕 신형 무기, 새로운 전투수단 및 방법의 연구·개발·취득·채용에는, 그것의 사용이 이 의정서 또는 당해 체약국에 적용되는 국제법의 다른 규정에 의하여 특정의 경우 또는 모든 경우에 금지되어 있는지의 여부를 결정할 의무를 진다. (신무기＝원자탄의 경우 해당)

제57조: 〔군사공격에 앞서는 예방조치〕

1. 비전투적 민간주민에 대한 불공격 원칙.

2. 공격개시에 앞서는 예방조치.

　　a. 공격목표가 군사적 성격 또는 용도인가를 확인할 모든 노력의 의무.

　　b. 공격의 수단 및 방법 선택에서 비전투원, 민간인 및 그들의 소유물에 대한 손해의 파급을 최소화하기 위한 모든 가능한 예방조치의 의무.

c. 군사목표가 있더라도 그에 대한 공격이 군사적 이익과 비교해 민간인과 그 재산의 과대한 피해가 예상될 경우에는 공격을 취소 또는 중지할 의무.

3. 같은 정도의 군사적 이익을 위해서 공격목표 선택이 가능할 때는 민간인·민간재산 피해가 가장 적은 쪽 목표를 선택할 의무.

4. 민간인·민간재산 피해 극소화를 위한 모든 국제법상 예방조치를 취할 의무.

5. 이 조(條)의 어느 규정도 민간인 주민과 민간인 재산에 대한 공격을 인정하는 것으로 해석해서는 안 된다.

(「國際條約集」, 有斐閣, 1985)

그밖에 많은 학자·전문가 들이 미국의 히로시마-나가사끼 원자폭탄 투하에 대해 많은 국제법 규정을 제기했다.

위에서 열거한 국제법적 측면에서 볼 때, 원자폭탄이라는 "새로운 무기" "새로운 공격 수단" "새로운 공격 방법"을 처음으로 사용하려는 트루만 대통령이 주로 "민간적 성격인 도시"를 "공격목표로 선정"한 기준이 문제가 된다. 트루만 대통령은 이렇게 밝혔다.

내가 임명한 원자폭탄 전략위원회는 빠른 시간에 이 폭탄을 적에게 사용하도록 권고했다. 위원회는 또 폭탄투하는 아무런 사전경고 없이 실행돼야 한다고 권고했다. 뿐만 아니라 공격목표는 폭탄의 괴멸적인 위력이 분명하게 입증될 수 있는 것으로 할 것을 권고했다. 나는 물론 원자탄의 폭발이 상상을 초월하는 물적 파괴와 인명살상을 초래하리라는 사실을 인식하고 있었다. 그들은 원자탄을 실제로 투하하지 않고 다른 기술적인 방법으로 그 위력을 입증하여 전쟁을 끝낼 수는 없을 것이라는 의견을 피력했다. 그들은 원자폭탄의 직접적인 군사적 사용 외에는 수락할 수 있는 대안이 없다는 의견이었다. 원자폭탄을 직접 투하하는 방법 외의 기술적인 방법, 이를테면 무인 사막에서 위력을 과시하는 방법으로는 전쟁의 종말을 초래할 수 없다는 견해가 그들의 결론이었다(『트루만 자서전』 제1권, SIGNET BOOK, 1955, pp.462~463).

트루만 대통령은 바로 이 같은 권고를 받아들였다. 원자탄 개발계획을 추진한 전임자 루스벨트 대통령이 규칙을 존중하는 고전적 정치가였던 것과는 사뭇 대조적으로, 그는 금융가 출신답게 냉철하고 현실주의적인 계산가였다. 그에게는 국제조약이나 국제법이 안중에 없었던 것 같다. 그 같은 계산가적 사람됨은 원자폭탄 투하를 결정한 앞뒤 정황에 관한 다음 자백에서 알 수 있다.

원자폭탄을 언제 어디에 어떻게 투하할 것인지의 최종 결정권은 나에게 있었다. 그에 관해서는 오해의 여지가 없다. 나는 (원자)폭탄을 어디까지나 군사용 무기로 간주했고 그것을 사용해야 한다는 생각에는 추호의 동요도 없었다. ……나는 그것이 전쟁의 법칙이 규정하는 방식에 따라서 어디까지나 전쟁의 무기로 쓰이게 최선을 다했다(같은 책, pp.462~463).

그는 공격 (투하)목표들의 선정까지 직접 자신이 관여하여 결정하고 명령을 내렸다고 밝혔다.

미국의 히로시마-나가사끼 원자탄 폭격과 관련해서는 두 가지의 수수께끼가 아직 남아 있다. 여러 국제조약을 위반하면서까지 두 발의 원자폭탄을 3일 사이에 잇따라 투하해야 했던 목적과 이유다. 한 발만으로도 충분하고 남았는데.

이 문제와 의문에 관해서 가장 권위적인 연구가는 미국의 과학사가 스탠리 골드버그 박사다.

그에 의하면 트루만 대통령의 연속적 원폭투하 목적은 세 가지였다. 첫째는 미국 군대의 희생을 최소한으로 억제하고 대일전쟁을 단시일에 종결시킨다는 '인도적' 이유이고, 둘째는 만주에서 대일전쟁에 참여할 소련을 견제하고, 미국의 단독적 승리로 전쟁을 종결시킴으로써 전후 동북아시아에서 미국의 단독적 패권을 확고히 다진다는 외교적 이유이며, 셋째는 맨해튼 프로젝트의 주요 책임자들이 그 계획 추진과 관련된 많은 비난과 반대를 모면하고 중요한 실책들을 면책받기 위하여 폭발효과를 극대화할 수 있는 민간도시를 목표로 선택했다는 것이다.

이들 쟁점에서 '전쟁 조기종결'설은 위에서 충분히 검토했다. 외교적 동기는 원자폭탄의 위력으로 소련의 세력권 확장을 저지하려는 전략이었다는 것이다. 미국 정부와 군대의 일관된 주장인 '인도주의적 동기'에 대한 수정주의적 해석에는 충분한 근거가 있다. 소련은 나치 독일의 항복일로부터 3개월 내에 태평양전쟁에서 미국을 지원하기 위해 대일전쟁에 참전한다는 알타협정의 비밀합의에 따라서, 나치 항복일로부터 정확히 3개월 되는 날인 8월 8일 만주로 진격했다. 미국은 바로 그 이틀 전에 히로시마에 원자폭탄을 투하했다. 이 원자폭탄 투하와 소련의 전면적 군사개입으로 일본은 사실상 항복한 것이나 다름없는 무력상태에 빠졌다. 그러나 미국은 소련군이 만주에서 총공격을 개시한 바로 다음날 제2의 원자폭탄을 급히 나가사끼에 투하했다.

트루만 대통령의 회고록에서 알 수 있듯이, 미국 군부와 정책고문들은 얄타협정 비밀합의에 따라 8월 8일 소련군이 대일전쟁에 참전하기 앞서서 원자폭탄을 사용할 것을 강력히 건의했다. 미국이 일본군 항복의 주도권을 확고히 장악하기 위해서라는 것이었다. 일본 정부는 이미 소련 정부를 통해서 연합국 정부들에게 항복의사를 전달하고 있던 상태다. 일본의 항복이 결정적인 단계에서, 그리고 소련의 군사적 개입을 하루씩 전후해서 미국이 일본의 인구밀집 도시 두 개를 원자폭탄으로 소멸해버린 동기와 목적이 '전쟁 조기종결'의 필요 못지않게 대소련 견제에 있었다는 논리는 많은 지지를 받고 있다.

셋째는 미국 국내의 정치역학 논리다. 트루만 대통령과 원자폭탄 제조를 위한 초대형·초비밀 계획을 추진한 정부 고위직 관리, 군인 장성, 과학자, 원폭사업 물자 납품업자 등 이익집단은 그들이 만든 신무기의 위력을 일본의 도시 폭격에서 극적으로 입증하기 전에 일본이 항복할까봐서 오히려 두려워했다.

1941년에 루스벨트 대통령의 비밀명령으로 미국 군부가 원폭 제조 초대계획을 결정했을 때의 총 소요예산은 1억 3,000만 달러였다. 그러나 그로브즈 장군의 전권하에 온갖 반대·비난·반발을 억누르고 45년 7월에 그 원형 폭발체가 제조되기까지는 예상액의 15배가 넘는 20억 달러가 투입되었다.

무엇을 만드는 일에 동원되었는지도 알지 못하는 20만 명의 각급·각종 직종의 미국 시민들의 불만과 반발은 끊임없이 정치쟁점화했다. 맨해튼 프로젝트의 목적과 내용에 관해서 완전히 배제·

소외된 의회는 소수 군 고위장성 독점하의 비민주적 극비 거대사업계획의 공개를 요구하거나 중단시키려는 압력을 가했다.

거액의 투자와 무리한 계획 추진, 의회 권한의 침해, 극소수 전쟁수행 책임자들의 권한 남용, 극비 거대계획에 필연적으로 뒤따르는 정부권력과 자본가의 횡포, 부패사실 폭로 등등. 만약 일본에 대해서 어떤 극적인 방법과 형태로 원자폭탄의 효과가 입증되지 않거나 입증할 기회가 오지 않으면, 그들은 준엄한 책임추궁에 직면하리라는 것을 두려워했다. 트루만 대통령이 일본의 인구밀집 도시들에 원자폭탄을 사용하기에 앞서 사막이나 해양상에서 공개적으로 폭발을 권고한 건의를 거부하고 히로시마와 나가사끼를 직접 선택한 이유를 이해할 수 있다. 이것이 국내 정치역학적 배경이다.

히로시마-나가사끼에 인류 최초의 원자폭탄이 투하된 지 꼭 50년이 지났다. 그 후 반세기 동안 세계와 인류는 광적인 핵무기 경쟁으로 치달아, 인류공멸의 위기 앞에서 전전긍긍하며 살아왔다. 그러나 핵무기를 두려워하고 평화를 희구하는 선량한 시민들과는 다른 이해관계와 입장에서 언제나 '신무기'를 숭상하며 더욱 더 가공할 무기의 개발에 전념하는 집단이 있다.

50년 전의 히로시마-나가사끼를 되돌아보는 것은 평화가 지배하는 미래를 희구하기 때문이다.

인류 최초의 원자탄이 히로시마와 나가사끼 두 도시에 투하된 지 근 40년이 지난 뒤에 창비의 제3세계총서로 발행된 윌프레드 버체트의 이 책을 그로부터 다시 10여 년이 지난 오늘 교양문고로 바꿔 다시 내는 까닭은 이 책이 지난 반세기 동안 미국의 일방적 논리와 선전에 가려졌던 많은 진실을 처음으로 밝혀낸 책이기 때문이다. '히로시마'의 진실이 1950년대에 세계에 알려지기만 했어도 그 후 수십 년 동안 불장난처럼 계속됐던 미·소 초핵강대국의 광적인 핵무기 경쟁은 많이 달라졌으리라고 생각한다. 히로시마와 나가사끼는 1945년 8월의 사건으로 끝난 일이 아니다. 지구상 어딘가에 핵에네르기를 평화목적 외의 용도로 이용하려는 국가나 권력집단이나 개인이 있는 한, 이 책은 언제까지나 그 가치와 의미를 잃지 않을 것이다.

• 『히로시마의 그늘』, 창작과비평사, 1995, 「추천의 글」

1929.12.2	부친 이근국(李根國, 平昌 李)과 모친 최희저(崔晞姐, 鐵原 崔) 사이에서 평안북도 운산군 북진면에서 출생. 이후 이웃 삭주군 외남면 대관동에서 성장.
1936(8세)	대관공립보통학교 입학.
1942(14세)	일본인 위주로 소수의 조선인만 입학이 허용된 갑(甲)종5년제 중학교인 경성(京城)공립공업학교 입학.
1945(17세)	중학교 4학년 때 근로동원을 피해 귀향한 고향에서 해방을 맞음.
1946(18세)	다시 상경하여 국립한국해양대학에 입학(항해과 2기).
1947(19세)	부모와 동생 명회 이남으로 내려옴.
1950(22세)	해양대학 졸업 후 경북 안동의 안동공립중(고등)학교에서 영어교사로 근무. 6·25전쟁이 발발하자 입대, 대한민국 육군중위로 '유엔군 연락장교단' 근무. 만 3년간 주로 (휴전선) 남북 동부 최전선 전투지에서 근무.
1953(25세)	휴전과 동시에 시행된 최전방 전투지 장기복무 장교의 후방교류에 따라 마산 육군군의학교로 전속됨. 일반병과 장교는 휴전으로 예편되었으나 특수 병과장교의 제대는 전면 불허되어 3년을 강제로 더 복무함.
1954(26세)	부산의 육군 제5관구 사령부로 전속. 대민사업을 총괄하는 민사부(民事部)의 관재과(管財課)로 배속되어 미군과 유엔군이 사용하던 토지·시설·건물 등을 접수하는 업무를 맡음.

	고등고시 합격자의 제대가 허용됨에 따라 군에서 나오기 위한 일념으로 고시 3부 (외교) 준비에 몰두함.
1956(28세)	윤평숙(坡平 尹) 씨의 장녀인 영자(英子) 씨와 군산에서 결혼.
1957(29세)	만 7년의 군복무를 마치고 대한민국 육군 소령(보병)으로 예편. 예편과 동시에 해방 후 처음으로 실시된 언론계 공개입사 시험을 거쳐 서울의 합동통신사에 입사, 기자(외신부) 생활 시작.
1959(31세)	부친 고혈압으로 서울에서 별세(향년 65세).
1959~1960	풀브라이트 계획으로 미국 노스웨스턴대학에서 신문학 연수.
1959~1961	미국『와싱톤 포스트』의 통신원으로 활동(익명으로 이승만 독재 비평·한국내정에 관한 평론 기고).
1960(32세)	4·19혁명으로 이승만정권이 붕괴되고 민주당 정부가 수립됨. 4·19혁명 당시 데모대와 계엄군 사이의 유혈충돌을 막기 위해 각방으로 노력.
1961(33세)	박정희 육군소장의 5·16쿠데타 발발. '국가재건최고회의'가 수립되고 군부정권이 들어섬. 박정희 국가재건최고회의 의장의 첫 미국방문에 수행기자로 지명되어 동행. 박정희-케네디 회담 합의 내용에서 군부정권에 불리한 내용의 특종보도로, 수행 도중 본국 소환당함.
	장남 건일(建一) 출생.
	미국의 진보적 평론지『뉴 리퍼블릭』에 한국 사태 기고.
1962(34세)	정치부로 옮김. 중앙청과 외무부 출입.
	장녀 미정(美晶) 출생.
1964(36세)	차남 건석(建碩) 출생.
	『조선일보』정치부로 옮김. 11월 필화사건(유엔총회 남·북한 동시 초청안 관계 기사)으로 구속·기소됨. 같은 해 12월 불구속으로 석방. 제1심에서 징역 1년 집행유예. 제2심에서 선고유예 판결 받음.
1965(37세)	『조선일보』외신부장 발령.

1967(39세)	『창작과비평』과 『정경연구』 등에 본격적으로 국제 논평을 기고하기 시작.
1969(41세)	베트남전쟁과 국군 파병에 대한 비판적 입장 때문에 박정희 정권의 압력으로 조선일보에서 퇴사(제1차 언론사 강제해직).
1970(42세)	합동통신 재입사. 외신부장으로 근무.
1971(43세)	군부독재·학원탄압 반대 '64인 지식인 선언'으로 해직됨(제2차 언론사 강제해직).
1972(44세)	한양대학교 신문방송학과 조교수로 임용.
	앰네스티 인터내셔널 한국지부 창설 발기인.
1974(46세)	한양대학교 부설 '중국문제연구소' 설립.
	군부독재·유신체제반대 '민주회복국민회의' 이사.
	『전환시대의 논리』(창작과비평사) 출간.
1976(48세)	제1차 교수재임용법에 의해 교수직에서 강제 해임(제1차 교수직 강제해직). 실업자가 됨.
1977(49세)	『우상과 이성』(한길사) 출간.
	『8억인과의 대화: 현지에서 본 중국대륙』(편역·주해, 창작과비평사) 출간.
	『전환시대의 논리』『우상과 이성』『8억인과의 대화』 내용의 반공법 위반혐의로 구속·기소되어 징역 2년형을 선고받음.
	구속·기소된 날인 12월 27일 모친 별세(향년 86세).
1979(51세)	서울구치소·광주형무소에서 2년 복역.
	박정희 대통령 피살.
1980(52세)	광주교도소에서 만기출소. 곧 사면 및 복권되어 해직 4년 만에 교수직 복직.
	5월 16일 '광주민주화운동' 일어남.
	5월 17일 '광주소요 배후 조종자'의 한 사람으로 날조되어 구속됨.
	7월, 석방과 동시에 한양대학교 교수직에서 다시 해직(제2차 교수직 강제해직). 4년간의 제2차 실업자 생활 시작됨.

1982(54세)	『중국백서』(편역·주해, 전예원) 출간.
1983(55세)	『10억인의 나라: 모택동 이후의 중국대륙』(편역·주해, 두레) 출간.
1984(56세)	'기독교사회문제연구원'(기사연) 주관 '각급학교 교과서 반통일적 내용 시정연구회' 지도 사건으로 다시 구속·기소되었다가 2달 만에 석방(반공법 위반혐의).
	한양대학교에 해직 4년 만에 제2차 복직.
	『분단을 넘어서』(한길사) 출간.
	『80년대의 국제정세와 한반도』(동광) 출간.
1985(57세)	일본 도쿄대학교 사회과학연구소(社研) 초빙교수(1학기).
	하이델베르크대학교와 독일 연방교회 사회과학연구소(FEST) 공동초청 초빙교수(1학기).
	『베트남전쟁: 30년 베트남전쟁의 전개와 종결』(두레) 출간.
	일본어판 역서 『分斷民族の苦惱』(동경, 御茶の水書房) 출간.
1987(59세)	『역설의 변증: 통일과 전후세대와 나』(두레) 출간.
	미국 캘리포니아 주 버클리대학교 아시아학과 부교수에 임용되어 '한민족 현대정치운동사' 3학점 강의(1987.8~1988.3).
1988(60세)	현대사 사료연구소 이사장, 『한겨레신문』 창간, 이사 및 논설고문 역임.
	한국 군부의 광주대학살 사건 배후의 미국 책임문제로 릴리 주한 미국대사와 언론지상 공개 논쟁을 벌임.
	「남북한 전쟁능력 비교연구」(월간 평론지 『사회와 사상』, 9월호) 발표.
	'자전적 에세이' 『역정』(창작과비평사) 출간.
	『반핵: 핵위기의 구조와 한반도』(공동 편저, 창작과비평사) 출간.
1989(61세)	주한 외국언론인협회 제2회 '언론자유상'(Press Freedom Award) 수상.
	『한겨레신문』 창간기념 북한 취재기자단 방북기획건의 국가

보안법 위반 혐의로 안기부에 구속·기소. 제1심 징역 1년 6월, 자격정지 1년, 집행유예 2년 선고받고 160일 만에 석방. 추후 사면·복권됨.

회갑을 맞아 『華甲記念文集』을 받음.

1990(62세)　『自由人, 자유인: 리영희 교수의 세계인식』(범우사) 출간.

1991(63세)　『인간만사 새옹지마』(범우사) 출간.

1994(64세)　『새는 '좌·우'의 날개로 난다: '전환시대의 논리' 그후』(두레) 출간.

1995(67세)　한양대학교 정년퇴직(만65세). 동대학 언론정보대학원 대우교수로 강의.

한길사 '단재상' 수상(학술 분야).

1998(70세)　53년 전 헤어진 형님과 둘째 누님의 생사확인을 위해 북한 당국의 개별 초청으로 방문. 두 분 모두 사망하여 조카만 만남.

『스핑크스의 코』(까치) 출간.

1999(71세)　'늦봄 통일상' 수상(통일맞이 늦봄 문익환 목사 기념사업회)

『동굴 속의 독백』(나남) 출간.

『반세기의 신화: 휴전선 남북에는 천사도 악마도 없다』(삼인) 출간.

2000(72세)　'만해상' 수상(실천부문)

『반세기의 신화: 휴전선 남북에는 천사도 악마도 없다』의 일본어판 『朝鮮半島の新ミレニアム』(조선반도의 새로운 밀레니엄, 동경, 社會評論社) 출간.

11월 집필중 뇌출혈로 우측 반신마비. 모든 공적 활동·직책 및 집필활동 중단함. 이후 건강회복에 전념.

2005(77세)　자전적 대담 『대화: 한 지식인의 삶과 사상』(한길사) 출간.

2006(78세)　한국기자협회 제1회 '기자의 혼 상' 수상.

심산사상연구회 심산상(心山賞) 수상.

『리영희저작집』(전12권, 한길사) 출간.

2010(82세)　지병으로 타계.

460

리영희 李泳禧

1929년 평안북도 운산군 북진면에서 태어났다.
1950년 한국해양대학을 졸업한 뒤, 경북 안동시 안동중(고등)학교
영어교사로 근무중 6·25전쟁이 발발, 1950년 7월 군에
입대하여 1957년까지 7년간 복무했다. 1957년부터 1964년까지 합동통신 외신부 기자,
1964년부터 1971년까지 조선일보와 합동통신 외신부장을 각각 역임했다.
1960년 미국 노스웨스턴대학교 신문대학원에서 연수했다.
1972년부터 한양대학교 문리과대학 교수 겸 중국문제연구소(이후 중소문제연구소)
연구교수로 재직 중 박정희정권에 의해 1976년 해직되어 1980년 3월 복직되었으나,
그해 여름 전두환정권에 의해 다시 해직되었다가 1984년 가을에 복직되었다.
1985년 일본 동경대학교 초청으로 사회과학연구소에서 그리고 서독 하이델베르크 소재
독일 연방교회 사회과학연구소에서 각 한 학기씩 공동연구에 참여했다.
1987년 미국 버클리대학교의 정식 부교수로 초빙되어
'평화와 갈등' 특별강좌를 맡아 강의하였다.
1995년 한양대학교 교수직에서 정년퇴임한 후 1999년까지 동대학 언론정보대학원
대우교수를 역임했다. 2000년 말 뇌졸중으로 쓰러져 투병하다 회복하였고,
이후 저술활동을 자제하면서도 지속적인 사회참여와 진보적 발언을 해왔다.
불편한 몸으로 대담 형식의 자서전『대화』(2005)를 완성했다.
2010년 12월 5일 지병의 악화로 타계했다.
지은 책으로『전환시대의 논리』(1974),『우상과 이성』(1977),
『분단을 넘어서』(1984),『80년대의 국제정세와 한반도』(1984),『베트남전쟁』(1985),
『역설의 변증』(1987),『역정』(1988),『自由人, 자유인』(1990),
『인간만사 새옹지마』(1991),『새는 좌우의 날개로 난다』(1994),『스핑크스의 코』(1998),
『반세기의 신화』(1999) 및 일본어로 번역된『分斷民族の苦惱』(1985),
『朝鮮半島の新ミレニアム』(2000)이 있다. 편역서로는『8억인과의 대화』(1977),
『중국백서』(1982),『10억인의 나라』(1983)가 있다. 위의 주요 저서와 발표되지 않은
새 글을 모아『리영희저작집』(전12권, 2006)을 펴냈다.